# Taktisches Supply Chain Planning

# BOCHUMER BEITRÄGE ZUR UNTERNEHMUNGSFÜHRUNG UND UNTERNEHMENSFORSCHUNG

Herausgegeben von Prof. Dr. Michael Abramovici,
Prof. Dr. Dr. h.c. mult. Walther Busse von Colbe, Prof. Dr. Dr. h.c. Werner H. Engelhardt,
Prof. Dr. Roland Gabriel, Prof. Dr. Arno Jaeger, Prof. Dr. Gert Laßmann,
Prof. Dr. Wolfgang Maßberg, Prof. Dr. Bernhard Pellens, Prof. Dr. Marion Steven,
Prof. Dr. Rolf Wartmann, Prof. Dr. Brigitte Werners

Band 65

PETER LANG

Frankfurt am Main · Berlin · Bern · Bruxelles · New York · Oxford · Wien

Jens Thorn

# Taktisches
# Supply Chain Planning

Planungsunterstützung durch deterministische
und stochastische Optimierungsmodelle

PETER LANG
Europäischer Verlag der Wissenschaften

Die Deutsche Bibliothek - CIP-Einheitsaufnahme

Thorn, Jens:

Taktisches Supply Chain Planning : Planungsunterstützung durch
deterministische und stochastische Optimierungsmodelle / Jens Thorn. -
Frankfurt am Main ; Berlin ; Bern ; Bruxelles ; New York ; Oxford ; Wien :
Lang, 2002
  (Bochumer Beiträge zur Unternehmungsführung und
  Unternehmensforschung ; Bd. 65)
  Zugl.: Bochum, Univ., Diss., 2001
  ISBN 3-631-39676-7

Gedruckt auf alterungsbeständigem,
säurefreiem Papier.

D 294
ISSN 0175-7105
ISBN 3-631-39676-7

© Peter Lang GmbH
Europäischer Verlag der Wissenschaften
Frankfurt am Main 2002
Alle Rechte vorbehalten.

Printed in Germany 1 2 3 4   6 7

www.peterlang.de

# Geleitwort

Von aktuellem Forschungsinteresse sind Fragestellungen aus dem Bereich des Supply Chain Management, die auch den neuen Entwicklungen und Anforderungen der Praxis Rechnung tragen. Seit einiger Zeit erfolgt eine breite theoretische Auseinandersetzung mit Ansätzen, welche die gesamte Wertschöpfungskette ggf. über Unternehmungs-grenzen hinweg im Fokus haben und eine integrierte Betrachtung der Produktions- und Logistikprozesse anstreben. Zur Planungsunterstützung sind verschiedene Modelle und Methoden entwickelt worden, die an unterschiedlichen Stellen der Gesamtproblematik zu einer guten Entscheidungsfindung beitragen. Angestrebt wird eine Steigerung der Wettbewerbsfähigkeit einer Unternehmung, indem durch die Berücksichtigung der gesamten Prozesse und den Informationsaustausch über die Stufen hinweg vor allem eine Reduktion von Lagerbeständen, eine günstige Zuordnung von Produktions- und Lagerstandorten und eine Erhöhung der Kundenzufriedenheit erreicht wird.

Insbesondere der Teilbereich taktisches Supply Chain Planning mit einem Planungsho-rizont von etwa einem Jahr ist Gegenstand der vorliegenden ausgezeichneten Arbeit von Herrn Dr. Thorn. Ziel der Arbeit ist die Entwicklung eines umfassenden mathe-matischen Optimierungsmodells, welches die wesentlichen Handlungsalternativen zur integrierten Optimierung der Produktions- und Logistikprozesse berücksichtigt und bei dem Auffinden einer an wirtschaftlichen Zielen gemessenen optimalen Entscheidung unterstützt. Weiterhin sind insbesondere auch Unsicherheiten über zukünftige Bedarfe angemessen zu behandeln, was zu der Entwicklung und dem Einsatz geeigneter sto-chastischer Optimierungsmodelle führt.

Nach einer ausführlichen Erörterung der Einbindung der taktischen Planung in den gesamten Planungsprozess werden die spezifischen Anforderungen und Gegebenheiten des taktischen Supply Chain Planning ermittelt. Darauf aufbauend erfolgt eine Würdi-gung der wissenschaftlichen Literatur mit den wesentlichen bisher vorgeschlagenen quantitativen Planungsmodellen, die wichtige Teilaspekte der Gesamtproblematik be-rücksichtigen. Aufgrund der vereinheitlichten Notation ist der kritische Überblick über deterministische und stochastische Modelle sehr gut nachvollziehbar. Verschiedene aufgezeigte Schwachstellen ausräumend wird ein sehr interessantes eigenes Modell entwickelt und vorgestellt.

Ein wesentlicher wissenschaftlicher Beitrag dieser Arbeit besteht in der Gestaltung dieses allgemein einsetzbaren, an die spezifischen Gegebenheiten anpassbaren deter-ministischen mathematischen Optimierungsmodells, welches die bisherigen Ergebnisse aufgreift und weiterführt. Dieses Modell wird eigenständig zu einem rollierenden, sto-chastischen Ansatz erweitert, welcher auch bei Unsicherheiten über zukünftige Ent-wicklungen eine angepasste Planungsunterstützung leistet. Wie dieser Vorschlag hin-sichtlich relevanter Zielanforderungen zu verbesserten Ergebnissen führt, demonstriert ein umfangreicheres Beispiel, welches eine typische reale Situation beschreibt. Herr

Dr. Thorn setzt dieses Beispiel konkret um und führt vergleichende Auswertungen durch. Diese belegen die Realisierbarkeit und die Güte des neu entwickelten Vorschlags.

Die Arbeit stellt einen beträchtlichen wissenschaftlichen Fortschritt dar, welcher über die theoretischen Erkenntnisse hinaus auch praktisch nutzbar und auf reale Problemstellungen anwendbar ist. Es ist zu wünschen, dass sie in Wissenschaft und Unternehmenspraxis große Beachtung findet.

Prof. Dr. Brigitte Werners

# Vorwort

Die vorliegende Arbeit wurde im Dezember 2001 von der Fakultät für Wirtschaftswissenschaft der Ruhr-Universität Bochum als Dissertation angenommen. Sie entstand während meiner Tätigkeit am Lehrstuhl für Betriebswirtschaftslehre, insbesondere Rechnungswesen und Unternehmensforschung der Ruhr-Universität Bochum. Ich möchte mich hiermit zugleich bei all denjenigen bedanken, die mich während dieser Zeit unterstützt haben.

Ein ganz besonderer Dank gebührt Frau Prof. Dr. Brigitte Werners für die Betreuung der Arbeit. Dadurch, dass sie jederzeit ein offenes Ohr für mich hatte und mir in vielen Diskussionen vielfältige Anregungen und Ratschläge gab, hat sie sehr zum Gelingen der Arbeit beigetragen. Außerdem danke ich Frau Prof. Dr. Marion Steven für die Übernahme des Korreferates sowie für die wertvollen Verbesserungsvorschläge. Darüber hinaus bedanke ich mich beim Direktorium des Instituts für Unternehmungsführung und Unternehmensforschung der Ruhr-Universität Bochum und dem Peter Lang Verlag für die Aufnahme dieser Arbeit in die Schriftenreihe „Bochumer Beiträge zur Unternehmungsführung und Unternehmensforschung".

Allen Mitarbeiterinnen und Mitarbeitern des Lehrstuhls gilt mein Dank für das ausgezeichnete kollegiale Verhältnis und den Freiraum, den sie mir in der Abschlussphase meiner Promotion gelassen haben. Besonders hervorzuheben ist Michael Drawe, der trotz seiner vielfältigen Aktivitäten immer wieder Zeit gefunden hat, mit viel Fleiß und großer Sorgfalt meine Arbeit Korrektur zu lesen und zahlreiche Anregungen insbesondere unter mathematischen Gesichtspunkten zu geben.

Bei Stephanie Freiwald bedanke ich mich für die moralische Unterstützung und für das Erdulden von Wochenenden, die ich am Schreibtisch verbracht habe. Darüber hinaus hat sie verschiedene Versionen meiner Arbeit Korrektur gelesen, zahlreiche Verbesserungsvorschläge gemacht und sich immer beharrlich dafür eingesetzt, dass fachliche und sprachliche Ungenauigkeiten beseitigt werden. Schließlich danke ich meinen Eltern, dass sie meine Ausbildung ermöglicht und allzeit unterstützt haben.

Jens Thorn

# Inhaltsverzeichnis

# Abbildungsverzeichnis

# Tabellenverzeichnis

# Symbolverzeichnis

| | |
|---|---|
| $\alpha$ | Nachfrageverlustfaktor |
| $\delta$ | Gewichtungsfaktor zur Ermittlung der Höhe des Nachfrageverlusts |
| $\rho$ | Gewichtungsfaktor des Nachfrageverlusts in der Zielfunktion |
| $\sigma$ | Gewichtungsfaktor für die in die Folgeperiode verschiebbare Nachfrage |
| $\chi$ | Gewichtungsfaktor zur Verknüpfung von Komponenten in einer Zielfunktion |
| $a$ | Kapitalbindungskosten |
| $A$ | Koeffizientenmatrix |
| $ANG$ | Angebotsmenge |
| $b$ | Vektor der rechten Seite |
| $\tilde{b}$ | Vektor der rechten Seite, dessen Komponenten Zufallszahlen sind |
| $c$ | Vektor der Zielfunktionskoeffizienten |
| $dbd$ | Deckungsbeitrag eines Distributionslagers |
| $dbp$ | Deckungsbeitrag eines Produktionsstandorts |
| $D$ | Nachfrage |
| $e$ | Erlöse |
| $E$ | Gesamtkapazität eines Lieferanten bzw. Produktionsstandorts |
| EEV | expected result of using the expected value problem solution |
| EV | expected value |
| EVPI | expected value of perfect information |
| $fkd$ | Fixkosten eines Distributionslagers |
| $F$ | Häufigkeit des Zugangs von Produkten in einem Distributionslager |
| $g$ | Szenariogruppe einer (Planungs-)Stufe $r$, $g \in G_r$ |
| $\hat{g}$ | Wahrscheinlichkeit des Eintritts eines Szenarios |
| $h$ | Lieferant bzw. Produktionsstandort, $h \in H$ |
| $\hat{H}(x)$ | Strafkostenfunktion |
| $i$ | Produktionsstandort, $i \in I$ |
| $j$ | Distributionslager, $j \in J$ |
| $k$ | Kunde, $k \in K$ |
| $ka$ | Kostenanteil |
| $kb$ | Beschaffungskosten für eine Einsatzmaterialeinheit bei einem Lieferanten bzw. Produktionsstandort |

| | |
|---|---|
| $kd$ | Lagerhaltungskosten für eine Produkteinheit im Distributionslager |
| $kl$ | Lagerhaltungskosten für eine Produkteinheit im Distributionslager zur Lagerung für die Folgeperiode |
| $kla$ | Teil der Lagerhaltungskosten für eine Produkteinheit im Distributionslager |
| $klp$ | Teil der Lagerhaltungskosten für eine Produkteinheit im Distributionslager zur Lagerung für die Folgeperiode |
| $kp$ | Produktionskosten für eine Produkteinheit im Produktionsstandort |
| $ktbp$ | Transportkosten für eine Einsatzmaterialeinheit, welche von einem Lieferanten bzw. einem Produktionsstandort zu einem Produktionsstandort transportiert wird |
| $ktdk$ | Transportkosten für eine Produkteinheit, welche von einem Distributionslager zu einem Kunden transportiert wird |
| $ktpd$ | Transportkosten für eine Produkteinheit, welche von einem Produktionsstandort zu einem Distributionslager transportiert wird |
| $l$ | Produkt, $l \in L$ |
| $l^*$ | Produkt, das nicht mit anderen Produkten zu einer Produktgruppe zusammengefasst ist, $l^* \in L^*$ |
| $ld$ | verlorene Nachfrage |
| $m$ | Periode, $m \in M$ |
| max | Maximum |
| min | Minimum |
| $\hat{M}$ | Anzahl der zur Ermittlung der Planungsnervosität einzubeziehenden Perioden |
| $n$ | Transportmittel, $n \in N$ |
| opt | optimistisch |
| $p$ | Kapazitätsbedarf |
| pes | pessimistisch |
| $P$ | Gesamtkapazität eines Produktionsstandorts |
| $PN$ | Planungsnervosität |
| $Prob$ | Wahrscheinlichkeit |
| $q$ | Produktionskoeffizient |
| $qv$ | Proportionen der Flüsse, die in einen Prozessknoten münden |
| $qx$ | Proportionen der Flüsse, die aus einem Prozessknoten gehen |
| $Q$ | Periodenkapazität eines Distributionslagers |

| | |
|---|---|
| $r$ | (Planungs-)Stufe, $r \in R$ |
| RP | recourse problem |
| $s$ | Szenario, $s \in S$ |
| $sk$ | Strafkosten |
| $std$ | Entscheidung über Einrichtung eines Distributionslagers |
| $t$ | Einsatzmaterial, $t \in T$ |
| $t^*$ | Einsatzmaterial, das nicht mit anderen Einsatzmaterialarten zu einer Einsatzmaterialgruppe zusammengefasst ist, $t^* \in T^*$ |
| $\hat{t}_{\hat{z}}$ | erste Periode im Planungszyklus $\hat{z}$ |
| $tr$ | Verrechnungspreis |
| TK | Transportkapazität |
| $u$ | unbefriedigte Nachfrage |
| $v$ | Einsatzmaterialmenge, welche von einem Lieferanten bzw. einem Produktionsstandort zu einem Produktionsstandort transportiert wird |
| $V$ | Wert einer Produkteinheit |
| VSS | value of stochastic solution |
| $w$ | Lagerhaltungsmenge im Distributionslager für die Folgeperiode |
| $wk$ | Wechselkurs |
| WS | Wait-and-See |
| $x$ | Produktmenge, welche von einem Produktionsstandort zu einem Distributionslager transportiert wird |
| $y$ | Produktmenge, welche von einem Distributionslager zu einem Kunden transportiert wird |
| $yss$ | Zuordnung eines Distributionslagers zu einem Kunden |
| $z$ | Zielfunktionswert |
| $\hat{z}$ | Planungszyklus, $\hat{z} \in \hat{Z}$ |
| $zs$ | Zollsatz |
| $Z$ | große Zahl |

# 1 Einleitung

In Produktions- und Logistiknetzwerken, die aus Lieferanten-, Produktions-, Distributions- und Kundenebenen bestehen, erfordert die Umsetzung des Supply Chain Management eine standortübergreifende Abstimmung der Güter- und Informationsflüsse. Die vorliegende Arbeit konzentriert sich auf das taktische Supply Chain Planning als Planungsaufgabe des Supply Chain Management. Im Vergleich zum strategischen ist das taktische Supply Chain Planning regelmäßig durchzuführen und ferner stärker strukturiert, wodurch die Anwendungsmöglichkeiten für quantitative Methoden zur Planungsunterstützung verbessert werden. Das operative Supply Chain Planning ist auf zuverlässige Daten aus dem taktischen Supply Chain Planning angewiesen, da es aufgrund des erforderlichen Detaillierungsgrads und der damit verbundenen Problemgröße vielfach in dezentrale Teilplanungen zu zerlegen ist. Infolgedessen erhält vor allem das taktische Supply Chain Planning eine zentrale Bedeutung für eine standortübergreifende Betrachtung.

Das taktische Supply Chain Planning bestimmt auf Basis einer gegebenen Nachfrage die Beschaffungs-, Produktions-, Distributions- und Lagerhaltungsmengen sowie die Transportmengen übergreifend von den Lieferanten über die Produktionsstandorte und Distributionsläger bis hin zu den Kunden mit einem Planungshorizont von einem Jahr. Ggf. sind ferner Transportmittel und Standorte für Distributionsläger zu bestimmen. Durch darüber hinaus berücksichtigte Entscheidungen bspw. über periodenübergreifende Lagerhaltungsmengen, die der Behebung eines kapazitiven Engpasses dienen, wird ein Ausgleich zwischen Produktion und möglicherweise saisonal schwankender Nachfrage angestrebt, um den Kunden eine möglichst hohe Lieferbereitschaft gewährleisten zu können.

Taktische Supply Chain Planning-Probleme mit zahlreichen Standorten und den daraus resultierenden Transportverbindungen zwischen den Standorten sowie vielfältigen Produktarten mit unterschiedlichen Einsatzmaterialien erfordern oftmals eine quantitative Planungsunterstützung. Lineare Programmierungsmodelle erhöhen durch eine systematische Zusammenfassung der über die verschiedenen Standorte verteilten Daten die Transparenz für den Anwender und gestatten dadurch bereits strukturelle Verbesserungen. Darüber hinaus unterstützen Programmierungsmodelle unter Einsatz geeigneter Verfahren die Erstellung taktischer Pläne, die über alle einbezogenen Standorte und Stufen eines Produktions- und Logistiknetzwerks möglichst optimal sind.

Bisher in der Literatur vorgeschlagene Programmierungsmodelle beschränken sich auf einzelne Charakteristika des taktischen Supply Chain Planning, so dass eine umfassende Diskussion dieses Planungsproblems insbesondere hinsichtlich Zielfunktion und Entscheidungssituation im Zusammenhang mit einer geeigneten Modellierung fehlt. Ziel der vorliegenden Arbeit ist daher die Entwicklung von Modellen zur Unterstützung des taktischen Supply Chain Planning auf Basis einer ausführlichen Strukturierung des Planungsproblems. In diesem Zusammenhang wird in der vorliegenden Arbeit ein mehrperiodiges, deterministisches Grundmodell eines zweistufigen Produktions- und Logistiknetzwerks vorgeschlagen. Dieses Modell ermöglicht zusammen mit den diskutierten Erweiterungskomponenten die Entwicklung anwendungsspezifischer Modelle.

Die Nachfrageprognosen, auf welchen das taktische Supply Chain Planning basiert, können insbesondere für spätere Perioden innerhalb eines Planungshorizonts von einem Jahr mit Unsicherheit behaftet sein. Mögliche Ansätze zur Berücksichtigung der Unsicherheit sind die rollierende Planung und die stochastische Programmierung. Für das taktische Supply Chain Planning ist von Interesse, inwiefern diese Ansätze zur Verbesserung der Planungsgüte eingesetzt werden können. In diesem Zusammenhang werden eine Einbindung deterministischer Modelle in die rollierende Planung und ein stochastisches Programmierungsmodell diskutiert. In Verbindung mit dem taktischen Supply Chain Planning wird die stochastische Programmierung in der Literatur bisher lediglich punktuell berücksichtigt. Zur Unterstützung des taktischen Supply Chain Planning wird in der vorliegenden Arbeit somit ferner ein stochastisches Programmierungsmodell vorgeschlagen, in welchem die Nachfrageunsicherheit als Nachfragerisiko abgebildet wird, d.h., die Nachfrage wird durch Szenarien, deren Realisationen mit Wahrscheinlichkeiten zu bewerten sind, beschrieben.

Zusammengefasst ermöglichen die vorgestellten Programmierungsmodelle eine Unterstützung zahlreicher Supply Chain Planning-Probleme. Aufgrund der Erstellung möglichst optimaler taktischer Pläne und der Ausnutzung von Verbesserungspotenzialen kann das durch die lineare Programmierung unterstützte taktische Supply Chain Planning einen Beitrag zur Erhöhung der Wettbewerbsfähigkeit in Produktions- und Logistiknetzwerken leisten. Das Vorgehen bei der Entwicklung und Detaillierung der beschriebenen Modelle gemäß Abbildung 1.1 bestimmt auch den nachfolgend dargestellten Aufbau der Arbeit.

Im Anschluss an diese Einleitung werden im zweiten Kapitel die grundlegenden Merkmale der Produktions- und Logistiknetzwerke dargestellt. Dafür werden zunächst Produktion, Logistik sowie Produktions- und Logistiknetzwerk begrifflich abgegrenzt. Es folgt eine Definition des Supply Chain Management unter Berücksichtigung zahlreicher Vorschläge aus der Literatur sowie eine Erläuterung des Supply Chain Planning einschließlich einer Diskussion über Vor- und Nachteile. Aufgrund der Anzahl und Verschiedenartigkeit der zu berücksichtigenden Planungsaufgaben ist eine hierarchische Strukturierung des Supply Chain Planning erforderlich. Die jeweiligen Planungsaufgaben für das strategische, taktische und operative Supply Chain Planning werden aufgeführt, wobei gemäß der Schwerpunktsetzung in der vorliegenden Arbeit das taktische Supply Chain Planning im Mittelpunkt steht. Im zweiten Kapitel werden abschließend verschiedene Zielgrößen für das taktische Supply Chain Planning vorgestellt. Neben den detailliert betrachteten Kosten- und Erlösgrößen werden Zeit- und Mengengrößen sowie qualitative Zielgrößen erörtert.

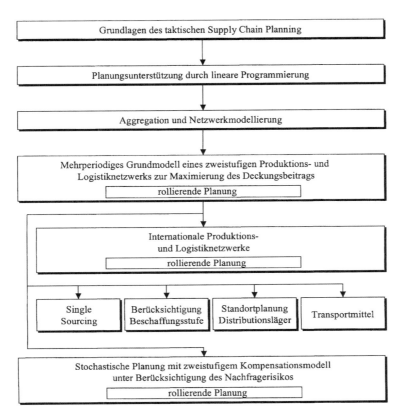

*Abbildung 1.1*: Vorgehen bei der Entwicklung und Detaillierung der Optimierungsmodelle

Im dritten Kapitel wird das Vorgehen bei der Modellanalyse von taktischen Supply Chain Planning-Problemen beschrieben. Anhand der Anforderungen an die Zielsetzung und an die Modelle erfolgt eine Erörterung der Merkmale, welche für Modelle zur Unterstützung des taktischen Supply Chain Planning zu berücksichtigen sind. Anschließend werden mit der linearen Programmierung und der Simulation zwei Ansätze zur Lösungsermittlung dargestellt. Exemplarisch verdeutlichen einige aus der Literatur entnommene Simulationsansätze das prinzipielle Vorgehen bei der Simulation für Planungsprobleme in Produktions- und Logistiknetzwerken. Die lineare Programmierung erweist sich zur Unterstützung des taktischen Supply Chain Planning aufgrund der umfassenden Einbeziehung möglicher Handlungsalternativen gegenüber der Simulation als besser geeignet. Ferner wird der Aufbau von Softwaresystemen zur Unterstützung des Supply Chain Planning erläutert, wobei detailliert auf die Vorgehensweise beim taktischen Supply Chain Planning eingegangen wird. Das Kapitel schließt mit einer Darstellung der rollierenden Planung als eine Möglichkeit zur Berücksichtigung von Unsicherheit. Im Zusammenhang mit der Planungsnervosität, die unter Umständen durch die rollierende Planung bedingt ist, werden die Planfixierung sowie Ansätze zur Messung der Planungsnervosität vorgestellt.

Im Mittelpunkt des vierten Kapitels steht die Modellbildung für Produktions- und Logistiknetzwerke. Aufgrund der Problemgröße, die sich aus der standort- und stufenübergreifenden Betrachtung ergibt, kann für eine Modellbildung die Aggregation von Daten und Entscheidungsvariablen sinnvoll sein. Die Aggregation wird in diesem Kapitel für Produkte, Kunden, Lieferanten sowie Zeiten erläutert, wobei Aggregationskriterien dargestellt werden, die zu berücksichtigen sind, um Aggregationsfehler möglichst klein zu halten. Nachfolgend wird die Vorgehensweise bei der Abbildung der Produktionsstandorte und Distributionsläger dargestellt. Hierbei steht die Ermittlung der jeweiligen Kapazitäten im Vordergrund. Für eine Visualisierung und Strukturierung der verschiedenartigen Supply Chain Planning-Probleme werden abschließend unterschiedliche Netzwerkmodelle dargestellt.

Das fünfte Kapitel behandelt die deterministische lineare Programmierung zur Unterstützung des taktischen Supply Chain Planning. Basis dieses Kapitels ist eine Literaturübersicht über Programmierungsmodelle, welche einen weitgehenden Bezug zum in der vorliegenden Arbeit abgegrenzten Supply Chain Planning-Problem aufweisen. Die Charakteristika der jeweiligen Modelle werden in einer Tabelle zusammengefasst dargestellt, ausführlich erläutert und hinsichtlich der Eignung für eine Unterstützung des taktischen Supply Chain Planning bewertet. Anschließend folgt die Formulierung eines Grundmodells mit der Zielsetzung einer Maximierung des Deckungsbeitrags sowie eine ausführliche Diskussion. Das Grundmodell umfasst bereits wichtige Charakteristika eines Produktions- und Logistiknetzwerks. Für eine detailliertere Abbildung werden Erweiterungen des Grundmodells wie etwa das Single Sourcing oder die Standortplanung für Distributionsläger beschrieben. Die Detaillierungen beziehen auch Planungsprobleme ein, die internationale Produktions- und Logistiknetzwerke betrachten. Abschließend wird im fünften Kapitel die Einbindung in die rollierende Planung erörtert sowie ein Überblick über Lösungsverfahren gegeben, die vielfach in ihrer Grundform oder in Weiterentwicklungen für die in der Literaturübersicht aufgeführten Programmierungsmodelle verwendet werden.

Das sechste Kapitel beschäftigt sich mit der stochastischen linearen Programmierung zur Unterstützung des taktischen Supply Chain Planning. Zunächst wird begründet, dass sich die vorliegende Arbeit auf die Betrachtung des Nachfragerisikos konzentriert. Es folgt eine Erläuterung der stochastischen Programmierung mit deren grundlegenden Modellierungsansätzen: Wait-and-See, Chance-Constrained Programming, zwei- und mehrstufige Kompensationsmodelle. Eine Literaturübersicht zeigt die Notwendigkeit einer Neuformulierung eines stochastischen Programmierungsmodells zur Unterstützung des taktischen Supply Chain Planning. Als stochastisches Programmierungsmodell wird ein mehrstufiges Kompensationsmodell formuliert, welches den erwarteten Deckungsbeitrag unter Berücksichtigung der Eintrittswahrscheinlichkeiten der unterschiedlichen Szenarien maximiert. Für weitere Überlegungen wird das stochastische Programmierungsmodell in die rollierende Planung eingebunden und die daraus resultierenden Entscheidungen diskutiert. Da die stochastische Programmierung gegenüber der deterministischen mit einem größeren Aufwand verbunden ist, werden neben dem Erwartungswert der vollkommenen Information und dem Wert der stochastischen Lösung Einflussfaktoren vorgestellt, die aufzeigen, bei welchen Planungsproblemen die Anwendung der stochastischen Programmierung sinnvoll ist. Ferner werden Lösungsverfahren für mehrstufige Kompensationsmodelle vorgestellt und ein Überblick über die Szenarienplanung gegeben. Abschließend veranschaulicht im sechsten Kapitel ein Beispiel die Auswirkungen der unterschiedlichen Planungsansätze hinsichtlich Deckungsbeitrag, Planungsnervosität und Lieferbereitschaft. Die Arbeit schließt mit einer Zusammenfassung und einem Ausblick im siebten Kapitel.

# 2 Grundlagen des Supply Chain Planning

## 2.1 Wesentliche Merkmale der Produktions- und Logistiknetzwerke

Die vorliegende Arbeit thematisiert die Planung in Produktions- und Logistiknetzwerken. Aufgrund der Begriffsvielfalt in Produktion und Logistik ist zunächst eine begriffliche Abgrenzung erforderlich. Eine häufig in der Literatur verwendete Definition versteht unter Produktion alle Aktivitäten zur Kombination und Transformation von Produktionsfaktoren in Produkte.[1] Dabei sind Produktionsfaktoren Güter, die zur Produktion erforderlich sind und nach Gutenberg in Werkstoffe, Betriebsmittel und menschliche Arbeitsleistungen unterteilt werden.[2] Die Bezeichnung Werkstoff wird hier gleichbedeutend mit dem aus der Beschaffung bekannten Begriff Material verwendet. Material ist der Oberbegriff für alle Roh-, Hilfs- und Betriebsstoffe sowie Halbfabrikate, die zur Produktion erforderlich sind und sowohl von innerhalb als auch von außerhalb einer Unternehmung bezogen werden können.[3] Zur Verdeutlichung, dass Materialien in der Produktion eingesetzt werden, wird in der vorliegenden Arbeit die Bezeichnung Einsatzmaterialien gewählt. Unter Produkten werden materielle Güter oder Dienstleistungen verstanden, wobei unterschiedliche Ausprägungsformen als Produktarten oder -typen bezeichnet werden. Corsten weist darauf hin, dass aus der Kombination und der Transformation absatzfähige oder in weiteren Faktorkombinationen und -transformationen verwendbare Produkte entstehen, und schließt aus dem Produktionsbegriff andere betriebliche Funktionen wie etwa Beschaffung, Absatz und Finanzierung aus.[4] Für die vorliegende Arbeit wird der vorgestellte Produktionsbegriff eingegrenzt, indem alle Produkte, welche erzeugt und an die Kunden geliefert werden, materiellen Gütern entsprechen. Dienstleistungen wie schwerpunktmäßig logistische Dienstleistungen treten hier als Komponenten materieller Güter auf.[5]

Die Produktion betont insbesondere die materielle Kombination und Transformation, wohingegen der raum-zeitliche sowie mengenmäßige Transfer von Gütern eine Aufgabe der Logistik ist. Folglich wird unter Logistik die Planung, Steuerung und Kontrolle aller Vorgänge, die für eine raum-zeitliche und mengenmäßige Gütertransformation erforderlich sind, sowie der dazugehörigen Informationen verstanden.[6] Damit umfasst die Logistik Transport-, Umschlags- und Lagervorgänge,[7] wobei Transport als Raumüberbrückung oder Ortsveränderung von Gütern durch Transportmittel definiert ist.[8] Umschlagsvorgänge verknüpfen logistische Vorgänge, indem Gütermengen aufgelöst und neu zusammengefasst werden.

---

[1]   Vgl. etwa Domschke/Scholl/Voß (1997), S. 4; Kistner/Steven (2001), S. 1.
[2]   Vgl. Gutenberg (1983), S. 3.
[3]   Vgl. Corsten (2000), S. 397; Schulte (2001), S. 18f.
[4]   Vgl. Corsten (2000), S. 1f. Eine sehr weite Definition der Produktion bietet etwa Kern (1992), S. 10, der unter Produktion die Kombination von Produktionsfaktoren versteht. Unterschiedliche Produktionsbegriffe finden sich etwa bei Bloech/Lücke (1982), S. 2f.
[5]   Für eine ähnliche Abgrenzung vgl. Kern (1992), S. 1.
[6]   Vgl. Pfohl (2000a), S. 12; Schulte (1999), S. 1.
[7]   Vgl. Hahn/Laßmann (1999), S. 123; Schulte (2001), S. 8.
[8]   Vgl. Pfohl (2000a), S. 162.

8

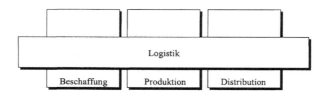

*Abbildung 2.1*: Logistik als Querschnittsfunktion einer funktional gegliederten Unternehmung

Die Logistik als Querschnittsfunktion einer Unternehmung gliedert sich in funktionaler Hinsicht gemäß Abbildung 2.1 in Beschaffungslogistik, Produktionslogistik und Distributionslogistik.[9] Die Beschaffungslogistik umfasst alle logistischen Vorgänge, die zur Versorgung der Produktion mit Produktionsfaktoren erforderlich sind, wobei i.e.S. unter Produktionsfaktoren ausschließlich Einsatzmaterialien verstanden werden. Die Produktionslogistik betrachtet die logistischen Vorgänge in der Produktion.[10] Damit kann sich in der Produktion eine Überschneidung von Produktions- und Logistikvorgängen ergeben, falls Transportvorgänge mit Produktionsvorgängen gekoppelt werden. Ein Beispiel für eine Kopplung von Transport- und Produktionsvorgängen ist eine chemische Reaktion während einer Bewegung.[11] Die logistischen Vorgänge von einem Produktionsstandort ggf. über die Distributionsläger zum Kunden des Fertigprodukts werden schließlich der Distributionslogistik zugeordnet.

Die Arbeitsteilung mit dem Ziel einer Erhöhung der technischen und wirtschaftlichen Effizienz führt zur Verteilung der in der Produktion erforderlichen Arbeitsvorgänge auf mehrere Arbeitsträger.[12] Arbeitsvorgänge führen an Arbeitsobjekten eigenschaftsverändernde Verrichtungen aus. Diejenigen Arbeitsträger, insbesondere Menschen und Maschinen, die gemeinsam am selben Arbeitsobjekt arbeiten, werden zu einer Produktiveinheit zusammengefasst.[13] Andere Bezeichnungen für Produktiveinheiten sind Arbeitssysteme[14] oder Kapazitätseinheiten[15]. Die Anzahl der zu durchlaufenden Produktiveinheiten bestimmt die Anzahl der Produktionsebenen. Bei einer Produktion in einer Ebene werden alle Arbeitsvorgänge an einem Arbeitsobjekt unmittelbar aufeinander folgend durch eine Produktiveinheit ausgeführt, während ein Arbeitsobjekt bei einer Produktion in mehreren Ebenen verschiedene Produktiveinheiten evtl. mit Unterbrechungen und Lagerungen durchläuft.

Oftmals sind mehrere Produktiveinheiten zur Produktion von Arbeitsobjekten erforderlich. Eine räumlich abgegrenzte Zusammenfassung von Produktiveinheiten ist ein Produktionsstandort. In einem Produktionsstandort kann es mehrere Fabriken bzw. Werke geben. Wenn Arbeitsobjekte an räumlich verteilten Produktionsstandorten be-

---

[9] Vgl. Pfohl (2000a), S. 17; Schulte (2001), S. 8. Ähnlich Tempelmeier (1999a), S. 3-6, der in physische Materialbeschaffung, Produktionslogistik und physische Distribution unterteilt.
[10] Vgl. Tempelmeier (1999a), S. 5.
[11] Vgl. Hahn/Laßmann (1999), S. 7.
[12] Vgl. Adam (1998), S. 1.
[13] Vgl. Domschke/Scholl/Voß (1997), S. 4.
[14] Vgl. etwa Günther/Tempelmeier (2000), S. 7; Hahn/Laßmann (1999), S. 47; Zäpfel (2000a), S. 96.
[15] Vgl. Nebl (2001), S. 205.

arbeitet werden, sind Transport- und ggf. Lagervorgänge für in den Produktionsstandort eingehende und ausgehende Güter erforderlich. Ein Produktionsstandort kann mit Hilfe der in der produktionswirtschaftlichen Literatur gebräuchlichen Input-Output-Beziehung des Güterflusses gemäß Abbildung 2.2 schematisch dargestellt werden.

Einsatzmaterialien → Produktionsstandort → Produkte

*Abbildung 2.2*: Input-Output-Beziehung des Güterflusses eines Produktionsstandorts

Der eingehende Güterfluss umfasst die Einsatzmaterialien. In dem Produktionsstandort erfolgt die eigentliche Leistungserstellung bzw. die Produktion, die in einer oder mehreren Ebenen erfolgen kann. Der Output des Produktionsstandorts sind Produkte, welche entweder in anderen Produktionsstandorten weiterverarbeitet oder als Fertigprodukte an die Kunden geliefert werden.

Eine Synchronisation zwischen der Produktionsmenge und der Nachfrage für Fertigprodukte seitens der Kunden ist in vielen Fällen nicht möglich. Die Einrichtung eines Lagers für Fertigprodukte ist erforderlich, wenn das durch die Produktion verfügbare Angebot mit der Nachfrage der Kunden mengenmäßig und zeitlich auszugleichen ist. Dieses wird auch als Ausgleichsfunktion der Lagerhaltung bezeichnet.[16] Daneben gibt es die Sicherungsfunktion von Lägern, die bedeutet, dass auch bei unvorhergesehenen Liefer- und Nachfrageschwankungen eine nach Möglichkeit jederzeitige Lieferbereitschaft gewährleistet werden kann.[17] Weitere vielfach in der Literatur aufgeführte Lagerfunktionen sind die Veredelungs-, Spekulations- und Assortierungsfunktion.[18] Von einem Produktionsstandort können die Fertigprodukte entweder direkt über ein Zentrallager oder über Regionalläger an die Kunden geliefert werden. In einem Zentrallager wird die Lagerhaltung für alle Fertigprodukte aus einem oder mehreren Produktionsstandorten in einem räumlich zusammengefassten Lager, von dem alle Kunden beliefert werden, konzentriert.[19] Häufig liegen Zentralläger unmittelbar an Produktionsstandorten. Regionalläger werden dagegen möglichst in der Nähe der Kunden angesiedelt, weshalb mehrere Regionalläger einzurichten sind, deren Anzahl u.a. abhängig von der regionalen Verteilung der Kunden ist. Die Lagerhaltung im Produktionsstandort dient sodann zur Erreichung der erforderlichen Menge an Produkten, die zu einer Transporteinheit zum Transport in die Regionalläger zusammengefasst werden.

Mit der Einrichtung mehrerer Regionalläger zusätzlich zur Auslieferungslagerhaltung im Produktionsstandort sind Kosten für deren Betrieb verknüpft, welche die Kosten eines Zentrallagers übersteigen können. Andererseits sind aufgrund der Zusammenfassung zu größeren Transporteinheiten für die Teilstrecke zwischen Produktionsstandort

---

[16] Vgl. Schulte (2001), S. 246; ähnlich auch Ihde (2001), S. 44.
[17] Vgl. Schulte (1999), S. 179.
[18] Vgl. Schulte (1999), S. 179; Schulte (2001), S. 246f. Diese Funktionen bleiben im weiteren Verlauf der vorliegenden Arbeit unberücksichtigt.
[19] Vgl. auch Schulte (2001), S. 258.

und Regionallager auf dem Weg zum Kunden die Transportkosten geringer.[20] Gleichzeitig wird durch Regionalläger die Marktpräsenz vor Ort verbessert, wodurch höhere Marktanteile angestrebt werden.[21] Für die Regionalläger ist zu differenzieren, ob in diesen ein Lagerbestand zum Ausgleich von Angebot und Nachfrage, der über die Synchronisation der Transporteinheiten hinausgeht, gehalten werden kann. Regionalläger ohne die Möglichkeit einer solchen Lagerhaltung werden auch als Umladepunkte bzw. -orte oder Umschlagsläger bezeichnet.[22] Besteht die Möglichkeit einer Lagerhaltung als Ausgleichs- und Sicherungsfunktion, kann eine Distribution über Regionalläger im Vergleich zu einer direkten Belieferung aus einem Zentrallager zusätzlich den Vorteil kürzerer Lieferzeiten bieten. Da ein Regionallager hauptsächlich zur Distribution der Fertigprodukte dient, wird ein räumlich abgegrenztes Regionallager auch als Distributionslager bezeichnet.[23] Diese Bezeichnung wird für die vorliegende Arbeit übernommen.

Eine schematische Erfassung der Input-Output-Beziehungen des Güterflusses eines Lagers zeigt die Abbildung 2.3.

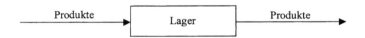

*Abbildung 2.3*: Input-Output-Beziehung des Güterflusses eines Lagers

Sowohl Input als auch Output eines Lagers sind materielle Güter bzw. Produkte, eine Produktion findet nicht statt. Allerdings können in einem Lager logistische Vorgänge wie Änderungen der Verpackungsgröße oder -art der Produkte sowie eine Zusammenstellung verschiedener Produktarten zu einer Auslieferungseinheit durchgeführt werden.

Die konkrete Ausgestaltung der Distribution über ein Zentrallager oder über Distributionsläger ist abhängig von einem konkreten Planungsproblem. Für die vorliegende Arbeit wird angenommen, dass die Distribution über Distributionsläger mit einer Auslieferungslagerhaltung in den Produktionsstandorten erfolgt. Die Betrachtung mehrerer Produktionsstandorte und Distributionsläger führt zu einer standortübergreifenden Sichtweise, die von der Überlegung ausgeht, dass für die Herstellung eines Fertigprodukts vielfach Arbeitsvorgänge an mehreren Produktionsstandorten erforderlich sind. Außerdem ist ein Produktionsstandort häufig in der Lage, verschiedene Produktarten herzustellen. Eine Zusammenfassung der für die Herstellung der betrachteten Fertigprodukte zu durchlaufenden Produktionsstandorte und Distributionsläger einschließlich der Lieferanten und der Kunden führt bspw. zu der Darstellung in Abbildung 2.4.

---

[20]  Vgl. Kuehn/Hamburger (1963), S. 643. Pfohl (2000a), S. 99, beschreibt dieses als Größendegressionseffekt.

[21]  Vgl. Bowersox/Closs (1996), S. 396; Günther/Tempelmeier (2000), S. 66.

[22]  Vgl. Domschke (1995), S. 51; Pfohl (2000a), S. 124f.; eingehender zur Begriffsabgrenzung auch Paraschis (1989), S. 16.

[23]  Den Begriff Distributionslager verwenden etwa Ballou (1999), S. 250; Pfohl (2000a), S. 98f.

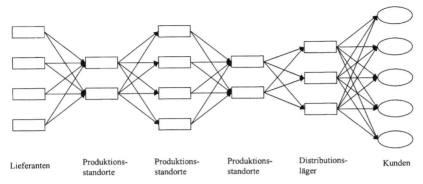

| Lieferanten | Produktions-standorte | Produktions-standorte | Produktions-standorte | Distributions-läger | Kunden |
|---|---|---|---|---|---|

*Abbildung 2.4*: Standortübergreifende Sichtweise

Für die Herstellung der Fertigprodukte sind zunächst Einsatzmaterialien erforderlich, die von den Lieferanten bereitgestellt werden. Diese werden in nachgelagerten Arbeitsvorgängen in den einzelnen Produktionsstandorten aufeinander folgend be- und weiterverarbeitet. Die Fertigprodukte werden abschließend über die Distributionsläger an die Kunden geliefert. Die Verbindungslinien geben die zwischenbetrieblichen Transporte an,[24] wobei angenommen wird, dass Transporte lediglich in einer Richtung von den Lieferanten zu den Kunden des Fertigprodukts stattfinden und folglich keine Güterrückflüsse erfasst werden. In der Sichtweise der Abbildung 2.4 entsprechen die parallelen Standorte einer Ebene. Kunden, Lieferanten und Distributionsläger bilden jeweils eine Ebene und die Produktionsstandorte insgesamt drei Ebenen. Wenn zwei aufeinander folgende Ebenen in Beziehung gesetzt werden, soll dies im Folgenden als eine Stufe bezeichnet werden. In Abbildung 2.4 gibt es somit fünf Stufen.

Diese Betrachtung ausgehend von den Lieferanten bis zu den Kunden kann als Logistikkette bezeichnet werden.[25] Unter einer Logistikkette wird eine Unternehmung mit den jeweiligen Lieferanten, Kunden und logistischen Dienstleistern sowie den zugehörigen Input-Output-Beziehungen verstanden.[26] Neben dem Begriff der Logistikkette werden auch die Bezeichnungen logistische Kette[27] oder Lieferkette[28] verwendet. Isermann versteht unter einer Logistikkette alle logistischen Aktivitäten, die einen logistischen Anfangsbestand in einen logistischen Endbestand transformieren.[29] Diese Definition wird von Schulte konkretisiert, indem er darauf hinweist, dass eine Logistikkette alle logistischen Aktivitäten von einem Lieferanten bis zum Kunden umfasst, und zu

---

[24] Wenn einzelne Produktionsstandorte jeweils als eine technische Einheit angesehen werden, in denen Produktion stattfindet, können diese auch als Betriebe bezeichnet werden, vgl. Pfohl (2000a), S. 16, wobei dann die Bezeichnung zwischenbetrieblich gerechtfertigt ist. Dem stehen die innerbetrieblichen Güterflüsse gegenüber, die hier nicht visualisiert werden.

[25] Vgl. Vahrenkamp (2000), S. 102.

[26] Vgl. Zäpfel/Piekarz (1996), S. 12.

[27] Vgl. Schulte (2001), S. 33.

[28] Diesen Begriff verwenden etwa Hahn/Laßmann (1999), S. 401f., und synonym zur Logistikkette auch Zäpfel/Piekarz (1996), S. 12.

[29] Vgl. Isermann (1998), S. 39.

diesen Aktivitäten u.a. Lagerung und Montage zählt.[30] In der englischsprachigen Literatur wird für Logistikkette der Begriff Supply Chain verwendet.[31]

Da die netzwerkartige Struktur der Standorte im Vordergrund steht, wird in der vorliegenden Arbeit statt Logistikkette die Bezeichnung Logistiknetzwerk gewählt. Außerdem zeigt der Begriff Netzwerk, dass je Ebene mehrere Standorte parallel betrachtet werden. Ein Logistiknetzwerk besteht folglich aus mehreren Logistikketten. Da auch die Einbeziehung von Produktionsvorgängen in der vorliegenden Arbeit betont werden soll, wird hier der Begriff Produktions- und Logistiknetzwerk verwendet.[32] Der Bereich der Produktionslogistik mit einer Überschneidung von Produktion und Logistik wird hier der Produktion zugeordnet. Ein Produktions- und Logistiknetzwerk umfasst somit alle Produktiveinheiten und über die Relationen der Produktiveinheiten alle Vorgänge der Produktion und Logistik, die erforderlich sind, um ein Fertigprodukt herzustellen und an den Kunden zu liefern. Neben dem Begriff Produktionsnetzwerk wird in der Literatur der Begriff des Produktionssystems verwendet.[33] Unter einem Produktionssystem wird die Gesamtheit der für die Herstellung der betrachteten Produkte erforderlichen Produktiveinheiten sowie die zwischen den Produktiveinheiten bestehenden Relationen verstanden.[34] Eine stärkere Betonung der logistischen Aktivitäten führt zur Bezeichnung Produktions- und Logistiksystem.[35] Daraus ergibt sich eine weitgehend inhaltliche Übereinstimmung mit dem hier verwendeten Begriff des Produktions- und Logistiknetzwerks. Da der Begriff Netzwerk stärker als die Bezeichnung System die Struktur netzwerkartiger Relationen zwischen Standorten betont, wird hier der Begriff Produktions- und Logistiknetzwerk verwendet.

Ein wichtiges Charakteristikum eines Produktions- und Logistiknetzwerks ist die Zuordnung aller Produktionsstandorte und Distributionsläger zu einer einzigen rechtlich selbstständigen Unternehmung. Dieses ist ein wichtiges Unterscheidungsmerkmal gegenüber Unternehmungsnetzwerken. Unternehmungsnetzwerke sind nach Sydow durch kooperative Beziehungen zwischen rechtlich selbstständigen Unternehmungen, die jedoch wirtschaftlich abhängig sind, gekennzeichnet.[36] In der Literatur finden sich bei einer Betrachtung mehrerer rechtlich selbstständiger Unternehmungen an der Her-

---

[30] Vgl. Schulte (1999), S. 3f.

[31] Vgl. etwa Christopher (1998), S. 15; Handfield/Nichols (1999), S. 2; Lee/Billington (1995), S. 43.

[32] Diese Bezeichnung verwendet auch Hansmann (2001), S. 294.

[33] Vgl. etwa Corsten (2000), S. 2f.; Nebl (2001), S. 205; Zäpfel (1982), S. 9.

[34] Vgl. Nebl (2001), S. 205; Zäpfel (1982), S. 9. Allgemein wird ein System durch Ziele bzw. Aufgaben, Elemente sowie deren Relationen determiniert, vgl. Krüger (1975), S. 14.

[35] Den Begriff Logistiksystem verwendet etwa Pfohl (2000a), S. 5. Für eine ausführliche Darstellung vgl. auch Isermann (1998), S. 46-52.

[36] Vgl. Sydow (1992), S. 79. Diese Begriffsabgrenzung zwischen Unternehmungsnetzwerk und Produktions-/Logistiknetzwerk ist in der Literatur nicht einheitlich. Hinsichtlich der rechtlichen Selbstständigkeit der Unternehmungen unterscheiden Steven/Krüger (1999), S. 1, zwischen unternehmungsübergreifenden und -internen Logistiknetzwerken. Auch Schönsleben (2000), S. 9f., fasst sowohl organisatorische Einheiten einer Unternehmung als auch verschiedene Unternehmungen zu einem Logistiknetzwerk zusammen. Weber/Kummer (1998), S. 345f., gehen bei Logistiknetzwerken davon aus, dass die rechtliche Selbstständigkeit definitorisches Merkmal ist. Steven (1999), S. 246, verwendet Produktionsnetzwerke im Zusammenhang mit virtuellen Produktionsnetzwerken, die als rechtlich selbstständige Unternehmungen mit einem zeitlich befristeten Zusammenschluss definiert sind.

stellung eines Produkts auch die Begriffe Wertschöpfungsverbund[37], Wertschöpfungs-kette[38] oder Wertschöpfungsnetzwerk[39]. Darüber hinaus sind Produktions- und Logistiknetzwerke von virtuellen Unternehmungen abzugrenzen. Während bei Produktions- und Logistiknetzwerken die grundlegende Netzwerkstruktur über einen längerfristigen Zeitraum weitgehend bestehen bleibt, determinieren bei virtuellen Unternehmungen die jeweiligen für die Kunden durchzuführenden Aufgaben eine individuell angepasste Struktur für die Zusammenarbeit der beteiligten Unternehmungen.[40]

Ein Beispiel für Produktions- und Logistiknetzwerke ist die Herstellung von Autoreparaturlacken an verschiedenen Standorten und die Auslieferung über Distributionsläger an die Kunden, welche insbesondere Autoreparaturwerkstätten sind.[41] Darüber hinaus ist die Produktion von Pflanzenschutzmitteln mit Fertigung, Verpackung und anschließendem Versand über Distributionsläger zu den Kunden ein Beispiel für ein Produktions- und Logistiknetzwerk.[42]

Produktions- und Logistiknetzwerke können aus einer prozessorientierten Sichtweise betrachtet werden. Ein Prozess ist durch die Sachzielbezogenheit, die Zerlegbarkeit in Bestandteile sowie Abhängigkeitsbeziehungen zwischen den Bestandteilen gekennzeichnet.[43] Die definitorische Einbeziehung des Sachziels geht von der Überlegung aus, dass ein Prozess für den Kunden einen Wert zum Ergebnis haben muss. Prozesse in einem Produktions- und Logistiknetzwerk werden unterteilt in Produktionsprozesse und Logistikprozesse. Das Sachziel eines Produktionsprozesses ist die Erstellung von Halb- oder Fertigprodukten mit definierter Qualität.[44] Die Erstellung eines Produkts erfordert die Kombination und Transformation von Produktionsfaktoren, insofern deckt sich der Begriff des Produktionsprozesses mit dem der Produktion.[45] Das Sachziel eines Logistikprozesses ist die raum-zeitliche sowie mengenmäßige Transformation von Gütern. Die zweite Eigenschaft der Prozesse weist auf die Zerlegbarkeit des Prozesses in einzelne Bestandteile hin, die als Vorgänge bezeichnet werden können.[46] Einzelne Vorgänge in der Produktion werden in Übereinstimmung mit dem hier vorgestellten Produktionsbegriff als Arbeitsvorgänge bezeichnet. Als Zuordnungsmerkmal für einzelne Vorgänge zu einem Produktionsprozess bietet sich das technische Verfahren an. Steven ordnet diejenigen Arbeitsvorgänge einem Produktionsprozess zu, die auf demselben technischen Verfahren beruhen.[47] Da für jede Produktart zumindest

---

[37] Vgl. Zäpfel (2001), S. 12.
[38] Vgl. Scheer/Borowsky (1999), S. 4.
[39] Vgl. Weber/Kummer (1998), S. 345.
[40] Zur Abgrenzung des Begriffs der virtuellen Unternehmung vgl. Kistner/Steven (2001), S. 340-342; Picot/Reichwald/Wigand (2001), S. 422-424; und auch Scheer/Borowsky (1999), S. 5.
[41] Vgl. Rey (2000).
[42] Vgl. Oxé (1997).
[43] Vgl. mit einer ausführlichen Diskussion des Prozessbegriffs Völkner (1998), S. 9-11; eine ähnliche Definition findet sich bei Bea/Schnaitmann (1995), S. 280.
[44] Vgl. Hahn/Laßmann (1999), S. 493.
[45] Vgl. Domschke/Scholl/Voß (1997), S. 4, die den Produktionsprozess als Kombinations- und Transformationsprozess ansehen.
[46] Vgl. Bea/Schnaitmann (1995), S. 279, die dafür auch die Begriffe Tätigkeit, Verrichtung, Aktivität, Operation oder Transformation aufführen.
[47] Vgl. Steven (1998), S. 64.

14

abschnittsweise ein anderes technisches Verfahren erforderlich ist, sind Produktionsprozesse abhängig von der Produktart. Da die prozessorientierte Sicht in Produktions-
und Logistiknetzwerken auch logistische Vorgänge berücksichtigt, werden einzelne
Vorgänge in der Logistik als Transport-, Umschlags- oder Lagervorgänge bezeichnet.
Folglich wird impliziert, dass Vorgänge Bestandteile eines übergeordneten Prozesses
sind und damit zur dritten Charakteristik, den Abhängigkeitsbeziehungen zwischen
den Vorgängen von Prozessen, führen. Hierunter wird verstanden, dass zwischen den
einzelnen Vorgängen aufgrund inhaltlicher Zusammenhänge eine Abhängigkeitsbezie-
hung vorliegt.[48] Infolgedessen gibt es eine Abfolge von Vorgängen, die über den Güterfluss miteinander verbunden sind.[49] Schließlich weist Gaitanides darauf hin, dass
sich ein Prozess durch einen definierten Anfang und ein definiertes Ende auszeich-
net.[50] Zusammenfassend besteht in der hier vorgestellten Sichtweise ein Produktions-
und Logistikprozess aus Vorgängen der Produktion und logistischen Vorgängen, die
miteinander durch den Güterfluss verknüpft sind. Abhängig von der Abgrenzung eines
Planungsproblems kann sich ein Produktionsprozess auf einen oder auf mehrere Produktionsstandorte beziehen.

Zahlreiche Prozesse können aufgrund großer Produktmengen und vielfältiger Produktarten bei einer großen Anzahl an Lieferanten, Produktionsstandorten, Distributionslägern und Kunden zu einem komplexen Produktions- und Logistiknetzwerk mit zahlreichen für den Güterfluss erforderlichen Logistikvorgängen führen. Allgemein wird
Komplexität in einem Produktions- und Logistiknetzwerk durch die Anzahl der Elemente wie Produkte oder Produktionsstandorte und deren Relationen im Güterfluss
sowie durch die Veränderungen der Elemente und Relationen definiert.[51] Während der
Begriff Problemgröße die Anzahl der Elemente und Relationen akzentuiert, wird bei
der Bezeichnung Problemkomplexität stärker die Art der Relationen sowie die Veränderungen von Elementen und Relationen betont. Zäpfel und Piekarz weisen ferner darauf hin, dass Komplexität in einem Produktions- und Logistiknetzwerk abhängig von
der Anzahl der erforderlichen Entscheidungen sowie deren Wechselwirkung untereinander ist.[52] Einerseits erschweren komplexe Produktions- und Logistiknetzwerke eine
standortübergreifende Planung, andererseits gibt es jedoch insbesondere in diesen vielfach erhebliche Verbesserungspotenziale, die durch eine derartige Planung erzielbar
sind.

---

[48] Vgl. Völkner (1998), S. 11. Gaitanides (1996), Sp. 1683, bezeichnet diese als logischen inneren Zusammenhang; Bogaschewsky/Rollberg (1998), S. 185, als zusammengehörende Tätigkeiten.
[49] Vgl. Bea/Schnaitmann (1995), S. 279.
[50] Vgl. Gaitanides (1996), Sp. 1683.
[51] Zur Darstellung der Unternehmungskomplexität vgl. Adam (1998), S. 30. Dies ist abzugrenzen von der Begriffsdefinition in der Komplexitätstheorie. Im Rahmen der Komplexitätstheorie wird für Optimierungs-
probleme untersucht, welcher Rechenaufwand zur Ermittlung einer optimalen Lösung bzw. zum Nachweis
der Optimalität einer Lösung im ungünstigsten Fall erforderlich ist, vgl. hierzu Domschke/Scholl/Voß
(1997), S. 52-57, und die dort angegebene Literatur.
[52] Vgl. Zäpfel/Piekarz (1996), S. 19.

## 2.2 Standortübergreifende Sicht durch Supply Chain Management

### 2.2.1 Supply Chain Planning als Teil des Supply Chain Management

In der Literatur wird mit einer integrierten Betrachtung der Produktions- und Logistik-prozesse häufig der Begriff Supply Chain Management assoziiert.[53] Das setzt voraus, dass nicht für einzelne Funktionsbereiche bzw. Standorte, sondern standortübergrei-fend über mehrere Ebenen durch eine Instanz[54] geplant wird. Mit dem definitorischen Merkmal der Planung durch eine Instanz sind alle Produktionsstandorte und Distribu-tionsläger eines betrachteten Produktions- und Logistiknetzwerks vorherrschend einer einzigen rechtlich selbstständigen Unternehmung zugeordnet. Diese Abgrenzung schließt jedoch nicht aus, dass Einsatzmaterialien von Fremdunternehmungen, Trans-portmengen für logistische Dienstleister und Distributionsmengen zu den Kunden ge-plant werden. Allerdings kann im Rahmen der hier durchgeführten Betrachtung eine Unternehmung, welche die Produktions- und Logistikprozesse für ihre Produktions-standorte und Distributionsläger plant, nicht unmittelbar auf die Ressourcen einer Fremdunternehmung zugreifen, sondern hat u.a. bestehende Rahmenverträge und Inte-ressen der Fremdunternehmung zu berücksichtigen. In der Literatur vertreten einige Autoren die Ansicht, dass für das Supply Chain Management ein Unternehmungs-netzwerk, d.h. eine Beteilgung mehrerer rechtlich selbstständiger Unternehmungen, charakteristisch ist.[55] Dadurch wird impliziert, dass eine Planungsinstanz unmittelbar auf die Ressourcen aller beteiligten Unternehmungen zugreifen kann. Eine derartige Beteiligung mehrerer Unternehmungen bedingt jedoch zusätzliche Aufgabenstellun-gen, die hier nicht weiter untersucht werden. Hierzu zählt u.a. die Koordination zwi-schen den beteiligten Unternehmungen aufgrund unterschiedlicher Zielvorstellungen.[56]

Zum Aufgabenumfang des Supply Chain Management finden sich in der Literatur eine Vielzahl verschiedener Vorschläge.[57] Bei einem eng begrenzten Aufgabenumfang um-fasst das Supply Chain Management die Planung, Steuerung und Kontrolle lediglich der Güterprozesse des Produktions- und Logistiknetzwerks.[58] In einer weiten Form der Ausgestaltung werden u.a. auch Aufgaben des Beschaffungsmanagements, des Infor-mationsmanagements, der Anlagenplanung und des Kundenservices einbezogen.[59] Zu den zentralen Aufgaben des Supply Chain Management, die in der Literatur häufig

---

[53] Eine deutsche Übersetzung geben Zäpfel/Piekarz (1996), S. 13, mit dem Begriff Lieferkettenmanagement an.
[54] Instanzen sind Leitungsstellen, die verbindliche Entscheidungen treffen können, vgl. etwa Bühner (1999), S. 68f.
[55] Vgl. etwa Christopher (1998), S. 231; Ellram (1991), S. 13; Werner (2000), S. 5. Zäpfel/Piekarz (1996), S. 12, sprechen in diesem Zusammenhang von Partnern. Scheer/Borowsky (1999), S. 4-7, fordern ebenfalls eine Beteiligung verschiedener Unternehmungen, betonen jedoch auch, dass die beteiligten Unternehmungen wie eine Unternehmung zu agieren haben.
[56] Hahn/Laßmann (1999), S. 401f., weisen insbesondere im Zusammenhang mit Großunternehmungen auf die stärker innerbetriebliche Ausrichtung des Supply Chain Management hin.
[57] Überblicke bieten Cooper/Lambert/Pagh (1997), S. 2-4; Croom/Romano/Giannakis (2000), S. 68f.; Kotzab (1999), S. 2-4; Otto/Kotzab (2001), S. 159f.; Pfohl (2000b), S. 4-6.
[58] Vgl. Houlihan (1988), S. 14; Jones/Riley (1985), S. 16.
[59] Vgl. Stevens (1989), S. 3.

genannt werden, zählen die Planung, Steuerung und Kontrolle der Güter- und Informationsprozesse über das gesamte Produktions- und Logistiknetzwerk.[60] Als Supply Chain Management wird hier die integrierte Planung, Steuerung und Kontrolle der Güter- und Informationsprozesse über die Ebenen hinweg häufig mit mehreren Lieferanten, Produktionsstandorten, Distributionslägern und Kunden in einem Produktions- und Logistiknetzwerk verstanden.[61]

Die Planung von Güterprozessen in Produktions- und Logistiknetzwerken im Zusammenhang mit dem Supply Chain Management wird in der Literatur auch als Supply Chain Planning bezeichnet.[62] Als Planung wird die gedankliche Vorwegnahme zukünftiger Handlungsalternativen und die Auswahl der günstigsten Alternative hinsichtlich der gewählten Zielsetzung verstanden.[63] Da sich das Supply Chain Planning auch mit den Güterprozessen in Produktionsstandorten beschäftigt, ist die Produktionsplanung ein Teilbereich des Supply Chain Planning. Infolge der zentralen Bedeutung der Produktionsvorgänge basiert das Supply Chain Planning auf der Produktionsplanung. Daneben zählen auch Beschaffungs-, Distributions-, Transport- sowie Lagerhaltungsplanung als Planungsbereiche der Logistik zum Supply Chain Planning. Zugleich ist auch die Nachfrageplanung als Aufgabe des Funktionsbereichs Absatz dem Supply Chain Planning zuzuordnen. Darüber hinaus wird hier zum Supply Chain Planning die Steuerung von Güterprozessen gezählt.[64] Das in der vorliegenden Arbeit abgegrenzte Supply Chain Planning unterscheidet sich von der Produktionsplanung somit durch die stärkere Akzentuierung der gleichzeitigen Berücksichtigung unterschiedlicher Produktionsstandorte ggf. in mehreren Ebenen sowie der Einbeziehung der Logistikplanung mit der Folge, dass etwa Lagerbestände in Distributionslägern oder zwischenbetriebliche Transporte zu planen sind.

Zur näheren Betrachtung des Supply Chain Planning sind die Vorteile zu untersuchen, die gegenüber einer Planung angestrebt werden, die unabhängig voneinander die Mengen für einzelne Standorte, das können Produktionsstandorte oder Distributionsläger sein, plant. Zur Vereinfachung wird hier für die nachfolgenden Überlegungen angenommen, dass es bei einer standortbezogenen Planung je Standort eine eigene Planungsinstanz gibt. Supply Chain Planning setzt einen Austausch der Informationen zwischen den einzelnen Standorten über die Ausgestaltung ihrer jeweiligen internen Produktions- oder Logistikvorgänge voraus. Bei einem unterbleibenden Informationsaustausch wird die Unsicherheit insbesondere über die Höhe der von den jeweiligen Standorten geforderten Liefermengen verstärkt, da eine Planungsinstanz erst bei einem konkretisierten Bedarf den vorgelagerten Standorten die erforderlichen Liefermengen

---

[60] Vgl. etwa Ballou/Gilbert/Mukherjee (2000), S. 9; Beamon (1998), S. 281.

[61] Für internationale Produktions- und Logistiknetzwerke, die sich durch große Transportentfernungen und eine hohe Arbeitsteilung auszeichnen, schlagen Steven/Krüger (2001), S. 35, den Begriff globales Supply Chain Management vor.

[62] Vgl. etwa Fleischmann/Meyr (2001), S. 13; Rohde/Meyr/Wagner (2000), S. 10; Steven/Krüger/Tengler (2000), S. 17.

[63] Vgl. Domschke/Scholl/Voß (1997), S. 1.

[64] Einige Autoren wählen für die Steuerung in Produktions- und Logistiknetzwerken die Bezeichnung Supply Chain Execution, vgl. etwa Kistner/Steven (2001), S. 336f; Kortmann/Lessing (2000), S. 20.

bekannt gibt. Ein Beginn eines Produktions- bzw. Distributionsvorgangs erst nach Eingang eines internen Auftrags[65] führt jedoch bei langen Produktions- und Transportzeiten zu Lieferzeiten, die für die Kunden häufig nicht akzeptabel sind.

Daher werden bei einem unterbleibenden Informationsaustausch in jedem Standort möglicherweise Lagerbestände gehalten,[66] um dadurch zu gewährleisten, dass eine schnelle Lieferung erforderlicher Bedarfsmengen aus dem Lager erfolgen kann. Eine umfangreiche Lagerhaltung ist aufgrund der Kapitalbindung der eingelagerten Einsatzmaterialien und der Kosten für die Aufrechterhaltung der Lagerkapazität mit hohen Lagerhaltungskosten verbunden. Kurze Lieferzeiten führen so zu hohen Lagerhaltungskosten, welche aufgrund des Konkurrenz- und Kostendrucks jedoch problematisch sind. Durch eine Umsetzung des Supply Chain Planning wird versucht, eine Kostensenkung zu realisieren, indem durch eine prozessorientierte Abstimmung der Produktions- und Logistikvorgänge Lagerbestände gesenkt werden.[67] Diese prozessorientierte Koordination wird durch umfassende Informationssysteme, die zahlreiche Einzellösungen ersetzen, und die Verwendung gemeinsamer Standards für den Güterfluss unterstützt.[68]

Auch durch Supply Chain Planning können nicht alle Produktions- und Logistikvorgänge vollständig auf die marktlichen Anforderungen abgestimmt werden. Dieses gilt insbesondere für die durch das Kundenverhalten begründete Unsicherheit über Nachfragemengen und damit für die Abstimmung zwischen Produktion und Absatz. Dann ist, sollen lange Lieferzeiten bei langen Beschaffungs-, Produktions-, Distributionsund Transportzeiten vermieden werden, eine Lagerhaltung unabdingbar.[69] Durch Supply Chain Planning bietet sich jedoch die Möglichkeit, die günstigsten Standorte für einzelne Läger sowie die Höhe der Lagerbestände über das gesamte Produktionsund Logistiknetzwerk zu bestimmen.[70] Eine übergreifende Abstimmung ist sinnvoll, weil ein Lager je nach Fortschritt des Prozesses in einem Produktions- und Logistiknetzwerk andere Auswirkungen auf die Kostensituation der Unternehmung, bspw. sind die Kapitalbindungskosten bei Fertigprodukten höher als bei Rohstoffen, und auf die Verwendungsflexibilität, bspw. kann ein Rohstoff in mehr Produktarten als ein Fertigprodukt verwendet werden, hat.[71]

---

[65] Allgemein entspricht einem Auftrag eine Arbeitsanweisung, eine bestimmte Menge eines Produkts oder mehrerer Produktarten innerhalb eines vorgegebenen Zeitraums zu erstellen, vgl. Domschke/Scholl/Voß (1997), S. 15, und Hahn/Laßmann (1999), S. 493. Ein durch eine interne Stelle ausgelöster Auftrag ist ein Produktionsauftrag; ein durch eine externe Stelle ausgelöster Auftrag ist ein Kundenauftrag. In der vorliegenden Arbeit wird mit einem Auftrag immer die Aufforderung verbunden, mehrere Produkte gleichzeitig, somit ein Produktbündel, zu produzieren.

[66] Vgl. Lee/Billington (1993), S. 835; Scott/Westbrook (1991), S. 23.

[67] Vgl. Cooper/Ellram (1993), S. 14; Maloni/Benton (1997), S. 420.

[68] Vgl. Lee/Billington (1992), S. 67f.; Vahrenkamp (2000), S. 104.

[69] Dass durch Umsetzung des Supply Chain Management-Konzepts die Lagerhaltung nicht vollständig eliminiert werden kann, darauf weisen etwa Cooper/Ellram (1993), S. 15, hin.

[70] Vgl. Ellram/Cooper (1990), S. 3; Jones/Riley (1985), S. 19.

[71] Vgl. Cooper/Lambert/Pagh (1997), S. 8; Jones/Riley (1985), S. 22f.; Lee/Billington (1993), S. 835.

Supply Chain Planning kann außerdem die Produktverfügbarkeit steigern,[72] indem zukünftige Bedarfe der jeweiligen Abnehmer in einem Produktions- und Logistiknetzwerk etwa durch Vorabinformationen für die vorgelagerten Produktiveinheiten im Produktions- und Logistiknetzwerk früher und damit besser prognostizierbar sind.[73] Die verbesserten Informationen können gleichzeitig die Kundenzufriedenheit steigern,[74] da Kundeninformationen durch umfassende Informationssysteme allen Verantwortlichen in den jeweiligen Standorten eines Produktions- und Logistiknetzwerks zur Verfügung gestellt werden können.

Ein zusätzlicher Vorteil des Supply Chain Planning betrifft die Schwankungen der Güterflüsse. Unter bestimmten Bedingungen schwanken die Produktionsraten in einem Produktions- und Logistiknetzwerk stärker als die Nachfragemengen der Kunden und zwar umso mehr, je weiter die Produktiveinheiten dem Kunden des Fertigprodukts vorgelagert sind. Dieser Effekt wird als Bullwhip-Effekt bezeichnet.[75] Die derartig ausgelösten Schwankungen sind dadurch begründet, dass Veränderungen in den Nachfragemengen etwa durch kurzfristig wirkende, verkaufsfördernde Maßnahmen bei einer unzureichenden Informationsweitergabe an vorgelagerte Planungsinstanzen als dauerhafter Nachfrageanstieg mit einem Trend zu höheren Nachfragemengen interpretiert werden können. Dadurch können sich Produktionsraten stärker als Nachfragemengen verändern. Ein weiterer Grund ist die Losgrößenbildung bei Bestellungen. Verändert sich bspw. die Nachfrage um zehn Einheiten und können lediglich Lose mit 25 Einheiten beschafft werden, dann führt dieses bei der vorgelagerten Planungsinstanz bereits zu einer Änderung von 25 Einheiten. Das kann insgesamt dazu führen, dass der Bedarf in wenigen großen Mengen, dafür jedoch verzögert weitergegeben wird.[76] Diese Schwankungen können durch Supply Chain Planning mit einem verbesserten Informationsaustausch verringert werden, indem Informationen über das Nachfrageverhalten der Kunden einschließlich der Gründe für Änderungen der Nachfrage für das Fertigprodukt schnell an vorgelagerte Planungsinstanzen weitergegeben sowie möglicherweise zusätzlich kleinere Losgrößen verwendet werden.[77] Gleichmäßigere Güterflüsse bedingt durch den Einsatz des Supply Chain Planning bilden gleichzeitig die Basis für eine vereinfachte Steuerung der Produktions- und Logistikvorgänge.[78] Außerdem ist von der Unternehmung zu untersuchen, sofern mehrere Standorte in einer Ebene zur Verfügung stehen, welcher Produktionsstandort einen Produktionsvorgang bzw. welches Distributionslager einen Lagerhaltungs- und Distributionsvorgang insbesondere hinsichtlich der entstehenden Kosten am besten ausführen kann.[79]

---

[72] Vgl. Cooper/Ellram (1993), S. 14.
[73] Vgl. Vahrenkamp (2000), S. 104.
[74] Vgl. Scott/Westbrook (1991), S. 30.
[75] Dieser Zusammenhang wurde erstmals von Forrester (1958), S. 37-47, dargestellt.
[76] Vgl. etwa Krüger/Steven (2000a), S. 502. Lee/Padmanabhan/Whang (1997), S. 81, diskutieren in diesem Zusammenhang die Bündelung von Aufträgen, wenn Einzelaufträge an Lieferanten zeit- und kostenintensiv sind. Für ein Beispiel, inwiefern Losgrößen Schwankungen und damit Lagerhaltung in einem Produktions- und Logistiknetzwerk auslösen können, vgl. Krüger/Steven (2000b).
[77] Vgl. hierzu auch die Ergebnisse für das Beer Distribution Game bei Haehling von Lanzenauer/Pilz-Glombik (2000), S. 102-105. Vgl. Sterman (1989), S. 322-331, zur Darstellung des Beer Distribution Game.
[78] Vgl. Vahrenkamp (2000), S. 103.
[79] Vgl. Shank/Govindarajan (1992), S. 10.

Mit der Untersuchung der Vorteile des Supply Chain Planning als wesentliche Komponente des Supply Chain Management stellt sich die Frage, inwiefern sich Letzteres vom Logistikmanagement unterscheidet. Auch die Logistik als Objekt des Logistikmanagements zeichnet sich durch eine übergreifende, prozessorientierte Sichtweise aus. Wichtige Merkmale zur Charakterisierung des Logistikdenkens sind das Systemdenken, das Denken als Querschnittsfunktion einer funktional gegliederten Unternehmung sowie das Totalkostendenken.[80] Unter Systemdenken wird eine ganzheitliche Sichtweise verstanden, die neben den einzelnen Produktiveinheiten als Elemente eines Systems auch die zwischen diesen bestehenden Relationen mit einbezieht. Damit ist eng die Betrachtung als Querschnittsfunktion verknüpft. Das Denken als Querschnittsfunktion geht von der Überlegung aus, dass ein System über die einzelnen Funktionsbereiche einer Unternehmung betrachtet wird. Aus dem Systemdenken folgt das Denken in Totalkosten, da bei Entscheidungen in einem System alle hierfür entscheidungsrelevanten Kosten einzubeziehen sind. Diese Charakterisierung des Logistikmanagements zeigt eine weitgehende Übereinstimmung mit dem Supply Chain Management. Die Gleichartigkeit zeigt sich ferner darin, dass beide Ansätze sowohl Güter- als auch Informationsprozesse betrachten. Ausgehend von dieser Übereinstimmung beider Ansätze kann das Supply Chain Management als Erweiterung des Logistikmanagements angesehen werden, indem beim Supply Chain Management über die logistischen Vorgänge hinaus andere Vorgänge wie ganz speziell hier Arbeitsvorgänge in der Produktion erfasst sowie Aufgaben des Funktionsbereichs Absatz, zu dem etwa die Nachfrageplanung zählt, integriert werden.

Die durch das Supply Chain Management und damit durch das Supply Chain Planning zu erzielenden Verbesserungen sind abhängig vom Produktionsprogramm[81] einer Unternehmung. Hinsichtlich der Unterschiedlichkeit der Produktionsprozesse in einem abgrenzten Zeitraum kann zwischen Massen-, Sorten-, Serien- und Einzelproduktion differenziert werden.[82] Bei der Massenproduktion werden über einen längeren Zeitraum große Mengen gleichartiger Produkte erzeugt. Die Sortenproduktion ist eine wechselnde Massenproduktion,[83] bei der gleichartige Produkte in Losen zusammengefasst hintereinander gefertigt werden. Bei der Einzelproduktion werden von einem Produkt lediglich geringe Stückzahlen produziert. Schließlich zeichnet sich die Serienproduktion dadurch aus, dass in einzelnen Serien gleichartige Produkte erzeugt werden, wobei die Serien untereinander nur geringe oder keine Übereinstimmungen aufweisen. Signifikanter Unterschied zwischen der Serien- und der Sortenfertigung ist, dass eine Serie im Gegensatz zu einer Sorte lediglich ein einziges Mal aufgelegt wird.[84] Damit hat die Struktur des Produktionsprogramms Einfluss auf den Zeitraum, in dem eine Produktart hergestellt wird, und auf die Wiederholhäufigkeit. Bei der

---

[80] Vgl. die Darstellung bei Pfohl (2000a), S. 25-48.
[81] Ein Produktprogramm umfasst alle Produkte, die von einer Unternehmung angeboten werden, und unterscheidet sich insofern von einem Produktionsprogramm, welches lediglich die Produkte umfasst, die eigengefertigt werden können.
[82] Vgl. Gutenberg (1983), S. 108-110.
[83] Vgl. Kern (1992), S. 86.
[84] Vgl. Adam (1998), S. 23.

Massenproduktion werden große Produktmengen hintereinander über einen längeren Zeitraum unverändert hergestellt, während bei der Einzelproduktion von einem Produkt lediglich geringe Stückzahlen gefertigt werden, um anschließend die Produktiveinheiten auf eine andere Produktart umzurüsten. Die durch das Supply Chain Planning angestrebte Reduktion der Lagerhaltung ist insbesondere erfolgversprechend, wenn Produktarten mit den entsprechend gleichartigen Einsatzmaterialien über einen längeren Zeitraum mit einer großen Wiederholhäufigkeit hergestellt werden. Grund ist, dass eine mangelnde Koordination der Bestellungen aufgrund von Informationsdefiziten häufig im Zusammenhang mit einer hohen Wiederholhäufigkeit der Produktion steht. Daher sind die größten Verbesserungspotenziale bei der Massen- und Sortenproduktion sowie bei der Serienproduktion zu erwarten. Nur geringe Verbesserungspotenziale ergeben sich ggf. bei der Einzelproduktion.

Zusammengefasst soll durch eine Umsetzung des Supply Chain Planning die Wettbewerbsfähigkeit einer Unternehmung gesteigert werden, indem gegenüber einer unabhängigen Planung die Koordination der Produktions- und Logistikvorgänge im Güterprozess verbessert wird, um letztendlich die Lagerbestände ohne Verlängerung der Lieferzeit senken zu können. Diese integrierte Sichtweise des Supply Chain Planning über mehrere Standorte hinweg ist ein interessantes Forschungsgebiet des Operations Research, da es vielfältige Ansatzpunkte für den Einsatz einer quantitativen Planungsunterstützung bietet.

Aufgrund der verschiedenartigen Aufgaben des Supply Chain Planning ist hier eine Schwerpunktsetzung zweckmäßig. Einen Ansatzpunkt bietet die Strukturierung des Planungsproblems hinsichtlich der Fristigkeit der Planung, die eng mit der hierarchischen Struktur der Planung verbunden ist. Nachfolgend werden bezüglich der hierarchischen Strukturierung die strategische, taktische und operative Planung beim Supply Chain Planning vorgestellt,[85] wobei schwerpunktmäßig das taktische Supply Chain Planning erörtert wird.

### 2.2.2 Hierarchische Struktur des Supply Chain Planning

Allgemein können Planungsprobleme hinsichtlich des Planungshorizonts in langfristige, mittelfristige und kurzfristige Planungsprobleme unterteilt werden. Der Planungshorizont ist der Zeitraum, für den ein Plan erstellt wird, d.h. von einem Planungsstartzeitpunkt bis zum letzten Zeitpunkt, der noch in der Planung berücksichtigt wird.[86] Die Fristigkeit der Planung ist wiederum eng mit einer hierarchischen Struktur der Planung verknüpft.[87] Idee der hierarchischen Planung ist die Zerlegung einer Gesamtplanung in mehrere Teilplanungen, welchen hierarchisch angeordnete Planungs-

---

[85] Vgl. allgemein zu einer derartigen Strukturierung Anthony (1965), S. 15-19.

[86] Vgl. Domschke/Scholl/Voß (1997), S. 1; Stadtler (1988), S. 56. Der Planungsstartzeitpunkt muss nicht mit einem gegenwärtigen Zeitpunkt zusammenfallen, wenn eine Reaktionszeit für die Planung berücksichtigt wird, vgl. Schneeweiß (1992), S. 96f.

[87] Schweitzer (2001), S. 34f., weist darauf hin, dass der Planungshorizont neben etwa Differenziertheits- und Detailliertheitsgrad lediglich ein Merkmal zur Bildung der hierarchischen Struktur ist.

ebenen[88] zugewiesen werden.[89] Die nachfolgende Erörterung gibt einen Überblick über das von Schneeweiß entwickelte Grundschema der hierarchischen Planung.[90]

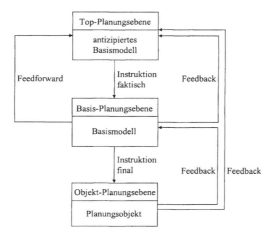

*Abbildung 2.5*:  Grundschema der hierarchischen Planung
Quelle: In Anlehnung an Schneeweiß (1994), S. 163

Das in Abbildung 2.5 veranschaulichte Grundschema der hierarchischen Planung umfasst als übergeordnete Planungsebene die Top-Planungsebene, die dieser untergeordnete Basis-Planungsebene sowie ein Planungsobjekt in der Objekt-Planungsebene, auf welches sich die hierarchische Planung bezieht. Die Kopplung der einzelnen Planungsebenen erfolgt durch die hierarchische Abstimmung. Der Feedforward-Einfluss beschreibt, dass die Top-Planungsebene die relevanten Charakteristika des Basismodells der Basis-Planungsebene berücksichtigt, weshalb das daraus resultierende Modell als antizipiertes Basismodell bezeichnet wird. Vielfach werden zur Erstellung eines derartigen Modells die Daten und Entscheidungsvariablen des Basismodells aggregiert. Die Top-Planungsebene wählt auf Grundlage des antizipierten Basismodells den günstigsten Plan aus der Menge der zulässigen Pläne aus und gibt diesen der Basis-Planungsebene vor. Diese Vorgabe wird als faktische Instruktion bezeichnet. Unter Berücksichtigung dieser Instruktion stellt die Basis-Planungsebene einen eigenen Plan auf, der für das Planungsobjekt umgesetzt wird, so dass die Instruktion final ist. Der Feedback-Einfluss von der Basis- auf die Top-Planungsebene gibt die Wirkung einer Instruktion der Top-Planungsebene auf die Basis-Planungsebene wieder. Dieser Einfluss kann entweder vor der Umsetzung der Instruktion berücksichtigt werden und somit zu einer Revidierung der Planung durch die Top-Planungsebene führen oder erst danach zur Kenntnis genommen werden. Die Feedback-Einflüsse in Abbildung 2.5,

---

[88] Im Zusammenhang mit der hierarchischen Planung wird der Begriff Planungsebene gewählt, während in der vorliegenden Arbeit parallele Standorte in einem Produktions- und Logistiknetzwerk als eine Ebene bezeichnet werden.

[89] Vgl. Schneeweiß (1992), S. 76; Stadtler (1988), S. 30; Steven (1994), S. 16.

[90] Vgl. Schneeweiß (1994), S. 162f.; Schneeweiß (1995), S. 4-7; Schneeweiß (1999b), S. 18-20.

22

die von der Objekt-Planungsebene ausgehen, resultieren aus dem Ergebnis, welches beim Planungsobjekt nach der Umsetzung der finalen Instruktion sichtbar wird.

Zusammengefasst vermeidet die hierarchische Planung bei komplexen Planungsproblemen die Schwierigkeiten einer Simultanplanung auf Basis eines Totalmodells.[91] Stattdessen beschränkt sich die Simultanplanung bei der hierarchischen Planung auf ein antizipiertes Basismodell, während auf der Basis-Planungsebene oftmals mehrere Partialmodelle verwendet werden. Aufgrund der Zuweisung von Teilplanungen zu Planungsebenen liegt gleichzeitig eine Sukzessivplanung vor, wobei die jeweiligen Teilplanungen durch die hierarchische Abstimmung verknüpft sind. Damit wird durch die hierarchische Planung eine Unterstützung insbesondere für komplexe Planungsprobleme angestrebt. Infolgedessen erscheint eine hierarchische Strukturierung auch für Supply Chain Planning-Probleme sinnvoll. Abbildung 2.6 zeigt die einzelnen Teilplanungen bei einer hierarchischen Strukturierung eines Supply Chain Planning-Problems.[92]

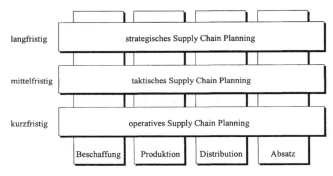

*Abbildung 2.6*: Hierarchische Struktur des Supply Chain Planning

Das vorgestellte Grundschema der hierarchischen Planung von Schneeweiß, welches zwei Planungsebenen umfasst, wird für die nachfolgende Erörterung mit einer strategischen, taktischen und operativen Planungsebene auf drei Planungsebenen erweitert. Abbildung 2.6 veranschaulicht, dass das Supply Chain Planning aufgrund der ganzheitlichen, funktionsübergreifenden Sichtweise neben der Produktion auch Aufgaben der Beschaffung, der Distribution und des Absatzes umfassen muss. Die einzelnen Planungsaufgaben des strategischen, taktischen und operativen Supply Chain Planning werden nachfolgend detaillierter dargestellt.

*Strategisches Supply Chain Planning*

Der Planungshorizont der strategischen Planung beträgt etwa zwei bis zehn Jahre.[93] Die strategische Planung legt Rahmenbedingungen für die nachgelagerte taktische und operative Planung fest. Das Ziel der strategischen Planung ist die Gewinnung neuer

---

[91] Vgl. auch Steven (1994), S. 16f.
[92] In dieser Darstellung bleibt die hierarchische Abstimmung unberücksichtigt.
[93] Vgl. etwa Domschke/Scholl/Voß (1997), S. 2.

und die Erhaltung existierender Erfolgspotenziale, welche, verstanden als besondere Fähigkeiten einer Unternehmung, die Voraussetzungen für die Sicherung der Wettbewerbsfähigkeit bilden.[94] Die strategische Planung untersucht neben Stärken und Schwächen der eigenen Unternehmung die prognostizierten Umweltentwicklungen unter besonderer Berücksichtigung der Konkurrenten, um daraus Unternehmungsstrategien als zukünftige Handlungsalternativen abzuleiten, welche die generelle Ausrichtung einer Unternehmung bestimmen.[95] Allerdings sind die Ergebnisse der strategischen Planung bedingt durch die Unbestimmtheit vieler Einflussfaktoren mit großer Unsicherheit behaftet.[96]

Das strategische Supply Chain Planning ist Teil der strategischen Planung und deckt vielfältige Aufgaben der strategischen Planung einer Unternehmung ab. Beispiele für Aufgaben der strategischen Planung, die nicht zum Supply Chain Planning zählen, sind die Bestimmung der Rechtsform, die generelle Vorgehensweise bei der Finanzierung oder die Ausgestaltung der Personalpolitik.[97] Das strategische Supply Chain Planning bestimmt die grundlegende Struktur eines Produktions- und Logistiknetzwerks.[98] Basis ist die Auswahl von Produktfeldern ohne detaillierte Spezifikationen der Mengen.[99] Alle Produkte, die sich auf dasselbe allgemeine Grundprodukt zurückführen lassen, bilden zusammen ein Produktfeld.[100] Beispiele für Produktfelder sind Kühlschränke, Monitore oder Lampen. Darüber hinaus werden im Rahmen des strategischen Supply Chain Planning die für die Produktion im Wesentlichen erforderlichen Einsatzmaterialien ermittelt sowie eine grundlegende Auswahl der Lieferanten getroffen.[101] Ferner berücksichtigt das strategische Supply Chain Planning die Standortplanung für die Produktionsstandorte einschließlich der Planung über die wesentliche Ausgestaltung der Produktiveinheiten und über die Produktionskapazitäten bezogen auf die jeweiligen Standorte.[102] Im Zusammenhang mit der Distribution kann abhängig vom konkreten Planungsproblem bereits eine Standortplanung für Distributionsläger durchzuführen sein.[103] Zusätzlich ist beim strategischen Supply Chain Planning über die Einführung von Single Sourcing zu entscheiden. Single Sourcing bedeutet allgemein, dass eine Unternehmung freiwillig eine oder mehrere Produkt- oder Einsatzmaterialarten lediglich von einem Lieferanten bezieht.[104] Ein Grund für die Einführung von Single Sourcing ist die Realisierung von economies of scale, falls etwa die Möglichkeit besteht, verschiedene Produkte bzw. Einsatzmaterialien zu kommissionieren und gemeinsam zu transportieren.[105] Weitere Gründe für Single Sourcing sind eine hö-

---

[94] Vgl. Zäpfel (2000b), S. 13.
[95] Vgl. Adam (1996), S. 314; Domschke/Scholl/Voß (1997), S. 2.
[96] Vgl. Adam (1996), S. 314f. Ein wissensbasiertes System zur Unterstützung der strategischen Technologieplanung unter Behandlung vager Informationen schlägt Werners (1993), S. 275-332, vor.
[97] Für eine umfassende Aufzählung von Aufgaben der strategischen Planung vgl. Adam (1996), S. 314.
[98] Vgl. Stevens (1990), S. 26.
[99] Vgl. Adam (1998), S. 130; Corsten (2000), S. 241.
[100] Vgl. etwa Corsten (2000), S. 241; Nebl (2001), S. 448f.
[101] Vgl. Fleischmann/Meyr/Wagner (2000), S. 64.
[102] Vgl. Goetschalckx (2000), S. 79; Fleischmann/Meyr/Wagner (2000), S. 64.
[103] Vgl. auch Ganeshan et al. (1999), S. 848.
[104] Vgl. etwa Werner (2000), S. 61.
[105] Vgl. etwa Geoffrion/Graves (1974), S. 824.

here Transparenz der Güterflüsse sowie eine Gewährleistung gleichmäßig hoher Qualitätsstandards.[106] Ein Nachteil des Single Sourcing ist jedoch die starke Abhängigkeit von einem Lieferanten.[107]

Die Entscheidungen im Rahmen des strategischen Supply Chain Planning haben einen erheblichen Einfluss auf den Unternehmungserfolg. Das taktische Supply Chain Planning als nachgelagerte Planungsstufe des strategischen Supply Chain Planning zeichnet sich durch eine größere Bestimmtheit, allerdings ggf. geringeren Einfluss auf den Unternehmungserfolg, aus.

*Taktisches Supply Chain Planning*

Die taktische Planung[108] umfasst einen Planungshorizont von etwa sechs Monaten bis zu zwei Jahren.[109] Die im Rahmen der strategischen Planung getroffenen Grundsatzentscheidungen werden durch die taktische Planung konkretisiert.[110] Die taktische Planung spezifiziert die Produkte, welche innerhalb eines Produktfelds produziert werden sollen, und weist auf diese Weise gegenüber der strategischen Planung eine stärkere Mengenorientierung auf. Damit ist die Aufgabe des taktischen Supply Chain Planning die Festlegung einer gegenüber dem strategischen Supply Chain Planning detaillierteren Struktur des Produktions- und Logistiknetzwerks. Übereinstimmungen mit dem taktischen Supply Chain Planning zeigt die von Drexl et al. als Bestandteil kapazitätsorientierter PPS-Systeme vorgeschlagene aggregierte Gesamtplanung, welche übergreifend für einen mittelfristigen Planungshorizont die Produktionsstandorte einschließlich der logistischen Verbindungen betrachtet.[111] Da sich der Ansatz einer aggregierten Gesamtplanung jedoch auf die Produktionsstandorte beschränkt, geht das taktische Supply Chain Planning mit einer Einbeziehung der Produktionsstandorte, Distributionsläger, Kunden und ggf. der Lieferanten darüber hinaus.

Das taktische Supply Chain Planning bestimmt Produktionsmengen der Produktionsstandorte, Lagerhaltungsmengen der Distributionsläger, Distributionsmengen zu den Kunden sowie inner- und zwischenbetriebliche Transportmengen, insbesondere unter Berücksichtigung des Ausgleichs einer saisonalen Nachfrage. Abhängig vom konkreten Planungsproblem sind zusätzlich die Beschaffungsmengen bei den Lieferanten, die sich aus den jeweiligen Stücklisten ergeben, zu bestimmen. Basis der Planung ist die für den mittelfristigen Planungshorizont prognostizierte Nachfrage. Darüber hinaus

---

[106] Vgl. Kummer/Lingnau (1992), S. 420; Schulte (1999), S. 232.

[107] Vgl. Ramsay/Wilson (1990), S. 23.

[108] Statt taktischer Planung verwendet Schneeweiß die Begriffe aggregierte operative Planung bzw. mittelfristig operative Planung, vgl. Schneeweiß (1999a), S. 141. In der vorliegenden Arbeit wird der Begriff taktische Planung verwendet, um stärker zu betonen, dass diese Planung in einer eigenen Planungsebene durchgeführt wird.

[109] Vgl. etwa Domschke/Scholl/Voß (1997), S. 2f.; Fleischmann/Meyr (2001), S. 14. Steven (1994), S. 129-137, empfiehlt für die taktische Planung einen Planungshorizont von einem Jahr bei der Massenfertigung zur Planung von Anpassungsmaßnahmen und bei der Großserienfertigung für eine aggregierte Produktionsmengenplanung. Der Planungshorizont verkürzt sich bei der Einzel- und Kleinserienfertigung auf ein bis sechs Monate.

[110] Vgl. Adam (1996), S. 341; Mag (1995), S. 163.

[111] Vgl. Drexl et al. (1994), S. 1031f.

sind mögliche Maßnahmen bei Kapazitätsengpässen wie etwa eine periodenübergreifende Lagerhaltung sowie die Transportmittel für den zwischenbetrieblichen Transport festzulegen. Durch diese geplanten Mengen bildet die taktische Planung die Basis für das operative Supply Chain Planning.

*Operatives Supply Chain Planning*

Die operative Planung umfasst einen Planungshorizont von bis zu einem halben Jahr und erfolgt häufig auf Stunden-, Tages- oder Wochenbasis.[112] Durch die operative Planung wird angestrebt, die Leistungspotenziale, die durch die vorgelagerten Planungsschritte geschaffen werden, auszunutzen.[113] Damit zeichnet sich die operative Planung durch einen Entscheidungsraum aus, bei dem zahlreiche Rahmenbedingungen durch die strategische und taktische Planung bereits determiniert sind. Gleichzeitig handelt es sich häufig um gut strukturierte und deterministische Planungsaufgaben, die mit Hilfe der Methoden des Operations Research lösbar sind.[114]

Das operative Supply Chain Planning legt für die unmittelbar folgende Periode die herzustellenden Produktmengen in einem operativen Produktionsprogramm fest, das die zu erzeugenden Produkte bezüglich Art, Menge sowie geplantem Produktionsbeginn und -ende determiniert.[115] Ferner sind im operativen Supply Chain Planning die dafür erforderlichen Einsatzmaterialien zu ermitteln. Darüber hinaus umfasst das operative Supply Chain Planning die Losgrößenplanung, die Durchlauf- und Kapazitätsterminierung sowie die Maschinenbelegungsplanung, d.h., es erfolgt die Zusammenfassung der Aufträge zu Losen, die Bestimmung frühester und spätester Produktionszeitpunkte, die Festlegung von Pufferzeiten, die Bildung der Reihenfolge bei der Auftragsbearbeitung sowie die zeitliche Feinterminierung an den einzelnen Produktiveinheiten. Zusätzlich erfolgt im operativen Supply Chain Planning die Determinierung der Lagerbestände, der Transportmittelanzahl, insbesondere für zwischenbetriebliche Transporte, sowie der erforderlichen Touren bei der Auslieferung der Fertigprodukte. Aus der Darstellung des operativen Supply Chain Planning wird ersichtlich, dass es sich aufgrund des Detaillierungsgrads um sehr umfangreiche und vielfältige Planungsaufgaben handelt. Da eine simultane operative Planung bei einem Produktions- und Logistiknetzwerk sehr schwierig ist, wird vorgeschlagen, das operative Supply Chain Planning dezentral durchzuführen, indem Pläne lediglich für die jeweiligen Funktionsbereiche und Standorte aufgestellt werden.[116]

Die Darstellung des operativen Supply Chain Planning veranschaulicht, dass die Idee des Supply Chain Management insbesondere für die Unterstützung der strategischen und taktischen Planungsebenen geeignet ist, da hier die Problemgröße eine integrierte Planung des Produktions- und Logistiknetzwerks über mehrere Ebenen unter Berück-

---

[112] Vgl. Domschke/Scholl/Voß (1997), S. 2f.
[113] Vgl. Günther/Tempelmeier (2000), S. 25.
[114] Vgl. Domschke/Scholl/Voß (1997), S. 3.
[115] Vgl. zur Darstellung der Aufgaben des operativen Supply Chain Planning auch Fleischmann/Meyr/Wagner (2000), S. 66f.
[116] Vgl. Rohde/Meyr/Wagner (2000), S. 12; Stevens (1989), S. 4f.

sichtigung verschiedener Funktionsbereiche zulässt. Das vielfach dezentral durchgeführte operative Supply Chain Planning verarbeitet Daten aus hierarchisch übergeordneten Planungsebenen, weshalb auch durch das operative Supply Chain Planning Verbesserungspotenziale genutzt werden können. Das taktische Supply Chain Planning ermöglicht trotz der Rahmenbedingungen, welche durch das strategische Supply Chain Planning bereits determiniert sind, die Erzielung von Wettbewerbsvorteilen für eine Unternehmung.[117] Der im Vergleich zum strategischen Supply Chain Planning kürzere Planungshorizont des taktischen Supply Chain Planning bedingt zudem ein stärker strukturiertes Planungsproblem, wodurch die Anwendung einer quantitativen Planungsunterstützung vereinfacht wird.

## 2.3 Aufgaben des taktischen Supply Chain Planning

Diverse Produktionsstandorte und Distributionsläger, die jeweils vielfältige, von den Produkten zu durchlaufende Produktiveinheiten umfassen, sowie zahlreiche Kunden und ggf. Lieferanten sind wichtige Charakteristika eines Produktions- und Logistiknetzwerks. Darüber hinaus gibt es vielfach mehrere Standorte, so dass Produkte an einem Standort oder parallel an mehreren Standorten erzeugt werden können. Die Produktbreite und -tiefe ist u.a. abhängig von der Produktionstechnologie an den Standorten, die bereits durch das strategische Supply Chain Planning determiniert ist.

Der mittelfristige Planungshorizont des taktischen Supply Chain Planning von etwa sechs Monaten bis zu zwei Jahren beeinflusst wesentlich die Handlungsalternativen. Der Planungshorizont sollte mindestens einen saisonalen Nachfragezyklus einschließen, damit Möglichkeiten zur Behebung eines kapazitiven Engpasses erfasst werden.[118] Zur Spezifizierung der anknüpfenden Darstellung über die in Abbildung 2.7 aufgeführten Entscheidungen des taktischen Supply Chain Planning wird von einem Planungshorizont ausgegangen, welcher ein Jahr beträgt.[119]

Im taktischen Supply Chain Planning ist darüber zu entscheiden, welche Produktarten in dem betrachteten Planungshorizont hergestellt werden sollen. Dazu sind die Mengen der jeweiligen Produktarten zu fixieren. Die Basis der herzustellenden Produktarten bilden die durch das strategische Supply Chain Planning festgelegten Grundprodukte der Produktfelder. Die einzelnen Produktarten unterscheiden sich untereinander hinsichtlich Ausprägungen wie Farbe, Größe und Form. Die Bestimmung der jeweiligen Produktionsmengen geschieht auf der Grundlage von Nachfrageprognosen für den mittelfristigen Planungshorizont. Auf der Kundenseite sind die Distributionsmengen zu determinieren, indem für jeden Kunden die Mengen und Produktarten sowie die Distributionsläger, aus denen die Kundennachfrage befriedigt wird, anzugeben sind. Auf der Lieferantenseite sind ausgehend von der geplanten Produktionsmenge die Arten und Mengen aller Einsatzmaterialarten für jeden Produktionsstandort zu bestim-

---

[117] Vgl. auch Shapiro (1999), S. 741.

[118] Vgl. Rohde/Wagner (2000), S. 120.

[119] Vgl. etwa Shapiro (1999), S. 746, der für das taktische Supply Chain Planning ebenfalls von einem Planungshorizont von einem Jahr ausgeht.

men. Da sich die Gesamtmengen der Einsatzmaterialien im Wesentlichen aus den Produktstücklisten ergeben, sind weiterhin die Produktionsstandorte, an denen die jeweiligen Mengen der Einsatzmaterialien hergestellt, bzw. die Lieferanten, von denen die Einsatzmaterialien bezogen werden sollen, zu bestimmen. Außerdem sind die Transportmengen zwischen den Standorten sowie die dafür erforderlichen Transportmittel zu planen.

*Abbildung 2.7*: Entscheidungen des taktischen Supply Chain Planning

Dem taktischen Supply Chain Planning kann auch die Standortplanung für Distributionsläger zugeordnet werden, wenn die Kapitalintensität und die Spezifizierung bezüglich der Produktarten eine mittelfristige Beeinflussung dieser Entscheidung erlaubt. Dies gilt insbesondere für die Möglichkeit einer Anmietung von Distributionslägern. Gleichzeitig sind die Kapazitäten von Distributionslägern, die angemietet werden können, in der Regel bereits vorgegeben. Allerdings kann auch die Anmietung eines Distributionslagers bspw. bei erforderlichen Umrüstarbeiten oder behördlichen Genehmigungen lediglich mit mehrjährigen Mietverträgen möglich sein. Im umgekehrten Fall der Schließung eines Distributionslagers ist die mittelfristige Abbaubarkeit der Kosten wie etwa der Personalkosten zu prüfen. Infolgedessen ist die Entscheidung, ob das taktische Supply Chain Planning die Standortplanung für Distributionsläger umfasst, abhängig vom konkreten Planungsproblem. Wird diese Entscheidung einbezogen, so ist festzulegen, an welchen potenziellen Standorten Distributionsläger bei ggf. vorgegebenen Kapazitäten einzurichten sind.

Bei Berücksichtigung einer saisonalen Nachfrage ist im taktischen Supply Chain Planning das vorhandene Kapazitätsangebot mit der Nachfrageprognose zu vergleichen. Ist das Kapazitätsangebot im Vergleich zur Nachfrage in einer Nachfragespitze nicht ausreichend, ist über die in Abbildung 2.8 im Einzelnen dargestellten Entscheidungen zur Behebung eines kapazitiven Engpasses zu entscheiden.[120]

---

[120] Vgl. zur Aufzählung dieser Möglichkeiten auch Rohde/Wagner (2000), S. 118; Shapiro (2001), S. 311; Tempelmeier (1999b), S. 70.

*Abbildung 2.8*: Entscheidungen zur Behebung eines kapazitiven Engpasses

Eine zeitliche Vorverlagerung der Produktion bedeutet, dass nicht in der Periode produziert wird, in welcher die Nachfrage zu befriedigen ist. Dadurch werden periodenübergreifende Lagerhaltungsbestände aufgebaut, um in einer Periode mit einem kapazitiven Engpass die Nachfrage aus dem Lager zu befriedigen, wodurch allerdings zusätzliche Lagerhaltungskosten entstehen. Folglich ist durch das taktische Supply Chain Planning über Lagerhaltungsmengen der Fertigprodukte nach Art, Menge und Zeitraum zu entscheiden. Aufgrund der in der vorliegenden Arbeit getroffenen Annahme erfolgt diese Lagerhaltung in Distributionslägern. Als Anpassungsmaßnahme kann auch eine zeitliche Verschiebung der Produktion hinter den zugesicherten Liefertermin in Erwägung gezogen werden. Infolgedessen ist beim taktischen Supply Chain Planning zu bestimmen, welche Kunden mit welchen Produkten nach Art und Menge in welchen Zeiträumen zu spät beliefert werden. Eine Überschreitung des Liefertermins wird auch als Vormerkfall bzw. Back Orders bezeichnet.[121] Gibt es in einer Ebene eines Produktions- und Logistiknetzwerks parallele Standorte, die in der Lage sind, eine Produktart herzustellen, können bei einem Engpass alternative Produktionsstandorte benutzt werden, weshalb zu planen ist, welche Produkte nach Art, Menge und Zeitraum an diesen Standorten zu fertigen sind.[122] Bei einem Fremdbezug ist zu bestimmen, welche Produktarten in welchen Mengen von fremden Unternehmungen beschafft werden. Dieses gilt nicht nur für Fertigprodukte, sondern auch für Einsatzmaterialien, die für die Herstellung der Fertigprodukte erforderlich sind. Ferner können zur Behebung einer Engpasssituation Überstunden der Arbeitskräfte in Betracht gezogen werden. Für die Möglichkeit, Kunden nicht zu beliefern, wodurch die Nachfrage endgültig verloren geht, ist festzulegen, welche Kunden mit welchen Produktmengen und -arten ggf. nicht beliefert werden. Dieses wird auch als Verlustfall bzw. Lost Sales bezeichnet.[123]

---

[121] Vgl. etwa Domschke/Scholl/Voß (1997), S. 73; Idhe (2001), S. 311f.; Kistner/Steven (2001), S. 35.
[122] Aufgrund der standortübergreifenden Betrachtung ist diese Möglichkeit bereits in der dargestellten Entscheidung über die Produktionsmenge enthalten.
[123] Vgl. etwa Domschke/Scholl/Voß (1997), S. 73; Idhe (2001), S. 311f.; Kistner/Steven (2001), S. 35.

Insgesamt wird deutlich, dass beim taktischen Supply Chain Planning zahlreiche Entscheidungen zu treffen sind. Konsequenterweise sind bei der Auswahl der Handlungsalternativen vielfältige Rahmenbedingungen und Einflussfaktoren zu erfassen. Einerseits erschwert dies die übergeordnete Planung eines Produktions- und Logistiknetzwerks, andererseits ist die Einbeziehung dieser Vielzahl an Einflussfaktoren, die Umweltsituationen charakterisieren, für das taktische Supply Chain Planning unumgänglich, um reale Planungsprobleme adäquat zu erfassen.

Zu den Einflussfaktoren zählen zunächst die dargestellten Vorgaben aus dem strategischen Supply Chain Planning, damit im Wesentlichen die Kapazitäten der Produktionsstandorte und ggf. der Distributionsläger sowie die Produktionstechnologie, durch die festgelegt ist, welche Produkte an einem Produktionsstandort erzeugt werden können. Bei der Einbeziehung der Lieferanten in ein Planungsproblem sind deren Kapazitäten und Produktionstechnologien sowie mögliche Rahmenverträge zu berücksichtigen. Außerdem kann Single Sourcing sowohl auf der Lieferanten- als auch auf der Kundenseite eines Produktions- und Logistiknetzwerks durch das strategische Supply Chain Planning vorgegeben sein. Ein weiterer Einflussfaktor ist die jeweilige Nachfrage nach den einzelnen Produktarten je Kunde innerhalb des Planungshorizonts.

Daneben weisen insbesondere Produktions- und Logistiknetzwerke mit Standorten in unterschiedlichen Ländern zahlreiche weitere Einflussfaktoren auf. Wichtige Rahmenbedingungen internationaler Produktions- und Logistiknetzwerke sind neben den Wechselkursen Zölle und nicht-tarifäre Handelshemmnisse wie Importquoten und -verbote.[124] Zwar gibt es in der Weltwirtschaft eine Tendenz zum Abbau der Zölle durch Freihandelszonen, doch werden Zölle bei vielen grenzüberschreitenden Warengeschäften nach wie vor fällig. Die durchschnittlichen Importzölle betragen typischerweise zwischen fünf und zehn Prozent des Produktwerts.[125] Außerdem streben Unternehmungen vielfach an, über Produktionsstandorte in unterschiedlichen Freihandelszonen zu verfügen. Insgesamt sind Zölle daher auch in Zukunft für das taktische Supply Chain Planning bei einem Produktions- und Logistiknetzwerk mit Standorten in verschiedenen Ländern nicht zu vernachlässigen. Eine weitere Rahmenbedingung sind die je Land unterschiedlichen Steuersätze. Staatliche Fördermittel und Steuervergünstigungen für ansiedlungsbereite Unternehmungen und unterschiedliche Kosten für Produktionsfaktoren, insbesondere für menschliche Arbeitsleistungen, sind zusätzliche Einflussfaktoren. Ferner kann es in einem Importland eine Local Content-Regelung geben. Der Local Content schreibt für Produkte mit einem Produktionsprozess, der über mehrere Länder verteilt ist, die Höhe des lokal in einem Importland zu erbringenden Liefer- bzw. Leistungsanteils vor.[126] Für Local Content-Regelungen gibt es verschiedene Ausgestaltungen. Häufig entspricht der geforderte Local Content einem

---

[124] Vgl. zur Aufstellung von Einflussfaktoren etwa Canel/Khumawala (1997), S. 1893-1897; Cohen/Fisher/Jaikumar (1989), S. 68f.; Cohen/Lee (1989), S. 82f. Die vorliegende Arbeit konzentriert sich auf die Erörterung wesentlicher Einflussfaktoren auf internationale Produktions- und Logistiknetzwerke.

[125] Vgl. Thomas/Griffin (1996), S. 13.

[126] Vgl. etwa Günter (1985), S. 263.

Mindestanteil am gesamten Auftragswert.[127] Daneben sind Kompensationsgeschäfte zu berücksichtigen, bei denen es ebenfalls zahlreiche Erscheinungsformen gibt. Unter einem Kompensationsgeschäft wird für die vorliegende Arbeit verstanden, dass sich ein Exporteur zu bestimmten Gegenleistungen verpflichtet, bspw. Produkte aus dem Importland zu beziehen.[128] Damit kann ein Kompensationsgeschäft weitgehende Ähnlichkeit mit einer Local Content-Regelung haben.

Ein weiterer Einflussfaktor ist die Marktnähe, verstanden als räumliche Nähe zu einem attraktiven Markt,[129] die ein wichtiger Grund für Unternehmungen ist, vor Ort in der Nähe der Kunden zu produzieren. Daneben haben auch die politische und wirtschaftliche Stabilität, die generelle Infrastruktur eines Landes sowie kulturelle Aspekte und Sprachbarrieren Einfluss auf das taktische Supply Chain Planning.

Zusammengefasst gibt es für taktische Supply Chain Planning-Probleme zahlreiche Entscheidungen zu treffen. Für eine zielorientierte Auswahl sind wesentliche Eigenschaften der Produktions- und Logistikprozesse zu planen, um eine Bewertung der Handlungsalternativen zu ermöglichen. Erst eine Bewertung der Handlungsalternativen führt dazu, dass die verschiedenen Handlungsalternativen des Planungsproblems miteinander vergleichbar sind.[130] Zur Bewertung ist vom Entscheidungsträger zunächst eine Zielgröße auszuwählen. Eine Zielgröße ist diejenige Eigenschaft, welche die Konsequenzen beschreibt, die durch die Auswahl einer Handlungsalternative bedingt sind.[131] Die Zielvorschrift bestimmt das Ausmaß der Zielerreichung. Mögliche Ausprägungsformen einer Zielvorschrift sind Maximierung, Minimierung, Erreichung eines Anspruchsniveaus mit Angabe einer Obergrenze oder Untergrenze sowie Fixierung auf einen exakten Wert.[132] Zielgröße und Zielvorschrift bestimmen zusammen das Ziel bzw. die Zielsetzung eines Planungsproblems. Überdies ist der Planungshorizont, in dem das Ziel erreicht werden soll, festzulegen.[133] Hinsichtlich des Planungshorizonts kann zwischen kurz-, mittel- und langfristigen Zielen unterschieden werden.[134]

Für taktische Supply Chain Planning-Probleme können zahlreiche Zielgrößen relevant sein. Im Folgenden bildet die Unterscheidung zwischen qualitativen und quantitativen Zielgrößen die Basis für die weitergehende Betrachtung.[135] Als quantitative Zielgrößen werden hier neben den Wertgrößen, zu denen Kosten und Erlöse zählen, Zeit- und Mengengrößen wie die Durchlaufzeit diskutiert.

---

[127] Vgl. Günter (1985), S. 264.
[128] Vgl. Arntzen et al. (1995), S. 71, die diese Art des Kompensationsgeschäfts als Offset Trade bezeichnen.
[129] Vgl. Nieschlag/Dichtl/Hörschgen (1997), S. 119.
[130] Vgl. Adam (1996), S. 99.
[131] Vgl. Eisenführ/Weber (1999), S. 31.
[132] Vgl. Laux (1998), S. 24; Mag (1990), S. 30.
[133] Vgl. Schneider (1995), S. 24.
[134] Vgl. Pfohl/Braun (1981), S. 42.
[135] Die Zielgrößen können auch in finanzielle und nicht-finanzielle Zielgrößen unterteilt werden wie bei Bamberg/Coenenberg (2000), S. 28f.; Mag (1990), S. 29f.

## 2.4    Zielgrößen für taktische Supply Chain Planning-Probleme

### 2.4.1  Kosten- und Erlösgrößen

Quantitative Zielgrößen sind dadurch charakterisiert, dass eine numerische Bewertung der Handlungsalternativen für metrische Informationen unmittelbar möglich ist.[136] Wichtige quantitative Zielgrößen, die in der Literatur zur Auswahl von Handlungsalternativen für das taktische Supply Chain Planning vorgeschlagen werden, sind die Wertgrößen Kosten und Erlöse.[137] Kosten und Erlöse zeichnen sich u.a. dadurch aus, dass die zeitliche Verteilung innerhalb eines Planungshorizonts nicht erfasst wird. Da bei einem mittelfristigen Planungshorizont die Konsequenzen zeitlicher Verteilungen unberücksichtigt bleiben können, ermöglicht dieser Planungshorizont die Verwendung von Kosten und Erlösen für das taktische Supply Chain Planning.

Eine alleinige Kostenminimierung setzt voraus, dass die Erlöse aus dem Verkauf der Produkte durch das taktische Supply Chain Planning nicht beeinflussbar sind, indem die Kundennachfrage als gegeben angenommen wird und die prognostizierte Nachfrage einer Periode zu befriedigen ist. Zur Zielsetzung der Kostenminimierung sind für ein Planungsproblem die entscheidungsrelevanten Kosten des Planungshorizonts zu erfassen. Entscheidungsrelevant sind ausschließlich alternativenspezifische Kosten, welche durch die betrachteten Entscheidungen beeinflussbar sind.[138] Bei der Erfassung der für taktische Supply Chain Planning-Probleme entscheidungsrelevanten Kosten sind zahlreiche Produktions- und Logistikvorgänge und damit vielfältige Kosten einzubeziehen. Entsprechend der schematischen Darstellung eines Produktions- und Logistiknetzwerks in der Abbildung 2.9 mit Lieferanten, Produktionsstandorten, Distributionslägern und Kunden sind als Totalkosten Beschaffungs-, Produktions-, Lagerhaltungs-, Distributions- und Transportkosten zu berücksichtigen.[139]

Während Beschaffungskosten im Zusammenhang mit der Einsatzmaterialdisposition anfallen, sind Produktionskosten durch die Produktion in den jeweiligen Produktionsstandorten begründet. Für die Lagerhaltung der Produkte in den Produktionsstandorten, d.h. im Eingangs-, Zwischen- und Absatzlager, und in den Distributionslägern fallen Lagerhaltungs- und Distributionskosten an. Darüber hinaus ist ein Transport der Einsatzmaterialien und Produkte zwischen den einzelnen Ebenen erforderlich, welcher mit Transportkosten verbunden ist. Diese Zuordnung der Kosten zu den einzelnen Ebenen bzw. Stufen des Produktions- und Logistiknetzwerks hat den Vorteil, dass die Übertragung auf Modelle zur Planungsunterstützung im weiteren Verlauf der Arbeit vereinfacht wird.

---

[136] Vgl. Adam (1996), S. 81; Beamon (1998), S. 288.

[137] Vgl. etwa Beamon (1998), S. 288; Shapiro (1999), S. 746.

[138] Vgl. Küpper/Helber (1995), S. 56; Schweitzer/Küpper (1998), S. 443.

[139] Die Begriffsverwendung Totalkosten ist dem Logistikdenken entnommen und meint die Berücksichtigung aller für eine Entscheidung relevanten Kosten, vgl. Pfohl (2000a), S. 30. Totalkosten unterscheiden sich daher von dem aus der Kostenrechnung bekannten Begriff Gesamtkosten.

32

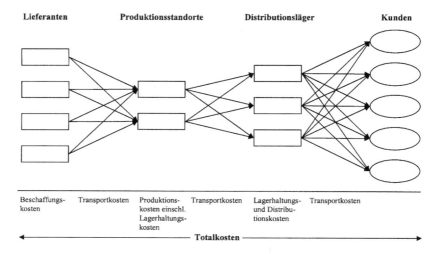

| Lieferanten | Produktionsstandorte | Distributionsläger | Kunden |

| Beschaffungs-kosten | Transportkosten | Produktions-kosten einschl. Lagerhaltungs-kosten | Transportkosten | Lagerhaltungs-und Distribu-tionskosten | Transportkosten |

Totalkosten

*Abbildung 2.9*: Kosten beim taktischen Supply Chain Planning

Vor diesem Hintergrund werden nachfolgend die einzelnen Komponenten der Total-kosten vorgestellt.

*Beschaffungskosten*

Beschaffungskosten treten auf, wenn Einsatzmaterialien von einer Fremdunterneh-mung bezogen werden,[140] und lassen sich in direkte Beschaffungskosten und Bestell-kosten unterteilen.[141] Während die direkten Beschaffungskosten den Bruttoeinkaufs-preisen ggf. abzüglich Preisnachlässen und zuzüglich Aufschlägen entsprechen, ent-halten die Bestellkosten diejenigen Kosten, die im Zusammenhang mit der Bestell-abwicklung stehen. Hierzu zählen etwa Kosten für Anfragen, Bestellüberwachungen sowie Rechnungsprüfungen. Zudem können von der Unternehmung, welche die Ein-satzmaterialien bezieht, auch die Transportkosten für den Transport der Einsatzmateri-alien zu den Produktionsstandorten zu übernehmen sein.

*Transportkosten*

Transportkosten entstehen durch den Transport der Einsatzmaterialien und Produkte auf den einzelnen Stufen. In die Transportkosten können auch Auftragsabwicklungs- und Verpackungskosten einbezogen werden.[142] Außerdem fallen innerbetriebliche Transportkosten an, die hier bei Produktionsstandorten den Produktionskosten und bei Distributionslägern den Lagerhaltungs- und Distributionskosten zugeordnet werden.

---

[140] Vgl. Corsten (2000), S. 441. In der vorliegenden Arbeit entspricht ein Lieferant einer Fremdunternehmung.
[141] Vgl. Nebl (2001), S. 261-263.
[142] Vgl. Bowersox/Closs (1996), S. 29f.

*Produktionskosten*

Produktionskosten sind die für die Produktion erforderlichen, in Geldeinheiten bewerteten, betriebszweckbezogenen Produktionsfaktoren in einer Periode und können, wie in Abbildung 2.10 dargestellt, in Sachkosten und Personalkosten unterteilt werden.

*Abbildung 2.10*: Produktionskosten aus Sicht des taktischen Supply Chain Planning

Zu den Sachkosten zählen die Materialkosten, welche durch den Ge- und Verbrauch der Einsatzmaterialien entstehen.[143] Die Produktionsmenge bestimmt anhand der Stücklisten die erforderlichen Einsatzmaterialien, welche in die Produkte eingehen, nach Art und Menge. Wenn die in Produkten verwendeten Einsatzmaterialien bereits durch die Beschaffungskosten erfasst werden, beschränken sich die zu berücksichtigenden Materialkosten auf Hilfs- und Betriebsstoffkosten. Zusätzlich sind den Sachkosten die Kosten für die Benutzung der Betriebsmittel als kalkulatorische Abschreibungen zuzuordnen. Kalkulatorische Abschreibungen sind der Verzehr von betriebszweckbezogenen Betriebsmitteln im Planungshorizont bewertet in Geldeinheiten. Die Wertminderung der Betriebsmittel ist durch die Nutzung des wirtschaftlichen und technischen Nutzungspotenzials begründet. Von Interesse sind hier im Wesentlichen die Wertminderungen durch einen wirtschaftlichen Gebrauch der Betriebsmittel.

Zu den Personalkosten zählen alle Kosten, die durch den Einsatz menschlicher Arbeitsleistungen entstehen, und umfassen überwiegend Löhne und Gehälter, daneben auch gesetzliche und freiwillige Sozialkosten.[144] Sowohl bei den Sach- als auch bei den Personalkosten sind jedoch nur diejenigen Kosten einzubeziehen, die für ein taktisches Supply Chain Planning-Problem entscheidungsrelevant sind. Insbesondere bei den Personalkosten werden bei einem Planungshorizont von einem Jahr einige Entscheidungen wie etwa Personalneueinstellungen und -entlassungen nicht relevant sein.

*Lagerhaltungs- und Distributionskosten*

Lagerhaltungskosten entstehen sowohl in den Produktionsstandorten als auch in den Distributionslägern.[145] Für Produktionsstandorte kann zwischen einem Eingangs-, einem Zwischen- und einem Absatzlager unterschieden werden. In einem Eingangslager werden die für die Produktion erforderlichen Einsatzmaterialien gelagert. Ein Zwischenlager ist ein Puffer bei einer Produktion über mehrere Produktiveinheiten. In einem Absatzlager werden Fertigprodukte bis zur Auslieferung an ein Distributionslager oder weiterzuverarbeitende Einsatzmaterialien für die Auslieferung an einen im Pro-

---

[143] Vgl. etwa Plinke (2000), S. 64.
[144] Vgl. etwa Plinke (2000), S. 65; Schulte (2000), S. 22f.
[145] Einen hohen Anteil der Lagerhaltungskosten an den Totalkosten betont Lancioni (2000), S. 5.

duktionsprozess nachfolgenden Produktionsstandort gelagert. In Distributionslägern werden die Fertigprodukte aufbewahrt, bis sie an die Kunden geliefert werden.

Die mit der Lagerhaltung verbundenen Kosten können in fixe und variable Lagerhaltungskosten aufgespalten werden. Bei den fixen Lagerhaltungskosten ist zu unterscheiden, ob sich das Distributionslager im Eigentum der betrachteten Unternehmung befindet oder angemietet wird. Fixe Lagerhaltungskosten umfassen die Personalkosten sowie die Kosten für den Betrieb eines Lagers, insbesondere Abschreibungen bei eigenen Lägern oder Mietkosten bei Fremdanmietungen.[146] Variable Lagerhaltungskosten, die proportional zur Lagermenge steigen, sind die Kosten für Einlagerungs- und Auslagerungsvorgänge in einem Lager. Als Distributionskosten werden in der vorliegenden Arbeit die Kosten für den Wareneingang und -ausgang sowie für die Zusammenstellung verschiedener Produktarten zu einer Auslieferungseinheit in einem Distributionslager angesehen. Kapitalbindungskosten für die Lagerbestände entsprechen den Opportunitätskosten für eine alternative Kapitalverwendung und sind abhängig vom Wert der eingelagerten Einsatzmaterialien bzw. Produkte sowie von der Dauer der Einlagerung und der Höhe des Zinssatzes. Kapitalbindungskosten steigen meistens proportional mit dem Lagerbestand.[147]

Zusätzlich zu den hier dargestellten Kosten können Steuern, Gebühren und Beiträge anfallen, wenn sie der Leistungserstellung oder Aufrechterhaltung der Betriebsbereitschaft dienen. Steuern sind als Kosten des betrachteten Planungsproblems anzusehen, wenn sie betriebszweckbezogen und entscheidungsrelevant sind. Dieses gilt insbesondere bei einer Betrachtung internationaler Produktions- und Logistiknetzwerke. Für internationale Produktions- und Logistiknetzwerke sind darüber hinaus u.a. Zölle zu erfassen.

Zur Vermeidung einer ausschließlichen Verwendung der Kosten als Zielgröße bei einem Planungsproblem können Erlöse in taktische Supply Chain Planning-Probleme einbezogen werden. Erlöse sind entscheidungsrelevant, wenn die Liefermengen für die Kunden in der Weise beeinflussbar sind, dass ausgehend von einer prognostizierten Nachfrage im Planungshorizont auch eine Teil- oder Nichtbelieferung von Kunden möglich ist.[148] Wenn somit neben den Kosten die Erlöse entscheidungsrelevant sind, wird vorgeschlagen, den Deckungsbeitrag bzw. den kalkulatorischen Gewinn in einem Planungshorizont zu maximieren.[149]

Insbesondere in der Literatur zur Produktionsplanung wird darauf hingewiesen, dass eine direkte Beziehung zwischen den Handlungsalternativen und den Kostengrößen oftmals nur schwer herstellbar ist,[150] bspw. die Konsequenzen einer kurzen Durchlaufzeit auf die Kundenzufriedenheit und damit auf die Erlöshöhe der verkauften Fertig-

---

[146] Vgl. Kistner/Steven (2001), S. 32. Die Betrachtung der Mietkosten als Fixkosten ist dabei abhängig von der Kündigungsdauer bei Mietverträgen, vgl. auch Ballou (1999), S. 560.

[147] Vgl. etwa Kistner/Steven (2001), S. 33.

[148] Alternativ können Strafkosten zur Bewertung einer Teil- oder Nichtbelieferung von Kunden verwendet werden. Allerdings bedingen Strafkosten Bewertungsprobleme, vgl. Kapitel 5.1.2, S. 111.

[149] Vgl. Shapiro (1999), S. 746.

[150] Vgl. Kistner/Steven (2001), S. 10.

produkte. Daher wird in der Literatur vorgeschlagen, Ersatzgrößen zu verwenden. Zeit- und Mengengrößen zur Produktionsplanung bilden die Grundlage für die nachfolgende Darstellung und werden durch die Mehrstufigkeit bzw. die Logistikplanung erweitert, um für das taktische Supply Chain Planning einsetzbar zu sein.

## 2.4.2 Zeit- und Mengengrößen

Idee der Verwendung von Zeit- und Mengengrößen ist, dass die Verfolgung dieser Größen einen positiven Einfluss auf Wertgrößen vor allem Kostengrößen hat, ein unmittelbar quantitativ zu bewertender Zusammenhang jedoch nicht besteht. Dadurch wird unterstellt, dass zwischen den Zeit- bzw. Mengengrößen und den entscheidungsrelevanten Kosten ein Zusammenhang besteht.[151] Als derartige Größen werden nachfolgend die Durchlaufzeit, die Lieferterminabweichung sowie die Kapazitätsauslastung vorgestellt.

*Durchlaufzeit*

Eine zentrale Zeitgröße in der produktionswirtschaftlichen Literatur ist die Durchlaufzeit. Unter der Durchlaufzeit wird der Zeitraum vom Zeitpunkt der Bereitstellung für den ersten Arbeitsvorgang bis zum Abschluss des letzten Arbeitsvorgangs verstanden.[152] Die Durchlaufzeit ist je nach Bezugsobjekt auftrags- oder produktbezogen.

Bei der von vielen Autoren in der produktionswirtschaftlichen Literatur vertretenen Sichtweise der auftragsbezogenen Durchlaufzeit ist das Bezugsobjekt ein Kundenbzw. Produktionsauftrag. Die Durchlaufzeit wird dann als Zeitraum vom Bereitstellungszeitpunkt bis zum Fertigstellungszeitpunkt eines Auftrags definiert.[153] Corsten betrachtet die Durchlaufzeit bis zur Übergabe an den Vertriebsbereich.[154] Zäpfel und Piekarz betonen, dass der Zeitraum der Durchlaufzeit bis zur Lieferscheinerstellung bzw. Fakturierung oder zur tatsächlichen Auslieferung reicht, was sie als Gesamtdurchlaufzeit bezeichnen.[155] Auch Christopher weist darauf hin, dass die Durchlaufzeit die Auslieferung zum Kunden umfasst.[156] Reichwald und Sachenbacher gehen noch weiter, indem sie für die Durchlaufzeit eine Betrachtungsweise von der Auftragserteilung durch den Kunden unter Einbeziehung von Forschung und Entwicklung bis zur Auslieferung beim Kunden angeben und diese als totale Durchlaufzeit bezeichnen.[157] Übereinstimmend mit der standortübergreifenden Sichtweise des taktischen Supply Chain Planning wird hier der Zeitraum vom Zeitpunkt der Bereitstellung eines Auftrags bis zum Zeitpunkt des Abschlusses der Auslieferung als auftragsbezogene

---

[151] Vgl. Kistner/Steven (2001), S. 11.

[152] Vgl. Küpper/Helber (1995), S. 53.

[153] Vgl. zur Definition der Durchlaufzeit etwa Domschke/Scholl/Voß (1997), S. 27; Kistner/Steven (2001), S. 104.

[154] Vgl. Corsten (2000), S. 475.

[155] Vgl. Zäpfel/Piekarz (1996), S. 66.

[156] Vgl. Christopher (1998), S. 157.

[157] Vgl. Reichwald/Sachenbacher (1996), Sp. 368-370.

36

Durchlaufzeit angesehen.[158] Als Gesamtdurchlaufzeit wird die Summe der Durchlaufzeiten über alle innerhalb eines Planungshorizonts vorgegebenen Aufträge verstanden.[159]

Neben der auftragsbezogenen Sichtweise der Durchlaufzeit gibt es eine produktbezogene Sichtweise, bei der das Bezugsobjekt jeweils eine Einheit des Produkts ist. Die produktbezogene Sichtweise der Durchlaufzeit geht von der Überlegung aus, dass aus Sicht des taktischen Supply Chain Planning eine Prognose für jede Produktart innerhalb eines Planungshorizonts erforderlich ist. Da ein Auftrag mehrere Produkte umfassen kann, müsste außerdem eine Prognose der Aufträge erfolgen. Eine Zuordnung verschiedener Produkte zu Aufträgen und damit eine Bestimmung der auftragsbezogenen Durchlaufzeit ist allerdings nur schwer möglich. Daher bietet sich für das taktische Supply Chain Planning eine produktbezogene Sichtweise der Durchlaufzeit an. Vor diesem Hintergrund wird die produktbezogene Durchlaufzeit als der Zeitraum vom Zeitpunkt der Bestellung der Einsatzmaterialien für ein Produkt bis zum Zeitpunkt der Anlieferung des Produkts beim Kunden angesehen.

Die Durchlaufzeit lässt sich unabhängig vom Bezugsobjekt in verschiedene Komponenten zerlegen.[160] Komponenten der Durchlaufzeit sind, wie in Abbildung 2.11 veranschaulicht, die Lieferzeit, die Produktionszeit einschließlich der Lagerzeit, die Lager- und Distributionszeit in den Distributionslägern sowie die Transportzeit für Transporte zwischen den Ebenen.

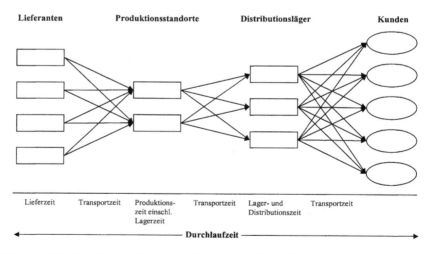

*Abbildung 2.11*: Durchlaufzeit beim taktischen Supply Chain Planning

---

[158] Dieser Zeitraum wird von Beamon als Customer Response Time bezeichnet, vgl. Beamon (1998), S. 288.
[159] Vgl. zu dieser Definition etwa Kistner/Steven (2001), S. 104f.
[160] Vgl. etwa Domschke/Scholl/Voß (1997), S. 27; Küpper/Helber (1995), S. 53.

Der Zeitraum zwischen einem Lieferabruf und dem Eintreffen im Produktionsstandort entspricht der Lieferzeit.[161] Die Produktionszeit ist die Dauer, bei der bei einem Objekt, d.h. Auftrag oder Produkt, eine physikalische Veränderung stattfindet.[162] Außerdem zählt in der vorliegenden Arbeit die Lagerzeit im Eingangs-, Zwischen- und Absatzlager sowie die innerbetriebliche Transportzeit zur Produktionszeit. Der Zeitraum, in dem beim Objekt weder eine physikalische noch eine räumliche Veränderung stattfindet, wird als Lagerzeit bezeichnet. Die Lagerzeit wird hier auf ein Distributionslager bezogen; anderenfalls wird diese der Produktionszeit zugeordnet. Die Zeitspanne vom Wareneingang in einem Distributionslager bis zum Warenausgang einschließlich einer Zusammenstellung verschiedener Produktarten zu einer Auslieferungseinheit entspricht der Distributionszeit. Der Zeitbedarf für eine räumliche Veränderung eines Objekts von einer Ebene zu einer anderen determiniert die Transportzeit.

Durch die Berücksichtigung der Durchlaufzeit wird gleichzeitig die Kundenzufriedenheit beeinflusst. Je kürzer die Durchlaufzeit, desto größer ist tendenziell die Kundenzufriedenheit. Über die Kundenzufriedenheit kann die Durchlaufzeit einen maßgeblichen Einfluss auf die Wettbewerbsfähigkeit einer Unternehmung haben. Außerdem sinkt mit der Verkürzung der Durchlaufzeit das in den Einsatzmaterialien bzw. Produkten gebundene Kapital und senkt damit die Kosten. Die Durchlaufzeit kann als ergänzende Zielgröße zu den Wertgrößen hin zur Mehrfachzielsetzung beim taktischen Supply Chain Planning insbesondere bei Herstellern, die in einem Markt mit sehr kurzen Produktlebenszyklen tätig sind, wie bspw. Produktionsunternehmungen von Personalcomputern, eine wichtige Rolle spielen.[163] Überdies sinkt die Gefahr, dass bei langer Durchlaufzeit und damit möglicherweise umfangreicher Lagerhaltung Produkte mit sehr kurzen Produktlebenszyklen bereits im Lager veralten.

*Liefertterminabweichung*

Die Liefertterminabweichung ist eine Zielgröße, die ebenfalls je nach Objekt auftrags- oder produktbezogen sein kann. Der Liefertermin ist der durch die Planung determinierte und einem Kunden auf Basis des geplanten Fertigstellungstermins zugesicherte Zeitpunkt für einen Auftrag oder eine Einzelleistung, zu dem geliefert werden soll. Zur Ermittlung der Liefertterminabweichung wird der realisierte Fertigstellungszeitpunkt mit dem geplanten Fertigstellungstermin verglichen.[164] Eine Überschreitung des geplanten Fertigstellungstermins kann bspw. zu einer Konventionalstrafe und auch zu einem zukünftigen Auftragsentgang führen.[165] Jedoch sollte auch ein zu früher Fertigstellungstermin vermieden werden,[166] damit bei einem gegebenen Liefertermin für die Kunden die Fertigprodukte nicht über einen langen Zeitraum gelagert werden müssen. Bei der Lagerung von Fertigprodukten ist aufgrund des höheren Wertes gegenüber

---

[161] Vgl. Günther/Tempelmeier (2000), S. 66; Pfohl (2000a), S. 36.
[162] Vgl. ähnlich auch Kern (1992), S. 278.
[163] Vgl. für einen Ansatz mit Mehrfachzielfunktion etwa Arntzen et al. (1995).
[164] Vgl. Beamon (1998), S. 288; Domschke/Scholl/Voß (1997), S. 293.
[165] Vgl. Kiener/Maier-Scheubeck/Weiß (1999), S. 194. Eine Überschreitung der Lieferzeit wird auch als Verspätung bezeichnet, vgl. Domschke/Scholl/Voß (1997), S. 293.
[166] Vgl. Corsten (2000), S. 494.

Einsatzmaterialien die Kapitalbindung größer, weshalb die Lagerhaltungskosten bei Fertigprodukten tendenziell größer sind. Eine Vermeidung zu früher Fertigstellungstermine ist jedoch nur sinnvoll, wenn es nicht gleichzeitig kapazitive Engpässe gibt.

*Kapazitätsauslastung*

Mit Hilfe der Maximierung der Kapazitätsauslastung wird angestrebt, das in Produktiveinheiten gebundene Kapital möglichst maximal auszunutzen. Die Kapazität, definiert als das Leistungsvermögen einer Produktiveinheit in quantitativer und qualitativer Hinsicht für einen definierten Zeitraum,[167] bestimmt damit die maximale Produktionsmenge einer Produktiveinheit. Der Kapazitätsauslastungsgrad entspricht dem Quotienten aus geplantem Kapazitätsbedarf und verfügbarer Kapazität. Bei technisch umfangreichen Produktionsanlagen kann mit einer Kapazitätsvorhaltung eine hohe Fixkostenbelastung verbunden sein, weshalb dann der Kapazitätsauslastung eine große Bedeutung zukommt.[168] Eine je nach Produktart unterschiedliche Beanspruchung der Kapazität ist durch einen produktartabhängigen Kapazitätsbedarf zu berücksichtigen.

Mit der Durchlaufzeit, der Lieferterminabweichung und der Kapazitätsauslastung sind drei mögliche Zielgrößen dargestellt. Im Vordergrund der vorgestellten Zielgrößen steht die Eignung für taktische Supply Chain Planning-Probleme. Neben diesen drei dargestellten Zielgrößen werden in der produktionswirtschaftlichen Literatur zahlreiche weitere Zielgrößen genannt,[169] die hier nicht vorgestellt werden. Neben quantitativen werden in der Literatur auch qualitative Zielgrößen vorgeschlagen, von denen einige nachfolgend dargestellt werden.

## 2.4.3 Qualitative Zielgrößen

Bei qualitativen Zielgrößen ist eine quantitative Erfassung nicht unmittelbar möglich.[170] Qualitative Zielgrößen sind generelle Einflussgrößen ohne präzise Angabe des Wirkungszusammenhangs und umfassen Qualitätsziele, soziale Ziele und Umweltschutzziele.[171] Unter Qualität wird die Eignung eines Produkts für einen gegebenen Verwendungszweck verstanden.[172] Durch die Berücksichtigung des Verwendungszwecks steht die Bewertung der Qualität aus Kundensicht im Vordergrund. Qualitätsgrößen können sowohl auftrags- bzw. produktbezogen als auch produktionsfaktorbezogen sein,[173] erstere kann als Auftrags- bzw. Produktqualität und letztere als Prozessqualität bezeichnet werden,[174] wobei die Produktqualität durch die Prozessqualität be-

---

[167] Vgl. Hahn/Laßmann (1993a), S. 235; Hoitsch (1993), S. 6; Kern (1962), S. 27.

[168] Für ein Beispiel aus der chemischen Industrie vgl. Werners/Steude/Thorn (1999), S. 410.

[169] Mellor (1966), S. 164, erwähnt insgesamt 27 Zielgrößen.

[170] Vgl. Beamon (1998), S. 287.

[171] Vgl. Adam (1996), S. 82; Domschke/Scholl/Voß (1997), S. 28.

[172] Vgl. etwa Nieschlag/Dichtl/Hörschgen (1997), S. 213; ähnlich auch Corsten (2000), S. 194.

[173] Vgl. auch Küpper/Helber (1995), S. 52.

[174] Da sich ein Auftrag aus einem oder mehreren Produkten zusammensetzt, wird zur Vereinfachung nachfolgend lediglich der Begriff Produktqualität verwendet.

einflusst wird.[175] Neben der Produktqualität wird von den Kunden auch die Qualität des Kundenservices oder die Kommunikationsqualität wahrgenommen.[176]

Die Produktqualität ist eine mehrdimensionale Eigenschaft eines Produkts, wobei zwischen Funktionalqualität für den beabsichtigten Verwendungszweck, Dauerqualität für die Verwendungs- und Lebensdauer eines Produkts, Integrationsqualität für die Nutzung eines Produkts mit anderen Produkten im Verbund, Stilqualität für ästhetische Merkmale und Umweltqualität unterschieden werden kann.[177] Die Prozessqualität bezieht sich beim taktischen Supply Chain Planning auf alle betrachteten Vorgänge, demzufolge sowohl Produktions- als auch Logistikvorgänge. Prozesse mit einer hohen Qualität zeichnen sich durch eine hohe Prozesssicherheit aus, charakterisiert u.a. durch eine geringe Anzahl an Störungen beim Maschineneinsatz und kleinem Bedarf an Nacharbeit.[178]

Qualität kann durch die Kundenzufriedenheit gemessen werden. Vor dem Hintergrund einer standortübergreifenden Planung in Produktions- und Logistiknetzwerken müssen Qualitätsgrößen neben unternehmungsübergreifenden auch unternehmungsinterne Lieferanten-Kunden-Beziehungen berücksichtigen.[179] Durch die Einbeziehung der unternehmungsinternen Lieferanten-Kunden-Beziehungen in Qualitätsgrößen soll gewährleistet werden, dass sich alle Beteiligten in einem Produktions- und Logistiknetzwerk an den Anforderungen der Kunden an das Fertigprodukt ausrichten.[180] Insbesondere die vielfältigen Entscheidungen in einem Produktions- und Logistiknetzwerk bieten die Möglichkeit, wesentlichen Einfluss auf die Prozessqualität und damit auch auf die Produktqualität zu nehmen. Bei taktischen Supply Chain Planning-Problemen ist es denkbar, dass die Produktionsstandorte unterschiedliche Prozessqualitäten aufweisen. Dadurch kann entschieden werden, Produkte je nach hohen oder niedrigen Anforderungen in den jeweiligen Produktionsstandorten zu produzieren. Im Rahmen der Beeinflussbarkeit der Produkte durch das taktische Supply Chain Planning wird vorgeschlagen, dass bei der Betrachtung der Qualität ein einzuhaltendes Anspruchsniveau für Qualitätsmerkmale festgelegt wird.[181]

Die standortübergreifende Sichtweise für Qualitätsgrößen betrifft auch die sozialen Ziele und Umweltschutzziele als weitere Komponenten der qualitativen Zielgrößen. Soziale Zielgrößen erfassen bspw. die Motivation und Arbeitszufriedenheit von Mitarbeitern.[182] Umweltschutzziele berücksichtigen einen schonenden Umgang der ökologischen Umwelt.[183] Auch bei sozialen Zielen und Umweltschutzzielen bietet das taktische Supply Chain Planning aufgrund der zu berücksichtigenden Entscheidungen viel-

---

[175] Vgl. Nebl (2001), S. 649.

[176] Vgl. Hahn/Laßmann (1999), S. 202.

[177] Vgl. Corsten (2000), S. 145f., und die dort angegebene Literatur.

[178] Vgl. Zäpfel/Piekarz (1996), S. 68.

[179] Vgl. Zäpfel/Piekarz (1996), S. 68.

[180] Die Ausrichtung aller Beteiligten auf die Kundenbedürfnisse ist ein wichtiges Kriterium für das Supply Chain Management, vgl. etwa Jones/Riley (1985), S. 19.

[181] Vgl. allgemein Küpper/Helber (1995), S. 57.

[182] Vgl. Domschke/Scholl/Voß (1997), S. 28; Hahn/Laßmann (1999), S. 23; Küpper/Helber (1995), S. 53.

[183] Vgl. Hahn/Laßmann (1999), S. 25.

fältige Möglichkeiten, Einfluss zu nehmen. Da die Arbeitszufriedenheit in engem Zusammenhang mit der arbeitszeitlichen Belastung durch die Zuordnung der Produktionsmengen zu den Standorten steht, ist zu beachten, dass eine Über- oder Unterauslastung der Mitarbeiter auch zu einer Beeinträchtigung der Motivation und Arbeitszufriedenheit führen kann. Darüber hinaus hat das taktische Supply Chain Planning einen nicht unerheblichen Einfluss auf die Umweltschutzziele einer Unternehmung. Da es in einem Produktions- und Logistiknetzwerk möglicherweise mehrere Produktionsstandorte gibt, die in der Lage sind, dieselbe Produktart herzustellen, können bei der Zuordnung von Produkten die unterschiedlichen Umweltstandards in den verschiedenen Ländern berücksichtigt werden.

Zusammengefasst zeigt sich, dass zur Bewertung von Handlungsalternativen vielfältige qualitative Zielgrößen verwendet werden können. Aufgrund der stärker quantitativen Ausrichtung der vorliegenden Arbeit bilden jedoch quantitative Zielgrößen den Schwerpunkt der nachfolgenden Betrachtungen. Neben den Zielgrößen bilden die dargestellten Handlungsalternativen und Umweltsituationen die Grundlage für taktische Supply Chain Planning-Probleme. Zur Unterstützung des taktischen Supply Chain Planning können Planungsprobleme in einem Modell abgebildet werden, wofür es unterschiedliche Modellansätze gibt, die im nachfolgenden Kapitel vorgestellt werden.

# 3 Quantitative Ansätze zur Planungsunterstützung

## 3.1 Modellunterstützung des taktischen Supply Chain Planning

### 3.1.1 Modellanalyse

Das taktische Supply Chain Planning betrachtet Produktions- und Logistiknetzwerke, die durch eine Vielzahl verschiedenartiger Elemente wie etwa Produktionsstandorte, Distributionsläger und Produkte sowie deren Relationen charakterisiert sind. Bei entscheidungstheoretischen Betrachtungen wird häufig das einem Planungsproblem zu Grunde liegende Objekt als Realsystem bezeichnet.[1] Realsysteme können in vielfältiger Weise auftreten und sind nicht auf die Produktion bzw. Logistik einer Unternehmung beschränkt. Da bei umfassenden Realsystemen zur Lösung von Planungsproblemen zahlreiche Informationen zu verarbeiten sind, werden zur Planungsunterstützung oftmals Modelle eingesetzt.

Modelle sind durch die Merkmale vereinfachte Abbildung des Realsystems und Strukturähnlichkeit der Abbildung charakterisiert.[2] Eine Abbildung heißt vereinfacht, wenn für ein Planungsproblem lediglich die relevanten Merkmale abgebildet werden, um dadurch die Komplexität des Planungsproblems zu reduzieren. So interessieren bei der Produktionsplanung die Merkmale von Maschinen wie etwa Bearbeitungsdauer, hingegen bleiben Farbe oder Hersteller unberücksichtigt. Dadurch, dass Merkmale eines Realsystems nicht berücksichtigt werden, ist ein Modell einerseits unvollständig, andererseits können als zentraler Vorteil der Modelle die für ein Planungsproblem wesentlichen Merkmale hervorhebend erfasst werden. Da die Gesamtheit der in einem Realsystem bestehenden Relationen die Struktur determiniert, bedeutet eine Strukturähnlichkeit, dass sich Unterschiede im Realsystem von Elementen und deren Relationen in einem Modell lediglich hinsichtlich der einbezogenen Merkmale widerspiegeln.

Modelle haben den Vorteil, dass die Modellierung eine strukturierte Vorgehensweise ermöglicht, da alle für ein Modell erforderlichen Daten, ggf. aus verschiedenen Funktionsbereichen einer Unternehmung, systematisch zusammenzufassen sind. Darüber hinaus gestatten Modelle, Untersuchungen ohne Veränderungen am Realsystem durchzuführen. Aufgrund dieser Vorteile werden Modelle zur Planungsunterstützung in vielfältiger Weise eingesetzt, und es gibt zahlreiche Modellausgestaltungen, die hinsichtlich unterschiedlicher Kriterien klassifiziert werden können.[3] Die in der vorliegen-

---

[1]  Vgl. Bamberg/Coenenberg (2000), S. 13; Hanssmann (1993), S. 84. In den weiteren Ausführungen wird die Bezeichnung Realsystem gewählt, wenn allgemeine Anforderungen diskutiert werden. Im Zusammenhang mit taktischen Supply Chain Planning-Problemen entspricht das Realsystem einem Produktions- und Logistiknetzwerk.

[2]  Vgl. hierfür und zu den Erläuterungen der beiden Merkmale Adam (1996), S. 60-62; Bamberg/Coenenberg (2000), S. 13-15; Mag (1995), S. 20f.

[3]  Vgl. für Übersichten über Klassifikationen etwa Gal/Gehring (1981), S. 19-23; Hanssmann (1993), S. 84-89; Page (1991), S. 4-7.

den Arbeit berücksichtigten Kriterien für taktische Supply Chain Planning-Probleme sind der Zeitbezug, die Determiniertheit, die Anzahl der in einem Modell erfassten Funktionsbereiche sowie die Symbolisierung. Hinsichtlich des zeitlichen Bezugs können Modelle zunächst in statisch, komparativ-statisch und dynamisch unterteilt werden, siehe Abbildung 3.1.

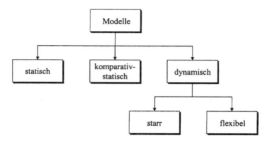

*Abbildung 3.1*: Klassifizierung der Modelle hinsichtlich des zeitlichen Bezugs

Statische Modelle bilden ein Planungsproblem zu einem bestimmten Zeitpunkt ab und weisen keine Unterteilung des Planungshorizonts in einzelne Perioden auf. Infolgedessen bleiben alle Variablen und Parameter während des Planungshorizonts unverändert. Bei komparativ-statischen Modellen wird der Planungshorizont in Perioden unterteilt, und es wird aufeinander folgend für jede Periode eine statische Planung ohne Berücksichtigung der Abhängigkeiten zwischen den Perioden durchgeführt.[4] Somit können jedoch im Gegensatz zum statischen Modell die Variablen und Parameter innerhalb des Planungshorizonts unterschiedliche Werte annehmen. Dynamische Modelle zeichnen sich dadurch aus, dass die Planung der berücksichtigten Perioden simultan erfolgt, wobei ein im Planungshorizont unveränderter Informationsstand zu einer starr dynamischen Planung führt, während sich bei der flexibel dynamischen Planung der Informationsstand im Zeitablauf des Planungshorizonts anpassen kann.[5]

Darüber hinaus ist für taktische Supply Chain Planning-Probleme zwischen deterministischen und stochastischen Modellen zu differenzieren. In deterministischen Modellen sind die verwendeten Parameter im Planungshorizont bekannt und fix, während es in stochastischen Modellen mindestens einen stochastischen Parameter gibt.[6]

Hinsichtlich der Anzahl der in einem Modell erfassten Funktionsbereiche einer Unternehmung wird zwischen einem Totalmodell und einem Partialmodell unterschieden. In einem Totalmodell werden die wesentlichen Elemente und Relationen aus allen Funktionsbereichen abgebildet, wodurch in einem Modell die einzelnen Funktionsbereiche

---

[4]  Vgl. Schneeweiß (1992), S. 98.
[5]  Vgl. Schneeweiß (1992), S. 98f. Statt dynamisch wird in der Literatur auch die Bezeichnung mehrperiodig gewählt, vgl. etwa Williams (1999), S. 21.
[6]  Vgl. etwa Hanssmann (1993), S. 85.

miteinander verknüpft sind.[7] Indessen beschränkt sich ein Partialmodell auf einzelne Funktionsbereiche, wobei interdependente Beziehungen zu den unberücksichtigten Bereichen vernachlässigt werden.[8]

In Bezug auf das Klassifikationskriterium der Symbolisierung gibt es mathematische Modelle, die ein Realsystem durch mathematische Größen wie Symbole, Variablen, Gleichungen und Ungleichungen abbilden.[9] Die in mathematischen Modellen verwendeten Variablen sind quantitative bzw. quantifizierte Größen.[10] Neben mathematischen sind weitere Modelle hinsichtlich der Symbolisierung verbale und graphische Modelle. Bei graphischen Modellen steht die Visualisierung im Vordergrund, weshalb diese oftmals zusammen mit mathematischen Modellen entwickelt werden, um den Zugang zu mathematischen Modellen zu erleichtern. Für verbale Modelle ist die Beschreibung eines Realsystems mit Hilfe der Sprache charakteristisches Merkmal.

Im Anschluss an die Klassifizierung der Modelle ist die Vorgehensweise bei der Modellanalyse darzustellen. Die Modellanalyse, welche die Modellentwicklung und die anschließende Modellanwendung umfasst, geschieht gemäß Abbildung 3.2 in mehreren Stufen.[11]

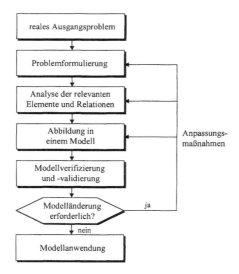

*Abbildung 3.2*: Vorgehensweise bei der Modellanalyse
Quelle: In Anlehnung an Adam (1996), S. 65

[7]  Vgl. Adam (1996), S. 93; Gal/Gehring (1981), S. 20.
[8]  Vgl. Adam (1996), S. 93; Steven (1994), S. 11.
[9]  Vgl. Kallrath/Wilson (1997), S. 7f.; Williams (1999), S. 3.
[10]  Vgl. Mag (1995), S. 26.
[11]  Für die hier vorgestellte Modellanalyse vgl. Adam (1996), S. 64-66; Homburg (2000), S. 36-40. Ausführliche Betrachtungen finden sich auch bei Gal/Gehring (1981), S. 23-29, und Müller-Merbach (1982), S. 63-65.

Die Entwicklung eines Modells zur Planungsunterstützung kann ausgelöst werden, wenn Anzeichen auftreten, die Unzufriedenheit beim Entscheidungsträger hervorrufen.[12] Mögliche Anzeichen können zu hohe Produktionskosten im Vergleich zu Wettbewerbern oder unzureichende Marktanteile sein. Die vom Entscheidungsträger wahrgenommenen Anzeichen bedingen eine Problemformulierung, die dadurch charakterisiert ist, dass der zu betrachtende Ausschnitt des Realsystems abzugrenzen und das Planungsproblem möglichst eindeutig zu formulieren ist.[13] Es folgt die zwischen den Beteiligten interaktiv durchzuführende Analyse der Elemente und Relationen des erfassten Ausschnitts aus dem Realsystem. Hierzu zählen die Beschaffung der Daten, die oftmals von verschiedenen Funktionsbereichen einer Unternehmung zur Verfügung gestellt werden, die Festlegung der Handlungsalternativen sowie die Vorgabe der Zielfunktion.[14]

Anschließend wird das Planungsproblem in einem Modell abgebildet, welches wie in der vorliegenden Arbeit ein mathematisches Modell sein kann. Im Rahmen der Modellverifizierung wird die formale Richtigkeit des Modells überprüft, während die Überprüfung des Modells hinsichtlich der Übereinstimmung mit dem Realsystem Aufgabe der Modellvalidierung ist.[15] Sofern Modellverifizierung oder -validierung zu unzureichenden Ergebnissen führen, sind Rückschritte zu den vorherigen Aufgaben mit den entsprechenden Anpassungsmaßnahmen erforderlich. Wenn die Ergebnisse den Anforderungen genügen, kann das Modell angewendet werden. Die Modellanwendung umfasst die Implementierung und, sofern es sich um ein mathematisches Modell handelt, die Auswahl einer geeigneten Methode zur Lösung des Modells.

Modelle können als Komponenten auch in ein Entscheidungsunterstützungssystem integriert werden. Allgemein kann ein Entscheidungsunterstützungssystem als interaktives, EDV-gestütztes System, das Entscheidungsträger bei der Lösung von Entscheidungsproblemen mit Modellen, Methoden und problembezogenen Daten unterstützt, definiert werden.[16] Da Entscheidungsunterstützungssysteme für eher schlecht-strukturierte Entscheidungssituationen verwendet werden, steht bei diesen Systemen die Problemstrukturierung sowie die Alternativengenerierung und -bewertung im Vordergrund.[17] Darüber hinaus ermöglichen Entscheidungsunterstützungssysteme oftmals eine automatische Generierung von Modellen.[18]

---

[12] Vgl. Adam (1996), S. 64; Homburg (2000), S. 37.
[13] Vgl. Gal/Gehring (1981), S. 24.
[14] Vgl. auch Homburg (2000), S. 38f.
[15] Ausführlicher zur Modellvalidierung und Modellverifizierung vgl. etwa Berens/Delfmann (1995), S. 153-155, und die dort angegebene Literatur.
[16] Vgl. Gluchowski/Gabriel/Chamoni (1997), S. 168.
[17] Vgl. Völkner (1998), S. 90.
[18] Vgl. Williams (1999), S. 15.

## 3.1.2 Modellentwicklung

Eine wesentliche Aufgabe der taktischen Produktionsplanung ist die Bestimmung der Produktionsmenge innerhalb eines Planungshorizonts von einem Jahr unter besonderer Berücksichtigung eines Ausgleichs saisonaler Nachfrageverläufe. Durch das weiter gefasste taktische Supply Chain Planning wird zusätzlich zum Ausgleich einer saisonalen Nachfrage speziell die Verminderung des Bullwhip-Effekts und die Senkung der durch einen unzureichenden Informationsaustausch bedingten Lagerhaltung angestrebt. Um mathematische Modelle zur Unterstützung des taktischen Supply Chain Planning anwenden zu können, sind im Zusammenhang mit der Modellentwicklung zunächst Anforderungen an die Zielsetzung zu formulieren.

*Anforderungen an die Zielsetzung*

Die einzelnen Handlungsalternativen in einem taktischen Supply Chain Planning-Problem umfassen partiell sehr unterschiedliche Entscheidungen, welche durch die auszuwählende Zielsetzung bewertet werden können, um die Auswahl einer optimalen bzw. möglichst optimalen Handlungsalternative zu gestatten. Ferner muss die Zielsetzung die Bestimmung einer optimalen Lösung über alle in das Supply Chain Planning-Problem einbezogenen Standorte und Ebenen in einem Produktions- und Logistiknetzwerk gestatten.[19] Deshalb wird über die Standorte und Ebenen eine einheitliche Definition der erforderlichen Daten sowie deren konsistente Nutzung und vollständige Aufbereitung gefordert.[20] Ferner muss die Zielsetzung durch die Beteiligten nachvollziehbar und transparent sein, um die Akzeptanz zu erhöhen. Dadurch, dass die Zielsetzung alle im taktischen Supply Chain Planning einzubeziehenden Entscheidungen erfasst, wird gleichzeitig die Anforderung erfüllt, dass die Zielsetzung auch beeinflussbar ist.[21]

*Allgemeine Modellanforderungen*

Allgemeine Modellanforderungen zielen insbesondere darauf ab, die Akzeptanz der zur Unterstützung des taktischen Supply Chain Planning erforderlichen Modelle beim Anwender zu erhöhen.[22] Hierzu zählen:

- Einfachheit und Vollständigkeit

- Kommunizierbarkeit

- Anpassungsfähigkeit

- breite Anwendbarkeit

---

[19]  Vgl. Handfield/Nichols (1999), S. 62.
[20]  Vgl. Meyr/Rohde/Stadtler/Sürie (2000), S. 36.
[21]  Vgl. Fortuin (1988), S. 4.
[22]  Für Übersichten zu Modellanforderungen vgl. auch Little (1970), S. B-470; Silver/Pyke/Peterson (1998), S. 51-53; Völkner/Werners (2000), S. 635f.

Diese anschließend ausführlicher dargestellten Anforderungen sollten bereits bei der Modellierung berücksichtigt werden.

Taktische Supply Chain Planning-Probleme können aufgrund der erforderlichen Einbeziehung mehrerer Standorte in verschiedenen Ebenen komplex sein. In der Literatur wird generell für komplexe Planungsprobleme hervorgehoben, dass lediglich die als relevant eingeschätzten Entscheidungsvariablen abzubilden sind, um Modelle möglichst einfach zu halten.[23] Da für taktische Supply Chain Planning-Probleme die standortübergreifende Optimierung des Güterflusses im Vordergrund steht, sind vorwiegend die Beschaffungs-, Produktions-, Transport-, Distributions- und Lagerhaltungsmengen je Periode und ggf. etwa die Berücksichtigung der Transportmittel zu erfassen.

Ferner müssen Modelle zur Unterstützung des taktischen Supply Chain Planning gut kommunizierbar sein. Entscheidungsträger werden Ergebnissen eines mathematischen Modells oftmals nicht vertrauen, wenn diese nicht weitgehend transparent und nachvollziehbar sind. Daher ist neben der Visualisierung des Planungsproblems auch eine Darstellung der Ergebnisse in graphischer Form erforderlich.[24] Überdies wird eine gute Kommunizierbarkeit durch eine einfache Dateneingabe unterstützt.[25]

Die Anforderung der Anpassungsfähigkeit resultiert daraus, dass Produktions- und Logistiknetzwerke über einen längeren Zeitraum nicht statisch sind. Es kann bspw. neue Produkte, zusätzliche Standorte, veränderte Kosten- und Erlösstrukturen oder aufgrund des technischen Fortschritts verbesserte Produktionskoeffizienten geben. Infolgedessen sind die zur Aktualisierung benötigten Daten zur Verfügung zu stellen.[26] Ferner muss ein bestehendes Modell in angemessener Zeit aktualisierbar sein, ohne dass größere Neuformulierungen erforderlich sind.[27] Während geänderte Daten durch eine Anpassung der Parameter häufig einfach berücksichtigt werden können, kann eine veränderte Struktur einen größeren Anpassungsaufwand bedingen, weshalb zur erleichterten Anpassung ein modularer Aufbau der Modelle gefordert wird.[28]

Weiterhin ist die Modellanforderung wünschenswert, dass ein Modell für unterschiedliche taktische Supply Chain Planning-Probleme einsetzbar ist. Da es Produktions- und Logistiknetzwerke in verschiedenen Industriebereichen gibt, die etwa hinsichtlich der Produkt- und Prozesseigenschaften voneinander abweichen, ist es erstrebenswert, ein allgemeines Modell zu formulieren, welches nach Möglichkeit weitgehend unabhängig von einem konkreten Industriebereich ist. Somit kann ein Grundmodell zur Unterstützung des taktischen Supply Chain Planning formuliert werden, welches für eine konkrete Anwendung in einem Industriebereich lediglich anzupassen ist, ohne dass eine

---

[23] Vgl. Hamel (1981), S. 621; Little (1970), S. B-470.
[24] Vgl. Silver/Pyke/Peterson (1998), S. 52.
[25] Vgl. Little (1970), S. B-470.
[26] Vgl. auch Bäuerle (1989), S. 180f.
[27] Vgl. Hamel (1981), S. 622; Little (1970), S. B-470. Martin/Dent/Eckhart (1993), S. 71, stellen diese Anforderung für ein Planungsproblem eines Glasherstellers auf.
[28] Vgl. Pfohl/Stölzle (1997), S. 124.

vollständige Neuformulierung für die jeweilige Anwendung durchzuführen ist. Dadurch wird eine breite Anwendung etwa in Großunternehmungen, die in mehreren Produktions- und Logistiknetzwerken tätig sind, ermöglicht.

*Merkmale der Modelle zur Unterstützung des taktischen Supply Chain Planning*

Im Anschluss an die Erörterung der Modellanforderungen ist im Rahmen der für das taktische Supply Chain Planning zu formulierenden Modelle zu bestimmen, ob statische oder mehrperiodige Modelle verwendet werden. Statische Modelle setzen unveränderte Daten innerhalb eines Planungshorizonts voraus;[29] dementsprechend dürfen sich bspw. die variablen Kosten je Produktart oder die Kapazitätsbedarfe für die Herstellung der einzelnen Produkte nicht ändern. Gleichfalls darf die Nachfrage innerhalb des Planungshorizonts nicht schwanken. Es ist vorstellbar, dass für ein statisches Modell zur Unterstützung des taktischen Supply Chain Planning eine monatlich variierende Produktnachfrage zu einer jährlichen Produktnachfrage zusammengefasst und in Bezug zu den Jahreskapazitäten der einzelnen Standorte in einem Produktions- und Logistiknetzwerk gesetzt wird. Sofern bspw. die Jahreskapazität in einem Produktionsstandort die vollständige Herstellung der Produktnachfrage ermöglicht, wird in einer Modelllösung dem Produktionsstandort eine optimale geplante Produktionsmenge zugewiesen. Allerdings kann dieses zu einer in der Realisation unzulässigen Lösung führen, wenn bei einer schwankenden Nachfrage die jeweiligen Monatskapazitäten nicht ausreichen und somit Entscheidungen zur Behebung einer Engpasssituation beim Kapazitätsangebot zu treffen sind, die eigentlich Bestandteil des taktischen Supply Chain Planning sind und deshalb hier berücksichtigt werden sollten.

Durch die innerhalb des Planungshorizonts variierende Nachfrage ändern sich die Informationen, die bei der Planung zu berücksichtigen sind. Insofern ist die von Schneeweiß formulierte Bedingung für einen sinnvollen Einsatz mehrperiodiger Modelle erfüllt, dass es sich ändernde Informationen innerhalb des Planungshorizonts gibt.[30] Nach Hanssmann sind mehrperiodige Modelle einzusetzen, wenn Entscheidungen für eine Periode Einfluss auf spätere Perioden haben, folglich eine Wechselwirkung von Entscheidungen vorliegt.[31] Die Wechselwirkung der Entscheidungen zeigt sich etwa bei der Lagerhaltung, wenn ein Lageraufbau in einer Periode dazu führt, dass eine hohe Nachfrage in einer späteren Periode vollständig befriedigt wird. Zusammengefasst verdeutlichen diese Gründe, dass mehrperiodige Modelle zur Unterstützung des taktischen Supply Chain Planning zu entwickeln sind.

Die Entscheidung, ob ein deterministisches oder ein stochastisches Modell zu verwenden ist, hängt vom konkreten taktischen Supply Chain Planning-Problem ab. In der vorliegenden Arbeit werden beide Ansätze sowie Kriterien zur Unterstützung bei der Auswahl eines Modellansatzes vorgestellt.

---

[29]  Vgl. Adam (1996), S. 88.
[30]  Vgl. hierzu Schneeweiß (1989), S. 8.
[31]  Vgl. Hanssmann (1993), S. 89.

Hinsichtlich der Anzahl der erfassten Funktionsbereiche handelt es sich bei Modellen zur Unterstützung des taktischen Supply Chain Planning um Partialmodelle. Zwar geht die Betrachtung über einen Funktionsbereich wie etwa die Produktion hinaus, da u.a. die Beschaffung und der Absatz einbezogen werden, doch bleibt bspw. die Finanzierung unberücksichtigt, weshalb kein Totalmodell vorliegt.

Bezüglich des Merkmals der Symbolisierung weisen mathematische Modelle die Vorteile einer intersubjektiven Überprüfbarkeit und die Möglichkeit, mathematische Gesetzmäßigkeiten zur Lösungsermittlung zu verwenden, auf.[32] Insbesondere aufgrund der Größe taktischer Supply Chain Planning-Probleme ist die Anwendung von Methoden zur Lösungsermittlung unverzichtbar, woraus sich das Erfordernis einer Verwendung mathematischer Modelle ergibt. Um die Nachvollziehbarkeit und das Verständnis der taktischen Supply Chain Planning-Probleme zu verbessern, sind zur Ergänzung graphische Modelle einzusetzen.

Die mit Hilfe dieser Merkmale beschriebenen Modelle sind durch geeignete Methoden zu lösen, die nachfolgend erörtert werden.

## 3.2 Modelle und Methoden des taktischen Supply Chain Planning

### 3.2.1 Mathematische Optimierung

Mathematische Modelle können sowohl im Zusammenhang mit analytischen Verfahren als auch mit der Simulation verwendet werden, wie Abbildung 3.3 veranschaulicht.

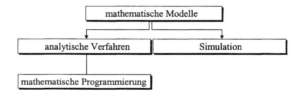

*Abbildung 3.3*: Verwendung mathematischer Modelle

Analytische Verfahren zeichnen sich dadurch aus, dass diesen ein Algorithmus zugrunde liegt, der in einem geschlossenen Durchlauf direkt eine Lösung ermittelt.[33] Unter einem Algorithmus oder einem Verfahren bzw. Lösungsverfahren wird eine Vorschrift verstanden, die Eingabedaten in einer gegebenen Folge durch eine endliche Anzahl an Schritten in Ausgabedaten bzw. eine Lösung transformiert.[34] Zu den analy-

---

[32] Vgl. etwa Adam (1996), S. 86.
[33] Vgl. Hanssmann (1993), S. 86; Krüger (1975), S. 27; Page (1991), S. 4.
[34] Vgl. Domschke/Scholl/Voß (1997), S. 39; ähnlich Berens/Delfmann (1995), S. 108.

tischen Verfahren zählt u.a. die mathematische Programmierung,[35] die sich „mit der Optimierung von Funktionen unter Nebenbedingungen"[36] beschäftigt. Für betriebswirtschaftliche Planungsprobleme hat die mathematische Programmierung die Aufgabe, knappe Ressourcen den wirtschaftlichen Tätigkeiten in einem Planungsproblem optimal zuzuordnen.[37] Die der mathematischen Programmierung zu Grunde liegenden Modelle werden als Programmierungsmodelle bezeichnet. Sind sowohl die Zielfunktion als auch die Restriktionen linear, liegt ein lineares Programmierungsmodell vor, andernfalls ein nichtlineares. Trifft die zuerst genannte Bedingung zu, haben lineare Programmierungsmodelle in der mathematischen Formulierung als Maximierungsproblem die Struktur

$$\max \qquad z \quad = \quad c^T x \qquad\qquad (3.1.1)$$

$$\text{so dass} \qquad Ax \ \leq \ b \qquad\qquad (3.1.2)$$

$$x \ \geq \ 0 \qquad\qquad (3.1.3)$$

mit $c$ als Vektor der Zielfunktionskoeffizienten, $A$ als $(m \times n)$-Koeffizientenmatrix, $b$ als $m$-Vektor der rechten Seite und $x$ als $n$-Vektor der zu optimierenden Entscheidungsvariablen. Die o.g. mathematische Formulierung wird auch als Grundmodell[38] oder Normalform[39] der linearen Programmierung bezeichnet. Schwerpunktmäßig wird im weiteren Verlauf dieser Arbeit die lineare Programmierung diskutiert. Das Grundmodell der linearen Programmierung umfasst zur Abbildung eines Planungsproblems Zielfunktion, Entscheidungsvariablen[40] und Restriktionen.

In der Literatur werden verschiedene Restriktionstypen diskutiert.[41] Verfügbarkeitsrestriktionen geben an, dass auf der Beschaffungsseite begrenzte Mengen an Einsatzmaterialien zur Verfügung stehen. Sehr ähnlich zu dieser Restriktion sind Kapazitätsrestriktionen. Letztere bestimmen etwa, dass es für die Produktion Produktiveinheiten, die in der Anzahl und der Kapazität je Periode begrenzt sind, sowie für die Lagerhaltung beschränkte Lagerflächen gibt. Kapazitätsrestriktionen können jedoch vom Entscheidungsträger zumindest partiell beeinflusst werden, während Verfügbarkeitsrestriktionen extern vorgegeben sind. Der dritte Restriktionstyp umfasst die Nachfragerestriktionen, welche die Höhe der von den Kunden nachgefragten Mengen angeben. Darüber hinaus sind abschließend die Ausgleichsrestriktionen relevant, die bspw. bei

---

[35] Der Ausdruck lineare Programmierung ist eine direkte Übersetzung des Begriffs linear programming. Anstatt lineare Programmierung kann auch die Bezeichnung lineare Optimierung verwendet werden, vgl. auch Kallrath/Wilson (1997), S. 1; Williams (1999), S. 5. Die Begriffe Programmierungsmodell und Optimierungsmodell werden nachfolgend synonym verwendet.

[36] Zimmermann (1992), S. 60.

[37] Vgl. Shapiro (2001), S. 64.

[38] Vgl. Zimmermann (1992), S. 63.

[39] Vgl. Kistner (1993), S. 9.

[40] Diese können auch als Variablen bezeichnet werden.

[41] Vgl. Kallrath/Wilson (1997), S. 46-49; Williams (1999), S. 25-31; ähnlich auch Pannell (1997), S. 3f. Die Darstellung in der vorliegenden Arbeit konzentriert sich auf die Restriktionstypen, die für das betrachtete taktische Supply Chain Planning relevant sind.

einer statischen Betrachtung bestimmen, dass die Produktzugänge in einem Standort den Produktabgängen entsprechen. In mehrperiodigen Programmierungsmodellen mit der Möglichkeit einer periodenübergreifenden Lagerhaltung sind überdies mögliche Lagerabgänge und -zugänge zu erfassen.

Die lineare Programmierung setzt Annahmen voraus, von denen nachfolgend drei dargestellt werden, um zu verdeutlichen, inwiefern die lineare Programmierung zur Unterstützung des taktischen Supply Chain Planning geeignet ist. Diese Annahmen sind: Proportionalität, Additivität und Teilbarkeit.[42] Proportionalität sagt aus, dass der Beitrag einer Entscheidungsvariable zum Zielfunktionswert und bei der Ausschöpfung von Restriktionen proportional zur Höhe der Entscheidungsvariable ist. Das setzt voraus, dass die variablen Kosten und Erlöse sowie die Kapazitätsbedarfe je Einheit und die Produktionskoeffizienten konstant sind. Additivität bedeutet, dass es zwischen den jeweiligen Entscheidungsvariablen wechselseitige Abhängigkeiten weder auf der Beschaffungsseite, etwa durch Mengenrabatte bei einem gemeinsamen Einkauf unterschiedlicher Einsatzmaterialien, noch auf der Absatzseite in Form eines Absatzverbunds gibt. Schließlich wird unter Teilbarkeit verstanden, dass eine Entscheidungsvariable innerhalb des zulässigen Bereichs jeden Wert auf dem Kontinuum reeller Zahlen annehmen kann.

Die ausschließliche Verwendung ganzzahliger Variablen führt zu einem ganzzahligen linearen Programmierungsmodell, während es in einem gemischt-ganzzahligen linearen Programmierungsmodell sowohl kontinuierliche als auch ganzzahlige Variablen gibt. Eine spezielle Form der ganzzahligen Variablen sind Binärvariablen, die zur Abbildung logischer Bedingungen etwa für Ja/Nein-Entscheidungen erforderlich sind, wie etwa bei der Modellierung von Single Sourcing durch den Kunden und bei der Standortplanung für Distributionsläger.[43]

Mit Hilfe der linearen Programmierung können zahlreiche Planungsprobleme abgebildet werden, wobei allerdings die Problemgröße die Lösbarkeit von insbesondere ganzzahligen und gemischt-ganzzahligen linearen Programmierungsmodellen beeinträchtigen kann. Hieran knüpft die nachfolgend dargestellte Simulation an.

### 3.2.2 Simulation

Die Simulation, deren zu Grunde liegende Modelle als Simulationsmodelle bezeichnet werden, geht von der Beobachtung aus, dass es in der Realität komplexe Planungsprobleme gibt, die nur schwer mit Hilfe analytischer Verfahren lösbar sind.[44] Mit der Simulation werden lediglich einzelne, vom Entscheidungsträger vorzugebene Hand-

---

[42] Vgl. zu diesen Annahmen Dantzig/Thapa (1997), S. 22f.; Hillier/Lieberman (1995), S. 38-44; Pannell (1997), S. 4-6; Shapiro (2001), S. 84-91.
[43] Binäre Variablen sind u.a. auch zur Modellierung von Umrüstvorgängen oder Reihenfolgen erforderlich, werden aufgrund der hier durchgeführten Abgrenzung jedoch nicht weiter berücksichtigt.
[44] Vgl. etwa Domschke/Scholl/Voß (1997), S. 35; Slats et al. (1995), S. 13.

lungsalternativen untersucht, aus denen eine zur Lösung des Planungsproblems ausgewählt wird. Daher werden in der Literatur Simulationsuntersuchungen vielfach als Experimente[45], Simulationsexperimente[46] oder Berechnungsexperimente[47] bezeichnet. Simulationsuntersuchungen, die für das taktische Supply Chain Planning von Interesse sind, können sowohl Veränderungen am Simulationsmodell, d.h. bspw. Hinzufügung oder Entfernung von Distributionslägern, als auch bei einem gegebenen Simulationsmodell die Erzeugung taktischer Pläne umfassen. Die Simulation wird für reale Planungsprobleme mit Simulationssoftwareprodukten, die umfassende Statistiken zur Bewertung der untersuchten Handlungsalternativen etwa hinsichtlich Durchlaufzeit oder Auslastung der Maschinenkapazitäten zur Verfügung stellen, durchgeführt. Bereits aus den häufig in Softwareprodukten implementierten Visualisierungsmöglichkeiten ergeben sich für den Anwender wichtige Einblicke in das abgebildete Realsystem.[48] Ferner erleichtert die Visualisierung die Entwicklung von Simulationsmodellen, die ein Realsystem möglichst zutreffend abbilden.[49] Simulationsmodelle bieten die Möglichkeit, Anwender zu trainieren, indem unterschiedliche Handlungsalternativen und deren Konsequenzen auf ein Realsystem untersucht werden.[50] Wenn es innerhalb des im Simulationsmodell abgebildeten Planungsproblems Variationsmöglichkeiten bei der Ermittlung von Plänen etwa hinsichtlich der Reihenfolge der Auftragsabwicklung auf einer Maschine gibt, können zur Generierung möglichst guter Pläne Heuristiken implementiert werden.[51] Ferner wird in der Literatur betont, dass mit der Simulation in der Regel dynamische Modelle erfasst werden,[52] so dass die Simulation eine Analyse des zeitlichen Verhaltens der Produktions- und Logistikprozesse ermöglicht.

Nachfolgend werden aus der Literatur Simulationsansätze, die Planungsprobleme in Produktions- und Logistiknetzwerken betrachten, in chronologischer Reihenfolge vorgestellt, um die Vorgehensweise bei der Simulation im Zusammenhang mit Supply Chain Planning-Problemen zu verdeutlichen.

Ein Simulationsmodell zur Abbildung eines Produktions- und Logistiknetzwerks für einen Hersteller von Personalcomputern haben Berry und Naim entwickelt.[53] Das Simulationsmodell erfasst ein Produktions- und Logistiknetzwerk von der Beschaffung der wichtigsten Einsatzmaterialien über die Komponentenfertigung und den Zusammenbau eines Personalcomputers bis hin zur Distribution zu den Kunden. Mit Hilfe dieses Simulationsmodells wird ein dreistufiges Produktions- und Logistiknetzwerk abgebildet, um die Auswirkungen verschiedener Umstrukturierungsentscheidungen

---

[45] Vgl. Kelton/Sadowski/Sadowski (1998), S. 7; Krüger (1975), S. 24; Page (1991), S. 7; Pidd (1998), S. 5.
[46] Vgl. Anderson/Sweeney/Williams (2000), S. 588; Berens/Delfmann (1995), S. 142; Gehring (1992), S. 293.
[47] Vgl. Adam (1996), S. 488; Gal/Gehring (1981), S. 168.
[48] Vgl. Porter (1991), S. 288.
[49] Vgl. Rohrer (1997), S. 26.
[50] Vgl. allgemein Withers/Hurrion (1982), S. 973f.
[51] Vgl. Hicks (1997a), S. 46, der diese Vorgehensweise als simulation optimization bezeichnet. Für ein Beispiel vgl. etwa Werners/Steude/Thorn (1999), S. 417. Bei geringen Variationsmöglichkeiten können durch eine vollständige Enumeration auch optimale Pläne ermittelt werden, vgl. Garus (2000), S. 145.
[52] Vgl. Banks (1998), S. 3; Krüger (1975), S. 24; Page (1991), S. 7.
[53] Vgl. Berry/Naim (1996).

wie die Einführung einer standortübergreifenden Planung auf den Bullwhip-Effekt zu analysieren. Bei allen durchgeführten Simulationsuntersuchungen ändert sich einmalig zu Beginn des betrachteten Zeitraums die Nachfrage, um dann auf einem gleich bleibenden Niveau zu verharren. In dem Simulationsmodell wird über einen Zeitraum von mehreren Wochen erfasst, inwiefern sich diese Nachfrageänderung auf die Produktionsraten der vorgelagerten Stufen auswirkt. Das von den Autoren vorgeschlagene Simulationsmodell basiert auf einer an der University of Wales in Cardiff entwickelten strukturierten Vorgehensweise, welche als Cardiff Methodologie[54] bezeichnet wird. Auf Basis dieser strukturierten Vorgehensweise sind weitere Untersuchungen durchgeführt worden, die ebenfalls die Auswirkungen von Umstrukturierungsentscheidungen auf den Bullwhip-Effekt in einem Produktions- und Logistiknetzwerk analysieren.[55]

Bhaskaran untersucht in einem Karosseriepresswerk der Automobilindustrie einen Produktionsprozess mit drei Ebenen.[56] In der ersten Ebene werden die von einem Stahlwerk gelieferten Stahlbleche in Platinen geschnitten, in der zweiten Ebene die Platinen in Pressen zu Karosserieteilen weiterverarbeitet und schließlich in der dritten Ebene die Karosserieteile zu Baugruppen zusammengeschweißt. Hervorzuhebendes Merkmal ist der Transport der Zwischenprodukte zwischen den Ebenen des Produktionsprozesses in Losen. Dieser Produktionsprozess wird in einem Simulationsmodell abgebildet, um den alternativen Einsatz von KANBAN und eines PPS-Systems bei unsicherer Nachfrage zu vergleichen sowie anhand der Planungsstabilität und der Zwischenlagerbestände zu bewerten. Darüber hinaus werden von Bhaskaran kontinuierliche Verbesserungspotenziale, die mit Hilfe des Simulationsmodells erzielbar sind, untersucht. Die durchgeführten Untersuchungen zeigen Vorteile des PPS-Systems gegenüber KANBAN, insbesondere durch geringere Zwischenlagerbestände aufgrund der stärkeren Nutzung von Nachfrageprognosen durch das PPS-System und die Erschwerung von KANBAN durch erforderliche große Losgrößen beim Transport der Zwischenprodukte.

Ein Simulationsmodell zur Untersuchung eines Produktions- und Logistiknetzwerks für ein Lebensmittelprodukt haben van der Vorst et al. aufgestellt.[57] Grundgedanke der Simulationsuntersuchung ist die Analyse der Faktoren, die Unsicherheit in einem Produktions- und Logistiknetzwerk begründen. Dafür differenzieren die Autoren zwischen der inhärenten Unsicherheit, zu der sie Prozess- und Nachfrageunsicherheit zählen, und der durch Supply Chain Management beeinflussbaren Unsicherheit. Als Ursache der beeinflussbaren Unsicherheit geben die Autoren die Länge des Zeitraums vom Bearbeitungsbeginn eines Auftrags über die Durchlauf- und die Verkaufszeit bis zum Bearbeitungsende des nachfolgenden Auftrags sowie die Informationsverfügbar-

---

[54] Vgl. Berry/Naim (1996), S. 184.

[55] Für weitere Untersuchungen vgl. etwa Berry/Naim/Towill (1995) oder Wikner/Towill/Naim (1991). Da sich die prinzipiellen Vorgehensweisen dieser Untersuchungen mit der dargestellten weitgehend decken, wird hier auf eine Darstellung verzichtet.

[56] Vgl. Bhaskaran (1998).

[57] Vgl. van der Vorst et al. (1998). Für eine ähnliche Untersuchung vgl. auch van der Vorst/Beulens/van Beek (2000).

keit und -transparenz einschließlich der Entscheidungsprozesse, zu denen u.a. die Verwendung lokaler Nachfragen zählt, an. Zur Reduktion der beeinflussbaren Unsicherheit werden in einem Simulationsmodell Entscheidungen, die hinsichtlich des Merkmals der hierarchischen Strukturierung verschieden sind, untersucht. Eine betrachtete Entscheidung, die bspw. zum taktischen Supply Chain Planning gezählt werden kann, ist die Erhöhung der Häufigkeit der Belieferung zwischen dem Produktionsstandort und dem Distributionslager bzw. zwischen dem Distributionslager und den Kunden zur Verkürzung des o.g. Zeitraums. Das von den Autoren formulierte Simulationsmodell auf Basis eines realen Produktions- und Logistiknetzwerks umfasst einen Produktionsstandort, ein Distributionslager und 100 Kunden sowie zwölf Produktarten. Die Autoren untersuchen mit Hilfe des Simulationsmodells die verschiedenen Entscheidungen zur Reduzierung der beeinflussbaren Unsicherheit und verdeutlichen gleichzeitig den Zielkonflikt zwischen der Lieferhäufigkeit zur Reduktion der beeinflussbaren Unsicherheit und den Totalkosten.

Lin et al. schlagen ein Simulationssystem zur Planungsunterstützung für einen Hersteller von Personalcomputern vor.[58] Dieses Simulationssystem ist in ein ebenfalls von den Autoren entwickeltes Softwaresystem integriert, welches die strategische und taktische Planung eines Produktions- und Logistiknetzwerks bei der betrachteten Unternehmung unterstützt. Die Autoren bezeichnen das Softwaresystem als Asset Management Tool, dessen wesentliche Komponenten eine graphische Oberfläche, eine Optimierungskomponente sowie ein Simulationssystem sind. Durch die auf der Warteschlangentheorie beruhende Optimierungskomponente werden die Sicherheitsbestände der Lagerhaltung für jede Produktart an den einzelnen Standorten bei vorgegebenen Wahrscheinlichkeiten für die Erfüllung der Kundennachfrage bestimmt. In dem Simulationssystem können Simulationsmodelle für ein Produktions- und Logistiknetzwerk mit Produktionsstandorten einschließlich Lagerhaltung, Distributionslägern und Transportwegen entwickelt werden. Ausgehend von der prognostizierten Kundennachfrage und den durch die Optimierungskomponente bestimmten Lagerbeständen können verschiedene Handlungsalternativen, die sich hinsichtlich Anzahl und Standort von Lieferanten, Produktionsstandorten und Distributionslägern sowie bezüglich der Vorgehensweise bei Beschaffung, Produktion oder Transport unterscheiden, untersucht und mit Hilfe der graphischen Oberfläche visualisiert werden. Die genannten Vorgehensweisen unterscheiden sich darüber hinaus darin, ob eine auftrags- oder kundenbezogene Fertigung vorliegt. Zur Erfassung von Unsicherheit bspw. bei Kundennachfrage, Transportzeit oder Lieferantenzuverlässigkeit stehen verschiedene Verteilungen zur Verfügung. Die jeweiligen Handlungsalternativen können anhand monetärer Größen oder Ersatzzielgrößen wie Höhe der Lagerbestände oder Ausmaß der unbefriedigten Kundennachfrage bewertet werden. Die Planungshorizonte für die durchgeführten Simulationsuntersuchungen liegen zwischen sechs und zwölf Monaten.

---

[58]  Vgl. Lin et al. (2000).

Die dargestellten Simulationsansätze veranschaulichen den Einsatz der Simulation für Planungsprobleme in Produktions- und Logistiknetzwerken. Hervorzuheben ist die Visualisierung sowie die Möglichkeit, das dynamische Verhalten von Produktions- und Logistikprozessen zu untersuchen. Ein Nachteil der Simulation ist jedoch der große Zeitaufwand sowohl für die Modellerstellung als auch für die Durchführung der Simulationsuntersuchungen.[59] Der Zeitaufwand für die Durchführung einer Simulationsuntersuchung ist in der erforderlichen Analyse mehrerer Handlungsalternativen begründet, kann allerdings durch die Implementierung von Heuristiken verringert werden. Hinzu kommt, dass die Einbeziehung von Unsicherheit etwa bei der Nachfrage bedingt, dass für eine Handlungsalternative mehrere Simulationsdurchläufe erforderlich sind, um zuverlässige Ergebnisse zu erhalten.[60] Aufgrund des Zeitaufwands beschränken sich die dargestellten Simulationsansätze auf einzelne Fragestellungen wie die Einführung von KANBAN oder Umstrukturierungen in einem Produktions- und Logistiknetzwerk. Da bei Simulationsuntersuchungen wichtige Handlungsalternativen unberücksichtigt bleiben können,[61] bietet keiner der dargestellten Simulationsansätze eine generelle, unmittelbar umsetzbare Planungsunterstützung für taktische Supply Chain Planning-Probleme.

Für das in der vorliegenden Arbeit untersuchte Supply Chain Planning-Problem ist eine Eingrenzung auf einzelne Fragestellungen nicht sinnvoll, sondern eine weitgehend umfassende Berücksichtigung der einzubeziehenden Handlungsalternativen erforderlich, um nach Möglichkeit optimale Lösungen, wie mit Hilfe der linearen Programmierung, zu erzielen.[62] Die lineare Programmierung gestattet durch die Einbeziehung aller berücksichtigten Handlungsalternativen eine gegenüber der Simulation stärkere Ausnutzung der in komplexen Planungsproblemen ggf. existierenden Verbesserungspotenziale.[63] Die für das taktische Supply Chain Planning insbesondere zur Erfassung saisonaler Nachfrageverläufe erforderliche zeitablaufbezogene Betrachtung wird durch mehrperiodige Programmierungsmodelle, welche in die rollierende Planung eingebunden werden, erreicht. Der Vorteil der Visualisierbarkeit kann bei Programmierungsmodellen durch eine Netzwerkmodellierung erzielt werden,[64] so dass sich die Vorteile der Simulation insgesamt relativieren. Im Vergleich beider Ansätze erscheint die lineare Programmierung zur Unterstützung des taktischen Supply Chain Planning daher besser geeignet.[65] Die lineare Programmierung wird auch in Softwaresystemen zur Unterstützung des Supply Chain Planning eingesetzt, die nachfolgend dargestellt werden.

---

[59]  Vgl. Banks (1998), S. 12; Law/Kelton (2000), S. 2; Liebl (1995), S. 9; Page (1991), S. 9.
[60]  Vgl. Kelton/Sadowski/Sadowski (1998), S. 8.
[61]  Vgl. Powers (1989), S. 111.
[62]  Vgl. auch Shapiro (1999), S. 740.
[63]  Vgl. Kallrath/Wilson (1997), S. 5.
[64]  Durch die Visualisierung kann das von Powers (1989), S. 116, beschriebene Black Box-Syndrom der mathematischen Optimierung vermindert werden.
[65]  Dieses deckt sich mit der Aussage von Fleischmann (1988), S. 353, der für die taktische Produktionsplanung, welche die Basis für das taktische Supply Chain Planning ist, die lineare Programmierung als am besten geeignet ansieht.

### 3.2.3 Softwaresysteme zur Planungsunterstützung

Supply Chain Planning-Softwaresysteme zeichnen sich dadurch aus, dass sie eine Planungsunterstützung für die Prozesse eines Produktions- und Logistiknetzwerks von der Beschaffung bis hin zur Distribution zu den Kunden anbieten.[66] In der Literatur wird ein Supply Chain Planning-Softwaresystem vielfach als Advanced Planning System bezeichnet.[67] Charakteristische Merkmale für ein Supply Chain Planning-Softwaresystem bzw. ein Advanced Planning System sind der Einsatz integrativer Modelle zur Planungsunterstützung sowie die hinsichtlich der Funktionsbereiche einer Unternehmung und des Planungshorizonts modulare Struktur mit einem Datenaustausch zwischen den Modulen. Dadurch, dass die Planungsunterstützung im Vordergrund steht, grenzen sich diese von Enterprise Resource Planning-Softwaresystemen ab. Letztere beschränken sich auf die Erfassung und Unterstützung der Datenabwicklung der Geschäftsprozesse einer Unternehmung in den unterschiedlichen Funktionsbereichen wie Rechnungswesen, Finanzwesen, Vertrieb, Produktion und Personalwirtschaft.[68]

Eine Marktstudie über 15 Anbieter mit mindestens einem Standort in Europa von Softwaresystemen zur Unterstützung des Supply Chain Planning bieten Philippson et al. an.[69] Über eine weitere Marktstudie berichten Kortmann und Lessing, welche Softwaresysteme von 15 Anbietern, die umfassende Lösungen für das Supply Chain Planning anbieten, untersuchen.[70] Meyr, Rohde und Wagner geben einen Überblick über Softwaresysteme von drei Anbietern zur Unterstützung des Supply Chain Planning.[71]

*Supply Chain Planning-Matrix*

Zur strukturierten Darstellung und Einordnung der einzelnen Module der Supply Chain Planning-Softwaresysteme wird in der Literatur häufig ein Schema verwendet,[72] welches als Supply Chain Planning-Matrix bezeichnet wird.[73] In der Supply Chain Planning-Matrix der Abbildung 3.4 sind die einzelnen Module den Funktionsbereichen eines Produktions- und Logistiknetzwerks sowie dem Planungshorizont zugeordnet. Die Produktion und die Distribution können an verschiedenen Standorten eines Produktions- und Logistiknetzwerks durchgeführt werden, d.h., es kann mehrere Produk-

---

[66] Vgl. Hicks (1997b), S. 25f.

[67] Vgl. Chamoni (2001), S. 79; Corsten/Gössinger (2001), S. 32; Kortmann/Lessing (2000), S. 111; Rohde/Meyr/Wagner (2000), S. 10, Stadtler (2000), S. 16.

[68] Vgl. Hicks (1997b), S. 25; Shapiro (2001), S. 31. Für eine vergleichende Darstellung der Charakteristika von Supply Chain Planning- und Enterprise Resource Planning-Softwaresystemen vgl. auch Ayers (2000), S. 172f.

[69] Vgl. Philippson et al. (1999).

[70] Vgl. Kortmann/Lessing (2000).

[71] Vgl. Meyr/Rohde/Wagner (2000). Einen knappen Überblick über Supply Chain Planning-Softwaresysteme geben auch Schönsleben/Hieber (2000), S. 21f.

[72] Vgl. Beckmann (1999), S. 168; Corsten/Gössinger (2001), S. 32; Kansky/Weingarten (1999), S. 91; Kuhn/Hellingrath/Kloth (1998), S. 9; Rohde/Meyr/Wagner (2000), S. 10; Seidl (2000), S. 170; Tempelmeier (1999b), S. 70.

[73] Vgl. zum Begriff Supply Chain Planning-Matrix Rohde/Meyr/Wagner (2000), S. 10.

tionsstandorte und Distributionsläger geben. Gleiches gilt für die Beschaffung und den Absatz, indem verschiedene Lieferanten und mehrere Kunden einbezogen werden.

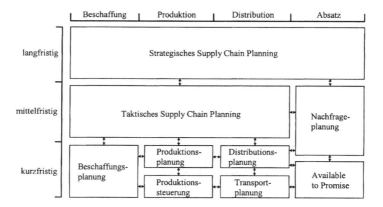

*Abbildung 3.4*: Supply Chain Planning-Matrix
Quelle: In Anlehnung an Corsten/Gössinger (2001), S. 32

Das strategische Supply Chain Planning betrachtet die langfristige Ausgestaltung eines Produktions- und Logistiknetzwerks und bildet gleichzeitig die Basis für das taktische und das operative Supply Chain Planning. Abbildung 3.4 verdeutlicht, dass das strategische Supply Chain Planning funktions- und damit häufig standortübergreifend durchgeführt wird. Durch die Nachfrageplanung, die sowohl für einen mittelfristigen als auch für einen kurzfristigen Planungshorizont durchgeführt werden kann, werden Nachfragen nach Fertigprodukten, ggf. aggregiert zu Produktgruppen, prognostiziert und Sicherheitsbestände determiniert.[74] Zur Nachfrageprognose stehen unterschiedliche statistische Verfahren wie gleitende Durchschnitte oder exponentielle Glättung zur Verfügung, wobei die erforderlichen Daten ggf. aus einem Data Warehouse generiert werden können.[75] In die Prognose können auch Produktlebenszyklen sowie eigene Einschätzungen des Anwenders bei bestimmten Ereignissen wie etwa Promotions- oder Sonderpreisaktionen einfließen.[76] Die prognostizierten Nachfragemengen werden u.a. an das taktische Supply Chain Planning weitergegeben. Die Abbildung 3.4 veranschaulicht, dass auch das taktische Supply Chain Planning funktions- und auf diese Weise vielfach standortübergreifend durchgeführt wird. Für das taktische Supply Chain Planning werden in der Literatur zu Softwaresystemen auch die Bezeichnungen

---

[74] Vgl. Fleischmann/Meyr/Wagner (2000), S. 64.
[75] Vgl. Chamoni (2001), S. 81; Rohde/Meyr/Wagner (2000), S. 10-12.
[76] Vgl. Beckmann (1999), S. 168f.; Philippson et al. (1999), S. 20; Seidl (2000), S. 175. Für eine ausführliche Darstellung vgl. Wagner (2000), S. 106-115.

Supply Network Planning[77], Master Planning[78], netzwerkbezogene Hauptproduktions-programmplanung[79] und Verbundplanung[80] verwendet.

Das operative Supply Chain Planning wird aufgrund des erforderlichen Detaillie-rungsgrads und der damit verbundenen Problemgröße funktionsbezogen und häufig dezentral durchgeführt, d.h., dass Beschaffung, Produktion, Distribution und Absatz in speziellen Modulen geplant werden. Die Beschaffungsplanung unterstützt bei der Ge-nerierung von Bestellaufträgen an die Lieferanten für die erforderlichen Einsatzmate-rialien und umfasst u.a. die Möglichkeiten einer programm- und verbrauchsorientier-ten Materialdisposition sowie einer Bestellmengenplanung.[81] Die Beschaffungspla-nung ist eng mit der Produktionsplanung und -steuerung verknüpft. Bei der Produkti-onsplanung erfolgt die Losgrößenbestimmung sowie die Durchlauf- und Kapazitäts-terminierung unter Berücksichtigung aktualisierter Daten über die Produktionsauf-träge.[82] Die Produktionssteuerung bzw. Maschinenbelegungsplanung schließt die Auf-tragsreihenfolgeplanung und die zeitliche Feinterminierung der Aufträge unter Einbe-ziehung von Rüstzeiten, Losgrößen und Fertigungszeiten ein.[83] Aufgabe der Distributi-onsplanung ist die Bestimmung der Transporte zwischen den Lägern in einem Pro-duktions- und Logistiknetzwerk sowie die Lagerbestandsplanung, indem für die ein-zelnen Läger die Produktarten, Produktmengen sowie Lagerzeiten ermittelt werden.[84] Durch die Transportplanung werden die operativen Aufgaben zur Transportabwick-lung durchgeführt, die insbesondere die Beladungsplanung der Transportmittel und die Tourenplanung umfassen.[85] Ein weiteres Modul ist die globale Verfügbarkeitsprüfung bzw. Available to Promise.[86] Durch globale Verfügbarkeitsprüfungen sollen Liefer-terminzusagen in Echtzeit ermöglicht werden, weshalb bei der Lieferterminermittlung nicht nur das Lager für Fertigprodukte betrachtet wird, sondern zur Verbesserung der Genauigkeit derartiger Zusagen alle Produktverfügbarkeitsdaten eines Produktions- und Logistiknetzwerks mit berücksichtigt werden sollen.[87] Dementsprechend können Produktionsaufträge auch durch eine globale Verfügbarkeitsprüfung generiert werden.

Die Darstellung der Supply Chain Planning-Matrix für Softwaresysteme zeigt, dass lediglich die beiden Module strategisches und taktisches Supply Chain Planning die Prozesse in einem Produktions- und Logistiknetzwerk funktionsübergreifend betrach-ten und damit die Möglichkeit einer standortübergreifenden Planung bieten. Infolge-

---

[77]  Vgl. Tempelmeier (1999b), S. 70.
[78]  Vgl. Chamoni (2001), S. 82; Meyr/Wagner/Rohde (2000), S. 76.
[79]  Vgl. Corsten/Gössinger (2001), S. 33f.
[80]  Vgl. Kortmann/Lessing (2000), S. 23.
[81]  Vgl. Rohde/Meyr/Wagner (2000), S. 14.
[82]  Vgl. Chamoni (2001), S. 82.
[83]  Vgl. Kortmann/Lessing (2000), S. 25; Rohde/Meyr/Wagner (2000), S. 12f.
[84]  Vgl. Fleischmann/Meyr/Wagner (2000), S. 65; Seidl (2000), S. 172f.
[85]  Vgl. Kortmann/Lessing (2000), S. 25f.; Philippson et al. (1999), S. 22; Seidl (2000), S. 173.
[86]  Vgl. zu dieser Begriffsverwendung etwa Kuhn/Hellingrath/Kloth (1998), S. 9; Schneider (1998), S. 52f.; Tempelmeier (1999b), S. 71.
[87]  Die Vorgehensweise der globalen Verfügbarkeitsprüfung in Supply Chain Planning-Softwaresystemen stel-len etwa Kilger/Schneeweiss (2000), S. 140-148, und Schneider (1998), S. 52f., vor.

dessen spiegelt sich der wesentliche Gedanke des Supply Chain Planning insbesondere in diesen beiden Modulen wider. Während das strategische Supply Chain Planning ereignisorientiert zu bestimmten Anlässen wie etwa der Errichtung eines neuen Produktionsstandorts oder der Erschließung eines neuen Markts durchgeführt wird,[88] ist das taktische Supply Chain Planning regelmäßig entweder in vom Anwender vorzugebenden Planungszyklen oder zu vordefinierten Ereignissen wie nach dem Eingang eines wichtigen Auftrags durchzuführen. Damit bildet das taktische Supply Chain Planning als eine regelmäßig durchzuführende Planung die Basis für die übrigen Module. Da die übrigen Module aufgrund des Detaillierungsgrads die jeweiligen Planungen funktionsbezogen unterstützen, sind diese auf zuverlässige Daten aus dem taktischen Supply Chain Planning angewiesen. Folglich erhält das taktische Supply Chain Planning eine zentrale Bedeutung innerhalb der Supply Chain Planning-Matrix.[89]

Nachfolgend wird beispielhaft das Modul Supply Network Planning zur Unterstützung des taktischen Supply Chain Planning des Softwaresystems SAP APO® vorgestellt.[90]

*Taktisches Supply Chain Planning in einem Softwaresystem*

Der Überblick über den grundsätzlichen Aufbau des Supply Network Planning stützt sich auf Informationen aus den Ausführungen von Bartsch und Teufel sowie Knolmayer, Mertens und Zeier.[91] Das Supply Network Planning basiert auf einem Modell eines Produktions- und Logistiknetzwerks mit den Funktionsbereichen Beschaffung, Produktion und Distribution sowie den Kunden einschließlich der Transportverbindungen. Zur Formulierung eines Modells ist zunächst die Eingabe von Stammdaten über Standorte, Produkte, Ressourcen und Güterflüsse erforderlich. Standorte können Lieferanten, Produktionsstandorte, Distributionsläger oder Kunden sein und werden durch die Angabe der Ressourcen wie etwa Kapazitäten der Maschinen oder Arbeitszeitdaten spezifiziert. Als Produktstammdaten können eine Fülle von Daten wie etwa Bruttogewicht oder Volumen angegeben werden. Zur Determinierung der Produktions- und Logistikprozesse ist u.a. die Angabe der jeweiligen Vorgänge mit ihren Anordnungsbeziehungen erforderlich.

Die Eingabe der einzelnen Standorte erfolgt auf einer vorgegebenen Landkarte mit Hilfe der Drag and Drop-Technik. Anschließend werden die Standorte durch Transportverbindungen, bei denen die Pfeilrichtungen die Richtungen der Güterflüsse anzeigen, verknüpft und die Daten über Standorte, Produkte, Ressourcen und Güterflüsse dem Modell zugewiesen. In der Zielfunktion können die Kosten minimiert werden, die u.a. Produktions-, Transport- und Lagerhaltungskosten umfassen können. Mögliche Restriktionen in dem Modell sind Produktions- oder Transportkapazitäten. Das Supply

---

[88] Vgl. etwa Goetschalckx (2000), S. 80.

[89] Dieses wird auch von Corsten/Gössinger (2001), S. 34, betont.

[90] SAP APO ist ein Produkt der SAP AG, Walldorf, Deutschland. APO ist die Abkürzung für Advanced Planner and Optimizer.

[91] Vgl. Bartsch/Teufel (2000), S. 61-84; Knolmayer/Mertens/Zeier (2000), S. 122-125. Die von den Autoren verwendeten Terminologien werden denen der vorliegenden Arbeit angepasst.

Network Planning bietet zur Entwicklung eines mathematischen Modells die Möglichkeit, sowohl diskrete als auch kontinuierliche Variablen zu verwenden. Diskrete Variablen können etwa bei der Abbildung von Transportkapazitäten erforderlich sein.

Nach der Übernahme der Daten aus dem Modul zur Nachfrageplanung kann ein Durchlauf für das taktische Supply Chain Planning gestartet werden. Hierzu bietet SAP APO optimierende und heuristische Verfahren an. Sowohl für lineare als auch für gemisch-ganzzahlige lineare Programmierungsmodelle sind optimierende Verfahren implementiert, wobei die Möglichkeit besteht, Restriktionen mit diskreten Variablen bei der Lösungsermittlung unberücksichtigt zu lassen, um Verfahren zur Optimierung linearer Programmierungsmodelle einzusetzen. Zur Optimierung linearer Programmierungsmodelle werden der primale Simplex-Algorithmus, der duale Simplex-Algorithmus und die Innere-Punkt-Methode angeboten. Zur Verringerung der Rechenzeit bei der Optimierung großer Modelle bietet das Supply Network Planning Optionen wie die Dekomposition und die Nichtberücksichtigung von Modellrestriktionen etwa bei Lagerkapazitäten an. Zur Lösung gemisch-ganzzahliger linearer Programmierungsmodelle verwendet das Supply Network Planning das Branch and Bound-Verfahren, mit dem eine vollständige Suche durchgeführt wird. Zur Vermeidung langer Rechenzeiten kann im Branch and Bound-Verfahren die Anzahl der Iterationen und die Laufzeit beschränkt werden. Außerdem wird ein heuristisches Verfahren mit partieller Suche angeboten. Hierzu wird das mathematische Modell relaxiert, indem im ersten Schritt diskreten Variablen kontinuierliche Werte zugewiesen werden. In einem zweiten Schritt wird angestrebt, diesen Variablen diskrete Werte zuzuordnen. Hierbei werden nicht alle Zweige untersucht, sondern lediglich die viel versprechendsten, um die Rechenzeit zur Lösung des Modells zu begrenzen.

Darüber hinaus bietet SAP APO ein heuristisches Verfahren zur Lösungsermittlung an. Für jeweils einen Standort werden die einzelnen Mengen der Produkte geplant, um anschließend die erforderlichen Mengen an Einsatzmaterialien entsprechend der vordefinierten Prozentsätze bezogen auf jeden Lieferanten zu bestimmen. Die Heuristik berücksichtigt bei der Planung zunächst keine Kapazitäten, so dass zur Einhaltung der Kapazitäten anschließend ein Kapazitätsabgleich erforderlich ist.

Zur Planermittlung bietet das Supply Network Planning zusätzlich zu den dargestellten Verfahren eine sogenannte Capable to Match-basierte Planung an. Bei dieser Methode werden den Nachfragemengen bspw. je nach Liefertermin unterschiedliche Prioritäten zugewiesen. Die Capable to Match-basierte Planung gleicht die priorisierte Nachfrage mit den vorhandenen Kapazitäten ab, wobei jedoch Kosten unberücksichtigt bleiben.

Zusammengefasst ist SAP APO ein umfassendes Softwaresystem zur Unterstützung des Supply Chain Planning. Die meisten Teilplanungen der vorgestellten Supply Chain Planning-Matrix werden durch das Softwaresystem unterstützt.[92] Aufgrund der Möglichkeit einer Anbindung zum Enterprise Resource Planning-Softwaresystem SAP

---

[92] Vgl. hierzu die Untersuchung von Meyr/Rohde/Wagner (2000), S. 246-248.

R/3® kann der Anwender zahlreiche, bei Einführung von Supply Chain Planning möglicherweise bereits zur Verfügung stehende Daten nutzen. Umfangreiche Datenbestände, die allen Anwendern zur Verfügung stehen, können gleichzeitig den Informationsfluss in einem Produktions- und Logistiknetzwerk verbessern. Das Modul Supply Network Planning zeichnet sich durch eine anwenderfreundliche Dateneingabe aus, indem die Eingabe durch vordefinierte Felder visuell unterstützt wird. Zur Planermittlung stehen dem Anwender unterschiedliche Methoden des Operations Research zur Verfügung, die u.a. abhängig von der Problemgröße eingesetzt werden können.

Die Bewertung des Moduls Supply Network Planning zeigt, dass eine anwenderfreundliche Dateneingabe eines Planungsproblems zur Abbildung in einem Modell unterstützt wird. Ferner zeichnet sich dieses Modul durch die Visualisierungsmöglichkeiten aus. Aufgrund der vordefinierten Felder ist der Anwender jedoch auf eine gegebene Problemstruktur angewiesen, so dass eine systematische Erfassung und Betrachtung taktischer Supply Chain Planning-Probleme fehlt. Dem Anwender wird keine Unterstützung bei der Modellformulierung gegeben, etwa welche Daten und Entscheidungsvariablen bei der Modellentwicklung einzubeziehen sind. Zwar können beim Supply Network Planning zahlreiche Kosten in die Zielfunktion einbezogen werden, doch wird der Anwender nicht bei der Auswahl einer am besten geeigneten Zielsetzung in einem konkreten taktischen Supply Chain Planning-Problem unterstützt. Eine detaillierte Betrachtung der Zielsetzung ist erforderlich, da diese einen großen Einfluss auf die Lösung haben kann.

*Bewertung der Supply Chain Planning-Softwaresysteme*

Die dargestellten Module der Supply Chain Planning-Matrix zeigen die für ein Softwaresystem zur Unterstützung des Supply Chain Planning erforderlichen Teilplanungen. Die am Markt angebotenen Softwaresysteme unterscheiden sich hinsichtlich des Grads der Abdeckung der dargestellten Module.[93] In den einzelnen Modulen sind zur Planungsunterstützung zahlreiche Modelle und Methoden des Operations Research integriert, wodurch eine Einbindung der Erkenntnisse der quantitativen Betriebswirtschaftslehre als ein Vorteil dieser Softwaresysteme anzusehen ist.[94] Ferner gestatten diese Softwaresysteme eine umfassende Planungsunterstützung, die durch einen Datenaustausch über die verschiedenen Funktionsbereiche, Standorte und Ebenen in einem Produktions- und Logistiknetzwerk auf Basis eines einheitlichen Softwaresystems begleitet wird. Insofern wird der wichtigen Forderung, welche im Zusammenhang mit dem Supply Chain Management diskutiert wird, genügt, dass die Planung für ein Produktions- und Logistiknetzwerk integriert in einem Softwaresystem unter Verwendung gemeinsamer Standards für die erforderlichen Daten und Entscheidungsvariablen unterstützt werden soll.[95]

---

[93] Vgl. hierzu die Untersuchungen von Rohde/Meyr/Wagner (2000) sowie mit teilweise anderen Softwaresystemen ebenfalls Meyr/Rohde/Wagner (2000).

[94] Vgl. Tempelmeier (1999b), S. 72.

[95] Vgl. zu dieser Forderung etwa Bothe (1998), S. 34f.; Lancioni (2000), S. 3.

Seidl weist darauf hin, dass es für die Implementierung von Supply Chain Planning-Softwaresystemen einen ausreichenden Planungsbedarf geben muss, indem einerseits eine Einplanung der Aufträge jeweils nach Auftragseingang bedingt durch erforderliche Durchlaufzeiten nicht ausreichend und andererseits die Kundennachfrage prognostizierbar ist.[96] Schönsleben und Hieber stellen fest, dass Implementierungen vorwiegend in Großunternehmungen zu beobachten sind.[97] Diese Beobachtung unterstreichen Steven, Krüger und Tengler, indem sie die Bedeutung der einzelnen Module für Produktions- und Logistiknetzwerke hinsichtlich der Produktionsstruktur bewerten.[98] Bei dieser Untersuchung wird eine hohe Bedeutung der Modellierung eines Produktions- und Logistiknetzwerks, die u.a. Basis für das taktische Supply Chain Planning ist, für die Massenproduktion sowie für die Sorten- und Serienfertigung festgestellt. Ferner heben Hieber, Alard und Boxler[99] sowie Fleischmann und Meyr[100] hervor, dass der Einsatz von Softwaresystemen zur Unterstützung des Supply Chain Planning vielfach auf eine rechtlich selbstständige Unternehmung beschränkt ist.[101]

Bei Softwaresystemen zur Unterstützung des Supply Chain Planning wird kritisiert, dass die Aggregation von Daten und Entscheidungsvariablen modelltechnisch nicht unterstützt wird.[102] Insofern besteht bei der Aggregation von Daten und Entscheidungsvariablen im Zusammenhang mit taktischen Supply Chain Planning-Problemen Bedarf an weitergehenden Untersuchungen.[103] Darüber hinaus wird eingewendet, dass die Planung unter der Annahme deterministischer Daten erfolgt.[104] Hingegen ist beim taktischen Supply Chain Planning mit einem mittelfristigen Planungshorizont zu untersuchen, inwiefern die Unsicherheit von Daten in die Planung einzubeziehen ist. Insgesamt zeigt sich, dass für das taktische Supply Chain Planning trotz der Implementierungen in Softwaresystemen noch Forschungsbedarf besteht. Hinsichtlich der Unsicherheit wird zunächst die Einbindung der Modelle in die rollierende Planung dargestellt.

## 3.3    Einbindung der Modelle in die rollierende Planung

### 3.3.1 Darstellung der rollierenden Planung

Für den Planungshorizont sind die wesentlichen Einflussfaktoren zu erfassen sowie die Entwicklungen der Einflussfaktoren zu prognostizieren. Unter Unsicherheit wird für die hier betrachtete Problemstellung verstanden, dass ein Entscheidungsträger in einer

---

[96] Vgl. Seidl (2000), S. 181.
[97] Vgl. Schönsleben/Hieber (2000), S. 18.
[98] Vgl. Steven/Krüger/Tengler (2000), S. 22.
[99] Vgl. Hieber/Alard/Boxler (2001), S. 74.
[100] Vgl. Fleischmann/Meyr (2001), S. 27.
[101] Über Erfahrungen beim Einsatz von Supply Chain Planning-Softwaresystemen berichtet auch Hicks (1997c), S. 35-38.
[102] Vgl. Chamoni (2001), S. 87.
[103] Die Aggregation von Daten und Entscheidungsvariablen wird in Kapitel 4.1.2, S. 72-81, dargestellt.
[104] Vgl. Corsten/Gössinger (2001), S. 37.

Entscheidungssituation nicht über die Informationen verfügt, welche quantitativ oder qualitativ geeignet sind, Einflussfaktoren auf ein Produktions- und Logistiknetzwerk deterministisch abzubilden.[105] Auf diese Weise wird betont, dass Informationsdefizite Unsicherheit begründen. Unsicherheit kann dazu führen, dass die Planungsgüte mit zunehmendem Abstand vom Planungsstartzeitpunkt abnimmt. Ein planerischer Ansatz, Unsicherheit zu bewältigen, ist die rollierende oder rollende Planung.[106] Nachfolgend wird die Vorgehensweise der rollierenden Planung beim taktischen Supply Chain Planning vorgestellt,[107] wobei Unsicherheit hinsichtlich der Nachfrage angenommen wird.

*Grundlagen der rollierenden Planung*

Das taktische Supply Chain Planning betrachtet einen mittelfristigen Planungshorizont, der in einzelne Perioden untergliedert wird. In zeitlich nahen Perioden ist die Höhe der Nachfrage vor allem durch eingegangene Aufträge bereits bekannt. Je weiter die Perioden zeitlich vom Planungsstartzeitpunkt entfernt liegen, desto schwieriger ist oftmals die Nachfrage prognostizierbar.

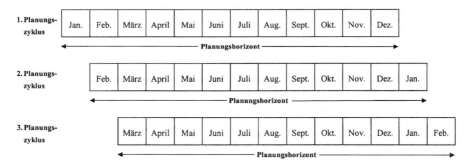

*Abbildung 3.5*: Einbindung des taktischen Supply Chain Planning in die rollierende Planung

Abbildung 3.5 veranschaulicht die Einbindung des taktischen Supply Chain Planning in die rollierende Planung. Der Planungshorizont von einem Jahr wird hier beispielhaft in zwölf Perioden mit einer Dauer von jeweils einem Monat aufgeteilt. Die rollierende Planung erfolgt in Planungszyklen. Im ersten Planungszyklus wird ein standortübergreifender Plan, der u.a. Beschaffungs-, Produktions-, Transport-, Distributions- und Lagerhaltungsmengen angibt, für die Monate Januar bis Dezember aufgestellt. Lediglich die Planmengen für den Monat Januar sind Bestandteil der faktischen Instruktion für das operative Supply Chain Planning. Am Anfang der zweiten Periode beginnt der zweite Planungszyklus, wobei ein Planungshorizont bestimmt wird, der am Ende um

---

[105] Vgl. allgemein zum Begriff der Unsicherheit Zimmermann (2000), S. 192. Ähnlich auch Schoemaker (1993), S. 197, der Unsicherheit als unbekannte kausale Struktur einer Variablen definiert.

[106] Vgl. Baker (1977), S. 20.

[107] Für allgemeine Darstellungen der rollierenden Planung vgl. etwa Adam (1996), S. 190f.; Steven (1994), S. 55-60.

eine Periode verlängert ist, und es wird ein standortübergreifender Plan für die Monate Februar bis Januar ermittelt. In diesem Planungszyklus werden auch neue Informationen über die Höhe der Nachfrage u.a. durch zusätzlich eingegangene Aufträge sowie Feedback aus Modulen des operativen Supply Chain Planning und aus dem Ergebnis durch die Umsetzung des Plans berücksichtigt, wobei die aktualisierte Informationsbasis zu einer Veränderung der Entscheidungsvariablen in bereits durch vorherige Planungszyklen betrachteten Perioden führen kann. Diese dargestellte Vorgehensweise wird in den nachfolgenden Planungszyklen fortgeführt.

Charakteristisches Merkmal der rollierenden Planung ist, dass nicht nur ein umzusetzender Plan in einem Planungsdurchlauf für einen Planungshorizont ermittelt, sondern der Plan sukzessiv-gleitend an eine jeweils veränderte Informationsbasis angepasst wird.[108] Infolgedessen kann eine Planung unter Einbeziehung der Wechselwirkungen bei einer mehrperiodigen Betrachtung für einen zum Planungsbeginn gegebenen Informationsstand durchgeführt und gleichzeitig Unsicherheit durch die sukzessiv-gleitende Anpassung berücksichtigt werden.[109] Schneeweiß hebt hervor, dass die rollierende Planung eine Stellung zwischen der starr dynamischen und der flexibel dynamischen Planung einnimmt, da zwar das zu Grunde liegende Modell starr ist, der Informationsstand jedoch durch die rollierende Planung im Zeitablauf angepasst wird.[110]

Für die Umsetzung der rollierenden Planung sind die Länge des Planungshorizonts, die Periodenlänge sowie die Startzeitpunkte der Planungszyklen zu bestimmen. Der Planungshorizont ist bei Anwendung der rollierenden Planung im taktischen Supply Chain Planning bedingt durch die Hierarchisierung bereits mit einem groben Zeitfenster von etwa sechs Monaten bis zu zwei Jahren vorbestimmt.[111] Aufgrund der Aufgabe des taktischen Supply Chain Planning, eine saisonale Nachfrage auszugleichen, sollte der Planungshorizont mindestens einen Nachfragezyklus umfassen, wobei diese Bedingung vielfach bei einem Planungshorizont von einem Jahr gegeben ist.[112] Allgemein wird die Bestimmung der Periodenlänge auf oberen Planungsebenen überwiegend kalenderorientiert durchgeführt,[113] weshalb diese Einteilung hier für das taktische Supply Chain Planning übernommen wird. Auch kann der zeitliche Abstand zum Planungsstartzeitpunkt die Periodenlänge beeinflussen,[114] d.h., für zeitlich nahe Perioden werden dann kürzere Zeiträume und für spätere Perioden aufgrund des geringeren Einflusses auf die Planungsgüte bei gleichzeitig größerer Unsicherheit etwa hinsichtlich der Nachfrageentwicklung längere Zeiträume gewählt.[115] Damit werden statt äquidistanter Perioden unterschiedliche Periodenlängen verwendet. Mit den Startzeitpunkten

---

[108] Vgl. Schneeweiß (1999a), S. 103f.; Stadtler (1988), S. 57.
[109] Vgl. Steven (1994), S. 55.
[110] Vgl. Schneeweiß (1992), S. 99.
[111] Vgl. die Darstellung in Kapitel 2.2.2, S. 23.
[112] Vgl. Rohde/Wagner (2000), S. 120.
[113] Vgl. Steven (1994), S. 59.
[114] Vgl. Stadtler (1988), S. 57.
[115] Vgl. Rohde/Wagner (2000), S. 121.

der Planungszyklen werden die Zeitpunkte bestimmt, in denen eine Planung ausgelöst wird. Bei einer zyklusorientierten Planung wird die Planung zu jeweils fest vorgegebenen Zeitpunkten bspw. jeweils zu Beginn einer Periode ausgelöst. Indessen können bei einer ereignisorientierten Planung bestimmte Ereignisse wie etwa der Eingang eines größeren Auftrags einen Planungsdurchlauf auslösen. Ob beim taktischen Supply Chain Planning eine ereignis- oder zyklusorientierte Planung durchgeführt wird, ist abhängig vom konkreten Planungsproblem. Kriterien für diese Entscheidung sind bspw. die Bedeutung aktueller taktischer Pläne und die Umsetzungsmöglichkeiten in der EDV. Für die weitere Betrachtung wird hier von einer zyklusorientierten Planung ausgegangen.

Zusammenfassend zeichnet sich die rollierende Planung dadurch aus, dass die Planmengen für die jeweiligen Perioden unter Berücksichtigung der verbesserten Informationsbasis sukzessiv-gleitend aktualisiert werden. Allerdings können diese Aktualisierungen die Planungsstabilität negativ beeinflussen.

*Planungsstabilität*

Im Zusammenhang mit der Anwendung von PPS-Systemen mit rollierender Planung wird das Kriterium der Planungsstabilität diskutiert.[116] Zur Bewertung der Planungsstabilität werden die einzelnen Planmengen der jeweiligen Perioden innerhalb eines Planungshorizonts für zwei aufeinander folgende Planungszyklen miteinander verglichen und die Summe der betragsmäßigen Abweichungen bestimmt.[117] Planungsstabilität ist gegeben, wenn sich die Planmengen der jeweiligen Perioden im Zeitablauf nicht ändern.[118] Die Planungsstabilität kann sich auf alle Perioden innerhalb eines Planungshorizonts oder lediglich auf zeitlich nahe beziehen. Eine Berücksichtigung lediglich zeitlich naher Perioden betont die bedeutenderen Auswirkungen auf eine konkrete Umsetzung eines Plans bspw. in der Produktionssteuerung und darüber hinaus auf das Unternehmungsergebnis. Fehlende Planungsstabilität bedingt Planungsnervosität als eine häufige, deutliche Änderung von Planmengen in zeitlicher und mengenmäßiger Sicht.[119] Eine Änderung der Planmengen in zeitlicher Sicht bedeutet, dass Planmengen in andere Perioden verschoben werden, während eine Änderung in mengenmäßiger Sicht mit einer Mengenanpassung innerhalb einer Periode etwa aufgrund einer veränderten Nachfrageprognose gleichzusetzen ist.

Die Planungsnervosität ist durch sukzessiv-gleitende Aktualisierungen in der rollierenden Planung begründet. Einerseits ist Planungsnervosität zur Anpassung der Pläne an eine veränderte Informationsbasis in der rollierenden Planung unumgänglich, ande-

---

[116] Vgl. Silver/Pyke/Peterson (1998), S. 612.

[117] Diese Definition wird in de Kok/Inderfurth (1997), S. 56, für einen langfristigen Planungshorizont aufgestellt. Die Begriffsabgrenzung wird in der vorliegenden Arbeit für einen mittelfristigen Planungshorizont übernommen.

[118] Vgl. Stadler (1988), S. 216.

[119] Zur Definition der Planungsnervosität vgl. Sridharan/LaForge (1990), S. 53f.; Zhao/Lee (1993), S. 186.

rerseits sind jedoch mit der Planungsnervosität Nachteile verknüpft.[120] Änderungen in zeitlich nahen Perioden bedingen bei einem kapazitiven Engpass Anpassungsentscheidungen, welche im Vergleich zu zeitlich späteren Perioden im Planungshorizont größere Kostenwirkungen haben können. Ferner sind gesetzliche und tarifvertragliche Restriktionen zu berücksichtigen, welche etwa einzuhaltende Fristen zwischen Ankündigung und Einsatz von Überstunden vorgeben.[121] Infolgedessen sind Anpassungsentscheidungen in zeitlich späteren Perioden vorzuziehen. Durch die Wechselwirkungen in mehrperiodigen Modellen können Planänderungen auch in späteren Perioden innerhalb eines Planungshorizonts bezogen auf den Planungsstartzeitpunkt Anpassungen in zeitlich nahen Perioden erfordern. Die Darstellung der Supply Chain Planning-Matrix hat die vielfältigen Verknüpfungen der einzelnen Teilplanungen gezeigt. Somit können Anpassungsmaßnahmen im taktischen Supply Chain Planning Planungsnervosität in den Modulen zur operativen Planung in einem Supply Chain Planning-Softwaresystem auslösen. Häufige Planänderungen können darüber hinaus in langfristiger Sicht zu einem Vertrauensverlust gegenüber der Planung führen.[122]

Für die Planungsstabilität im taktischen Supply Chain Planning sind die standortübergreifenden Pläne zu betrachten, welche die Beschaffungs-, Produktions-, Distributions-, Transport- und Lagerhaltungsmengen bestimmen. Eine Vorgehensweise zur Erzielung von Planungsstabilität ist die im Folgenden vorgestellte Planfixierung.

### 3.3.2 Möglichkeiten der Planfixierung

Zur Verringerung der Planungsnervosität in der rollierenden Planung wird in der Literatur eine Fixierung von Plänen vorgeschlagen.[123] Eine Planfixierung bedeutet, dass in einem Planungszyklus Pläne trotz einer veränderten Informationsbasis nicht aktualisiert werden, wodurch ein Kompromiss zwischen der Aktualisierung von Plänen und der Planungsstabilität angestrebt wird. Die Planfixierung geht von der Idee aus, dass die dargestellten Nachteile der Planungsnervosität insbesondere für zeitlich nahe Perioden gelten und infolgedessen die Planmengen in diesen Perioden zu fixieren sind. Bei der taktischen Planung geht eine Planfixierung über die Periode hinaus, für welche die Planmenge Bestandteil der faktischen Instruktion für die operative Planung und somit in der taktischen Planung nicht mehr veränderbar ist.[124]

Allgemein werden zur Planfixierung im Wesentlichen die zwei Vorgehensweisen diskutiert, dass sich die Planfixierung entweder auf vorgegebene Perioden oder auf einzelne Aufträge bezieht.[125] Bei einer Planfixierung von Aufträgen wird eine gegebene Anzahl an bereits eingeplanten Aufträgen nicht mehr verändert. Damit sind diese we-

---

[120] Für die Darstellung der Nachteile vgl. auch de Kok/Inderfurth (1997), S. 56.
[121] Vgl. Hahn/Laßmann (1999), S. 552.
[122] Vgl. de Kok/Inderfurth (1997), S. 56.
[123] Vgl. etwa Sridharan/LaForge (1990), S. 54.
[124] In Abbildung 3.5 gilt dieses für den Januar im 1. Planungszyklus, für den Februar im 2. Planungszyklus usw.
[125] Vgl. Sridharan/Berry/Udayabhanu (1987), S. 1138f.

der zeitlich verschiebbar noch mengenmäßig veränderbar. Bei der zeitlichen Fixierung bleiben die Planmengen in einer vorgegebenen Periodenanzahl gleich. Dabei sind fixierte Perioden diejenigen innerhalb eines Planungshorizonts, für welche die Planmengen über mehrere Planungszyklen bis zur faktischen Instruktion an die operative Planung unverändert bleiben.[126] Die Planmengen für die übrigen Perioden können dessen ungeachtet angepasst werden. In Abbildung 3.6 wird die Vorgehensweise der zeitlichen Planfixierung für das taktische Supply Chain Planning veranschaulicht.

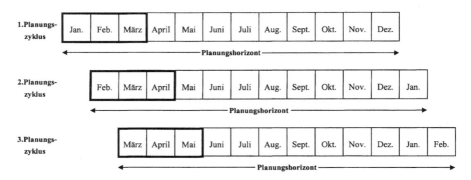

*Abbildung 3.6*: Zeitliche Planfixierung bei der rollierenden Planung

In Abbildung 3.6 wird für eine kalenderorientierte Planung angenommen, dass in jedem Planungszyklus die Planmengen der ersten drei Monate fixiert werden. Die Planmenge des jeweils ersten Monats bildet den Bestandteil der faktischen Instruktion an das operative Supply Chain Planning, während die Planmengen der beiden nachfolgenden Monate in dem darauf folgenden Planungszyklus unverändert bleiben. Zum Beispiel werden die Planmengen für die Monate Februar und März des ersten Planungszyklus unverändert in den zweiten Planungszyklus übernommen. Für die Planfixierung von Aufträgen beim taktischen Supply Chain Planning ist die Anzahl der zu fixierenden Aufträge vorzugeben. Diese Anzahl kann alle bereits eingegangenen und mit einem Liefertermin zugesicherten Aufträge oder lediglich einen Ausschnitt aus dieser Menge umfassen.

Zusammenfassend verhindert eine Planfixierung die Aktualisierung von Plänen bei einer veränderten Informationsbasis. Aufgrund der Wechselwirkungen zwischen den Perioden hat die Planfixierung auch Konsequenzen auf die Planmengen für nicht fixierte Perioden. Eine veränderte Informationsbasis kann Anpassungen der Planmengen für nicht fixierte Perioden bedingen, wodurch ggf. aufgrund der Wechselwirkungen Anpassungen in vorangehenden Perioden wünschenswert, jedoch aufgrund der Planfixierung nicht mehr durchführbar sind. Durch die verhinderte Anpassung von Planmengen in den Planungszyklen wird der Lösungsraum bei der Optimierung einge-

---

[126] Vgl. Zhao/Lee (1993), S. 187.

schränkt, weshalb die Planfixierung zu höheren Kosten bzw. niedrigeren Deckungs-beiträgen führen kann. Dieses gilt umso stärker, je mehr Perioden fixiert werden. Auf-grund gegenläufiger Effekte zwischen Planungstabilität und Aktualität der Pläne las-sen sich unmittelbar keine eindeutigen Aussagen über die Konsequenzen ableiten. In der Literatur dargestellte Simulationsuntersuchungen im Zusammenhang mit PPS-Systemen zeigen, dass die Planfixierung zu einer höheren Planungstabilität bei ledig-lich geringer Kostenerhöhung führt.[127] Diese Simulationsuntersuchungen betrachten sowohl die operative als auch die taktische Produktionsplanung. Allerdings diskutieren diese Untersuchungen keine taktischen Supply Chain Planning-Probleme und beziehen Losgrößen ein, die hier nicht betrachtet werden.

### 3.3.3 Auswirkungen der Planfixierung

Zur Messung der Auswirkungen der Planfixierung gibt es drei unterschiedliche Vor-gehensweisen. Eine Vorgehensweise bewertet die Auswirkungen auf Basis von Kosten bzw. Deckungsbeiträgen, indem betrachtet wird, wie hoch die Kosten bei einer vorge-gebenen und zu befriedigenden Nachfrage steigen bzw. der Deckungsbeitrag bei einer vorgegebenen Nachfrage sinkt, wenn eine Planfixierung durchgeführt wird.[128] Ein Ent-scheidungsträger kann auf Basis dieser Größen entscheiden, ob die unmittelbar er-sichtlichen, negativen Auswirkungen auf die Planungstabilität in Kauf genommen werden sollen. Die Höhe des Deckungsbeitrags zeigt zudem, wie gut die Nachfrage in einer Periode befriedigt werden kann, da mit jeder an einen Kunden ausgelieferten Menge ein zusätzlicher, positiver Deckungsbeitrag verbunden ist. Allerdings ist es vielfach nicht möglich, alle Auswirkungen unmittelbar auf Basis monetärer Größen zu bewerten.[129] Dieses gilt insbesondere für die positiven Auswirkungen wie etwa ein größeres Vertrauen in die Planung bei Planungstabilität.

Bei der zweiten Vorgehensweise wird daher alternativ im Zusammenhang mit PPS-Systemen eine Größe vorgeschlagen, welche die Planungsnervosität unmittelbar misst:[130]

$$PN_{de} = \frac{\sum_{\hat{z}=2}^{|\hat{Z}|} \sum_{m=\hat{t}_{\hat{z}}}^{\hat{t}_{\hat{z}-1}+\hat{M}-1} \left| x_m^{\hat{z}} - x_m^{\hat{z}-1} \right|}{\left( \left|\hat{Z}\right| - 1 \right) \left( \hat{M} - 1 \right)}$$

---

[127] Vgl. etwa Blackburn/Kropp/Millen (1986); Sridharan/Berry/Udayabhanu (1987); Sridharan/LaForge (1990); Zhao/Lee (1993).

[128] Als Beispiele für die Bewertung mit Kosten vgl. Simpson (1999), S. 21; Sridharan/Berry/Udayabhanu (1987), S. 1139; Zhao/Lee (1993), S. 185.

[129] Vgl. de Kok/Inderfurth (1997), S. 56.

[130] Vgl. auch Sridharan/Berry/Udayabhanu (1988), S. 149f. Diese Größe bezieht sich zunächst auf eine Plan-menge je Periode wie etwa die Produktionsmenge in einem Produktionsstandort. Zur Ermittlung der Pla-nungsnervosität bei taktischen Plänen für Produktions- und Logistiknetzwerke sind mehrere Planmengen je Periode wie Beschaffungs-, Produktions-, Transport-, Distributions- und Lagerhaltungsmengen zu erfassen. Für diese Erweiterung vgl. die Darstellung in Kapitel 6.2.3, S. 174-176.

mit:     $PN_{de}$ :     Planungsnervosität für deterministische Planung und eine Ebene

     $m$ :     Periode, $m \in M$

     $\hat{M}$ :     Anzahl der zur Ermittlung von $PN_{de}$ einzubeziehenden Perioden

     $\hat{z}$ :     Planungszyklus, $\hat{z} \in \hat{Z}$

     $\hat{t}_{\hat{z}}$ :     erste Periode im Planungszyklus $\hat{z}$

     $x_m^{\hat{z}}$ :     Planmenge in Periode $m$ im Planungszyklus $\hat{z}$

Die Idee der Größe $PN_{de}$ ist die Messung der Planabweichungen jeweils zwischen zwei aufeinander folgenden Planungszyklen, wie in Abbildung 3.7 beispielhaft für einen mittelfristigen Planungshorizont gezeigt.

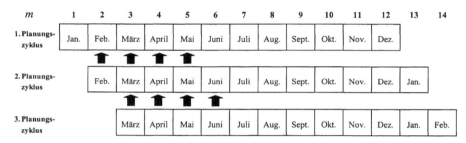

*Abbildung 3.7*: Vergleich von Plänen aufeinander folgender Planungszyklen

In allen betrachteten Planungszyklen wird für jede Periode eines Planungshorizonts eine Planmenge angegeben. Zur Ermittlung der Planungsnervosität $PN_{de}$ ist zunächst mit $\hat{M}$ die Anzahl der einzubeziehenden Perioden festzulegen. Wenn alle Perioden in die Messung von $PN_{de}$ einbezogen werden, gilt: $\hat{M} = |M|$.[131] Die Abbildung 3.7 veranschaulicht, dass bei fünf Perioden die Planmengen der Monate Februar, März, April und Mai des zweiten Planungszyklus mit denen des ersten Planungszyklus sowie der Monate März, April, Mai und Juni des dritten Planungszyklus mit denen des zweiten Planungszyklus miteinander zu vergleichen sind, da der jeweils erste Monat im Planungszyklus Bestandteil der faktischen Instruktion an das operative Supply Chain Planning ist. Durch $|x_m^{\hat{z}} - x_m^{\hat{z}-1}|$ werden die jeweiligen Abweichungen der Planmengen von zwei unmittelbar folgenden Planungszyklen betragsmäßig gemessen und zunächst für einen Planungszyklus über alle Perioden, die zur Ermittlung von $PN_{de}$ einzubeziehen sind, ermittelt. Hierfür wird jedem Monat gemäß Abbildung 3.7 ein Index $m$ zugeordnet, der während der Berechnung von $PN_{de}$ fixiert bleibt. Der Vergleich von

---

[131] Zur Berücksichtigung, dass im Zusammenhang mit der Planungsnervositätsmessung Abweichungen in den Planmengen zeitlich näher Perioden bedeutender als in späteren Perioden sind, können zusätzlich Gewichtungsfaktoren verwendet werden, vgl. hierzu Sridharan/Berry/Udayabhanu (1988), S. 149f.

$\left|x_m^{\hat{z}} - x_m^{\hat{z}-1}\right|$ in einem Planungszyklus beginnt mit der jeweils ersten Periode $\hat{t}_{\hat{z}}$ im Planungszyklus $\hat{z}$ und endet mit $\hat{t}_{\hat{z}-1} + \hat{M} - 1$. Durch den letzten Term wird erreicht, dass innerhalb der einzubeziehenden Perioden lediglich die Planmengen für vergleichbare Perioden verglichen werden, bspw. im Beispiel der Abbildung 3.7 für die Perioden mit den Indizes 2, 3, 4 und 5 beim Vergleich der Planmengen des zweiten mit dem ersten Planungszyklus. Dieser Wert wird beginnend mit dem zweiten Planungszyklus über alle einbezogenen Planungszyklen $\left|\hat{Z}\right|$ ermittelt und anschließend auf die Anzahl der durchgeführten Vergleiche, die abhängig von der Anzahl der zur Ermittlung von $PN_{de}$ einzubeziehenden Perioden und der Anzahl der zu berücksichtigenden Planungszyklen sind, bezogen. In dem in Abbildung 3.7 dargestellten Beispiel weist der Nenner einen Wert von acht auf. Damit wird insgesamt durch die Größe $PN_{de}$ die durchschnittliche Planmengenabweichung ermittelt.

Mit dieser Größe können Pläne verglichen werden, die mit und ohne Planfixierung aufgestellt werden. Bei Plänen mit Planfixierung gibt es in denjenigen Perioden, in denen die Planmengen fixiert sind, keine Abweichungen zwischen zwei aufeinander folgenden Planungszyklen. Somit können Planmengen lediglich in den einzubeziehenden Perioden abweichen, in denen die Pläne nicht fixiert sind. Aufgrund der Wechselwirkungen bei mehrperiodigen Betrachtungen können sich in diesen Perioden allerdings die Abweichungen gegenüber einem Plan, der keine Perioden enthält, für die Pläne fixiert werden, verstärken. Infolgedessen kann mit dieser Größe auch untersucht werden, ob eine Planfixierung das Gegenteil bewirkt und die durchschnittliche Planmengenabweichung erhöht.

Eine dritte Vorgehensweise zur Bewertung der Auswirkung der Planfixierung betrachtet die Kundenseite. Die Einbeziehung der Kundenseite ist erforderlich, da bedingt durch die Planfixierung die Kunden möglicherweise erst zu einem späteren Zeitpunkt als zum zugesagten Liefertermin beliefert werden. Hierzu wird die rechtzeitig befriedigte Nachfragemenge in Beziehung zur gesamten Nachfragemenge gesetzt.[132] Diese Größe wird in der Literatur auch als Lieferbereitschaft oder Servicegrad bezeichnet.[133] Die Gesamtnachfragemenge setzt sich aus der Nachfragemenge in einer Periode und ggf. der unbefriedigten Nachfragemenge aus der Vorperiode zusammen. Auch bei dieser Größe ist vom Entscheidungsträger vorzugeben, inwiefern zur Erreichung von Planungsstabilität eine Reduktion beim Kundenservice in Kauf genommen wird.

Mit der Betrachtung der Auswirkungen der Planfixierung ist die Darstellung der rollierenden Planung abgeschlossen. Die rollierende Planung ist ein wichtiger Ansatz zur Bewältigung der Unsicherheit und findet sich in zahlreichen praktischen Anwendun-

---

[132] Vgl. etwa Sridharan/LaForge (1990), S. 61.

[133] Vgl. Domschke/Scholl/Voß (1997), S. 73; Schulte (2001), S. 467. Einige Autoren unterscheiden zwischen einem α- und einem β-Servicegrad, vgl. etwa Günther/Tempelmeier (2000), S. 263f.; Ihde (2001), S. 310. Während beim α-Servicegrad die Anzahl der befriedigten Nachfrageereignisse auf die Gesamtzahl der Nachfrageereignisse bezogen wird, berücksichtigt der β-Servicegrad die Nachfragemenge. Somit entspricht die hier verwendete Größe dem β-Servicegrad.

gen zur Planungsunterstützung wieder.[134] Basierend auf der in diesem Kapitel erörterten Modellanalyse und den Modellanforderungen bedingt die Größe von taktischen Supply Chain Planning-Problemen bei der Modellentwicklung die nachfolgend diskutierte Aggregation von Daten und Entscheidungsvariablen.

---

[134] Vgl. Fleischmann/Meyr/Wagner (2000), S. 59.

# 4 Modellbildung für Produktions- und Logistiknetzwerke

## 4.1 Elemente einer übergeordneten Planung

### 4.1.1 Strukturierung des Planungsproblems

Taktische Supply Chain Planning-Probleme betrachten zwei- oder mehrstufige Produktions- und Logistiknetzwerke. Typischerweise umfassen Produktions- und Logistiknetzwerke Lieferanten-, Produktionsstandort-, Distributionslager- und Kundenebenen.[1] Beispielhaft wird ein dreistufiges Produktions- und Logistiknetzwerk, wie in Abbildung 4.1 veranschaulicht, beschrieben.

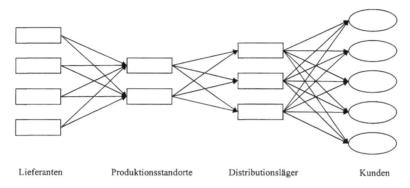

Lieferanten      Produktionsstandorte      Distributionsläger      Kunden

*Abbildung 4.1*: Darstellung eines Produktions- und Logistiknetzwerks

Die erste Ebene im Produktions- und Logistiknetzwerk umfasst die Lieferanten, welche die Produktionsstandorte beliefern. Dabei können Produktionsstandorte die erforderlichen Einsatzmaterialien von einem oder mehreren Lieferanten beziehen. In der zweiten Ebene werden in den Produktionsstandorten anhand vorgegebener Stücklisten aus den Einsatzmaterialien verschiedene Produktarten erzeugt, wobei es technisch möglich ist, dass in jedem Produktionsstandort unterschiedliche Produktarten gefertigt werden. Das Produktionsprogramm und die produktartabhängigen Kapazitätsbedarfe sind vorgegeben. Nach der Produktion werden die Produkte zur dritten Ebene der Distributionsläger transportiert, welche wiederum die Kunden als vierte Ebene beliefert. Die deterministische Kundennachfrage ist je Periode innerhalb des Planungshorizonts gegeben. Von den Kunden werden ausschließlich Fertigprodukte und keine Einsatzmaterialien etwa für Reparaturzwecke nachgefragt. Die Kapazitäten der Lieferanten, der Produktionsstandorte und der Distributionsläger sind begrenzt, während Transportkapazitäten unberücksichtigt bleiben.

---

[1] Vgl. etwa die Darstellungen von Jimenez/Brown/Jordan (1998), S. 304; Kansky/Weingarten (1999), S. 92; Shapiro (2001), S. 6; Stadtler (2000), S. 7f.; Thomas/Griffin (1996), S. 2; Verter/Dincer (1995), S. 266.

Allgemein können Produkte hinsichtlich ihrer Gestalt in Stückgüter und Fließgüter differenziert werden.[2] Stückgüter, die dadurch charakterisiert sind, dass diese hinsichtlich ihrer Anzahl zählbar, dafür nicht ohne weiteres teilbar sind, stehen im Vordergrund der Betrachtung. Gase, Flüssigkeiten und Schüttgüter sind Fließgüter, die sich dadurch auszeichnen, dass diese teilbar sind. Charakteristisches Merkmal für Gase, Flüssigkeiten und einen Teil der Schüttgüter ist das Erfordernis von Behältern zur Produktion und zum Transport der Produkte.[3] Aufgrund der übergeordneten Sichtweise, die bspw. Losgrößen bei der Chargenproduktion unberücksichtigt lässt, können die in der vorliegenden Arbeit zu entwickelnden Programmierungsmodelle zur Unterstützung des taktischen Supply Chain Planning ggf. auch bei Fließgütern verwendet werden.

Produktions- und Logistiknetzwerke ermöglichen die Umsetzung des taktischen Supply Chain Planning, indem Produktions- und Logistikprozesse nach Möglichkeit von der Beschaffung über die Produktion bis hin zur Distribution zum Kunden abgebildet werden. Bei der Problemformulierung als einen Schritt der Modellentwicklung ist festzulegen, inwieweit das betrachtete Produktions- und Logistiknetzwerk in einem Programmierungsmodell erfasst werden soll. Voraussetzung ist, dass die Kunden einbezogen werden, um das Kundenverhalten beim taktischen Supply Chain Planning zu berücksichtigen. Als Produktions-Distributions-Planungsmodelle werden Programmierungsmodelle bezeichnet, die einen Ausschnitt von der Produktion bis zum Kunden und häufig ein zweistufiges Produktions- und Logistiknetzwerk berücksichtigen.[4] Programmierungsmodelle für zweistufige Produktions- und Logistiknetzwerke bilden die Basis für ein Grundmodell zur Unterstützung des taktischen Supply Chain Planning, da für eine übergeordnete Planung mindestens zwei Stufen zu erfassen sind. Die Koordination zwischen Produktion und Distribution ist von Interesse, weil eine mangelnde Abstimmung hohe und vermeidbare Lagerbestände in den Distributionslägern bedingen kann.[5] Wünschenswert für das taktische Supply Chain Planning ist ein Programmierungsmodell, welches auf Produktions-Distributions-Planungsmodellen aufbaut und alle Produktionsebenen sowie die Lieferanten einbezieht. Dies gestattet eine weitgehende Ausnutzung der durch das taktische Supply Chain Planning zu erzielenden Verbesserungen. Allerdings kann die Abbildung aller Ebenen zu solch großen Programmierungsmodellen führen, dass die Lösbarkeit erheblich beeinträchtigt wird. Infolgedessen ist bei komplexen Planungsproblemen mit vielen Ebenen eine Begrenzung auf einen Ausschnitt in Erwägung zu ziehen.[6] Für taktische Supply Chain Planning-Probleme sind neben den Entscheidungen über die einzubeziehenden Ebenen auch Entscheidungen über den Detaillierungsgrad und die Lösungsverfahren zu treffen. Der Detaillierungsgrad wird nachfolgend bei der Aggregation von Daten und Entscheidungsvariablen diskutiert.

---

[2]  Vgl. Riebel (1963), S. 49.
[3]  Vgl. Riebel (1963), S. 50.
[4]  Vgl. zur Begriffsdefinition Bhatnagar/Chandra/Goyal (1993), S. 143.
[5]  Vgl. für operative Planungsprobleme ähnlich argumentierend Bhatnagar/Chandra/Goyal (1993), S. 143.
[6]  Vgl. auch Stadtler (2000), S. 7.

### 4.1.2 Aggregation von Daten und Entscheidungsvariablen

Zwar ist einerseits eine möglichst detaillierte Betrachtung bei taktischen Supply Chain Planning-Problemen zur Erreichung der angestrebten Ziele des Supply Chain Management erforderlich, andererseits kann jedoch eine detaillierte Abbildung eines Produktions- und Logistiknetzwerks zu großen Programmierungsmodellen führen. Um eine Anwendung der linearen Programmierung für diese Planungsprobleme zu ermöglichen, ist ein Einsatz sowohl der Aggregation bei der Modellierung als auch spezieller Verfahren zur Lösung großer Programmierungsmodelle in Erwägung zu ziehen, siehe Abbildung 4.2.

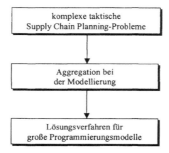

*Abbildung 4.2*: Vorgehensweise bei taktischen Supply Chain Planning-Problemen

Der nachfolgende Abschnitt stellt die Aggregation bei der Modellierung von Supply Chain Planning-Problemen vor, während die Lösungsverfahren jeweils in den Kapiteln der deterministischen und stochastischen Programmierung vorgestellt werden.

*Grundlagen der Aggregation*

Allgemein wird unter einer Aggregation eine Zusammenfassung von einander ähnlichen Objekten zu einem gemeinsam Oberbegriff verstanden.[7] Für Planungsprobleme kann die Aggregation von Daten und Entscheidungsvariablen sowohl in sachlicher als auch in zeitlicher Hinsicht durchgeführt werden. Durch diese Zusammenfassung wird die Anzahl der Entscheidungsvariablen und der Restriktionen zulasten des Detaillierungsgrads reduziert. Idealerweise wird eine perfekte Aggregation angestrebt, doch müssen in der Regel Aggregationsfehler in Kauf genommen werden.[8] Hierbei beruht die Aggregation auf der Idee, dass bei taktischen Planungsproblemen vielmehr die wesentlichen Abhängigkeiten der Vorgänge in einer übergeordneten Sichtweise im Vordergrund stehen,[9] insbesondere da eine detaillierte Abbildung aller standort- und stufenübergreifenden Prozesse beim Entscheidungsträger einen Informationsüberfluss

---

[7] Vgl. Liesegang (1980), S. 36; Switalski (1988), S. 384.

[8] Vgl. ausführlicher zur perfekten Aggregation Switalski (1988), S. 384f.

[9] Vgl. Bitran/Haas/Hax (1982), S. 234; und auch Liesegang (1980), S. 72.

bedingt.[10] Gleichzeitig ermöglicht eine Aggregation verbesserte Nachfrageprognosen, da sich die Nachfrage über einen mittelfristigen Planungshorizont für Produktgruppen tendenziell präziser als für einzelne Produktarten prognostizieren lässt,[11] und durch eine kleinere Anzahl an Nachfragewerten subjektive Nachfrageeinschätzungen von Beteiligten aus verschiedenen Unternehmungsbereichen stärker einbezogen werden können.[12] Wenn sich die Nachfrage bei Produktgruppen besser als bei Produktarten prognostizieren lässt, kann sich dieses positiv auf die Planungsstabilität der rollierenden Planung auswirken.[13] Schließlich ist eine Anwendung der Aggregation sinnvoll, wenn eine schnelle Lösungsermittlung im Vergleich zu einem hohen Detaillierungsgrad bevorzugt wird.[14]

Switalski unterscheidet im Zusammenhang mit der Aggregation die drei Konzepte approximative Aggregation, Aggregation der linearen Programmierung und heuristische Aggregation.[15] Eine weitgehende Übereinstimmung der Lösung eines aggregierten mit der eines detaillierten Modells wird bei Ansätzen der approximativen Aggregation untersucht. Die Aggregation der linearen Programmierung betrachtet ausgehend von einem Mikromodell die Bildung eines Makromodells durch eine lineare Abbildung. Schließlich erfasst die heuristische Aggregation die Vorgehensweisen, die nicht auf einer Formalisierung beruhen, sondern stärker die in einem betrachteten Planungsproblem enthaltenen Strukturen berücksichtigt,[16] wie etwa ähnliche Stücklisten bei der Zusammenfassung von Produkten zu Produktgruppen. In der Literatur wird häufig für Programmierungsmodelle zur Unterstützung des taktischen Supply Chain Planning ein Aggregationskonzept vorgeschlagen, welches der heuristischen Aggregation zugeordnet werden kann, da es bei einem Verzicht der Modellierung eines Mikromodells lediglich partiell formalisiert ist und speziell auf Planungsprobleme in Produktions- und Logistiknetzwerken zugeschnitten ist.[17] Objekte, die in einem Supply Chain Planning-Problem aggregiert werden können, sind Produkte, Kunden, Lieferanten und Zeiten. Vorteil der heuristischen Aggregation ist die höhere Akzeptanz seitens der Entscheidungsträger aufgrund der Nachvollziehbarkeit der Planung, da bekannte Produktionsstrukturen bei der Aggregation verwendet werden. Zwischen Modellentwickler und Entscheidungsträger ist eine intensive Abstimmung erforderlich,[18] die bei der Aggregation insbesondere die im Folgenden dargestellten Kriterien berücksichtigen sollte, um eine lediglich auf Intuition und praktischer Erfahrung des Entscheidungsträgers beruhende heuristische Aggregation zu vermeiden.

---

[10] Stadler (1988), S. 80, bezeichnet dieses Ziel als angemessenen Detaillierungsgrad.
[11] Vgl. etwa Rohde/Wagner (2000), S. 128f.; Switalski (1988), S. 383.
[12] Vgl. Bitran/Tirupati (1993), S. 531.
[13] Vgl. Bitran/Haas/Hax (1981), S. 720.
[14] Vgl. Rogers et al. (1991), S. 554.
[15] Vgl. Switalski (1988), S. 385-390.
[16] Vgl. auch Manz (1983), S. 158.
[17] Vgl. Rohde/Wagner (2000), S. 124-131; Shapiro (2001), S. 228-232. Auch in Supply Chain Planning-Softwaresystemen sind für das taktische Supply Chain Planning modulspezifische Programmierungsmodelle zu entwickeln.
[18] Vgl. Manz (1983), S. 162.

*Aggregation der Produkte zu Produktgruppen*

Die Aggregation der Produkte ist erforderlich, da es in einem Produktions- und Logistiknetzwerk einige hundert oder auch einige tausend unterschiedliche Produkte geben kann, die sich hinsichtlich der Produktmerkmale, des Produktionsprozesses sowie der erforderlichen Einsatzmaterialien unterscheiden können.[19] Produktgruppen werden anhand von Kriterien mit dem Ziel gebildet, dass bei einem möglichst geringen Aggregationsfehler die Produktgruppen in einem Programmierungsmodell wie einzelne Produktarten behandelt werden können. Die für die Aggregation der Produkte relevanten Kriterien sind abhängig von den Ebenen, die bei einem Planungsproblem zu erfassen sind. Für ein Planungsproblem in einem zweistufigen Produktions- und Logistiknetzwerk mit den Ebenen Produktionsstandorte, Distributionsläger und Kunden können diejenigen Produkte zu Produktgruppen zusammengefasst werden, die weitgehende Ähnlichkeiten bei den folgenden Kriterien aufweisen:[20]

- variable Produktions-, Lagerhaltungs- und Transportkosten

- Kapazitätsbedarf

- Nachfragestruktur

Die Berücksichtigung der variablen Totalkosten, die neben einer weitgehenden Ähnlichkeit bei den variablen Produktionskosten auch eine Ähnlichkeit bei den variablen Lagerhaltungs- und Transportkosten erfordert, resultiert aus der standortübergreifenden Planung. Die weitgehende Ähnlichkeit beim Kapazitätsbedarf bezieht sich sowohl auf die Produktionsstandorte als auch auf die Distributionsläger. Bei einer Einbeziehung der Erlöse in die Zielsetzung des Planungsproblems müssen diese als Komponenten der Nachfragestruktur weitgehend gleich sein. Das Kriterium der Nachfragestruktur bedingt ferner, dass lediglich diejenigen Produkte zu einer Produktgruppe aggregiert werden, bei denen der saisonale Nachfrageverlauf und der Nachfrageverlust bei einer Befriedigung in der Folgeperiode, sofern dieser produktbezogen erfasst wird, weitgehend gleich sind. Oftmals weist in einem Planungsproblem allerdings nicht jede Produktart einen eigenen saisonalen Nachfrageverlauf auf, sondern es gibt lediglich wenige unterschiedliche Verläufe der saisonalen Nachfrage.[21]

Bei auftretenden Umrüstvorgängen in der Produktion müssen auch diese weitgehend identisch sein, wobei kleinere Umrüstungen innerhalb der Produktgruppe möglich sind.[22] Söhner kritisiert, dass die Planung des Produktionsprogramms auf Basis von Produktgruppen bei langen Umrüstzeiten problematisch ist, da diese Zeiten erst nach Festlegung der Losgröße in der operativen Planung geplant werden können.[23] Infolge-

---

[19] Vgl. Ballou (1999), S. 551.
[20] Vgl. auch Bitran/Haas/Hax (1982), S. 235; Liberatore/Miller (1985), S. 4; Zäpfel (1998), S. 699.
[21] Vgl. Axsäter (1979), S. 92f.
[22] Vgl. Switalski (1988), S. 389.
[23] Vgl. Söhner (1995), S. 26-41.

dessen werden durch die taktische Planung die Produktionszeiten mit lediglich groben Schätzungen für die Umrüstzeiten bestimmt. Allerdings können in der operativen Planung die Umrüstzeiten erheblich von den Schätzungen der taktischen Planung abweichen, welches insbesondere bei im Vergleich zur Produktionszeit langen Umrüstzeiten die Planungsgüte beeinträchtigt. Die Unterschätzung der Umrüstzeiten kann zu langen Durchlaufzeiten bzw. die Überschätzung zu einer Unterauslastung der Produktion führen. Eine Bewertung der Kritik von Söhner zeigt jedoch, dass es lange Umrüstzeiten im Vergleich zur Produktionszeit insbesondere in der Kleinserienfertigung gibt.[24] Da sich durch das Supply Chain Planning nur geringe Verbesserungspotenziale bei der Kleinserienfertigung ergeben, ist diese Kritik insofern nicht von Bedeutung, als dass bei den in der vorliegenden Arbeit betrachteten Planungsproblemen keine oder nur geringe Umrüstzeiten auftreten.[25] Gleichzeitig unterstützt die Annahme geringer Umrüstzeiten und die Nichtberücksichtigung von Losgrößenentscheidungen die Möglichkeit einer Verwendung kontinuierlicher Variablen für die Produktionsmengen beim taktischen Supply Chain Planning.[26]

Für die Abbildung eines Planungsproblems in einem zweistufigen Produktions- und Logistiknetzwerk mit Produktionsstandorten, Distributionslägern und Kunden können über alle Ebenen einheitliche Produktgruppen verwendet werden. Dies ist möglich, weil lediglich der Output der Produktionsstandorte und somit keine Kombinationen und Transformationen von Einsatzmaterialien zur Erzeugung von Produkten berücksichtigt werden. Darüber hinaus kann dieses Planungsproblem um weitere Distributionsstufen unter Beibehaltung der Produktgruppen erweitert werden, wenn die Kriterien hinsichtlich einer Produktähnlichkeit weiterhin erfüllt sind. Dagegen erfordert die Einbeziehung weiterer Produktionsstandorte bzw. Lieferanten auf der Beschaffungsseite eines Planungsproblems die Berücksichtigung der Produktionsvorgänge, die beeinflussen, ob die Produktgruppen weiterhin in allen Ebenen verwendet werden können oder zusätzliche Einsatzmaterialgruppen zu bilden sind. Die dargestellten Kriterien zur Bildung von Produktgruppen sind bei einer in der Regel mehrstufigen Produktion weiterhin einzubeziehen, wobei bei der mehrstufigen Produktion zwischen einer Fertigung mit der Transformation einer Einsatzmaterialart in eine Produktart und einer Fertigung, bei der mehrere Einsatzmaterialarten kombiniert und in eine oder mehrere Produktarten transformiert werden, zu differenzieren ist.[27]

Für eine Produktion mit einer linearen Erzeugnisstruktur bzw. für eine Veredelungsfertigung[28] muss als zusätzliches Kriterium zur Aggregation eine gleiche Bearbeitungsreihenfolge im Produktionsprozess gegeben sein.[29] Die Erfüllung dieses Kriteri-

---

[24] Vgl. etwa Hahn/Laßmann (1999), S. 48.
[25] Vgl. zur Problemabgrenzung Kapitel 2.2.1, S. 19.
[26] Für Maßnahmen, die zu einer Verkleinerung der Losgröße führen, vgl. auch Lee/Padmanabhan/Whang (1997), S. 84-86. Ferner kann die Umsetzung des Just in Time-Konzepts kleinere Losgrößen bedingen, vgl. etwa Hansmann (2001), S. 387.
[27] Vgl. Stadtler (1988), S. 88.
[28] Zu diesem Begriff vgl. Steven (1998), S. 15.
[29] Vgl. Bitran/von Ellenrieder (1979), S. 112.

ums kann bedingen, dass die erzeugten Produktgruppen weiterhin in allen Ebenen verwendet werden, insofern diese zugleich die jeweiligen Einsatzmaterialarten abbilden. Bei einer mehrstufigen Fertigung mit einer Kombination mehrerer Einsatzmaterialarten und Transformation in eine oder mehrere Produktarten wird die Bildung von Produktgruppen aufgrund der Vielfalt der erforderlichen Einsatzmaterialien und eines vernetzten Produktionsprozesses erschwert.[30] Produkte, die zu einer Produktgruppe aggregiert werden, müssen zusätzlich zu den dargestellten Kriterien eine weitgehende Ähnlichkeit bei den erforderlichen Einsatzmaterialien aufweisen.[31] Bei der Einbeziehung der Einsatzmaterialien in das Planungsproblem ist des Weiteren in Erwägung zu ziehen, auf welche Weise diese ebenfalls aggregiert werden können. Zur Veranschaulichung der Aggregation von Einsatzmaterialien und Produkten zeigt Abbildung 4.3 als Ausschnitt eines Produktions- und Logistiknetzwerks einen Produktionsstandort mit zwei Fließlinien zur Herstellung der Produktmenge $x$ der unterschiedlichen Produktarten $l*$ sowie die dafür erforderlichen Mengen $v$ der Einsatzmaterialarten $t*$.[32]

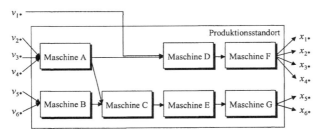

*Abbildung 4.3*: Aggregation von Einsatzmaterialien und Produkten

Angesichts einer identischen Bearbeitungsfolge im Produktionsprozess und gleichen erforderlichen Einsatzmaterialien ist eine Aggregation der Produktmengen $x_{1*}$ bis $x_{4*}$ sowie $x_{5*}$ bis $x_{6*}$ möglich, wenn gleichzeitig angenommen wird, dass weitgehend ähnliche Kosten-, Erlös- und Nachfragestrukturen sowie Kapazitätsbedarfe vorliegen. Gleichzeitig können die Einsatzmaterialien $v_{2*}$ bis $v_{4*}$ und $v_{5*}$ bis $v_{6*}$ aggregiert werden. Eine Zuordnung von $v_{1*}$ zu einer der beiden Einsatzmaterialgruppen ist aufgrund der ausschließlichen Verwendung in der oberen Fließlinie nicht möglich, da die Zuordnung von $v_{1*}$ zu $v_{2*}$ bis $v_{4*}$ zur Annahme führt, dass $v_{1*}$ sowohl zur Produktion von $x_{1*}$ bis $x_{4*}$ als auch von $x_{5*}$ bis $x_{6*}$ benötigt wird.[33]

Im Anschluss an eine Bildung von Einsatzmaterial- und Produktgruppen ist die Ermittlung entsprechender Produktionskoeffizienten erforderlich. Bei nicht aggregierten Größen gibt der Produktionskoeffizient $q_{t*l*}$ an, wie viele Mengeneinheiten des Ein-

---

[30] Vgl. Stadler (1988), S. 89.
[31] Vgl. auch Bitran/Haas/Hax (1982), S. 235.
[32] Die Sterne geben an, dass es sich um Größen handelt, die nicht zu Produkt- bzw. Einsatzmaterialgruppen zusammengefasst sind.
[33] Vgl. zur Darstellung dieser Problematik auch Stadler (1988), S. 89f.

satzmaterials $t*$ zur Herstellung einer Einheit des Produkts $l*$ erforderlich sind,[34] und wird wie folgt ermittelt:

$$q_{t*l*} = \frac{v_{t*}}{x_{l*}} \qquad\qquad \forall\, t* \in T*\,,\; l* \in L*$$

Der Produktionskoeffizient als die Menge einer Einsatzmaterialgruppe $t$, die zur Herstellung einer Einheit der Produktgruppe $l$ erforderlich ist, berechnet sich nach Ermittlung von $q_{t*l*}$ wie folgt:[35]

$$q_{tl} = \frac{\sum_{t* \in T_t*} \sum_{l* \in L_l*} D_{l*} q_{t*l*}}{\sum_{l* \in L_l*} D_{l*}} \qquad\qquad \forall\, t \in T\,,\; l \in L$$

Hierbei gibt $T_t*$ die Menge der einer Einsatzmaterialgruppe zugeordneten Einsatzmaterialien an, während die Menge der Produktarten, die in einer Produktgruppe zusammengefasst sind, $L_l*$ entspricht. Der auf diese Weise ermittelte Produktionskoeffizient $q_{tl}$ ist von der Nachfrage abhängig, da durch $D_{l*}$ die Nachfrage für ein Jahr nach Produktarten angegeben wird. Veränderungen in der Nachfrage nach den in einer Produktgruppe zusammengefassten Produktarten führt beim Produktionskoeffizienten $q_{tl}$ zu einer Änderung, wenn sich die Nachfrageanteile der einzelnen Produktarten innerhalb einer Produktgruppe verschieben.[36] Eine Verschiebung der Nachfrageanteile ist für einen mittelfristigen Planungshorizont jedoch vernachlässigbar, weil die zusammengefassten Produktarten einen weitgehend einheitlichen saisonalen Nachfrageverlauf aufweisen müssen.

Zusammenfassend gilt, dass bei taktischen Supply Chain Planning-Problemen mit einem sehr heterogenen Produktionsprogramm und einer mehrstufigen Produktion die zahlreich zu berücksichtigenden Kriterien für eine Aggregation zu hohen Anforderungen und damit zur Zusammenfassung nur weniger Einsatzmaterialien bzw. Produkte führen können. Abhängig von einem konkreten Planungsproblem ist infolgedessen in Erwägung zu ziehen, dass Produkte mit einer hohen Nachfrage aufgrund der Bedeutung für den wirtschaftlichen Erfolg einer Unternehmung eine detaillierte Betrachtung und damit die Bildung von Produktgruppen mit wenigen Produktarten oder gar nur einer Produktart erfordern, während bei Produkten mit einer geringen Nachfrage größere Ungenauigkeiten bei der Aggregation in Kauf genommen werden können.[37] Bei Einsatzmaterialien ist eine Beschränkung auf diejenigen möglich, die einen gewissen Mindestwert bzw. bestimmte Mindestbeschaffungskosten aufweisen.[38] Dann ist jedoch zu beachten, dass für die beim taktischen Supply Chain Planning unberücksichtigten

---

[34] Vgl. etwa Adam (1998), S. 287; Steven (1998), S. 13.
[35] Vgl. Bitran/Haas/Hax (1982), S. 237.
[36] Vgl. auch Stadtler (1998), S. 179.
[37] Vgl. auch Shapiro (1999), S. 751.
[38] Zu dieser Vorgehensweise in einer praktischen Anwendung vgl. Lin et al. (2000), S. 14.

Einsatzmaterialien ausreichende Lagerbestände im Produktions- und Logistiknetzwerk gehalten werden, da ansonsten durch fehlende geringwertige Einsatzmaterialien ggf. Liefertermine gefährdet werden.

*Aggregation der Kunden zu Marktregionen*

Über die Zusammenfassung der Produkte und Einsatzmaterialien hinaus kann eine Aggregation der Kunden zu Marktregionen erforderlich sein, um in einem Programmierungsmodell die Anzahl der von einem Distributionslager zu beliefernden Punkte zu begrenzen. Eine Aggregation der Kunden hat die folgenden Kriterien zu berücksichtigen:[39]

- Nachfragestruktur

- variable Transportkosten

- Transportmittel

- räumliche Verteilung

Die Erfassung eines kundenbezogenen Nachfrageverlusts bei einer Befriedigung in der Folgeperiode bedingt, dass dieser als Merkmal der Nachfragestruktur bei den zu einer Marktregion aggregierten Kunden weitgehend ähnlich sein muss. Wenn Erlöse in der Zielsetzung eines Planungsproblems zu berücksichtigen sind, muss der Verkaufspreis innerhalb einer Marktregion nahezu identisch sein. Unterscheidet sich die Nachfragestruktur eines Kunden, insbesondere die eines Großkunden, deutlich von den übrigen, so ist dieser als eigene Marktregion zu erfassen.[40] Eine Einzelbetrachtung der Großkunden ist darüber hinaus sinnvoll, wenn die Transportkosten je Produkteinheit aufgrund großer Transportvolumina niedriger sind als bei Kunden mit geringer Nachfrage. Bei Planungsproblemen, in denen die Transportmittel zwischen den Ebenen der Distributionsläger und der Kunden mit daraus resultierenden differenzierten Transportkosten bestimmt werden, sind lediglich die Kunden zusammenzufassen, die über ein gleiches Transportmittel erreichbar sind. Dies ist von Bedeutung, wenn bspw. nicht alle Kunden über einen Eisenbahnanschluss oder einen (Kanal-)Hafen verfügen. Erfüllen die Kunden in einem Planungsproblem die bereits genannten Kriterien für eine Zusammenfassung, so kann der Raum, in dem die Kunden verteilt sind, in Planbereiche oder in Postleitzahlgebiete unterteilt werden.[41] Hierbei hat eine Einteilung nach Postleitzahlen den Vorteil, dass die Daten für die Nachfrage häufig in der EDV entsprechend aufbereitet vorliegen.[42] Die Aggregation von Kunden zu Marktregionen

---

[39] Vgl. Shapiro (2001), S. 231.
[40] Vgl. Paraschis (1989), S. 13.
[41] Vgl. Ballou (1999), S. 547-550.
[42] Vgl. Bowersox/Closs (1996), S. 568f.

wird in Abbildung 4.4 veranschaulicht.[43] In der in Abbildung 4.4 betrachteten Region gibt es ein Distributionslager und mehrere Kunden, die beispielhaft zu fünf Marktregionen zusammengefasst werden. Zwei Großkunden bilden mit den Marktregionen 2 und 4 jeweils eine eigene Marktregion, während die übrigen Marktregionen aus einer Mehrzahl kleinerer Kunden bestehen und bspw. einem Postleitzahlgebiet entsprechen.

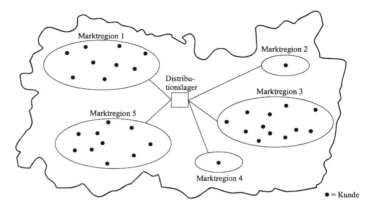

*Abbildung 4.4*: Aggregation der Kunden zu Marktregionen

Die Transportdauer und die damit verbundenen Transportkosten basieren auf der Entfernung zwischen dem Distributionslager und dem Mittelpunkt einer Marktregion, wobei der Mittelpunkt gewichtet nach der Nachfragehöhe der einzelnen Kunden ermittelt werden kann. Eine Fahrt zum Mittelpunkt einer Marktregion entspricht infolgedessen einer Rundtour, bei der alle Kunden einer Marktregion beliefert werden. Bei internationalen Produktions- und Logistiknetzwerken sind zusätzlich u.a. Wechselkurse und Zölle zu berücksichtigen.

*Aggregation der Lieferanten zu Lieferantenregionen*

Für die Beschaffungsseite eines Produktions- und Logistiknetzwerks wird bei Vorliegen zahlreicher Lieferanten ebenfalls eine Aggregation vorgeschlagen, bei welcher die folgenden Kriterien zu berücksichtigen sind:[44]

- variable Beschaffungs- und Transportkosten

- Transportmittel

- räumliche Verteilung

---

[43] Aufgrund der bei den meisten taktischen Supply Chain Planning-Problemen erforderlichen Zusammenfassung von Kunden zu Marktregionen werden die Kunden in Produktions- und Logistiknetzwerken in der vorliegenden Arbeit als Ellipsen dargestellt.

[44] Vgl. Shapiro (2001), S. 232.

Durch die Aggregation von Lieferanten werden neben den Beschaffungskosten die Transportkosten beeinflusst, wobei letztere entscheidungsrelevant sind, wenn sie von der im taktischen Supply Chain Planning-Problem betrachteten Unternehmung zu übernehmen sind. Die variablen Transportkosten können etwa vom Lieferumfang abhängig sein, da die Beförderung großer Mengen zu tendenziell geringeren Transportkosten je Einheit führt als die Beförderung kleiner Liefermengen. Sofern darüber hinaus die Bestimmung des Transportmittels entscheidungsrelevant ist, müssen die aggregierten Lieferanten über die gleichen Transportmittel erreichbar sein. In gleicher Weise wie bei der Bildung von Marktregionen können auch Lieferantenregionen auf der Basis von Planbereichen oder Postleitzahlgebieten erstellt werden. Die räumliche Verteilung hat über die Transportentfernung zwischen Lieferant und Produktionsstandort im Produktions- und Logistiknetzwerk auch Einfluss auf die Transportzeit als wichtige Komponente der Durchlaufzeit. Überdies gewinnt die räumliche Verteilung bei der Betrachtung internationaler Produktions- und Logistiknetzwerke aufgrund der Erfassung von bspw. Wechselkursen und Zöllen bei ausländischen Lieferanten an Bedeutung.

Bei einer Aggregation der Lieferanten werden zwischen den Lieferantenregionen und den Produktionsstandorten eines Produktions- und Logistiknetzwerks die Mengen der zu Einsatzmaterialgruppen zusammengefassten Einsatzmaterialien berücksichtigt. Allerdings können eine hohe Spezifität der Einsatzmaterialien seitens der jeweiligen Lieferanten und bedeutende Kostenunterschiede bei gleichen Einsatzmaterialien eine Bildung von Lieferantenregionen erschweren.[45] Bei derartigen Konstellationen ist zu überprüfen, inwiefern lediglich große Lieferanten mit für die Produktion wichtigen Einsatzmaterialien in taktische Supply Chain Planning-Probleme einzubeziehen sind.[46]

*Aggregation der Zeit*

Eine Aggregation der Zeit beim taktischen Supply Chain Planning bedeutet, dass Stunden oder Tage zu wenigen aufeinander folgenden Perioden wie bspw. zu Monaten oder Quartalen zusammengefasst werden.[47] Diese Aggregation liegt in der periodenübergreifenden Sicht begründet, welche die Beschaffung der erforderlichen Daten auf der Basis einzelner Tage für einen Planungshorizont von einem Jahr erschwert.[48] Dies gilt insbesondere für spätere Perioden des Planungshorizonts, da die Prognosequalität für die Nachfrage mit der zeitlichen Entfernung der Periode vom Planungsstartzeitpunkt abnimmt. Infolgedessen bedingt die Vorläufigkeit der Planung eine Aggregation der Zeit,[49] so dass eine detaillierte Planung auf Stunden- oder Tagesbasis für das operative Supply Chain Planning verbleibt. Durch die Aggregation der Zeit verlängert sich gleichzeitig der Zeitraum, in welchem die Entscheidungsvariablen und Daten nicht

---

[45] Vgl. Geoffrion (1977), S. 201.
[46] Vgl. auch Lambert/Cooper (2000), S. 69-71, welche unterschiedliche Bedeutungen der Lieferanten für ein Produktions- und Logistiknetzwerk diskutieren.
[47] Vgl. auch Stadtler (1996), Sp. 635.
[48] Vgl. Rohde/Wagner (2000), S. 129.
[49] Vgl. Hanssmann (1993), S. 76.

geändert werden können. Daher muss insbesondere vorausgesetzt werden, dass es bspw. innerhalb eines Monats keine oder lediglich eine geringfügige Änderung der Produktnachfrage gibt. Die Aggregation der Zeit bedingt ferner, dass beim taktischen Supply Chain Planning im Zusammenhang mit Entscheidungen zur Behebung eines kapazitiven Engpasses Lieferperioden statt Liefertermine betrachtet werden.

Der wesentliche Vorteil einer Aggregation von Daten und Entscheidungsvariablen ist die Erreichung einer Größe des Programmierungsmodells, so dass die Ermittlung einer Lösung mit Hilfe von Software, die einem Anwender zur Verfügung steht, ermöglicht wird. Gleichzeitig müssen vom Entscheidungsträger ggf. Aggregationsfehler in Kauf genommen werden, die jedoch bei Berücksichtigung der erörterten Kriterien möglichst gering bleiben. Darüber hinaus ist nach einer durchgeführten Aggregation ein intensiver Informationsaustausch zwischen den an der Planung Beteiligten erforderlich, um Veränderungen der Daten und Entscheidungsvariablen, welche den aggregierten Größen zu Grunde liegen, zu erkennen und entsprechende Modifikationen vorzunehmen.[50] Zur Verwendung der Lösungswerte im operativen Supply Chain Planning ist eine Disaggregation dieser Werte auf den jeweils gewünschten Detaillierungsgrad erforderlich.[51] In den anschließenden Ausführungen der vorliegenden Arbeit werden vereinfachend die Bezeichnungen Produkt, Einsatzmaterial, Kunde und Lieferant gewählt, die abhängig von einem konkreten Planungsproblem einer Produktgruppe, Einsatzmaterialgruppe, Marktregion und Lieferantenregion entsprechen können.

### 4.1.3 Abbildung der Produktionsstandorte und Distributionsläger

Eng mit der erörterten Aggregation von Daten und Entscheidungsvariablen ist die im Folgenden dargestellte übergeordnete Sichtweise für Produktionsstandorte und Distributionsläger verknüpft, wodurch insbesondere die zu erfassenden Kapazitäten der Standorte determiniert werden.

*Abbildung der Produktionsstandorte*

Produktionsstandorte umfassen Produktiveinheiten, die Produktionsvorgänge durchführen und damit Einsatzmaterialien kombinieren und zu Produkten transformieren. Während die Einsatzmaterialien den Input eines Produktionsstandorts beschreiben, entspricht der Output Produkten, die entweder als Einsatzmaterial in einem nachgelagerten Produktionsstandort weiterverarbeitet oder als Fertigprodukt über ein Distributionslager an die Kunden ausgeliefert werden. Letzteres veranschaulicht der dargestellte Produktionsstandort mit der Verwendung aggregierter Größen für die Einsatzmaterialien und Produkte in der auf Abbildung 4.3 basierenden Abbildung 4.5, wobei vorausgesetzt wird, dass ein Produktionsstandort aus nur einem Werk besteht.

---

[50] Vgl. McKay/Safayeni/Buzacott (1995), S. 392.

[51] Vgl. allgemein zur Disaggregation Switalski (1988), S. 384. Für eine Darstellung der Disaggregation vgl. Stadtler (1988), S. 123-126, und die dort angegebene Literatur. Die Disaggregation wird in der vorliegenden Arbeit nicht weiter betrachtet, da diese hier als Teil des operativen Supply Chain Planning angesehen wird.

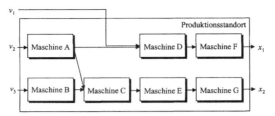

*Abbildung 4.5*: Schematische Darstellung eines Produktionsstandorts

Die Abbildung 4.5 zeigt eine Fließfertigung, die vorherrschend in der Massen- bzw. Großserien- und Sortenproduktion zu finden ist.[52] Für eine übergeordnete Abbildung können zunächst als Produktiveinheiten einzelne Maschinen, die unmittelbar hintereinander einen Produktionsprozess ohne Zufuhr weiterer zu berücksichtigender Einsatzmaterialien durchführen, einschließlich des erforderlichen Personals zu Maschinengruppen zusammengefasst werden. Bezogen auf das Beispiel in Abbildung 4.5 ergeben die Maschinen D und F sowie C, E und G eine Maschinengruppe bzw. eine Produktionsanlage.

Bei der Annahme, dass ein Produktionsstandort aus mehreren Werken besteht, kann eine weitergehende Aggregation zunächst alle Produktionsanlagen zu Werken bei gleichzeitiger Betrachtung des erforderlichen Personals auf Werksbasis zusammenfassen. Innerhalb eines Werkes kann es unterschiedliche Organisationsformen der Produktion, das sind im Wesentlichen die Fließ- und Werkstattfertigung, geben.[53] Da bei der Aggregation von Produkten lediglich die Produktarten mit einer weitgehend gleichen Bearbeitungsfolge in einer mehrstufigen Produktion zusammengefasst werden, kann die Aggregation von Maschinen zu Werken für alle Organisationsformen der Produktion durchgeführt werden. Zugleich wird in der aggregierten Sichtweise die jeweils zu Grunde liegende Organisationsform der Produktion nicht mehr dargestellt. Indessen sind die innerbetrieblichen Transporte zwischen den einzelnen Werken eines Produktionsstandorts weiterhin zu erfassen. Die Betrachtung der innerbetrieblichen Transporte entfällt bei der weiter gehenden Aggregation von Werken zu Produktionsstandorten gemäß Abbildung 4.6. Bei Produktionsstandorten mit lediglich einem Werk wie etwa in Abbildung 4.5 können die Maschinen unmittelbar zu einem Produktionsstandort, ebenfalls für alle Organisationsformen der Produktion, aggregiert werden. Diese Aggregation erfordert ferner die Ermittlung des für einen Produktionsstandort erforderlichen Personals.

*Abbildung 4.6*: Übergeordnete Sicht eines Produktionsstandorts

---

52  Vgl. Hahn/Laßmann (1999), S. 50; Hoitsch (1993), S. 245.
53  Vgl. ausführlicher zu Organisationsformen der Produktion etwa Adam (1998), S. 16-21; Kistner/Steven (2001), S. 21f.

Die dargestellte Aggregation bedingt, dass die Input- und Output-Beziehungen der Produktionsstandorte zu den vor- und nachgelagerten Ebenen mit der Anzahl der erforderlichen Einsatzmaterialien auf der Inputseite und den Mengenverhältnissen der erzeugten Produkte auf der Outputseite betrachtet werden. Auf Basis dieser Beziehungen können Produktionsstandorte durch die Art der Stoffverwertung als Wirkung des Produktionsprozesses auf die Einsatzmaterialien, die sich in der Anzahl der Einsatzmaterialarten im Verhältnis zur Anzahl der Produktarten ausdrückt, systematisiert werden.[54] Die unterschiedlichen Prozesse, die sich aus der Art der Stoffverwertung ergeben, illustriert die Abbildung 4.7.

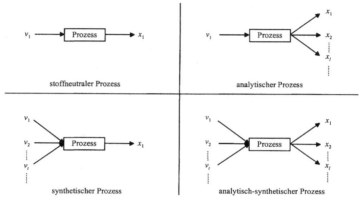

*Abbildung 4.7*: Produktionstypen nach Art der Stoffverwertung
Quelle: In Anlehnung an Riebel (1963), S. 57

Schäfer und Riebel differenzieren zwischen den im Folgenden dargestellten Arten der Stoffverwertung.[55] Ein stoffneutraler Prozess zeichnet sich dadurch aus, dass eine Einsatzmaterialart zu einer Produktart veredelt oder umgeformt wird, wobei das Einsatzmaterial in seiner Zusammensetzung weitgehend oder sogar vollständig unverändert bleibt.[56] Wenn der Einsatz eines Einsatzmaterials zu unterschiedlichen Produktarten führt, wird dies als analytischer Prozess bezeichnet. In der vorliegenden Arbeit wird davon ausgegangen, dass bei einem analytischen Prozess zwar vielfach eine Kuppelproduktion vorliegt,[57] bei der aus einer Einsatzmaterialart in einem starren oder beschränkt variablen Mengenverhältnis unumgänglich verschiedene Produktarten entstehen, dieses allerdings nicht für alle analytischen Prozesse gelten muss. Analytische Prozesse gibt es im Mineralölverarbeitungsprozess einer Raffinerie als Beispiel für eine Kuppelproduktion oder im Erzeugungsprozess von Polyethylen und Polypro-

---

[54] Vgl. Riebel (1963), S. 55-61, und Schäfer (1978), S. 19-46, welche die Art der Stoffverwertung zur Klassifikation von Industriebetrieben verwenden. Hahn/Laßmann (1999), S. 59, bezeichnen diese Charakteristik als prozessbedingte Stoffveränderung.

[55] Während Schäfer (1978), S. 20, drei Arten der Stoffverwertung beschreibt, geht Riebel (1963), S. 55, von vier Arten aus, indem er analytisch-synthetische Prozesse als eigenständig ansieht. Für die hier verwendeten Bezeichnungen vgl. Hahn/Laßmann (1999), S. 59-61.

[56] Der stoffneutrale Prozess entspricht der bereits vorgestellten Produktion mit einer linearen Erzeugnisstruktur.

[57] Vgl. auch Schneeweiß (1999a), S. 15.

pylen, bei welchem keine Kuppelproduktion vorliegt.[58] In einem synthetischen Prozess werden mehrere Einsatzmaterialarten kombiniert und zu einer Produktart transformiert. Hierzu zählen etwa Montageprozesse im Fahrzeugbau oder in der EDV-Industrie. Die vierte Art der Stoffverwertung ist der analytisch-synthetische Prozess, bei dem verschiedene Einsatzmaterialien kombiniert und in unterschiedliche Produktarten transformiert werden.

Inwiefern ein Produktionsprozess einer Art der Stoffverwertung zugeordnet wird, ist abhängig von der Aggregation der Produkte. Ein Fahrzeugmontagewerk kann durch einen analytisch-synthetischen Prozess beschrieben werden, wenn in einem Planungsproblem die jeweiligen Fahrzeugarten erfasst werden, die sich hinsichtlich verschiedener Ausstattungsmerkmale wie Motor, Farbe oder Getriebe unterscheiden. Die Aggregation aller Produkte eines Produktionsstandorts zu einer Produktgruppe führt indessen zu einem als synthetisch beschriebenen Prozess.

*Kapazität eines Produktionsstandorts*

Eine Aggregation von Maschinen und ggf. Werken bedingt die Ermittlung der Produktionskapazität als maximale Ausbringungsmenge eines Produktionsstandorts für die betrachteten Perioden eines Planungshorizonts. Durch die Aggregation kann ein Produktionsstandort als Produktiv- oder Kapazitätseinheit angesehen werden, wobei die Produktionskapazität im Wesentlichen durch maschinelle und personelle Kapazitäten determiniert wird.[59] Folglich ist für die Bestimmung der Produktionskapazität festzustellen, welcher Arbeitsträger der Engpass eines Produktionsstandorts ist. Hierfür ist zu differenzieren, ob der zu Grunde liegende Produktionsprozess einer Fließ- oder einer Werkstattfertigung entspricht. Aufgrund der bei der Fließfertigung vorgegebenen Bearbeitungsfolge und bedingt durch die Annahme geringer Umrüstzeiten, wie in dieser Arbeit vorausgesetzt, ist die Produktionskapazität von der Bearbeitungsreihenfolge der einzelnen Produktarten unabhängig. Bei der Werkstattfertigung kann allerdings die Produktionskapazität von der konkreten Bearbeitungsreihenfolge abhängig sein, weshalb dann der angenommene potenzielle Engpass die Produktionskapazität determiniert. Sowohl bei der Fließ- als auch bei der Werkstattfertigung ist jedoch aufgrund der Möglichkeit, unterschiedliche Produkte herzustellen, statt der maximalen Ausbringungsmenge die zeitliche Verfügbarkeit des Produktionsstandorts in einer Periode zu ermitteln.[60] Gleichzeitig ist für eine Abbildung der nach Produktarten unterschiedlichen Beanspruchung ein produktartabhängiger Kapazitätsbedarf anzugeben.

Ob eine Aggregation bis auf Maschinengruppen, Werke oder Produktionsstandorte vorzunehmen ist, hängt vom konkreten Planungsproblem ab und wird u.a. vom Umfang des betrachteten Produktions- und Logistiknetzwerks sowie vom geforderten Ge-

---

[58] Zur Herstellung von Polyethylen und Polypropylen vgl. etwa die Darstellung von Werners/Steude/Thorn (1999), S. 408-411.
[59] Vgl. etwa Corsten (2000), S. 14f.
[60] Vgl. Zäpfel (2000a), S. 130. Als Beispiele vgl. die Ansätze von Carravilla/de Sousa (1995), S. 47; Hax/Meal (1975), S. 61; und auch Martin/Dent/Eckhart (1993), S. 76.

nauigkeitsgrad beeinflusst. Aufgrund des umfassenden Planungsproblems betrachtet das taktische Supply Chain Planning die jeweiligen Produktionsstandorte ohne detaillierte Erfassung der Werke oder Produktiveinheiten.[61] Die Aggregation von Maschinen zu Produktionsstandorten und die damit verknüpfte Ermittlung globaler Produktionskapazitäten zeigt insgesamt die Möglichkeit einer Abbildung der Produktionsstandorte in Modellen für taktische Supply Chain Planning-Probleme. Ein wichtiges Element der Produktions- und Logistiknetzwerke sind darüber hinaus die Distributionsläger, welche im Folgenden betrachtet werden.

*Abbildung der Distributionsläger*

Die Fertigproduktmengen $x$ eines Distributionslagers sind sowohl der Input, welcher aus Produkten der vorgelagerten Produktionsstandorte und möglicherweise aus Zukaufteilen von Fremdunternehmungen zur Ergänzung des Produktionsprogramms besteht, als auch der Output. Auf Basis der Input- und Output-Beziehungen können die in Abbildung 4.8 schematisch für drei Produkte dargestellten Arten der Distributionsläger in einem Produktions- und Logistiknetzwerk unterschieden werden.[62]

*Abbildung 4.8*: Arten von Distributionslägern

In ein Zulieferungslager werden aus verschiedenen Produktionsstandorten unterschiedliche Produkte geliefert. Die Produktionsmenge wird gesammelt und zusammengefasst zu einem Kunden transportiert.[63] Als Vorteil wird durch Zulieferungsläger angestrebt, dass durch die Bildung größerer Transporteinheiten die Transportkosten je Produkteinheit zwischen Distributionslager und Kunde sinken. In ein Auslieferungslager wird von einem Produktionsstandort eine Produktart geliefert und vom Lager aus an die Kunden verteilt. Dementsprechend können größere Transporteinheiten für den Transport von einem Produktionsstandort zum Distributionslager gebildet werden. In einem Auslieferungslager können auch unterschiedliche Produktarten aus einem Produktionsstandort an die Kunden geliefert werden.[64] Ein Distributionslager, welches

---

[61] Vgl. auch Drexl et al. (1994), S. 1031f., sowie die in Kapitel 5 vorgestellten Ansätze.

[62] Zur Darstellung der Arten der Distributionsläger vgl. Ballou (1999), S. 248-253; Bowersox/Closs (1996), S. 392-396. Für die verwendeten Begriffe vgl. Pfohl (2000a), S. 125.

[63] Um zu verdeutlichen, dass ein Zulieferungslager lediglich einen Kunden beliefert, werden einem Ausgangspfeil vereinfacht die Variablen aller Produktarten zugeordnet. Für die in den nachfolgenden Kapiteln 4.2 und 4.3, S. 87-102, darzustellenden Netzwerke ist dagegen je Produktart ein Ausgangspfeil zu bilden.

[64] Dann haben Auslieferungsläger und Zentralläger weitgehend dieselbe Struktur. Die Läger unterscheiden sich dadurch, dass in einem Produktions- und Logistiknetzwerk mehrere Auslieferungsläger eingerichtet werden, während es lediglich ein Zentrallager geben kann.

sowohl Produkte aus unterschiedlichen Produktionsstandorten erhält als auch an verschiedene Kunden liefert, ist ein Zu- und Auslieferungslager. Diese Art der Distributionsläger wird in der vorliegenden Arbeit vorwiegend betrachtet. Somit können in einem Distributionslager die in Abbildung 4.9 schematisch dargestellten logistischen Vorgänge durchzuführen sein.

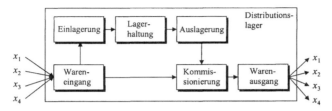

*Abbildung 4.9*: Schematische Darstellung eines Distributionslagers

Zunächst werden die Fertigprodukte von den Produktionsstandorten zu einem Distributionslager, abhängig vom Planungsproblem auch durch unterschiedliche Transportmittel, geliefert. Im Wareneingang findet eine Prüfung sowie eine Erfassung der Produkte in der EDV statt. Anschließend gelangen Produkte, die über einen längeren Zeitraum gelagert werden sollen, in das Lager und die Produkte, die unmittelbar an die Kunden weitergeliefert werden, zur Kommissionierung. Der Transport mit einem Fördermittel ist bei der Einlagerung der Produkte zum jeweiligen Lagerplatz etwa in einem Palettenregallager oder einem Hochregallager und bei der Auslagerung vom Lagerplatz zur Kommissionierung erforderlich. Die Kommissionierung umfasst die Zusammenstellung verschiedener Produkte in den entsprechenden Mengen auf Basis der von den Kunden erteilten Aufträge.[65] Im Warenausgang werden die ausgehenden Produkte in der EDV erfasst und zum Kunden geliefert.

*Kapazität eines Distributionslagers*

Zur Abbildung eines Distributionslagers für taktische Supply Chain Planning-Probleme werden die übergeordneten Beziehungen zwischen den Produktionsstandorten und dem Distributionslager als Eingangsmenge sowie zwischen dem Distributionslager und den Kunden als Ausgangsmenge erfasst. Die übergeordnete Sicht erfordert die Ermittlung globaler Kapazitäten für ein Distributionslager, wobei zwischen der Kapazität der periodenübergreifenden Lagerhaltung und der Kapazität der Produktiveinheiten für den Wareneingang und -ausgang bzw. für die Kommissionierung zu unterscheiden ist. Die Kapazität der Lagerhaltung entspricht bei chaotischer Lagerung den verfügbaren Lagerplätzen in einem Lager,[66] während die Kapazität etwa in der Kommissionierung durch die maximale Ausbringungsmenge bzw. bei heterogenem Produktprogramm durch die zeitliche Verfügbarkeit determiniert wird.

---

[65] Vgl. Schulte (2001), S. 284. Für eine ausführliche Darstellung der Kommissionierung vgl. auch Günther/Tempelmeier (2000), S. 301-311.

[66] Vgl. ausführlicher zur chaotischen Lagerung etwa Pfohl (2000a), S. 136.

Mit der Erörterung der Kapazität eines Distributionslagers ist die übergeordnete Sicht der Produktionsstandorte und Distributionsläger abgeschlossen, womit gleichzeitig die wesentlichen Elemente der Produktions- und Logistiknetzwerke dargestellt sind. Aufgrund der Größe des Planungsproblems ist eine Visualisierung hilfreich, die durch die nachfolgend dargestellten Netzwerkmodelle durchgeführt wird.[67]

## 4.2 Reine Netzwerkmodelle

### 4.2.1 Einstufige Logistiknetzwerk-Planungsprobleme

Produktions- und Logistiknetzwerke können als Netzwerke modelliert werden.[68] Ein Vorteil der auf der Graphentheorie basierenden Netzwerkmodellierung ist die Visualisierung des Planungsproblems.[69] Ein weiterer Vorteil der Netzwerkmodellierung ist die Möglichkeit, visualisierte Netzwerkstrukturen unmittelbar in ein Programmierungsmodell zu überführen, und damit die Möglichkeit, Anwendern mathematische Programmierungsmodelle näher zu bringen.[70] Dadurch, dass die an verschiedenen Standorten vorhandenen Daten systematisch zusammenzufassen sind, kann die Visualisierung eines Supply Chain Planning-Problems bereits die Ausnutzung von Verbesserungspotenzialen sowie die stärkere Nachvollziehbarkeit der Planung gestatten.[71] Ferner bedingt die Heterogenität der zu untersuchenden Produktions- und Logistiknetzwerke sehr unterschiedliche taktische Supply Chain Planning-Probleme, weshalb eine auf der Netzwerkmodellierung aufbauende Systematisierung eine anwendungsfallspezifische Erstellung von Programmierungsmodellen für ein zu untersuchendes Planungsproblem erleichtert. Darüber hinaus bilden die dargestellten Netzwerkmodellierungen die Basis für die zu entwickelnden deterministischen und stochastischen Programmierungsmodelle zur Unterstützung des taktischen Supply Chain Planning.

Schwerpunktmäßig werden mit der Netzwerkmodellierung Minimalkostenflussprobleme betrachtet, bei denen der kostengünstigste Weg für den Transport der Produkte durch ein Netzwerk gesucht wird unter der Prämisse, dass die gegebene Kundennachfrage durch ein vorhandenes Angebot bei Einhaltung der Transportkapazitäten befriedigt wird.[72] Voraussetzung ist, dass mit einem Transport entsprechende Kosten verknüpft sind. Neben dem Minimalkostenflussproblem können Planungsprobleme wie das Kürzeste-Wege-Problem oder das Maximalflussproblem als Netzwerk modelliert

---

[67] Zur Begriffsabgrenzung wird in der vorliegenden Arbeit unter einem Produktions- und Logistiknetzwerk, einem Produktionsnetzwerk bzw. einem Logistiknetzwerk das zu Grunde liegende Realsystem und unter einem Netzwerk die visualisierte Form als Graph verstanden.

[68] Produktions- und Logistiknetzwerke als Netzwerke stellen auch etwa Cohen/Mallik (1997), S. 200f., und Verter/Dincer (1995), S. 265, dar.

[69] Auch Shapiro (2001), S. 78, betont, dass eine Visualisierung von Produktions- und Logistiknetzwerken insbesondere für die Kommunikation zwischen Anwendern sehr hilfreich ist.

[70] Vgl. Glover et al. (1978), S. 1209.

[71] Vgl. auch Straube (1998), S. 30f.

[72] Vgl. etwa Ahuja/Magnanti/Orlin (1993), S. 4.

werden,[73] die jedoch aufgrund der in dieser Arbeit durchgeführten Problemabgrenzung nicht weiter erörtert werden.

Ein Bereich der Minimalkostenflussprobleme betrachtet kapazitierte einstufige Transportprobleme.[74] Innerhalb der in der vorliegenden Arbeit verwendeten Terminologie wird das Transportproblem als Logistiknetzwerk-Planungsproblem bezeichnet.[75] Ein Netzwerk für ein derartiges Planungsproblem besteht aus einem gerichteten zusammenhängenden Graphen $G = (V, E)$ mit einer endlichen Knotenmenge $V$ und einer endlichen Pfeilmenge $E$. Die Knotenmenge $V = J \cup K$ wird in zwei disjunkte Teilmengen $J$ und $K$ aufgeteilt, so dass $J$ die Angebotsknoten, in diesem Fall die Distributionsläger, und $K$ die Nachfrageknoten, hier die Kunden, umfasst. Dabei gilt für jeden Pfeil $(j, k) \in E$, dass $j \in J$, $k \in K$. Die Variable $y_{jk}$ beschreibt für jeden Pfeil $(j, k) \in E$ die Flussstärke mit der Bewertung des Flusses durch $ktdk_{jk}$ als Transportkosten einer Einheit von $j$ nach $k$. Abbildung 4.10 zeigt ein konkretes einstufiges Logistiknetzwerk-Planungsproblem mit drei Distributionslägern und drei Kunden.[76]

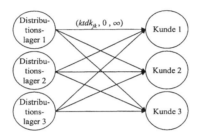

*Abbildung 4.10*: Einstufiges Logistiknetzwerk-Planungsproblem

Die Pfeilbewertung im dargestellten Netzwerk gibt neben den Transportkosten je Produkteinheit $ktdk_{jk}$ die untere und obere Kapazitätsgrenze an, wobei die obere Kapazitätsgrenze mit $\infty$ anzeigt, dass es sich um ein unkapazitiertes Planungsproblem handelt. Das in Abbildung 4.10 gezeigte Netzwerk wird als reines Netzwerkmodell bezeichnet, da die Flüsse in den Knoten nicht verändert werden und weder die Eingangsnoch die Ausgangsproportionen in einem Knoten beschränkt sind.[77] Allgemein kann ein einstufiges Logistiknetzwerk-Planungsproblem in das anknüpfend dargestellte lineare Programmierungsmodell transformiert werden:[78]

---

[73] Vgl. Ahuja/Magnanti/Orlin (1993), S. 6f.; Eiselt/Sandblom (2000), S. 365.

[74] Vgl. Ahuja/Magnanti/Orlin (1993), S. 7. Domschke (1995), S. 59, bezeichnet diese als kapazitierte klassische Transportprobleme.

[75] Hier wird die Bezeichnung Logistiknetzwerk-Planungsproblem gewählt, um zu verdeutlichen, dass ausschließlich eine räumliche und mengenmäßige Gütertransformation betrachtet wird. Gegenüber dem Begriff Transportproblem verdeutlicht Logistiknetzwerk-Planungsproblem stärker, dass ein Ausschnitt aus einem Produktions- und Logistiknetzwerk vorliegt. Da in der vorliegenden Arbeit Transportkapazitäten vorherrschend unberücksichtigt bleiben, entfällt die Bezeichnung unkapazitiert.

[76] In Anlehnung an die Literatur zur Netzwerkmodellierung werden die Knoten in reinen Netzwerkmodellen als Kreise dargestellt, vgl. hierzu etwa Chinneck (1990), S. 247.

[77] Vgl. Chinneck (1992), S. 531; Werners (2001), S. 6.

[78] Vgl. etwa Bazaraa/Jarvis/Sherali (1990), S. 478f.; Domschke (1995), S. 61.

$$\min z = \sum_{jk} ktdk_{jk} y_{jk} \qquad\qquad (4.1.1)$$

so dass

$$\sum_{k} y_{jk} \ \leq \ ANG_j \qquad\qquad \forall\, j \in J \qquad\qquad (4.1.2)$$

$$\sum_{j} y_{jk} \ \geq \ D_k \qquad\qquad \forall\, k \in K \qquad\qquad (4.1.3)$$

$$y_{jk} \ \geq \ 0 \qquad\qquad \forall\, j \in J, \, k \in K \qquad\qquad (4.1.4)$$

**Indizes und Indexmengen**

$j$ :  Distributionslager, $j \in J$

$k$ :  Kunde, $k \in K$

**Daten**

$ANG_j$ :  Angebotsmenge in Distributionslager $j$

$D_k$ :  Nachfrage des Kunden $k$

$ktdk_{jk}$ :  Transportkosten einer Einheit von Distributionslager $j$ zu Kunde $k$

**Entscheidungsvariable**

$y_{jk}$ :  Produktmenge, welche von Distributionslager $j$ zu Kunde $k$ transportiert wird

Mit Hilfe der Zielfunktion (4.1.1) wird eine Minimierung der Transportkosten für die betrachtete Produktart angestrebt. Restriktion (4.1.2) stellt sicher, dass die zu den Kunden transportierte Menge die in den Distributionslägern angebotene Menge nicht überschreitet, während Restriktion (4.1.3) gewährleistet, dass die Nachfrage vollständig erfüllt wird, und Restriktion (4.1.4) die Nichtnegativitätsbedingung angibt. Mit Hilfe dieses Modells wird für das einstufige Logistiknetzwerk-Planungsproblem angestrebt, einen Transportplan aufzustellen, der bei Erfüllung der Nachfrage die Transportkosten minimiert. Bei diesem Modell wird vorausgesetzt, dass

$$\sum_{j} ANG_j \geq \sum_{k} D_k \qquad\qquad \text{mit } ANG_j, D_k \geq 0 \qquad\qquad \forall\, j \in J, \, k \in K$$

ist. Bei Verletzung dieser Restriktion kann die Nachfrage nicht vollständig befriedigt werden, so dass ein fiktiver Anbieter einzuführen ist. Wenn wie hier keine kundenindividuellen Strafkosten bei einer Nichtbelieferung erfasst werden, gilt sodann die Prämisse einer gleichen Bedeutung der Kunden hinsichtlich der Lieferbereitschaft.

Einstufige Logistiknetzwerk-Planungsprobleme können sich auf Stufen wie bspw. zwischen Distributionslägern und Kunden, in denen es keine Produktionsvorgänge gibt, beziehen. Außerdem können einstufige Logistiknetzwerk-Planungsprobleme eine Stufe zwischen zwei Produktionsstandortebenen oder zwischen Produktionsstandort- und Distributionslagerebene umfassen, wenn speziell für die Produktionsstandorte ein gegebenes Angebot bzw. eine gegebene Nachfrage angenommen wird. Allerdings wird in dem bisher als Netzwerk dargestellten einstufigen Logistiknetzwerk-Planungsproblem lediglich eine Produktart berücksichtigt. Da es bei realen Produktions- und Logistiknetzwerken vorherrschend mehrere Produktarten gibt, ist das Netzwerk zu erweitern, indem die Flüsse in einem Netzwerk hinsichtlich der verschiedenen Produktarten $l \in L$ zu unterscheiden sind.[79]

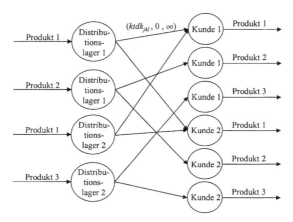

*Abbildung 4.11*: Einstufiges Logistiknetzwerk-Planungsproblem mit mehreren Produktarten

Zur Verdeutlichung des Mehrproduktfalls gibt es im Beispiel der Abbildung 4.11 für jedes Produkt eigene Knoten zur Abbildung der Angebote in den Distributionslägern und der Kundennachfrage. Im ersten Distributionslager werden die Produkte 1 und 2 sowie im zweiten Distributionslager die Produkte 1 und 3 angeboten, während die Kunden 1 und 2 jeweils alle drei Produkte nachfragen. Ebenfalls für jedes Produkt sind Pfeile für die Transporte mit ggf. produktartabhängigen Transportkosten $ktdk_{jkl}$ zu bestimmen. Abbildung 4.11 veranschaulicht, dass für jedes Produkt eine eigene Netzwerkstruktur zu berücksichtigen ist, somit in Programmierungsmodellen die Indizes für Parameter und Entscheidungsvariablen um die Produktart zu erweitern sind. Die Betrachtung mehrerer Produktarten im dargestellten Beispiel kann auch produktartabhängige Kosten und Kapazitäten für ein Distributionslager im Warenausgang oder für einen Kunden im Wareneingang bedingen.[80] Zur Einbeziehung dieser Kosten und Kapazitäten sind die im Netzwerk der Abbildung 4.11 dargestellten Pfeile in die Knoten der Distributionsläger bzw. Pfeile aus den Kundenknoten mit einer entsprechenden Bewertung zu versehen. Zur Modellierung von bspw. Distributionslagerkapazitäten, die durch mehrere Produktarten gemeinsam genutzt werden, ist ein weiterer Knoten in das dargestellte Netzwerk einzufügen, in dem die in ein Distributionslager mündenden Pfeile beginnen, wobei in diesen Knoten ein zusätzlicher Pfeil eingeht, dessen Bewertung die Höhe der gemeinsam nutzbaren Kapazität angibt. Vorausgesetzt wird, dass alle Produkte die angegebene Kapazität in jeweils gleicher Höhe beanspruchen. An-

---

[79] Vgl. etwa Bazaraa/Jarvis/Sherali (1990), S. 587; Eiselt/Sandblom (2000), S. 435f.
[80] Vgl. Glover/Klingman/Phillips (1992), S. 38f.

sonsten sind Restriktionen abzubilden, die nicht im Netzwerk visualisierbar, sondern direkt in das Programmierungsmodell aufzunehmen sind.[81] Die dargestellten einstufigen Logistiknetzwerk-Planungsprobleme zeigen einen Ausschnitt aus einem Produktions- und Logistiknetzwerk und bilden gleichzeitig die Basis für taktische Supply Chain Planning-Probleme. Im Folgenden werden daher die einstufigen Planungsprobleme um zusätzliche Stufen erweitert.

### 4.2.2 Mehrstufige Logistiknetzwerk-Planungsprobleme

Die bereits dargestellten Logistiknetzwerk-Planungsprobleme werden mehrstufig, wenn Umladeknoten hinzugefügt werden, die dadurch charakterisiert sind, dass es statt eines Angebots bzw. einer Nachfrage eine Zusammenführung, Aufteilung und Weiterleitung der Produkte gibt. Infolgedessen entspricht ein Umladeknoten einem Distributionslager, in welchem keine periodenübergreifende Lagerhaltung durchgeführt werden kann, bzw. einem Umladepunkt. Andererseits können Umladeknoten auch einen Produktionsstandort abbilden, sofern der Produktionsprozess hinsichtlich der Art der Stoffverwertung stoffneutral ist. Durch die Hinzufügung von Umladeknoten können zwei- und mehrstufige Logistiknetzwerk-Planungsprobleme analysiert werden. Derartige Logistiknetzwerk-Planungsprobleme ohne Berücksichtigung von Transportkapazitäten werden in der Literatur als unkapazitierte Umladeprobleme bezeichnet.[82] Für die nachfolgende Darstellung wird beispielhaft, wie Abbildung 4.12 zeigt, ein zweistufiges Logistiknetzwerk-Planungsproblem für eine Produktart mit den Ebenen Produktionsstandorte[83], Distributionsläger als Umladeknoten und Kunden betrachtet. Auch dieses ist ein reines Netzwerkmodell, da sich die Flussstärken innerhalb der Pfeile sowie die Eingangsmenge bezogen auf die Ausgangsmenge in den Umladeknoten nicht verändern.

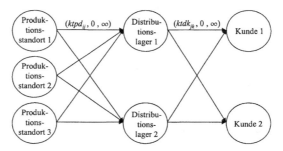

*Abbildung 4.12*: Zweistufiges Logistiknetzwerk-Planungsproblem

[81] Vgl. Glover/Klingman/Phillips (1992), S. 39.
[82] Vgl. Domschke (1995), S. 54.
[83] Statt Produktionsstandorte können bei zweistufigen Logistiknetzwerk-Planungsproblemen in der ersten Ebene auch Distributionsläger betrachtet werden. Dann sind bspw. die Distributionsläger in der ersten Ebene größere Regionalläger und in der zweiten Ebene Auslieferungsläger, vgl. zu derartigen Logistiknetzwerken etwa Ihde (2001), S. 314.

Das zweistufige Logistiknetzwerk-Planungsproblem kann mit Hilfe des nachfolgenden Programmierungsmodells dargestellt werden:[84]

$$\min z = \sum_{ij} ktpd_{ij} x_{ij} + \sum_{jk} ktdk_{jk} y_{jk} \qquad (4.2.1)$$

so dass

$$\sum_{j} x_{ij} \leq ANG_i \qquad \forall\, i \in I \qquad (4.2.2)$$

$$\sum_{i} x_{ij} - \sum_{k} y_{jk} = 0 \qquad \forall\, j \in J \qquad (4.2.3)$$

$$\sum_{j} y_{jk} \geq D_k \qquad \forall\, k \in K \qquad (4.2.4)$$

$$x_{ij}\,,\, y_{jk} \geq 0 \qquad \forall\, i \in I\,,\, j \in J\,,\, k \in K \qquad (4.2.5)$$

Gegenüber dem Programmierungsmodell für einstufige Logistiknetzwerk-Planungsprobleme gibt es folgende zusätzliche bzw. veränderte Größen:

**Index und Indexmenge**

$i$  :  Produktionsstandort, $i \in I$

**Daten**

$ANG_i$ : Angebotsmenge in Produktionsstandort $i$

$ktpd_{ij}$ : Transportkosten einer Produkteinheit von Produktionsstandort $i$ zu Distributionslager $j$

**Entscheidungsvariable**

$x_{ij}$ :   Produktmenge, welche von Produktionsstandort $i$ zu Distributionslager $j$ transportiert wird

Die Zweistufigkeit des Planungsproblems bedingt einen Index $i$ für die Produktionsstandorte und mit der Produktmenge $x$ eine weitere Entscheidungsvariable. Andererseits besteht die Angebotsmenge $ANG$ nun im Produktionsstandort $i$. Restriktion (4.2.3) gewährleistet als Lagerbilanzgleichung für die Distributionsläger, dass die Eingangsmenge der Ausgangsmenge entspricht. Zusammengefasst unterstützt das dar-

---

[84] Diese Modellierung mit einer Entscheidungsvariable für jeweils eine Stufe bezieht sich auf die im weiteren Verlauf der vorliegenden Arbeit durchgeführte Modellierung für taktische Supply Chain Planning-Probleme. Für eine allgemeine Darstellung der Umladeprobleme vgl. etwa Domschke (1995), S. 55; oder auch Anderson/Sweeney/Williams (2000), S. 313; Bazaraa/Jarvis/Sherali (1990), S. 420f.

gestellte Programmierungsmodell bei der Erstellung von Transportplänen, indem die Transportkosten *ktpd* und *ktdk* für beide Stufen unter Erfüllung der Kundennachfrage bei einem gegebenen Angebot minimiert werden. Bei dieser Modellierung werden weder Kosten für die Herstellung der Produkte in den Produktionsstandorten noch die Lagerhaltungskosten in den Distributionslägern eigenständig abgebildet, sondern sind den Transportkosten entsprechend zuzuordnen. Auch bei diesem Modell wird vorausgesetzt, dass gilt: $\sum_i ANG_i \geq \sum_k D_k$ mit $ANG_i, D_k \geq 0 \ \forall \ i \in I$, $k \in K$.

Die bisherigen Ausführungen haben sich auf Planungsprobleme beschränkt, in denen als Zielsetzung eine Minimierung der Kosten angestrebt wird. Es ist jedoch auch möglich, die Verwendung von Kosten und Erlösen bei der Netzwerkmodellierung zu gestatten. Die Zielsetzung der Maximierung des Deckungsbeitrags führt bei Kosten zu einer negativen und bei Erlösen zu einer positiven Pfeilbewertung,[85] wie in Abbildung 4.13 veranschaulicht.

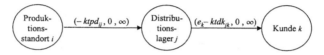

*Abbildung 4.13*: Erfassung der Kosten und Erlöse in Netzwerken

Für den Transport zwischen Produktionsstandort und Distributionslager fallen die Kosten *ktpd* an, die zu einer negativen Pfeilbewertung führen. Die Belieferung der Kunden ist sowohl mit den Erlösen *e* aus dem Verkauf der Produkte als auch mit entsprechenden Transportkosten *ktdk* verknüpft. Sofern sich hierdurch ein positiver Deckungsbeitrag ergibt, führt dies zu einer positiven Pfeilbewertung. Darüber hinaus wird eine mögliche Teil- oder Nichtbelieferung eines Kunden individuell auf Basis der Deckungsbeiträge bewertet anstatt der Prämisse einer gleichen Bedeutung der Kunden bezüglich der Lieferbereitschaft.

Zweistufige Logistiknetzwerk-Planungsprobleme als Teil der taktischen Supply Chain Planning-Probleme erfassen keine Produktionsvorgänge mit einer Kombination und Transformation mehrerer Einsatzmaterialien in eine oder mehrere Produktarten. Außerdem setzen diese Planungsprobleme ein gegebenes Angebot bei einer vorgegebenen Nachfrage voraus. Die Logistiknetzwerk-Planungsprobleme können folglich unter den dargestellten Voraussetzungen auch die Ebenen Lieferanten, Produktionsstandorte und Distributionsläger oder drei Produktionsstandortebenen berücksichtigen. Für die Erfassung mehrerer Produktarten sind die als Netzwerk visualisierten Planungsprobleme entsprechend zu modifizieren, wobei die Vorgehensweise weitgehend mit der bei einstufigen Logistiknetzwerk-Planungsproblemen übereinstimmt.[86] Zusätzlich ist die

---

[85] Vgl. Glover/Klingman/Phillips (1992), S. 24.
[86] Für einen allgemeinen Überblick über Anwendungsmöglichkeiten reiner Netzwerkmodelle vgl. Glover/Klingman/Phillips (1990), S. 12-16.

Forderung für Umladeknoten aufzustellen, dass die Eingangsmenge der Ausgangsmenge für jede Produktart entspricht, somit die Lagerbilanzgleichung erfüllt ist.[87]

## 4.3 Erweiterte Netzwerkmodelle

### 4.3.1 Planungsprobleme mit Prozessknoten in Netzwerkmodellen

Für taktische Supply Chain Planning-Probleme mit Produktionsprozessen, die über stoffneutrale Prozesse hinausgehen, sind die als reine Netzwerkmodelle dargestellten Logistiknetzwerk-Planungsprobleme zu erweitern. Im Rahmen der in der vorliegenden Arbeit verwendeten Terminologie werden diese als Produktions- und Logistiknetzwerk-Planungsprobleme bezeichnet. Das Erfordernis einer Erweiterung gilt auch für Planungsprobleme mit mehreren Perioden bzw. mit einer Standortplanung für Distributionsläger.

Hinsichtlich der Art der Stoffverwertung gibt es in einem Produktions- und Logistiknetzwerk oftmals analytische, synthetische bzw. analytisch-synthetische Prozesse. Diese Produktionsprozesse können mit Hilfe von Prozessknoten abgebildet werden, die sich dadurch auszeichnen, dass alle Proportionen $qv$ der eingehenden Flüsse und alle Proportionen $qx$ der ausgehenden Flüsse eindeutig mit positiven Werten determiniert sind.[88] In Abbildung 4.14 wird ein Prozessknoten gezeigt, der aufgrund der für das taktische Supply Chain Planning erforderlichen übergeordneten Sicht einem Produktionsstandort entspricht.[89]

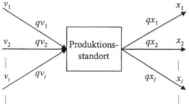

*Abbildung 4.14*: Prozessknoten zur Abbildung eines Produktionsstandorts
Quelle: In Anlehnung an Chinneck (1990), S. 246

In einem Prozessknoten können die ein- und ausgehenden Flüsse lediglich eine Produktart umfassen wie etwa bei Wasser- oder Gasnetzwerken. Andererseits ist, wie Abbildung 4.14 zeigt, für einen Prozessknoten auch die Modellierung unterschiedlicher Einsatzmaterialien als Eingangsfluss und verschiedener Produkte als Ausgangsfluss möglich, um einen analytisch-synthetischen Prozess abzubilden. Die Ein- und

---

[87] Vgl. Eiselt/Sandblom (2000), S. 435.
[88] Vgl. Chinneck (1990), S. 246.
[89] Die Darstellung des Prozessknotens als Quadrat entspricht der gängigen Vorgehensweise in der Literatur zur Netzwerkmodellierung, vgl. etwa Chen/Engquist (1986), S. 1583; Chinneck (1990), S. 247.

Ausgangsproportionen in einem Prozessknoten werden in einem Programmierungs-modell durch

$$\frac{v_t}{x_1} = \frac{qv_t}{qx_1} \ \forall \ t \in T \ \text{ und } \ \frac{x_l}{x_1} = \frac{qx_l}{qx_1} \ \forall \ l \in L \setminus \{1\}$$

bestimmt, wobei zur eindeutigen Abbildung $|T| + |L| - 1$ Restriktionen aufzustellen sind.[90] Die alternative Darstellung mit

$$qx_1 \ v_t - qv_t \ x_1 = 0 \qquad \forall \ t \in T \qquad\qquad \text{und}$$

$$qx_1 \ x_l - qx_l \ x_1 = 0 \qquad \forall \ l \in L \setminus \{1\}$$

hebt hervor, dass die Eingangs- den Ausgangsflüssen, welche mit den Proportionen gewichtet werden, entsprechen müssen.

Da die jeweiligen Quotienten $qv_t / qx_l \ \forall \ t \in T, l \in L$ eines Prozessknotens einem Pro-duktionskoeffizienten $q$ entsprechen, kann bei der Umsetzung in ein Programmie-rungsmodell gleichfalls die folgende Modellierung gewählt werden:

$$q_{tl} \ x_l = v_t \qquad\qquad\qquad \forall \ t \in T \ , \ l \in L$$

Diese Vorgehensweise vereinfacht die Umsetzung, obgleich sich die Anzahl der Rest-riktionen bei einem analytisch-synthetischen Prozess erhöht, da $|T| \cdot |L|$ Restriktionen zu formulieren sind.

Statt eines analytisch-synthetischen Prozesses ist die Darstellung eines analytischen Prozesses als Kuppelproduktion möglich, indem lediglich ein Pfeil in den Prozess-knoten eingeht.[91] Der entsprechende Knoten kann auch als Raffinierungs- oder Zerle-gungsknoten bezeichnet werden.[92] Die Modellierung eines synthetischen Prozesses ist durch die Eingrenzung auf ein Produkt möglich, und der entsprechende Knoten wird auch Mischungsknoten genannt.[93] Bei beiden Knotenarten gibt es in einem Modell gegenüber dem analytisch-synthetischen Prozess eine reduzierte Anzahl an Restriktio-nen.

Durch einen Prozessknoten, dessen ein- und ausgehende Flüsse sich nicht auf eine Produktart beschränken, werden einzelne Netzwerke für die jeweiligen Einsatzmateri-al- und Produktarten miteinander verknüpft. Prozessknoten sind hinsichtlich des

---

[90] Vgl. Chinneck (1990), S. 246f.; Werners (2001), S. 16.

[91] Ein analytischer Produktionsprozess ohne Kuppelproduktion kann durch generalisierte Netzwerkmodellie-rungen abgebildet werden. Allgemein geben in generalisierten Netzwerkmodellen Multiplikatoren an den Pfeilen an, ob ein Fluss erhöht oder erniedrigt wird, vgl. Glover/Klingman/Phillips (1990), S. 16f. Wenn keine Kuppelproduktion vorliegt, entfallen die eindeutig festgelegten Proportionen der ausgehenden Flüsse, während unterschiedliche Produktionskoeffizienten mit Hilfe der genannten Multiplikatoren zu berücksichti-gen sind. In Programmierungsmodellen entsprechen die Multiplikatoren den Koeffizienten.

[92] Vgl. etwa Chen/Engquist (1986), S. 1583; Koene (1983), S. 42.

[93] Vgl. etwa Koene (1983), S. 42f.

Verhältnisses Input zu Output in flusserhaltend und flussverändernd zu differenzieren.[94] Bei einem flusserhaltenden Prozessknoten entspricht die Summe der Eingangsproportionen der Summe der Ausgangsproportionen, so dass die folgende Bedingung erfüllt ist:

$$\sum_t qv_t = \sum_l qx_l$$

Flusserhaltende Prozessknoten sind etwa bei chemischen Produktionsprozessen denkbar. Bei den meisten Produktionsprozessen ist diese Bedingung jedoch nicht erfüllt, sondern die Prozessknoten sind häufig flussverändernd. Dies gilt insbesondere für Prozessknoten, die synthetische Prozesse abbilden.[95]

Zusammengefasst können mit Hilfe der Prozessknoten hinsichtlich der Art der Stoffverwertung unterschiedliche Produktionsprozesse abgebildet werden. In der Literatur zur Unterstützung des taktischen Supply Chain Planning mit Produktionsprozessen werden jedoch häufig synthetische Prozesse betrachtet.[96] In einem als Netzwerk visualisierten taktischen Supply Chain Planning-Problem können sowohl reine Knoten, insbesondere zur Abbildung der Distributionsläger, als auch Prozessknoten, vorwiegend zur Abbildung der Produktionsstandorte verwendet, werden. Umfasst ein Netzwerk mindestens einen Prozessknoten, so wird dieses auch als Prozessnetzwerk bezeichnet.[97]

## 4.3.2 Standortplanungsprobleme mit diskretisierten Netzwerkmodellen

In den bislang dargestellten Planungsproblemen werden kontinuierliche Variablen zur Abbildung eines Flusses in einem Netzwerk verwendet. Für Planungsprobleme können jedoch auch diskretisierte Netzwerkmodellierungen erforderlich sein. Hierzu sind insbesondere binäre Variablen, die angeben, ob auf einem Pfeil in einem Netzwerk ein Fluss fließen darf, von Interesse.[98] Durch binäre Variablen in der Netzwerkmodellierung können zahlreiche logische Entscheidungen formuliert und somit veranschaulicht werden.[99] In der vorliegenden Arbeit bedingen u.a. die Standortplanung für Distributionsläger und das Single Sourcing aus Kundensicht den Einsatz binärer Variablen.

Das nachfolgend erörterte Planungsproblem mit einer Standortplanung für Distributionsläger basiert auf dem einstufigen Logistiknetzwerk-Planungsproblem, bei dem folglich eine gegebene Kundennachfrage eines Produkts zu befriedigen ist, wobei die Kunden durch die jeweiligen Distributionsläger beliefert werden und mit jedem Transport entsprechende Transportkosten verknüpft sind. Zwar bleiben Transportkapazitäten

---

[94] Vgl. Chinneck (1992), S. 533.
[95] Vgl. auch das Beispiel bei Chinneck (1992), S. 534.
[96] Vgl. als Beispiele die Prozesse in den Ansätzen von Arntzen et al. (1995); Escudero et al. (1999b).
[97] Vgl. Chinneck/Moll (1995), S. 500.
[98] Vgl. Glover/Klingman/Phillips (1992), S. 192f.
[99] Vgl. Glover/Klingman/Phillips (1990), S. 21.

weiterhin unberücksichtigt, doch sind jetzt die Kapazitäten der Distributionsläger in der betrachteten Periode zu erfassen. Es ist zu entscheiden, an welchen potenziellen Standorten ein Distributionslager eingerichtet und mit welchen Mengen ein Kunde aus einem Distributionslager beliefert wird. Jedes eingerichtete Distributionslager führt zu entsprechenden Fixkosten etwa für Miete, Personal und Fahrzeuge. Dieses als Netzwerk dargestellte Planungsproblem veranschaulicht Abbildung 4.15.

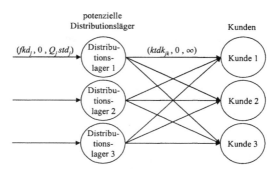

*Abbildung 4.15*: Logistiknetzwerk-Planungsproblem mit Standortplanung

Aufgrund der betrachteten Kapazitätsrestriktion ist das Netzwerk um Pfeile, die in die Distributionsläger münden, zu erweitern. Flüsse in diesen Pfeilen sind zulässig, wenn die entsprechende binäre Variable *std* den Wert eins annimmt, d.h., ein Distributionslager eingerichtet ist und in der betrachteten Periode betrieben wird. Bei einem eingerichteten Lager fallen unabhängig von der Höhe des Flusses die Kosten *fkd* an. Zur Erfassung der Kapazität eines Distributionslagers darf der maximal zulässige Fluss die Periodenkapazität $Q$ nicht übersteigen. Für die Pfeile, welche die Distributionsläger mit den Kunden verbinden, gilt, dass diese keine Kapazitätsbeschränkungen aufweisen und mit dem Fluss der Produktmenge die variablen Transportkosten *ktdk* bedingt sind. Zielsetzung des einstufigen Logistiknetzwerk-Planungsproblems mit einer Standortplanung für Distributionsläger ist die Minimierung der Fixkosten und der variablen Transportkosten in der betrachteten Periode bei einer vollständigen Befriedigung der Kundennachfrage. Dieses als Netzwerk visualisierte Planungsproblem kann in das nachfolgende Programmierungsmodell transformiert werden.[100] Die binäre Variable für die Standortplanung von Distributionslägern führt zu einem gemischt-ganzzahligen linearen Programmierungsmodell.

$$\min z = \sum_j fkd_j \, std_j + \sum_{jk} ktdk_{jk} \, y_{jk} \qquad (4.3.1)$$

so dass

---

[100] Vgl. etwa Domschke/Drexl (1996), S. 53; Wentges (1994), S. 32f. Hierfür wird in der vorliegenden Arbeit eine Modellierung gewählt, die den nachfolgend dargestellten Programmierungsmodellen zur Unterstützung des taktischen Supply Chain Planning angepasst ist. Eine mathematische Formulierung als Flussproblem gibt Domschke (1995), S. 63f., an.

$$\sum_k y_{jk} \leq Q_j \, std_j \qquad\qquad \forall \, j \in J \qquad\qquad (4.3.2)$$

$$\sum_j y_{jk} \geq D_k \qquad\qquad \forall \, k \in K \qquad\qquad (4.3.3)$$

$$std_j \; \in \; \{0,1\} \qquad\qquad \forall \, j \in J \qquad\qquad (4.3.4)$$

$$y_{jk} \; \geq \; 0 \qquad\qquad \forall \, j \in J \, , \, k \in K \qquad\qquad (4.3.5)$$

**Indizes und Indexmengen**

$j$ :     Distributionslager, $j \in J$

$k$ :     Kunde, $k \in K$

**Daten**

$D_k$   :   Nachfrage durch Kunde $k$

$ktdk_{jk}$ :   Transportkosten einer Einheit von Distributionslager $j$ zu Kunde $k$

$fkd_j$   :   Fixkosten des Distributionslagers $j$

$Q_j$   :   Periodenkapazität des Distributionslagers $j$

**Entscheidungsvariablen**

$y_{jk}$   :   Produktmenge, welche von Distributionslager $j$ zu Kunde $k$ transportiert wird

$$std_j = \begin{cases} 1, \text{ wenn Distributionslager } j \text{ an einem potenziellen Standort eingerichtet wird} \\ 0, \text{ sonst} \end{cases}$$

In der Zielfunktion (4.3.1) werden die Fixkosten für die eingerichteten Distributionsläger und die variablen Transportkosten minimiert. Restriktion (4.3.2) stellt sicher, dass die Distributionsmengen die Periodenkapazität eines Distributionslagers nicht überschreiten.[101] Durch Restriktion (4.3.3) wird gewährleistet, dass die Nachfrage eines Kunden $k$ durch die Transportmengen vollständig befriedigt wird. Während Restriktion (4.3.4) angibt, dass es sich bei $std$ um eine binäre Variable handelt, beschreibt Restriktion (4.3.5) die Nichtnegativitätsbedingung für die Transportmenge.

---

[101] Im Vergleich zur Netzwerkdarstellung in Abbildung 4.15, in der die Einhaltung der Distributionslagerkapazität hinsichtlich der Eingangsmenge gewährleistet wird, bezieht sich in Restriktion (4.3.2) die Kapazität auf die Ausgangsmenge. Dadurch kann im Programmierungsmodell auf die Modellierung einer Eingangsmenge verzichtet werden.

Für eine disaggregierte Formulierung des Programmierungsmodells wird die folgende Restriktion zu den o.g. hinzugefügt:[102]

$$y_{jk} \leq D_k \, std_j \qquad\qquad \forall \, j \in J \, , \, k \in K \qquad\qquad (4.3.6)$$

Einerseits kann auf Restriktion (4.3.6) verzichtet werden, da diese aus (4.3.2) und (4.3.3) resultiert, andererseits ergeben sich durch die Hinzufügung algorithmische Vorteile, indem etwa beim Dekompositionsverfahren von Benders günstigere Schnitte erzielbar sind.[103]

Das erörterte einstufige Logistiknetzwerk-Planungsproblem mit einer Standortplanung für Distributionsläger wird als kapazitiertes Warehouse Location-Problem[104] oder allgemeiner als Simple Capacitated Facility Location-Problem[105] bezeichnet. Daneben werden in der Literatur auch Planungsprobleme untersucht, bei denen keine Kapazitäten der Distributionsläger erfasst werden, und als unkapazitierte, einstufige Warehouse Location-Probleme[106] oder als Simple Uncapacitated Facility Location-Problem[107] benannt. Somit können die einstufigen Logistiknetzwerk-Planungsprobleme mit einer Standortplanung für Distributionsläger in die vorhandene Literatur gemäß Abbildung 4.16 eingeordnet werden.

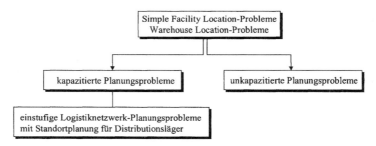

*Abbildung 4.16*: Einordnung einstufiger Logistiknetzwerk-Planungsprobleme

In der Literatur gibt es eine intensive Beschäftigung mit Warehouse Location-Problemen.[108] Für taktische Supply Chain Planning-Probleme sind insbesondere die weitergehenden Ansätze für Planungsprobleme in Produktions- und Logistiknetzwerken von Interesse. In diesen Ansätzen wird eine Standortplanung für Distributionsläger und teilweise auch für Produktionsstandorte betrachtet und als Uncapacitated Multi-

---

[102] Vgl. Domschke/Drexl (1996), S. 53f.
[103] Vgl. Wentges (1994), S. 33.
[104] Vgl. Domschke/Drexl (1996), S. 41.
[105] Vgl. Aikens (1985), S. 270.
[106] Vgl. etwa Domschke/Drexl (1996), S. 53.
[107] Vgl. etwa Aikens (1985), S. 264f.; Wentges (1994), S. 27.
[108] Für einen Überblick zu kapazitierten, einstufigen Standortplanungsproblemen vgl. etwa Brandeau/Chiu (1989), S. 650-653; Domschke/Krispin (1997), S. 182f.

Echelon Facility Location-Problem,[109] als mehrstufiges Warehouse Location-Problem[110] oder als Produktions-Distributions-Planungsproblem[111] bezeichnet. Auch diese Planungsprobleme sind im Hinblick auf die Einbeziehung der Kapazitäten für Produktionsstandorte und Distributionsläger in kapazitiert und unkapazitiert zu unterscheiden. Für taktische Supply Chain Planning-Probleme bilden diese Ansätze eine wichtige Grundlage sowohl hinsichtlich der zu entwickelnden Programmierungsmodelle als auch bezüglich der einzusetzenden Lösungsverfahren.

Durch die Verwendung von Binärvariablen kann ebenfalls Single Sourcing aus Kundensicht in einem Netzwerk abgebildet werden. Single Sourcing bedingt, dass ein Kunde lediglich aus einem Distributionslager beliefert wird, d.h., ein Fluss zwischen Distributionslager und Kunde ist lediglich auf einem der in einem Kundenknoten einmündenden Pfeile möglich. Infolgedessen sind für diese Pfeile durch Binärvariablen darzustellende Bedingungen einzuführen. Eng mit dieser Vorgehensweise und unter Einsatz von Prozessknoten ist eine Visualisierung als Netzwerk von detaillierteren Planungsproblemen, die Prozesse innerhalb von Produktionsstandorten betrachten, möglich, d.h., Prozesse in den Werken oder selbst in den Maschinen können berücksichtigt werden.[112] Dieses führt zu einem Planungsproblem mit den Ebenen Produktionsstandorte, Werke und Produktionsanlagen bzw. Maschinen. Die einzelnen Produktionsstandorte werden als Knoten abgebildet, und die in diese einmündenden Pfeile geben die zugehörigen variablen und möglicherweise auch fixen Kosten sowie die Kapazitäten an. Zusätzlich können Binärvariablen verwendet werden, wenn eine Standortplanung für Produktionsstandorte berücksichtigt werden soll. Gibt es in einem Produktionsstandort mehrere Werke, schließt sich an die Produktionsstandorte die Ebene der Werke an. Auch hier sind die entsprechenden Kosten, Kapazitäten und möglicherweise auch Binärvariablen für die Flüsse, die in die Knoten der Produktionsanlagen bzw. Maschinen hineinfließen, einzubeziehen. Abschließend sind eine oder mehrere Ebenen für die Produktionsanlagen bzw. Maschinen anzugeben und die Pfeile, welche in die als Knoten abgebildeten Maschinen münden, entsprechend zu bewerten.

Zusammengefasst können mit Hilfe diskretisierter Netzwerkmodelle wichtige Gesichtspunkte für taktische Supply Chain Planning-Probleme dargestellt werden. Allerdings beschränken sich die bisher formulierten Planungsprobleme auf einen einperiodigen Planungshorizont. Insbesondere für die Berücksichtigung eines Ausgleichs der saisonalen Nachfrage sind jedoch die nachfolgend erörterten mehrperiodigen Betrachtungen relevant.

---

[109] Vgl. Aikens (1985), S. 266f.
[110] Vgl. Domschke/Drexl (1996), S. 57-60.
[111] Vgl. etwa Bhatnagar/Chandra/Goyal (1993), S. 143-145; Daskin (1995), S. 334-338; Erengüç/Simpson/Vakharia (1999), S. 221f.; Verter/Dincer (1995), S. 270-275.
[112] Vgl. als Beispiel Dogan/Goetschalckx (1999), S. 1028f.

### 4.3.3 Mehrperiodige Planungsprobleme

Bei einer mehrperiodigen Betrachtung werden die Flüsse für die einzelnen Perioden bestimmt, weshalb u.a. eine periodenübergreifende Lagerhaltung möglich ist. Diese mehrperiodigen Planungsprobleme können ebenfalls als Netzwerke visualisiert werden, indem im Allgemeinen zunächst für jede Periode ein eigenes Netzwerk erstellt wird und die jeweiligen Netzwerke durch periodenübergreifende Pfeile miteinander verknüpft werden.[113] Für taktische Supply Chain Planning-Probleme sind aufgrund der durchgeführten Annahmen in der vorliegenden Arbeit insbesondere die Distributionsläger für eine Netzwerkmodellierung jeweils über die Perioden zu verbinden, wodurch eine periodenübergreifende Lagerhaltung möglich ist. Infolgedessen werden in den Netzwerken die Umladeknoten zu Distributionslägern mit der Möglichkeit einer periodenübergreifenden Lagerhaltung erweitert. Die dargestellte Vorgehensweise wird in Abbildung 4.17 für ein zweistufiges Produktions-Distributions-Planungsproblem mit drei Perioden illustriert.

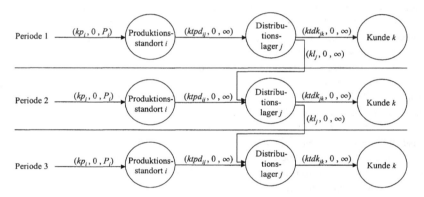

*Abbildung 4.17*: Mehrperiodiges Produktions-Distributions-Planungsproblem

Dieses Beispiel illustriert ein Planungsproblem mit einem Standort in jeder Ebene ohne Berücksichtigung von Transportkapazitäten. Der jeweils in einen Produktionsstandort mündende Pfeil gibt mit $P$ die Produktionskapazität eines Produktionsstandorts für eine Periode mit den Produktionskosten $kp$ je Produkteinheit an, so dass Produktionsvorgänge berücksichtigt werden. In den Pfeilen, die ein Distributionslager über die Perioden verbinden, kann es Flüsse als periodenübergreifende Lagerhaltung geben, wodurch die Lagerhaltungskosten $kl$ je Produkteinheit bedingt sind. Eine periodenübergreifende Lagerhaltung ist dann vorzunehmen, wenn unter der Annahme, dass die Nachfrage in allen Perioden vollständig befriedigt werden soll, die Produktionskapazität nicht in jeder Periode ausreichend ist. Das als Netzwerk visualisierte

---

mehrperiodige Planungsproblem mit einem eigenen Netzwerk je Periode veranschaulicht gleichzeitig die Struktur von Programmierungsmodellen, bei denen zur mehrperiodigen Betrachtung Entscheidungsvariablen und ggf. Parameter durch einen Index $m$ mit $m \in M$ zur Angabe der Periode zu erweitern sind.

Mit der Mehrperiodigkeit ist die Darstellung wesentlicher bei taktischen Supply Chain Planning-Problemen zu berücksichtigender Handlungsalternativen abgeschlossen. Die Netzwerkmodellierung ist aufgrund der Visualisierung und des dadurch verbesserten Verständnisses für Programmierungsmodelle ein wichtiges Element des taktischen Supply Chain Planning, welches sich auch in der Verwendung von Visualisierungen in Softwaresystemen zur Unterstützung des Supply Chain Planning zeigt.[114] Darüber hinaus sind bereits sowohl durch die dargestellten Elemente einer übergeordneten Planung als auch durch die erörterten Netzwerkmodelle die Grundlagen für Programmierungsmodelle zur Unterstützung des taktischen Supply Chain Planning dargestellt. Nachfolgend werden die erforderlichen Programmierungsmodelle diskutiert, wobei mit der deterministischen Planung begonnen wird.

---

[114] Für Softwaresysteme mit einer graphischen Oberfläche vgl. etwa Bartsch/Teufel (2000), S. 42-44; Günther/Blömer/Grunow (1998), S. 332f.; Lin et al. (2000), S. 9.

# 5 Deterministische Programmierung zum taktischen Supply Chain Planning

## 5.1 Charakteristika relevanter Programmierungsmodelle

### 5.1.1 Literaturübersicht über Programmierungsmodelle

In diesem Kapitel werden Programmierungsmodelle zur Unterstützung unterschiedlicher taktischer Supply Chain Planning-Probleme betrachtet. Für diese Modelle wird vorausgesetzt, dass ein Entscheidungsträger in einer Entscheidungssituation über die Informationen verfügt, die erforderlich sind, um alle Einflussfaktoren auf ein Produktions- und Logistiknetzwerk deterministisch abbilden zu können.[1] Infolgedessen ist eine Verwendung deterministischer Parameter möglich. Bevor im Folgenden ein Grundmodell zur Unterstützung des taktischen Supply Chain Planning für nationale Produktions- und Logistiknetzwerke vorgestellt wird, ist die vorhandene Literatur auszuwerten.

Die Planungsprobleme der für die Literaturübersicht berücksichtigten Programmierungsmodelle müssen einen weitgehenden Bezug zum in der vorliegenden Arbeit abgegrenzten taktischen Supply Chain Planning-Problem aufzeigen, welchen insbesondere die Produktions-Distributions-Planungsmodelle mit Produktionsstandorten, Distributionslägern und Kunden in zwei- und mehrstufigen Produktions- und Logistiknetzwerken aufweisen.[2] Daneben werden in die Literaturübersicht Programmierungsmodelle einbezogen, die nicht exakt diese Ebenen umfassen, gleichwohl wichtige Planungsprobleme der Produktions- und Distributionsplanung erörtern und damit das Grundmodell zum taktischen Supply Chain Planning ergänzen können.[3] Darüber hinaus werden Programmierungsmodelle für internationale Produktions- und Logistiknetzwerke in die Literaturübersicht aufgenommen, aus welchen die Komponenten dargestellt werden, die für das taktische Supply Chain Planning in nationalen Produktions- und Logistiknetzwerken von Bedeutung sein können. Für diese Übersicht wird die Literatur einbezogen, die deterministische Programmierungsmodelle verwendet und diese in mathematischer Form oder zumindest die Struktur des Programmierungsmodells hinsichtlich Zielfunktion, Restriktionen und Variablen angibt.[4] Hierbei handelt es sich um gemischt-ganzzahlige lineare Programmierungsmodelle. Ausnah-

---

[1] Vgl. Zimmermann (2000), S. 192.

[2] Produktions-Distributions-Planungsmodelle als illustrative Beispiele, die einzelne Charakteristika lediglich punktuell diskutieren, wie etwa bei Daskin (1995), S. 333-338, bleiben unberücksichtigt.

[3] Hierzu zählen etwa Programmierungsmodelle mit einer mehrstufigen Distributionsplanung.

[4] Lediglich verbale Darstellungen finden sich etwa bei Breitman/Lucas (1987), die ein umfassendes Modell primär für strategische Planungsprobleme eines Automobilherstellers einsetzen, dort jedoch auch taktische Fragestellungen erörtern. Auch Davis (1993) berichtet lediglich verbal über einen Ansatz, der neben strategischen Planungsproblemen, die schwerpunktmäßig behandelt werden, auch taktische Fragestellungen betrachtet. Martin/Lubin (1985) verwenden für ein Produktions- und Logistiknetzwerk ein gemischt-ganzzahliges lineares Programmierungsmodell für taktische Planungsprobleme, wobei die Darstellung jedoch auf einen knappen Überblick beschränkt bleibt.

men gibt es insbesondere bei Planungsproblemen für internationale Produktions- und Logistiknetzwerke, deren Programmierungsmodelle nichtlinear sein können. Die Erörterung der in die Literaturübersicht einbezogenen Programmierungsmodelle konzentriert sich auf Modellierungsaspekte, die abschließend in Form einer Tabelle zusammengefasst werden.[5] Den zeitlich ersten Ansatz für eine Betrachtung der Produktions- und Distributionsplanung stellen Kuehn und Hamburger im Jahre 1963 vor.[6] Während danach zunächst nur sporadisch Ansätze veröffentlicht wurden, gibt es insbesondere für Programmierungsmodelle zu mehrstufigen Produktions- und Logistiknetzwerken in letzter Zeit ein stärkeres Interesse. Alle nachfolgend beschriebenen Programmierungsmodelle basieren auf einer gegebenen Kundennachfrage. Sofern in der anknüpfenden Darstellung nichts anderes angegeben wird, gehen alle Programmierungsmodelle von einem Planungsproblem aus, für welches die Produktions-, die Distributions- und die Transportmengen zwischen den Standorten für mehrere Produktarten unter Berücksichtigung begrenzter Kapazitäten in den Produktionsstandorten und Distributionslägern bestimmt werden sowie die Nutzung alternativer Produktionsstandorte bzw. Distributionsläger ermöglicht wird. Die aufgeführten Modelle sind einem der drei Gliederungspunkte Programmierungsmodelle zur Produktions- und Distributionsplanung, Programmierungsmodelle mit ergänzenden Komponenten sowie Programmierungsmodelle für internationale Produktions- und Logistiknetzwerke zugeordnet. Innerhalb der Abschnitte sind die Modelle chronologisch aufgelistet.

*Programmierungsmodelle zur Produktions- und Distributionsplanung*

Kuehn und Hamburger haben ein einperiodiges Programmierungsmodell für ein zweistufiges Produktions- und Logistiknetzwerk formuliert.[7] Zusätzlich werden eine Standortplanung für Distributionsläger und die Entscheidung über eine Nichtbelieferung von Kunden berücksichtigt. Die Zielfunktion umfasst neben den variablen Kosten für Produktion, Distribution und Transport die Fixkosten aus dem Betrieb der Distributionsläger und die Strafkosten bei einer Nichtbelieferung. Geoffrion und Graves beschreiben ein Planungsproblem, welches auf einem realen Planungsproblem der Nahrungsmittelindustrie basiert und im Vergleich zum Planungsproblem von Kuehn und Hamburger erweitert wird, indem Geoffrion und Graves zusätzlich Single Sourcing für die Kunden erfassen, d.h., dass jeder Kunde lediglich von einem Distributionslager beliefert wird.[8] Allerdings bleibt eine Nichtbelieferung von Kunden unberücksichtigt.

Kaufman, Vanden Eede und Hansen haben ebenfalls ein einperiodiges Programmierungsmodell für ein zweistufiges Produktions- und Logistiknetzwerk mit einer Produktart aufgestellt.[9] In diesem Modell gibt es zusätzlich eine Standortplanung für Produktionsstandorte und Distributionsläger, wobei jedoch die zugehörigen Kapazitäten im Modell nicht berücksichtigt werden. Da im Modell eine Standortplanung so-

---

[5]  Vgl. Tabelle 5.1, S. 114.
[6]  Vgl. Kuehn/Hamburger (1963).
[7]  Vgl. Kuehn/Hamburger (1963).
[8]  Vgl. Geoffrion/Graves (1974).
[9]  Vgl. Kaufman/Vanden Eede/Hansen (1977).

wohl für Produktionsstandorte als auch für Distributionsläger durchgeführt wird, werden in der Zielfunktion zur Minimierung der Kosten neben den variablen Kosten die Fixkosten, die aus dem Betrieb der Produktionsstandorte bzw. Distributionsläger resultieren, erfasst.

Tcha und Lee betrachten ein einperiodiges Programmierungsmodell für ein Produktions- und Logistiknetzwerk mit einer mehrstufigen Distribution ausgehend von der Produktionsebene.[10] In dem Planungsproblem wird zusätzlich eine Standortplanung für Distributionsläger ermöglicht. Auch hier bleiben die Kapazitäten der Produktionsstandorte und Distributionsläger unberücksichtigt. Als Zielsetzung für die einzige Produktart wird eine Minimierung der Gesamtkosten aus Produktion, Transport und Distribution einschließlich der Fixkosten für den Betrieb der Distributionsläger angestrebt.

Moon hat ein einperiodiges Programmierungsmodell für ein zweistufiges Produktions- und Logistiknetzwerk unter Erfassung des Single Sourcing für die Kunden entwickelt.[11] Da in dem Programmierungsmodell von Moon die Standortplanung für Distributionsläger berücksichtigt wird, umfasst die Zielfunktion zur Minimierung der Kosten neben den variablen Kosten auch die Fixkosten der Distributionsläger.

Barros und Labbé betrachten ein zweistufiges Produktions- und Logistiknetzwerk mit Produktionsstandorten, Distributionslägern und Kunden sowie einer Produktart.[12] Die beiden Autoren ermöglichen eine Standortplanung für Produktionsstandorte und für Distributionsläger, wobei die Kapazitäten beider unberücksichtigt bleiben. Zielsetzung ist die Maximierung des kalkulatorischen Gewinns für die betrachtete Periode unter Berücksichtigung der Erlöse aus dem Absatz der Produkte sowie der Fixkosten aus dem Betrieb der Produktionsstandorte bzw. der Distributionsläger und der Fixkosten, die darin begründet sind, dass ein Produktionsstandort zu einem Distributionslager liefert. Letztere Fixkosten sind etwa Kosten für eine gemeinsame EDV.

Das einperiodige von Pooley vorgeschlagene Modell für ein zweistufiges Produktions- und Logistiknetzwerk umfasst die Standortplanung für Produktionsstandorte und Distributionsläger sowie Single Sourcing für die Kunden.[13] Infolgedessen werden in der Zielfunktion zur Minimierung der Kosten die variablen Kosten für Produktion, Distribution und Transport sowie die Fixkosten der Produktionsstandorte und der Distributionsläger aufsummiert. Das von Pooley aufgestellte Programmierungsmodell wird für ein reales Planungsproblem der Nahrungsmittelindustrie eingesetzt.

Über ein weiteres Programmierungsmodell, welches für ein zweistufiges Produktions- und Logistiknetzwerk eine Standortplanung für Produktionsstandorte und Distributionsläger sowie Single Sourcing für die Kunden ermöglicht, berichten Pirkul und Jayaraman.[14] Das von den Autoren vorgeschlagene einperiodige Modell zur Minimierung

---

[10] Vgl. Tcha/Lee (1984).
[11] Vgl. Moon (1989).
[12] Vgl. Barros/Labbé (1994).
[13] Vgl. Pooley (1994).
[14] Vgl. Pirkul/Jayaraman (1996).

der Kosten bezieht die Fixkosten aus dem Betrieb der Produktionsstandorte und der Distributionsläger sowie die variablen Produktions-, Distributions- und Transportkosten ein.

Ein mehrperiodiges Programmierungsmodell zur Unterstützung des taktischen Supply Chain Planning wird von Oxé vorgeschlagen.[15] Das Modell basiert auf einem realen Problem des Bereichs Pflanzenschutz einer chemischen Unternehmung mit einem Produktions- und Distributionsprozess, der die Standorte der Produktionsanlagen zur Formulierung[16] und zur Verpackung sowie die Distributionsläger umfasst. Jedes Produkt muss hintereinander von den beiden Produktionsebenen Formulierung und Verpackung bearbeitet werden, wobei es Produktionsanlagen gibt, in denen beide Produktionsebenen zu einer zusammengefasst sind.[17] Die Distribution der Produkte kann über ein Lager oder unmittelbar zum Kunden erfolgen. Ferner wird in dem Modell eine periodenübergreifende Lagerhaltung ermöglicht. Charakteristisch sind saisonale Nachfrageschwankungen für Pflanzenschutzmittel mit zwei ausgeprägten Nachfragespitzen im März und im November/Dezember. Die Kunden sind abhängig von der Produktart innerhalb eines bestimmten Zeitraums nach Eingang des Auftrags zu beliefern. Als Zielsetzung wird die Minimierung aller betrachteten Kosten angestrebt, dazu zählen alle variablen und fixen Produktionskosten, die Kosten für die Lagerhaltung sowie die Transportkosten.

Ein Programmierungsmodell für ein zweistufiges Produktions- und Logistiknetzwerk hat auch Jayaraman vorgeschlagen.[18] Das einperiodige Modell berücksichtigt neben der Standortplanung für Produktionsstandorte und für Distributionsläger die Lagerhaltungs- und die Transportplanung. Zusätzlich können für den Transport der Produkte unterschiedliche Transportmittel ausgewählt werden. Zielsetzung des Modells ist die Minimierung der Fixkosten aus dem Betrieb der Produktionsstandorte und der Distributionsläger sowie der variablen Produktions-, Distributions- und Transportkosten. Die Einbeziehung der Lagerhaltungsplanung im Programmierungsmodell zeigt sich in der Zielfunktion, indem die Distributionsmengen auf Basis der durchschnittlichen Verweildauern im Distributionslager mit Lagerhaltungskosten bewertet werden.

Ein mehrperiodiges Programmierungsmodell für ein mehrstufiges Produktions- und Logistiknetzwerk haben Dogan und Goetschalckx vorgelegt.[19] Gegenüber den bisher dargestellten Programmierungsmodellen ist bei diesem Ansatz die Modellierung der Produktionsstandorte hervorzuheben. Die Planung für die Produktionsstandorte wird detailliert, indem berücksichtigt wird, dass Entscheidungen innerhalb der Produktionsstandorte, d.h. Werke, Maschinen und Läger, zu treffen sind. Das Programmierungsmodell umfasst auch die Kapazitäten der Transportmittel und der Lieferanten. Zusätzlich ermöglicht das Modell eine Planung der Beschaffungsmenge, eine Standortpla-

---

[15] Vgl. Oxé (1997).
[16] Die Formulierung ist eine Produktionsebene mit einem Mischungs- und Mahlprozess.
[17] Insofern ist dieser Produktions- und Distributionsprozess zweistufig.
[18] Vgl. Jayaraman (1998).
[19] Vgl. Dogan/Goetschalckx (1999).

nung für Produktionsstandorte und Distributionsläger sowie eine Bestimmung des Transportmittels und der periodenübergreifenden Lagerhaltung. Als Zielsetzung wird die Minimierung der Fixkosten für Produktionsstandorte und Distributionsläger sowie der variablen Produktions-, Distributions-, Lagerhaltungs- und Transportkosten angestrebt.

Hinojosa, Puerto und Fernández haben ein mehrperiodiges Programmierungsmodell für ein zweistufiges Produktions- und Logistiknetzwerk entwickelt.[20] Zusätzlich ermöglicht das Modell eine Standortplanung für Produktionsstandorte und Distributionsläger, während jedoch eine periodenübergreifende Lagerhaltung trotz mehrperiodiger Betrachtung nicht möglich ist. Als Zielsetzung wird die Minimierung der gesamten Kosten über alle betrachteten Perioden unter Einbeziehung der variablen Transportkosten sowie der Fixkosten aus dem Betrieb der Produktionsstandorte und der Distributionsläger angestrebt.

Jayaraman und Pirkul stellen ein einperiodiges Programmierungsmodell vor.[21] Dieses Planungsproblem schließt zusätzlich eine Bestimmung der Beschaffungsmenge, eine Standortplanung für Produktionsstandorte und Distributionsläger sowie Single Sourcing für die Kunden ein. Das betrachtete mehrstufige Produktions- und Logistiknetzwerk umfasst die Ebenen Lieferanten, Produktionsstandorte, Distributionsläger und Kunden, wobei auch die Kapazitäten der Lieferanten erfasst werden. Zielsetzung des Modells ist die Minimierung der Fixkosten aus dem Betrieb der Produktionsstandorte und der Distributionsläger sowie der variablen Beschaffungs-, Produktions- und Distributionskosten. Das von den Autoren vorgeschlagene Modell wird für ein reales Planungsproblem einer Unternehmung aus dem Gesundheitswesen eingesetzt.

*Programmierungsmodelle mit ergänzenden Komponenten*

Ein einperiodiges Programmierungsmodell für ein reales Planungsproblem der Nahrungsmittelindustrie stellen Brown, Graves und Honczarenko vor.[22] Die Autoren betrachten verschiedene Produktarten, die in einem zweistufigen Produktionsprozess erzeugt und anschließend an die Kunden geliefert werden. In dem Modell wird die Anzahl der Produktionsanlagen und der erforderlichen Maschinen mit ihren jeweiligen Standorten bestimmt. Der Ansatz für ein mehrstufiges Produktionsplanungsproblem unter Berücksichtigung der Distributionsmenge erfasst keine Standorte für Distributionsläger und auch keine Transportmengen zwischen Standorten. Aufgrund dieses Planungsproblems umfasst die Zielfunktion zur Minimierung der Kosten die Produktions- und Distributionskosten sowie die fixen Betriebskosten der Produktionsstandorte und der Maschinen.

---

[20] Vgl. Hinojosa/Puerto/Fernández (2000).
[21] Vgl. Jayaraman/Pirkul (2001).
[22] Vgl. Brown/Graves/Honczarenko (1987).

Über ein einperiodiges Programmierungsmodell für zwei Produktarten berichtet van Roy.[23] Das Modell betrachtet ein mehrstufiges Produktions- und Logistiknetzwerk mit Produktionsstandorten sowie Distributionslägern und Umladepunkten für den Transport der Produkte bei gegebenen Transportkapazitäten. Neben der Produktions- und Distributionsplanung umfasst das Modell die Transportplanung[24] und ermöglicht eine Standortplanung für Produktionsstandorte und Distributionsläger sowie eine Berücksichtigung des Transportmittels und des Single Sourcing für die Kunden. In der Zielfunktion wird die Minimierung der Kosten unter Einbeziehung der vom Autor nicht näher spezifizierten fixen und variablen Kosten angestrebt. Das Programmierungsmodell basiert auf einem realen Planungsproblem für die Gase Propan und Butan, die in einer Raffinerie bei der Mineralölverarbeitung anfallen.

Gao und Robinson haben ein einperiodiges Programmierungsmodell für ein Logistiknetzwerk-Planungsproblem mit einer Standortplanung für Distributionsläger vorgelegt.[25] Das zweistufige Logistiknetzwerk umfasst zentrale Distributionsläger, kleinere Regionalläger zur Kundenbelieferung und die Kunden ohne Berücksichtigung einer Produktionsebene bzw. der Kapazitäten der jeweiligen Distributionsläger. Zielsetzung für das betrachtete Produkt ist die Minimierung der Fixkosten für die Distributions- und Regionalläger sowie der variablen Distributions- und Transportkosten.

Ein weiteres Programmierungsmodell haben Martin, Dent und Eckhart entwickelt.[26] Im Vordergrund des mehrperiodigen Programmierungsmodells steht der mehrstufige Produktionsprozess über mehrere Produktionsstandorte mit einer Direktbelieferung der Kunden ohne Berücksichtigung von Standorten für Distributionsläger, weshalb auch keine Kapazitäten für Distributionsläger erfasst werden. Eine periodenübergreifende Lagerhaltung, eine Überschreitung der Lieferperiode sowie eine Nichtbelieferung der Kunden werden als zusätzliche Entscheidungen ermöglicht. Die Maximierung des von den Autoren nicht näher spezifizierten Deckungsbeitrags wird als Zielsetzung angestrebt. Dieses Modell unterstützt ein reales Planungsproblem eines Glasherstellers.

Escudero et al. haben ein Programmierungsmodell zur Unterstützung der Produktionsplanung für das taktische und strategische Supply Chain Planning entwickelt.[27] Das mehrperiodige Modell orientiert sich im Aufbau an Planungsprobleme der Automobilindustrie mit einem dreistufigen Produktionsprozess mit Fertigung, Montage und Distribution. Ausgehend von einer Nachfrage an Bauteilen und Fertigprodukten wird über eine Stücklistenauflösung die Planung für Einsatzmaterialien und Fertigprodukte bei vorhandenen Kapazitäten mit der Möglichkeit einer periodenübergreifenden Lagerhaltung durchgeführt. Dass sich das Planungsproblem auf einen Produktionsstandort bezieht und dass es keine eigenen Standorte für Distributionsläger gibt, führt dazu,

---

[23] Vgl. van Roy (1989).
[24] Aufgrund der hier zu untersuchenden Problemstellung des taktischen Supply Chain Planning wird die bei van Roy durchgeführte operative Transportplanung nicht weiter berücksichtigt.
[25] Vgl. Gao/Robinson (1992).
[26] Vgl. Martin/Dent/Eckhart (1993).
[27] Vgl. Escudero et al. (1999b), S. 18-26.

dass Transportmengen zwischen den Standorten sowie Nutzungen alternativer Standorte unberücksichtigt bleiben. Darüber hinaus werden bei der Planung Bearbeitungszeiten, mögliche Alternativen bei der Verwendung von Einsatzmaterialien und Bauteilen sowie technischer Fortschritt und Lieferantenkapazitäten erfasst. Zusätzliche Entscheidungen umfassen die Möglichkeiten einer Überschreitung der Lieferperiode, eines Fremdbezugs sowie einer Nichtbelieferung der Kunden. Zielsetzung des Planungsproblems ist die Minimierung der variablen Produktions- und Beschaffungskosten unter Erfassung der erforderlichen Kosten für eine Produktionsbeschleunigung und der Strafkosten für unbefriedigte Nachfrage. Als Alternative wird von den Autoren die maximale Ausschöpfung des Marktpotenzials vorgeschlagen, indem das Maximum der mit einem Faktor $\sigma$ gewichteten, in Folgeperioden verschiebbaren Nachfrage minimiert wird. Eine zweite von den Autoren angegebene Zielfunktion zur Maximierung des Marktpotenzials minimiert die Summe aus der mit einem Faktor $\sigma$ gewichteten, in Folgeperioden verschiebbaren und der mit einem Faktor $\rho$ gewichteten, verlorenen Nachfrage.

Ein mehrperiodiges Programmierungsmodell zur Unterstützung einer realen standortübergreifenden Planung in der chemischen Industrie für ein mehrstufiges Produktions- und Logistiknetzwerk mit Produktionsstandorten und Distributionslägern haben Timpe und Kallrath vorgelegt.[28] Hervorzuheben ist die Verwendung unterschiedlicher Zeitskalierungen des Planungshorizonts bei Produktion und Vertrieb. Dadurch wird es ermöglicht, einen detaillierteren Produktionsplan gegenüber den Plänen der Produktverkaufszahlen aufzustellen. Im Modell wird als typische Charakteristik für chemische Produktionsprozesse eine Produktion in Chargen, die zu Kampagnen zusammengefasst werden, unterstellt.[29] Auch werden erforderliche Umrüstvorgänge der Produktionsanlagen, Transportkapazitäten, Kapazitäten bei Lieferanten und Single Sourcing für die Kunden im Modell berücksichtigt. Als Entscheidungsvariablen umfasst das Modell auch eine Bestimmung der Beschaffungsmenge, eine periodenübergreifende Lagerhaltung sowie eine in der Menge begrenzte Nichtbelieferung der Kunden. Als potenzielle Zielsetzungen, die jeweils einzeln anzustreben sind, werden die Maximierung des Deckungsbeitrags, die Minimierung der Kosten sowie die Maximierung der Verkaufsmenge vorgeschlagen.

*Programmierungsmodelle für internationale Produktions- und Logistiknetzwerke*

Cohen und Lee haben ein nichtlineares Programmierungsmodell für ein internationales Produktions- und Logistiknetzwerk vorgestellt.[30] Dieses Modell ist eine Weiterentwicklung des Ansatzes von Cohen, Fisher und Jaikumar.[31] Das einperiodige Modell von Cohen und Lee umfasst die Lieferanten, die Produktionsebenen mit Komponenten-, Bauteil- und Fertigproduktfertigung sowie die Distribution über Distributionsläger zu den Kunden und somit ein mehrstufiges Produktions- und Logistiknetzwerk. Zu

---

[28] Vgl. Timpe/Kallrath (2000).
[29] Für ausführliche Begriffsdefinitionen zu chemischen Technologien vgl. Garus (2000), S. 88-96.
[30] Vgl. Cohen/Lee (1989). Die Begründung der Nichtlinearität wird in Kapitel 5.3.2, S. 144f., dargestellt.
[31] Vgl. Cohen/Fisher/Jaikumar (1989).

den zusätzlichen Entscheidungsvariablen zählen die Beschaffungsmengen, die Standortplanung für Produktionsstandorte und Distributionsläger sowie eine Nichtbelieferung der Kunden. Es werden auch Kapazitäten der Lieferanten berücksichtigt, während Kapazitäten der Distributionsläger nicht erfasst werden. Zielsetzung ist die Maximierung des kalkulatorischen Gewinns mit Erlösen aus dem Verkauf der Produkte an die Kunden und durch Verrechnungspreise aus der Weitergabe von Produkten an andere wirtschaftlich selbstständige Standorte des Produktions- und Logistiknetzwerks. Die Kosten umfassen im Wesentlichen die Fixkosten für Produktionsstandorte und Distributionsläger sowie die variablen Produktions-, Distributions- und Transportkosten und die variablen Beschaffungskosten für Einsatzmaterialien bzw. Zwischenprodukte aus vorgelagerten Standorten, wenn diesen Verrechnungspreise zu zahlen sind. Das Modell von Cohen und Lee basiert auf einem realen Planungsproblem eines Herstellers von Personalcomputern.

Arntzen et al. haben ebenso ein Programmierungsmodell für reale Planungsprobleme in einem mehrstufigen, internationalen Produktions- und Logistiknetzwerk eines Herstellers von Personalcomputern entwickelt.[32] Das umfangreiche Modell ermöglicht eine Verwendung für verschiedene Planungszwecke mit einer mehrperiodigen Betrachtung. Die Unterstützung des strategischen Supply Chain Planning für neue Produkte ist der Ausgangspunkt einer Modellentwicklung für zahlreiche weitere Planungsaufgaben, wie bspw. die Planung der Lieferantenstruktur, insbesondere mit dem Ziel einer Reduktion der Lieferantenanzahl. Überdies wird das taktische Supply Chain Planning entweder für die ganze Unternehmung oder für einzelne Unternehmungsbereiche bspw. für die Distribution eingesetzt. Die Entscheidungsvariablen im Modell von Arntzen et al. sind abhängig von der zu untersuchenden Fragestellung. Wesentliche zusätzliche Entscheidungsvariablen sind die Standortplanung für Produktionsstandorte, die Beschaffungsmenge unter Berücksichtigung der Lieferantenkapazitäten und die periodenübergreifende Lagerhaltung. Ferner kann eine Bestimmung des Transportmittels unter Erfassung von Transportkapazitäten durchgeführt werden. Die zu minimierende Zielfunktion des Modells besteht aus den Zielkomponenten Kosten und Durchlaufzeit, welche jeweils mit dem Faktor $\chi$ bzw. $(1-\chi)$ gewichtet werden. Berücksichtigte Kosten sind die variablen Produktions-, Lagerhaltungs-, Distributions- sowie Transportkosten. Hinzu kommen Fixkosten, unterteilt in fixe Produktionskosten und Fixkosten für den Betrieb der Produktionsstandorte bzw. der Produktionsanlagen. Die zweite Zielkomponente ist die Durchlaufzeit, zu der die Produktionszeiten für alle Produkte in den jeweiligen Standorten und die Transportzeiten für alle Produkte zwischen den Standorten zählen.

Vidal und Goetschalckx haben ebenfalls ein nichtlineares Programmierungsmodell für ein mehrstufiges Produktions- und Logistiknetzwerk mit Lieferanten, Produktionsstandorten, Distributionslägern und Kunden entwickelt.[33] Zusätzlich gibt es die Bestimmung der Beschaffungsmenge, des Transportmittels sowie der Nichtbelieferung

---

[32] Vgl. Arntzen et al. (1995).
[33] Vgl. Vidal/Goetschalckx (1998). Für eine komprimierte Darstellung vgl. auch Vidal/Goetschalckx (2001).

der Kunden. Die Kapazitäten der Distributionsläger bleiben unberücksichtigt, die der Lieferanten werden hingegen erfasst. Mit Hilfe dieses einperiodigen Programmierungsmodells wird die Maximierung des kalkulatorischen Gewinns unter Einbeziehung der Erlöse einschließlich der Verrechnungspreise sowie der variablen und fixen Kosten angestrebt.

### 5.1.2 Bewertung der Charakteristika

Die Charakteristika aller im vorherigen Abschnitt dargestellten deterministischen Programmierungsmodelle, welche für das abgegrenzte taktische Supply Chain Planning-Problem relevant sind, zeigt zusammengefasst die Tabelle 5.1. In den Spalten werden die einzelnen Modelle in alphabetischer Reihenfolge der Autorennamen aufgeführt. Das anknüpfend entwickelte Grundmodell zum taktischen Supply Chain Planning einschließlich der Erweiterungen ist in der letzten Spalte dargestellt. Nachfolgend werden die jeweiligen Charakteristika im Hinblick auf dieses Grundmodell bewertet.

*Zielsetzung*

Tabelle 5.1 zeigt, dass sich die Literatur zur Produktions- und Distributionsplanung für nationale Produktions- und Logistiknetzwerke häufig auf die Erfassung der Kosten in der Zielfunktion beschränkt. Diese Beschränkung ist sinnvoll, wenn bei einer gegebenen Nachfrage davon ausgegangen wird, dass unter Berücksichtigung der Restriktionen eine Nachfragebefriedigung innerhalb des Planungshorizonts möglich ist. Die Unterteilung des Planungshorizonts in einzelne Perioden kann jedoch dazu führen, dass bei einer saisonal schwankenden Nachfrage und gegebenen Kapazitäten in einzelnen Perioden die Nachfrage nicht aus der Produktionsmenge der jeweiligen Periode befriedigt werden kann. Zur Vermeidung der Unzulässigkeit können in der Zielfunktion Strafkosten erfasst werden, die bei unbefriedigter Nachfrage anfallen.[34] Allerdings kann die Quantifizierung der Strafkosten erhebliche Probleme bereiten. Zweckmäßiger ist daher eine Einbindung von Erlösen in die Zielfunktion.[35] Die Betrachtung des Deckungsbeitrags in der Zielfunktion ermöglicht u.a. die Bewertung, welche Nachfrage bei knappen Kapazitäten nicht berücksichtigt wird und ob eine Lagerhaltung über mehrere Perioden bei Produktarten mit niedrigen Deckungsbeiträgen wirtschaftlich sinnvoll ist. Ferner wird der im Rahmen des Supply Chain Management diskutierten Forderung, die Kundenseite bei der Zielsetzung einzubeziehen,[36] durch die Berücksichtigung von Erlösen stärker Rechnung getragen als wenn lediglich von einer zu erfüllenden gegebenen Kundennachfrage ausgegangen wird. Für die Verwendung der Wertgrößen Kosten und Erlöse spricht ebenfalls, dass Kosten und Erlöse über die Standorte in einem Produktions- und Logistiknetzwerk addierbar sind. Damit ist die Bestimmung einer standortübergreifenden Zielgröße in einfacher Weise möglich.

---

[34] Vgl. Rohde/Wagner (2000), S. 131.

[35] Auch im Rahmen der aggregierten Produktionsplanung wird kritisiert, dass bei einer Beschränkung auf die Kostenminimierung eine mögliche Nichterfüllung der Nachfrage unberücksichtigt bleibt, vgl. Kiener/Maier-Scheubeck/Weiß (1999), S. 133.

[36] Vgl. Lee/Billington (1992), S. 66; ähnlich auch Fredendall/Hill (2001), S. 45-47.

| Charakteristika / Programmierungsmodelle | Arntzen et al. (1995) | Barros/Labbé (1994) | Brown/Graves/Honczarenko (1987) | Cohen/Lee (1989) | Dogan/Goetschalckx (1999) | Escudero et al. (1999b)[37] | Gao/Robinson (1992) | Geoffrion/Graves (1974) | Hinojosa/Puerto/Fernández (2000) | Jayaraman (1998) | Jayaraman/Pirkul (2001) | Kaufman/Vanden Eede/Hansen (1977) | Kuehn/Hamburger (1963) | Martin/Dent/Eckhart (1993) | Moon (1989) | Oxé (1997) | Pirkul/Jayaraman (1996) | Pooley (1994) | Tcha/Lee (1984) | Timpe/Kallrath (2000) | van Roy (1989)[38] | Vidal/Goetschalckx (1998) | Grundmodell mit Erweiterungen |
|---|---|---|---|---|---|---|---|---|---|---|---|---|---|---|---|---|---|---|---|---|---|---|---|
| *Zielsetzung* | | | | | | | | | | | | | | | | | | | | | | | |
| Min. Kosten | x | | x | | x | x | x | x | x | x | x | x | | x | x | x | x | x | x | x | x | | |
| Max. kalk. Gew./D.beitrag | | x | | x | | | | | | | | | | x | | | | | | x | | x | x |
| Min. Durchlaufzeit | x | | | | | | | | | | | | | | | | | | | | | | |
| Max. Verkaufsmenge | | | | | | | | | | | | | | | | | | | | x | | | |
| Max. Marktpotenzial | | | | | | x | | | | | | | | | | | | | | | | | |
| *Planungshorizont* | | | | | | | | | | | | | | | | | | | | | | | |
| einperiodig | | x | x | x | | | x | x | x | x | x | x | | x | | x | x | x | | x | x | x | |
| mehrperiodig | x | | | | x | x | | | | | | | x | | x | | | | x | | | | x |
| *Entscheidungsvariablen* | | | | | | | | | | | | | | | | | | | | | | | |
| Beschaffungsmenge | x | | | x | x | x | | | | x | | | | | | | x | | | x | | x | x |
| Produktionsmenge | x | x | x | x | x | x | | x | x | x | x | x | x | x | x | x | x | x | x | x | x | x | x |
| Distributionsmenge | x | x | x | x | x | x | x | x | x | x | x | x | x | x | x | x | x | x | x | x | x | x | x |
| Transporte zw. Standorten | x | x | | x | x | | x | x | x | x | x | x | x | x | x | x | x | x | x | x | x | x | x |
| Transportmittel | x | | | | x | | | | | | | x | | | | | | | | | x | x | x |
| Produktionsstandorte | x | x | x | x | x | | | x | x | x | x | | | | | x | x | | | x | | | |
| Distributionsläger | | x | | x | x | | x | x | x | x | x | x | | x | | x | x | x | | x | | | x |
| Lagerhaltung über Perioden | x | | | x | x | | | | | | | | x | | x | | | | | x | | | x |
| Überschreiten Lieferperiode | | | | | x | | | | | | | | x | | | | | | | | | | x |
| Nutzung altern. Standorte | x | x | x | x | x | | x | x | x | x | x | x | x | x | x | x | x | | x | x | x | x | x |
| Nichtbelieferung Kunden | | | | x | | x | | | | | | x | x | | | | | | | x | | x | x |
| *Einflussfaktoren* | | | | | | | | | | | | | | | | | | | | | | | |
| Kundennachfrage | x | x | x | x | x | x | x | x | x | x | x | x | x | x | x | x | x | x | x | x | x | x | x |
| Kapazitäten Lieferanten | x | | | x | x | x | | | | x | | | | | | | | | | x | | x | x |
| Kapazitäten Prod.standorte | x | | x | x | x | x | | x | x | x | x | | x | x | x | x | x | | | x | x | x | x |
| Kapazitäten Distr.läger | x | | | | x | | | x | x | x | x | | x | | x | x | x | x | | x | x | | x |
| Transportkapazitäten | x | | | | x | | | | | | | | | | | | | | | x | x | | x |
| Single Sourcing | | | | | | | | x | | | x | | | | | | x | | x | x | x | | x |
| *Anzahl der Produktarten* | | | | | | | | | | | | | | | | | | | | | | | |
| eine Produktart | | x | | | | | | x | | | x | | | | | | | x | | | | | |
| mehrere Produktarten | x | | x | x | x | | | x | x | x | x | | x | x | x | x | x | | x | | x | x | x |
| *Prod.- und Logistiknetzwerk* | | | | | | | | | | | | | | | | | | | | | | | |
| zweistufig | | x | x | | | | x | x | x | | x | x | | x | | x | x | | | | | | |
| mehrstufig | x | | | x | x | x | | | | x | | | x | | x | | | | x | x | x | x | x |
| *Anwendg. Industriebereich* | | | | | | | | | | | | | | | | | | | | | | | |
| Automobil | | | | | x | | | | | | | | | | | | | | | | | | |
| Chemie/Petrochemie | | | | | | | | | | | | | | | | x | | | | x | x | | |
| Gesundheitswesen | | | | | | | | | | | | | | x | | | | | | | | | |
| Glas | | | | | | | | | | | | | | | x | | | | | | | | |
| Nahrungsmittel | | x | | | | | x | | | | | | | | | | | | x | | | | |
| Personalcomputer | x | | | x | | | | | | | | | | | | | | | | | | | |

*Tabelle 5.1*: Charakteristika deterministischer Programmierungsmodelle

---

[37] Vgl. Escudero et al. (1999b), S. 18-26, zum Abschnitt der deterministischen Planung.
[38] Vgl. van Roy (1989), S. 1446-1448, zum Abschnitt der Produktions- und Distributionsplanung.

Werden Kosten und Erlöse einheitlich von allen Beteiligten verwendet, so lassen sich Abstimmungsprobleme aufgrund der Verwendung unterschiedlicher Ziele vermeiden.[39] Ein weiterer Grund für den Einsatz von Kosten und Erlösen ist die häufig bereits vorhandene Verfügbarkeit der Daten im Rechnungswesen.[40]

Das Programmierungsmodell von Arntzen et al. weist als einziges Modell in Tabelle 5.1 eine Mehrfachzielfunktion auf.[41] Die Autoren begründen ihre Vorgehensweise damit, dass mit Hilfe der Mehrfachzielfunktion, in der neben den Kosten die Durchlaufzeiten erfasst werden, eine einseitige Kostenbetrachtung vermieden werden soll. Dieses ist eine wichtige Zielsetzung gerade im Hinblick auf die kurzen Produktlebenszyklen im Markt für Personalcomputer. Bei einer einseitigen Betrachtung der Kosten besteht die Gefahr, dass weit voneinander entfernte Standorte ausgewählt werden und die Produkte große räumliche Entfernungen zurückzulegen haben, die zu langen Durchlaufzeiten führen können.[42] Für eine kritische Bewertung des Programmierungsmodells von Arntzen et al. ist die problematische additive Verknüpfung der beiden Komponenten in einer Zielfunktion anzuführen. Die Verwendung des Gewichtungsfaktors $\chi$ ohne systematische und nachvollziehbare Bestimmung ermöglicht eine willkürliche Lösungsmanipulation durch den Entscheidungsträger. Ergibt sich eine aus der Sicht des Entscheidungsträgers ungünstige Lösung, bspw. die nicht gewünschte Schließung eines bestimmten Produktionsstandorts, kann diese Lösung möglicherweise bereits durch Modifikationen des Gewichtungsfaktors verändert werden. Außerdem ist die Kompensationsmöglichkeit hoher Kosten durch eine kurze Durchlaufzeit und vice versa fraglich. Hohe Kosten können dazu führen, dass diese nicht mehr vollständig durch im Markt erzielbare Erlöse abgedeckt werden – auch bei möglicherweise sehr kurzen Durchlaufzeiten. Zusammengefasst kann die von den Autoren verwendete Zielfunktion erhebliche Probleme bereiten.

Escudero et al. geben in ihrem Programmierungsmodell die zur Minimierung der Kosten alternative Zielsetzung einer Maximierung des Marktpotenzials an.[43] Die Autoren wählen zur Abbildung dieser Zielsetzung die nachfolgende Modellierung,[44] deren Notation der in der vorliegenden Arbeit verwendeten angepasst ist. Zur Vereinfachung der Darstellung wird als Ausschnitt eines Produktions- und Logistiknetzwerks die Distributionsstufe mit einem Distributionslager und mehreren Kunden sowie mit einer Produktart in einem mehrperiodigen Programmierungsmodell ohne periodenübergreifende Lagerhaltung betrachtet.

---

[39] Für ein Beispiel über die Verwendung unterschiedlicher Zielgrößen in einem Produktions- und Logistiknetzwerk vgl. Lee/Billington (1992), S. 65-67.
[40] Vgl. Chow/Heaver/Henriksson (1994), S. 24.
[41] Vgl. Arntzen et al. (1995).
[42] Eine weitere Diskussion über die Erfassung der Durchlaufzeit wird in Kapitel 5.3.2, S. 145f., in Verbindung mit internationalen Produktions- und Logistiknetzwerken durchgeführt.
[43] Vgl. Escudero et al. (1999b).
[44] Vgl. Escudero et al. (1999b), S. 22f.

$$\min \quad z \tag{5.1.1}$$

so dass

$$z \geq \sigma_{km} u_{km} \qquad\qquad \forall \, k \in K \, , \, m \in M \tag{5.1.2}$$

$$u_{km-1} + D_{km} = y_{km} + ld_{km} + u_{km} \qquad\qquad \forall \, k \in K \, , \, m \in M \tag{5.1.3}$$

$$ld_{km} = \delta_k (u_{km-1} + D_{km} - y_{km}) \qquad\qquad \forall \, k \in K \, , \, m \in M \tag{5.1.4}$$

$$\sum_k y_{km} \leq Q_m \qquad\qquad \forall \, m \in M \tag{5.1.5}$$

$$ld_{km} \, , \, u_{km} \, , \, y_{km} \geq 0 \qquad\qquad \forall \, k \in K \, , \, m \in M \tag{5.1.6}$$

$$u_{k0} = 0 \qquad\qquad \forall \, k \in K \tag{5.1.7}$$

**Indizes und Indexmengen**

$k$ : Kunde, $k \in K$

$m$ : Periode, $m \in M$

**Daten**

$\delta_k$ : Gewichtungsfaktor für die verlorene Nachfrage von Kunde $k$ mit $0 \leq \delta \leq 1$

$\sigma_{km}$ : Gewichtungsfaktor für die in die Folgeperiode verschiebbare Nachfrage von Kunde $k$ in Periode $m$

$D_{km}$ : Nachfrage durch Kunde $k$ in Periode $m$

$Q_m$ : Periodenkapazität des Distributionslagers in Periode $m$

**Entscheidungsvariablen**

$y_{km}$ : Produktmenge, welche zu Kunde $k$ in Periode $m$ transportiert wird

$u_{km}$ : Höhe der in die Folgeperiode verschiebbaren Nachfrage von Kunde $k$ in Periode $m$

$ld_{km}$ : Höhe der verlorenen Nachfrage von Kunde $k$ in Periode $m$

Durch Zielsetzung (5.1.1) in Verbindung mit Restriktion (5.1.2) wird angestrebt, den Maximalwert der mit $\sigma$ gewichteten, in die Folgeperiode verschiebbaren Nachfrage $u$ zu minimieren. Restriktion (5.1.3) stellt sicher, dass die Nachfrage $D$ und die aus der Vorperiode verschobene Nachfrage $u$ mit der Auslieferungsmenge $y$, der verlorenen Nachfrage $ld$ und der in die Folgeperiode verschiebbaren Nachfrage $u$ übereinstimmt.

Restriktion (5.1.4) bestimmt die verlorene Nachfrage in einer Periode als mit δ ge-wichtete Nachfrage zuzüglich der aus der Vorperiode verschobenen Nachfrage und abzüglich der Liefermenge zu den Kunden. In Restriktion (5.1.5) wird die zu den Kunden gelieferte Produktmenge durch die Periodenkapazität $Q$ des Distributions-lagers beschränkt. Die Nichtnegativitätsbedingungen aller Entscheidungsvariablen sind in Restriktion (5.1.6) abgebildet. Durch Restriktion (5.1.7) ist gewährleistet, dass es in der ersten Periode keine unbefriedigte Nachfrage aus der Vorperiode gibt. Wesent-liches Merkmal der von Escudero et al. vorgeschlagenen Zielsetzung ist die Trennung zwischen verlorener und verschiebbarer Nachfrage. Die verlorene Nachfrage ist der Anteil der unbefriedigten Nachfrage, der in einer Periode wegfällt. Dagegen können die verschiebbaren Nachfragemengen als Back Orders noch in der Folgeperiode be-friedigt werden.

Eine kritische Bewertung zeigt als Voraussetzung für eine sinnvolle Verwendung die-ser Zielsetzung zumindest in einigen Perioden nicht ausreichende Distributionskapa-zitäten zur Nachfragebefriedigung. Eine Konstellation, die etwa bei einer saisonal schwankenden Nachfrage auftreten kann. Ansonsten nimmt die in der Zielfunktion bewertete Entscheidungsvariable $u$ und folglich der Zielfunktionswert in jeder Periode den Wert null an. Eine Anwendung dieser Zielsetzung führt dazu, dass bei identischen Werten für δ knappe Kapazitäten tendenziell den Kunden und Perioden mit den höchsten Gewichtungsfaktoren σ zugeordnet werden. Gleichzeitig wird erreicht, dass bei knappen Kapazitäten in einer Periode auch Kunden mit einem niedrigen Gewich-tungsfaktor σ zumindest teilweise beliefert werden, weil eine hohe verschiebbare Nachfrage einen niedrigen Gewichtungsfaktor σ kompensiert. Andererseits führen hohe Werte des Gewichtungsfaktors δ für die verlorene Nachfrage tendenziell zu ei-ner niedrigeren Nachfragebefriedigung.

Zusammengefasst wird die den Kunden ausgelieferte Menge durch absatzpolitische Entscheidungen, die sich in den Gewichtungsfaktoren ausdrücken, ohne Einbeziehung von Kosten- und Erlöswerten bestimmt. Ein Nachteil der Gewichtungsfaktoren ist eine aufgrund der fehlenden systematischen und nachvollziehbaren Bestimmung mögliche willkürliche Manipulation durch den Entscheidungsträger, bspw. eine Bevorzugung einzelner Kunden ohne Berücksichtigung wirtschaftlicher Konsequenzen. Nachteilig wirkt auch die etwa im Vergleich zu Kosten und Erlösen mangelnde Nachvollziehbar-keit der Zielfunktion (5.1.1) durch den Entscheidungsträger, die in Verbindung mit Restriktion (5.1.2) für jede Periode und für jeden Kunden die gewichtete Höhe der verschiebbaren Nachfrage angibt. Überdies berücksichtigt die Zielfunktion lediglich den Höchstwert der verschiebbaren Nachfrage. Zur stärkeren Einbeziehung der Höhe der verlorenen Nachfrage haben die Autoren zur Maximierung des Marktpotenzials eine alternative Zielfunktion vorgeschlagen:

$$\min \ \sum_{km} \left( \sigma_{km} u_{km} + \rho_k l d_{km} \right) \tag{5.2.1}$$

so dass Restriktionen (5.1.3) bis (5.1.7) erfüllt sind.

Zusätzlich zur vorherigen Zielfunktion wird $\rho_k$ als Gewichtungsfaktor für die verlorene Nachfrage von Kunde $k$ aufgeführt. Mit dieser Zielfunktion wird die Summe aus der mit $\sigma$ gewichteten, in die Folgeperiode verschiebbaren Nachfrage und der mit $\rho$ gewichteten, verlorenen Nachfrage minimiert. Zwar berücksichtigt diese Zielfunktion die verlorene Nachfrage, doch lassen sich auch hier die Nachteile möglicher willkürlicher Manipulationen und der mangelnden Nachvollziehbarkeit der Zielfunktionswerte durch den Entscheidungsträger anführen. Die fehlende Berücksichtigung von Kosten- und Erlösgrößen bei beiden Zielsetzungen beeinträchtigt auch die Anwendung in Produktions- und Logistiknetzwerken, da bspw. die Vorteile unterschiedlicher Kosten in Produktionsstandorten oder Transportentfernungen nicht ausgenutzt werden können. Zusammengefasst bleiben bei beiden Zielfunktionen erhebliche Bedenken, so dass diese für das taktische Supply Chain Planning als nicht geeignet erscheinen.

Einen weiteren Vorschlag zur Modellierung der Zielfunktion unterbreiten Timpe und Kallrath mit einer Maximierung der Verkaufsmenge.[45] Auch diese Zielsetzung ist vor allem sinnvoll, wenn Produktions- und Distributionskapazitäten nicht ausreichen, um die Nachfrage vollständig zu befriedigen. Auf Basis eines einheitlichen Deckungsbeitrags für alle Produktarten kann mit Hilfe dieser Zielsetzung die maximale Produktions- und Distributionskapazität in einem Produktions- und Logistiknetzwerk bei einer gegebenen Nachfrage ermittelt werden.[46] Unterschiedliche Kapazitäten sind vor allem durch Rüstzeiten, die von der Bearbeitungsreihenfolge abhängen, und durch produktartabhängige Kapazitätsbedarfe bedingt. Damit ist die Maximierung der Verkaufsmenge keine eigenständige wirtschaftliche Zielfunktion im Gegensatz zur Maximierung des Deckungsbeitrags bzw. kalkulatorischen Gewinns oder zur Minimierung der Kosten, sondern ergänzt die Analyse eines Produktions- und Logistiknetzwerks im Hinblick auf die Betrachtung der Kapazitäten.

*Planungshorizont und Entscheidungsvariablen*

Bei den dargestellten Programmierungsmodellen betrachten einige Autoren einen Planungshorizont mit mehreren Perioden. Einen genauen Planungshorizont geben nur wenige Autoren an.[47] Einige Autoren setzen ihre Modelle für Planungsaufgaben mit unterschiedlichen Planungshorizonten ein.[48] Die Angabe eines Planungshorizonts hat aufgrund des Einflusses auf die Art und Anzahl der Entscheidungsvariablen eine große Bedeutung. Wichtige Entscheidungsvariablen für Programmierungsmodelle zur Unterstützung des taktischen Supply Chain Planning sind die Produktions-, die Distributions- und die Transportmengen der jeweiligen Produktart in einem Produktions- und Logistiknetzwerk.[49] Diese Entscheidungsvariablen gibt es bei drei Programmierungs

---

[45] Vgl. Timpe/Kallrath (2000), S. 430.
[46] Vgl. Timpe/Kallrath (2000), S. 430.
[47] Einen Planungshorizont geben etwa Oxé (1997) und Timpe/Kallrath (2000) an.
[48] Vgl. etwa Arntzen et al. (1995).
[49] Zur Darstellung der Entscheidungsvariablen vgl. auch Abbildung 2.7, S. 26, und Abbildung 2.8, S. 27, in Kapitel 2.3.

modellen nicht vollständig: Brown, Graves und Honczarenko[50] sowie Escudero et al.[51] betrachten eine mehrstufige Produktionsplanung für Produktionsstandorte. Gao und Robinson[52] untersuchen eine mehrstufige Distribution über mehrere Standorte. Zusätzlich umfassen die meisten Programmierungsmodelle für mehrstufige Produktions- und Logistiknetzwerke eine Bestimmung der Beschaffungsmenge. Daneben berücksichtigen einige Programmierungsmodelle die Wahl der Transportmittel, wenn zum Transport der Produkte verschiedene Transportmittel zur Verfügung stehen.

Unter den in Tabelle 5.1 aufgeführten Entscheidungsvariablen Produktionsstandorte und Distributionsläger wird eine Standortplanung verstanden, bei der Standorte zur Produktion und zur Distribution aus einer gegebenen Menge ausgewählt werden. Allerdings sollte über die Errichtung neuer bzw. die Schließung vorhandener Produktionsstandorte aufgrund der langfristigen Auswirkungen nicht innerhalb eines Modells, das einen Planungshorizont von einem Jahr aufweist und auch bei einer möglichen Verlängerung des Planungshorizonts die Zahlungszeitpunkte unberücksichtigt lässt, entschieden werden. Da eine Standortplanung für Produktionsstandorte einen langfristigen Planungshorizont erfordert, wird diese dem strategischen Supply Chain Planning zugeordnet. Die Standortplanung für ein Distributionslager kann abhängig vom konkreten Planungsproblem dem taktischen Supply Chain Planning zugewiesen werden.[53]

Die übrigen Entscheidungsvariablen betreffen insbesondere Perioden mit einem kapazitiven Engpass. Zu diesen Entscheidungsvariablen zählt die periodenübergreifende Lagerhaltung. Voraussetzung hierfür ist die Lagerfähigkeit der Produkte. Eine periodenübergreifende Lagerhaltung gibt es bei allen mehrperiodigen Modellen außer beim Modell von Hinojosa, Puerto und Fernández.[54] Die Entscheidung über eine Überschreitung der Lieferperiode bei einem kapazitiven Engpass berücksichtigen Escudero et al.[55] und Martin, Dent und Eckhart.[56] Bis auf das Programmierungsmodell von Escudero et al.[57], welches sich auf die Betrachtung eines Produktionsstandorts beschränkt, erfassen alle Modelle die Nutzung alternativer Standorte. Die Nutzung alternativer Standorte kann jedoch als eine Entscheidung zur Behebung eines kapazitiven Engpasses lediglich bei den Programmierungsmodellen angesehen werden, die gleichzeitig Kapazitäten für Produktionsstandorte bzw. Distributionsläger berücksichtigen. Schließlich ermöglichen einige Programmierungsmodelle eine Nichtbelieferung der Kunden, indem die Nachfrage endgültig nicht befriedigt wird. Diese Entscheidung setzt als Zielsetzung die Minimierung der Kosten unter Berücksichtigung von Strafkosten bei einer Nichtbelieferung oder die Maximierung des kalkulatorischen Gewinns bzw. des Deckungsbeitrags voraus. Der Fremdbezug und die Überstunden als weitere Entscheidungen im Zusammenhang mit kapazitiven Engpässen sind in Tabelle 5.1

---

[50] Vgl. Brown/Graves/Honczarenko (1987).
[51] Vgl. Escudero et al. (1999b).
[52] Vgl. Gao/Robinson (1992).
[53] Vgl. die Ausführungen in Kapitel 2.3, S. 26f.
[54] Vgl. Hinojosa/Puerto/Fernández (2000).
[55] Vgl. Escudero et al. (1999b).
[56] Vgl. Martin/Dent/Eckhart (1993).
[57] Vgl. Escudero et al. (1999b).

nicht aufgeführt, da der Fremdbezug lediglich bei Timpe und Kallrath[58] sowie Escudero et al.[59] diskutiert und Überstunden der Arbeitskräfte in keinem Programmierungsmodell berücksichtigt werden.

Der Verzicht auf eine Berücksichtigung von bezogen auf die Nutzung alternativer Standorte zusätzlichen Entscheidungen bei einem kapazitiven Engpass wie etwa die periodenübergreifende Lagerhaltung in einem mehrperiodigen Modell kann jedoch problematisch sein. In dem Modell von Hinojosa, Puerto und Fernández[60] wird vorausgesetzt, dass die vorhandene Nachfrage in jeder Periode zu erfüllen ist. Gleichzeitig führen die Autoren eine Standortplanung für Produktionsstandorte und Distributionsläger durch, welche die Errichtung neuer und die Schließung vorhandener Standorte erlaubt. Angenommen, es gibt eine Periode mit einer Nachfrage, die unterhalb der verfügbaren Kapazität liegt, und eine Folgeperiode, in der die Nachfrage die verfügbare Kapazität übersteigt. Dann kann etwa der Verzicht auf eine periodenübergreifende Lagerhaltung dazu führen, dass ein neuer Produktionsstandort oder ein neues Distributionslager errichtet wird, obwohl eine periodenübergreifende Lagerhaltung möglich und sinnvoll wäre. Die im Programmierungsmodell modellierte Kostenminimierung bedingt im Gegensatz zur Maximierung des Deckungsbeitrags bzw. des kalkulatorischen Gewinns, dass einzelne Kunden nicht von einer Belieferung ausgeschlossen oder Lieferperioden überschritten werden können. Somit wird eine Eröffnung neuer Standorte bei Vorliegen der dargestellten Konstellation erzwungen. Bei einem Herausnehmen der Standortplanung aus dem Modell würde der Verzicht auf eine periodenübergreifende Planung zu Unzulässigkeit im Programmierungsmodell führen. Zur Vermeidung einer wirtschaftlich bedenklichen Standorterrichtung bzw. von Unzulässigkeit sollten Entscheidungen zur Behebung eines kapazitiven Engpasses wie eine periodenübergreifende Lagerhaltung in einem mehrperiodigen Programmierungsmodell ermöglicht werden.

*Einflussfaktoren*

In Tabelle 5.1 sind außerdem wichtige Einflussfaktoren aufgeführt, die in Restriktionen abgebildet werden. Voraussetzung für die Anwendung der Programmierungsmodelle ist eine gegebene Kundennachfrage, welche hier als deterministisch angenommen wird. Bei den Programmierungsmodellen, in denen die Kostenminimierung angestrebt wird, ist die Nachfrage vollständig zu befriedigen. Die Maximierung des kalkulatorischen Gewinns bzw. Deckungsbeitrags führt dazu, dass die Nachfrage möglichst weitgehend befriedigt wird. Außerdem berücksichtigt die überwiegende Zahl der Modelle Kapazitäten in den Produktionsstandorten. Einige Modelle betrachten auch die Kapazitäten in den Distributionslägern aufgrund eines begrenzten Flächenangebots innerhalb eines Lagers, wenn großräumige Freiflächen außerhalb eines Distributionslagers unberücksichtigt bleiben,[61] sowie gegebener Personalkapazitäten für Warenein-

---

[58] Vgl. Timpe/Kallrath (2000), S. 427.
[59] Vgl. Escudero et al. (1999b), S. 17.
[60] Vgl. Hinojosa/Puerto/Fernández (2000), S. 273.
[61] Vgl. dazu Aderohunmu/Aronson (1993), S. 55.

und -ausgang bzw. zur Kommissionierung. Bei einer kleinen Anzahl an Modellen werden Kapazitäten der Lieferanten und Transportkapazitäten erfasst. Letztere bleiben häufig unberücksichtigt, da angenommen wird, dass Transportleistungen von logistischen Dienstleistern in ausreichender Höhe zugekauft werden können. Als weiterer Einflussfaktor wird in einigen Programmierungsmodellen Single Sourcing für die Kunden vorgegeben.

*Anzahl der Produktarten und der Stufen im Produktions- und Logistiknetzwerk*

Darüber hinaus betrachtet die überwiegende Anzahl der Programmierungsmodelle mehrere Produktarten. Dies fördert insbesondere die Anwendbarkeit der Modelle auf reale Planungsprobleme. Zwar lassen sich Programmierungsmodelle mit einer Produktart tendenziell leichter lösen, doch gibt es nur bedingt praktische Supply Chain Planning-Probleme mit einer Produktart. Selbst Produktionsstandorte wie Kohlekraftwerke, die neben Strom Wärme und Koks herstellen, oder Ziegeleien, die Vormauersteine oder Hintermauersteine produzieren, sind bereits keine Standorte mit nur einer Produktart,[62] die zwingend zu einer Produktgruppe zusammengefasst werden können. Des Weiteren erfassen viele Modelle ein zweistufiges Produktions- und Logistiknetzwerk, während einige Modelle bereits auf den umfassenderen mehrstufigen Produktions- und Logistiknetzwerken basieren.

*Anwendung im Industriebereich*

Die Umsetzung einiger Programmierungsmodelle für reale Planungsprobleme zeigt abschließend, dass trotz der Modellgröße eine praktische Anwendbarkeit gegeben ist. Die Industriebereiche, in denen die dargestellten Programmierungsmodelle angewendet werden, sind alle der Massen- oder der Sorten- und Serienproduktion zuzuordnen. Dieses sind gleichzeitig diejenigen Industriebereiche, in denen eine Umsetzung des Supply Chain Planning empfehlenswert ist.[63] Als Industriebereiche mit von mehreren Autoren vorgeschlagenen Anwendungen sind die Bereiche Chemie/Petrochemie und Nahrungsmittel hervorzuheben. Ferner wird deutlich, dass sowohl Stück- als auch Fließgüter betrachtet werden.

## 5.2 Komponenten deterministischer Programmierungsmodelle

### 5.2.1 Entwicklung eines Grundmodells

Die vorherigen Ausführungen haben gezeigt, dass die Zielsetzung einer Maximierung des Marktpotenzials für das taktische Supply Chain Planning nicht geeignet ist. Gleiches gilt für die Maximierung der Verkaufsmenge und die Minimierung der Durchlaufzeit, wenn diese als alleinige Zielsetzungen verwendet werden. Auch eine einseitige Beschränkung auf Kostengrößen ist aufgrund der erläuterten Gründe nicht

---

[62] Vgl. Weber (1999), S. 139.
[63] Vgl. Kapitel 2.2.1, S. 18f.

sinnvoll. Daher bieten sich die Zielfunktionen Maximierung des kalkulatorischen Gewinns oder Maximierung des Deckungsbeitrags an, die sich dadurch unterscheiden, dass bei der zuletzt genannten Zielfunktion zusätzlich Entscheidungen mit entsprechenden fixen Kosten, die nicht unmittelbar von den Einsatzmaterial- bzw. Produktmengen abhängig sind, einbezogen werden. Hierzu zählen bspw. Standortentscheidungen für Distributionsläger.

Für das taktische Supply Chain Planning ist der Planungshorizont von einem Jahr in Perioden zu unterteilen und somit ein mehrperiodiges Programmierungsmodell aufzustellen. Wesentliche Entscheidungsvariablen sind die Produktions-, die Distributions- und die Transportmengen, während die Standortplanung für Produktionsstandorte und Distributionsläger unberücksichtigt bleibt. Bedingt durch die mehrperiodige Sicht ist als weitere Entscheidungsvariable die periodenübergreifende Lagerhaltung einzubeziehen. Zu berücksichtigende Einflussfaktoren sind die gegebene Kundennachfrage sowie die Kapazitäten für Produktionsstandorte und Distributionsläger. Außerdem sollte es in einem Programmierungsmodell mehrere Produktarten geben. Die dargestellten Anforderungen an die Charakteristika eines Grundmodells sind in der letzten Spalte der Tabelle 5.1 aufgeführt.[64] Diese Charakteristika sowie einige Erweiterungen finden sich im nachfolgend vorgestellten Grundmodell wieder. Ein Vergleich mit der vorhandenen Literatur zeigt bezüglich dieser Charakteristika ohne Erweiterungen eine hohe Übereinstimmung mit den Programmierungsmodellen von Martin, Dent und Eckhart[65] sowie Timpe und Kallrath[66] vor allem hinsichtlich der Zielfunktion, der Mehrperiodigkeit und der periodenübergreifenden Lagerhaltung. Allerdings zählen beide zu den Programmierungsmodellen mit ergänzenden Komponenten,[67] da sie nicht auf einem Produktions- und Logistiknetzwerk in dem Sinne, wie in der vorliegenden Arbeit definiert, basieren. Insbesondere von den Programmierungsmodellen der Produktions- und Distributionsplanung unterscheidet sich das Grundmodell, indem die Maximierung des Deckungsbeitrags angestrebt und keine Standortplanung für Produktionsstandorte und Distributionsläger durchgeführt wird. Daher ist eine Neuformulierung eines Programmierungsmodells zur Unterstützung des taktischen Supply Chain Planning erforderlich.

*Darstellung des Grundmodells*

Als Zielsetzung wird die Maximierung des Deckungsbeitrags im endlichen Planungshorizont $M$ über alle Produktionsstandorte und Distributionsläger vorgeschlagen. Der Deckungsbeitrag wird aus den Erlösen $e$ für den Verkauf der Produkte $l$ abzüglich der Produktionskosten $kp$, der Lagerhaltungskosten $kd$ für ein Distributionslager, der Lagerhaltungskosten $kl$ bei einer periodenübergreifenden Lagerhaltung, der Transportkosten $ktpd$ zwischen Produktionsstandort und Distributionslager sowie abschließend der Transportkosten $ktdk$ zwischen Distributionslager und Kunde ermittelt. Damit

---

[64] Vgl. Tabelle 5.1, S. 114.
[65] Vgl. Martin/Dent/Eckhart (1993).
[66] Vgl. Timpe/Kallrath (2000).
[67] Vgl. Kapitel 5.1.1, S. 107-109.

werden die Totalkosten eines Produktions- und Logistiknetzwerks integriert in einem Modell erfasst. Es wird das folgende deterministische, lineare, mehrperiodige Modell aufgestellt:

$$\max z = \sum_{jklm} (e_{kl} - kd_{jl} - ktdk_{jkl})\, y_{jklm} - \sum_{ijlm} (kp_{il} + ktpd_{ijl})\, x_{ijlm} - \sum_{jlm} kl_{jl}\, w_{jlm} \qquad (5.3.1)$$

so dass

$$\sum_{jl} p_l\, x_{ijlm} \leq P_{im} \qquad\qquad \forall\, i \in I\, ,\, m \in M \qquad\qquad (5.3.2)$$

$$\sum_{kl} y_{jklm} + \sum_{l} w_{jlm} \leq Q_{jm} \qquad\qquad \forall\, j \in J\, ,\, m \in M \qquad\qquad (5.3.3)$$

$$\sum_{i} x_{ijlm} + w_{jlm\text{-}1} = \sum_{k} y_{jklm} + w_{jlm} \qquad \forall\, j \in J\, ,\, l \in L\, ,\, m \in M \qquad (5.3.4)$$

$$\sum_{j} y_{jklm} + u_{klm} = \alpha\, u_{klm-1} + D_{klm} \qquad \forall\, k \in K\, ,\, l \in L\, ,\, m \in M \qquad (5.3.5)$$

$$x_{ijlm}\, ,\, y_{jklm}\, ,\, w_{jlm}\, ,\, u_{klm} \geq 0 \qquad \forall\, i \in I\, ,\, j \in J\, ,\, k \in K\, ,\, l \in L\, ,\, m \in M \qquad (5.3.6)$$

$$w_{jl0}\, ,\, u_{kl0} = 0 \qquad\qquad \forall\, j \in J\, ,\, k \in K\, ,\, l \in L \qquad\qquad (5.3.7)$$

## Indizes und Indexmengen

$i$ :     Produktionsstandort, $i \in I$

$j$ :     Distributionslager, $j \in J$

$k$ :     Kunde, $k \in K$

$l$ :     Produkt, $l \in L$

$m$ :     Periode, $m \in M$

## Daten

$\alpha$ :     Verringerung der Nachfragehöhe bei Befriedigung in Folgeperiode mit $0 \leq \alpha \leq 1$

$D_{klm}$ :     Nachfrage nach Produkt $l$ durch Kunde $k$ in Periode $m$

$e_{kl}$ :     Erlös für eine Einheit des Produkts $l$ beim Verkauf an Kunde $k$

$kd_{jl}$ :     Lagerhaltungskosten für eine Einheit des Produkts $l$ in Distributionslager $j$

$kl_{jl}$ :     Lagerhaltungskosten für eine Einheit des Produkts $l$ in Distributionslager $j$ zur Lagerung für die Folgeperiode

$kp_{il}$ : Produktionskosten für eine Einheit des Produkts $l$ in Produktionsstandort $i$

$ktdk_{jkl}$ : Transportkosten einer Einheit des Produkts $l$ von Distributionslager $j$ zu Kunde $k$

$ktpd_{ijl}$ : Transportkosten einer Einheit des Produkts $l$ von Produktionsstandort $i$ zu Distributionslager $j$

$p_l$ : Kapazitätsbedarf des Produkts $l$

$P_{im}$ : Gesamtkapazität des Produktionsstandorts $i$ in Periode $m$

$Q_{jm}$ : Periodenkapazität des Distributionslagers $j$ in Periode $m$

**Entscheidungsvariablen**

$x_{ijlm}$ : Produktmenge des Produkts $l$, welche von Produktionsstandort $i$ zu Distributionslager $j$ in Periode $m$ transportiert wird

$y_{jklm}$ : Produktmenge des Produkts $l$, welche von Distributionslager $j$ zu Kunde $k$ in Periode $m$ transportiert wird

$w_{jlm}$ : Produktmenge des Produkts $l$, welche in Distributionslager $j$ in Periode $m$ für die Folgeperiode gehalten wird

$u_{klm}$ : Nachfragemenge von Kunde $k$ nach Produkt $l$, welche in Periode $m$ nicht erfüllt werden kann

*Restriktionen im Programmierungsmodell*

In dem Programmierungsmodell wird durch Restriktion (5.3.2) gewährleistet, dass die mit dem Kapazitätsbedarf $p$ gewichtete Produktionsmenge $x$ die Gesamtkapazität $P$ des Produktionsstandorts $i$ in jeder Periode nicht überschreitet. Der Kapazitätsbedarf bildet die je nach Produktart unterschiedliche Beanspruchung einer Produktionsanlage ab. Restriktion (5.3.3) stellt sicher, dass die Periodenkapazität $Q$ in den Distributionslägern $j$ nicht überschritten wird. Hierbei wird vorausgesetzt, dass alle Produktarten ein Distributionslager in gleicher Höhe beanspruchen, und somit kein produktbezogener Kapazitätsbedarf für ein Distributionslager angegeben wird. Zur Einhaltung der Periodenkapazität wird die in einer Periode an die Kunden ausgelieferte Produktmenge $y$ und die Lagerhaltungsmenge $w$, die am Ende einer Periode für die Folgeperiode gehalten wird, ermittelt. Somit entspricht die Periodenkapazität eines Distributionslagers der Summe der Produktmenge, die innerhalb einer Periode an die Kunden geliefert, zuzüglich der Produktmenge, die am Periodenende gelagert werden kann, siehe Abbildung 5.1. Damit übersteigt die Periodenkapazität die physische Kapazität eines Distributionslagers.

Restriktion (5.3.4) entspricht der Lagerbilanzgleichung, in der erfasst wird, dass, wie in Abbildung 5.1 gezeigt, in einem Distributionslager die Produktionsmenge $x$ von den Produktionsstandorten zuzüglich der gelagerten Menge $w_{m-1}$ aus der Vorperiode der an die Kunden ausgelieferten Produktmenge $y$ zuzüglich der für die Folgeperiode gelagerten Menge $w$ entsprechen muss.

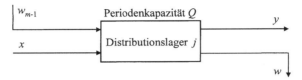

*Abbildung 5.1*: Distributions- und Lagerhaltungsmenge im Distributionslager

Restriktion (5.3.5) berücksichtigt die Nachfrage der einzelnen Kunden, welche der Nachfrage $D$ aus der Periode erhöht um die unbefriedigte Nachfrage $u_{m-1}$ aus der Vorperiode bewertet mit einem Nachfrageverlustfaktor $\alpha$ entspricht. Die Nachfrage muss der Menge $y$, die an die Kunden ausgeliefert wird, zuzüglich der unbefriedigten Nachfrage $u$ entsprechen. Restriktion (5.3.6) ist die Nichtnegativitätsbedingung für die Entscheidungsvariablen, und Restriktion (5.3.7) berücksichtigt, dass es in der ersten Periode eines Planungshorizonts der rollierenden Planung weder Lagerhaltungsmengen noch eine unbefriedigte Nachfrage aus der Vorperiode geben kann.

*Entscheidungsvariablen im Programmierungsmodell*

Entscheidungsvariablen sind die Produktmengen, die vom Produktionsstandort zum Distributionslager und vom Distributionslager zum Kunden transportiert und die durch die Variablen $x$ und $y$ mit der entsprechenden vierfachen Indizierung abgebildet werden.[68] Jeder Kunde kann in einer Periode von verschiedenen Distributionslägern beliefert werden. Zusätzlich wird die Lagerhaltungsmenge $w$ eines Distributionslagers für die Folgeperiode als Entscheidungsvariable bestimmt.

Die Entscheidungsvariablen $y$ und $w$ approximieren die Höhe der Lagerhaltung in einem Distributionslager. Für die Lagerhaltung wird angenommen, dass der Lagerzugang der Produkte in einem Distributionslager mit einer für alle Perioden und Produktarten fixen, diskreten Häufigkeit $F$ und der Abgang der Produkte zu den Kunden kontinuierlich erfolgt.[69] Die fixe, diskrete Häufigkeit des Lagerzugangs resultiert aus der Annahme, dass die Produktmenge von den Produktionsstandorten in größeren Transporteinheiten zu den Distributionslägern gelangt. Der kontinuierliche Lagerabgang ist dadurch begründet, dass von einem Distributionslager in der Regel zahlreiche Kunden

---

[68] Einige Autoren verwenden zur Abbildung dieser Produktmengen lediglich eine Entscheidungsvariable, da sowohl zwischen Produktionsstandort und Distributionslager als auch zwischen Distributionslager und Kunde Fertigprodukte transportiert werden, vgl. etwa Kaufman/Vanden Eede/Hansen (1977), S. 548; Pooley (1994), S. 121. Eine derartige Variable hätte hier eine fünffache Indizierung, wäre für eine periodenübergreifende Lagerhaltung im Distributionslager allerdings nicht geeignet.

[69] Diese Annahmen verwenden auch Dogan/Goetschalckx (1999), S. 1031.

in daraus resultierenden kleinen Transporteinheiten beliefert werden. Neben diesen genannten Entscheidungsvariablen gibt es die unbefriedigte Nachfrage $u$. Unbefriedigte Nachfrage tritt auf, wenn die Produktionsmenge in einer Periode zuzüglich der Lagerhaltung aus Vorperioden in den Distributionslägern nicht ausreicht, um die Nachfrage zu befriedigen. Unbefriedigte Nachfrage kann sich auch ergeben, wenn der Stückerlös unter den variablen Kosten liegt.

Alle im Grundmodell verwendeten Entscheidungsvariablen sind kontinuierlich, wenngleich diskrete Produktmengen bei realen Planungsproblemen überwiegen. Der Einsatz kontinuierlicher Variablen ist durch die übergreifende Sichtweise des taktischen Supply Chain Planning mit dem Ziel einer Erfassung wesentlicher Abhängigkeiten gerechtfertigt.[70] Zu den wesentlichen Abhängigkeiten zählen etwa die Inanspruchnahme von Produktions- und Distributionskapazitäten und die Lagerhaltung zum Ausgleich saisonaler Nachfrageschwankungen. Gleichzeitig würde eine Verwendung ganzzahliger Variablen für die Produktions-, die Distributions- und die Lagerhaltungsmengen sowie die unbefriedigte Nachfrage den Lösungsaufwand bedeutend erhöhen.

*Ermittlung der Kosten und Erlöse im Programmierungsmodell*

Die dargestellten Entscheidungsvariablen werden in der Zielfunktion mit Kosten und Erlösen bewertet, denen ein linearer Verlauf unterstellt wird. Die Produktionskosten *kp* in einem Produktionsstandort werden hier in einem weiten Sinn verwendet, d.h., diese umfassen neben den Kosten für die Produktion wie Sach- und Personalkosten auch Beschaffungs- und innerbetriebliche Transportkosten. Die Lagerhaltungskosten für die Erreichung einer Transporteinheit werden ebenfalls den Produktionskosten zugerechnet. Der Verzicht auf eine exakte Ermittlung ist bei einer geringen Höhe dieser Lagerhaltungskosten im Vergleich zu den Produktionskosten gerechtfertigt. Die auf diese Weise ermittelten Produktionskosten sind abhängig von der Produktart und vom Produktionsstandort.

Bei dem Transport der Produkte von einem Produktionsstandort zu einem Distributionslager fallen die Kosten *ktpd* und von einem Distributionslager zu einem Kunden die Kosten *ktdk* an. Zahlreiche mögliche Verbindungen zwischen den einzelnen Standorten beeinträchtigen aufgrund der Vielzahl an erforderlichen Daten die Ermittlung der Transportkosten, weshalb eine vereinfachte Bestimmung wünschenswert ist.[71] Die Höhe der Transportkosten je Einheit für einen Transportweg ist durch die Entfernung zwischen dem Transportausgangspunkt und dem -zielpunkt bedingt. Es ist denkbar, dass ein Distributionslager direkt an einem Produktionsstandort liegt und folglich keine oder nur sehr geringe Transportkosten *ktpd* anfallen. Für die Transportkosten *ktdk* ist zu berücksichtigen, dass im Modell aufgrund der erforderlichen Aggregation ein Kunde einer Marktregion entsprechen kann. Die Transportkosten, die sich aus der erforderlichen Rundtour zur Belieferung der einzelnen Kunden ergeben, sind den

---

[70] Vgl. auch Rohde/Wagner (2000), S. 128.
[71] Vgl. auch Ballou (1999), S. 551f.

Transportkosten für die Wege, die in eine entsprechende Marktregion münden, zuzuweisen. Die Transportkosten unterscheiden sich in der Höhe hinsichtlich der beför-
derten Produktart, um die unterschiedliche Inanspruchnahme der Transportmittel
durch die Produktarten zu berücksichtigen. Bei der Annahme linearer Transportkosten,
die von der Transportmenge abhängig sind, ist einzubeziehen, dass im realen Kosten-
verlauf Sprünge auftreten können, die durch die Zusammenfassung mehrerer Produkte
zu Sendungen und die Auslieferung in einer Transporteinheit begründet sein können.
Beim Einsatz jeder zusätzlichen Transporteinheit treten dann, wie in Abbildung 5.2
dargestellt, sprungfixe Kosten auf.

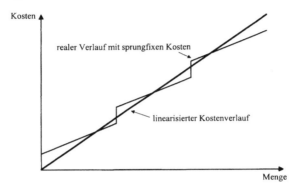

*Abbildung 5.2*: Linearisierung von Kosten
         Quelle: In Anlehnung an Oxé (1997), S. 339

Zur Verwendung linearer Kosten in einem Programmierungsmodell bei gleichzeitiger
Vermeidung zusätzlicher binärer Bedingungen ist bei sprungfixen Kosten eine Approximation des Kostenverlaufs erforderlich. Hierzu ist vom Entscheidungsträger zu prüfen, ob die aggregierte Sichtweise der Planung und der mittelfristige Planungshorizont die aus der Approximation resultierenden Ungenauigkeiten bei der Ermittlung der
Transportkosten rechtfertigen. Kriterien hierfür haben die Abweichungen durch die
Approximation und die Bedeutung der Transportkosten innerhalb der Totalkosten zu
berücksichtigen.

Die Lagerhaltung eines Produkts $l$ in einem Distributionslager $j$ innerhalb einer Periode wird mit den Lagerhaltungskosten $kd$ bewertet. Diese Kosten sind

$$kd_{jl} = \frac{1}{2} \; \frac{1}{F} \; a \; V_l + kla_j$$

mit $a$ als Kapitalbindungskosten je Periode, $V$ als Wert eines Produkts je Produkteinheit, $F$ als fixe, diskrete Häufigkeit des Lagereingangs und *kla* als die Kosten, welche
die übrigen Komponenten der variablen Lagerhaltungskosten wie etwa für innerbetriebliche Transporte umfassen. Während die Häufigkeit des Lagereingangs als fix
über einen Planungshorizont angenommen wird, ist der Wert einer Produkteinheit abhängig von der Produktart. Die Lagerhaltungskosten unterscheiden sich außerdem je

nach Distributionslager bedingt durch unterschiedliche technische Ausstattungen. Folglich sind die Lagerhaltungskosten $kd$ von der Produktart und vom Distributionslager abhängig. Die periodenübergreifende Lagerhaltung wird durch die Lagerhaltungskosten $kl$ bewertet, die sich zusammensetzen aus

$$kl_{jl} = a\ V_l + klp_j$$

mit $klp$ als die Kosten, welche die übrigen Komponenten der variablen periodenübergreifenden Lagerhaltungskosten einschließen. Auch diese Kosten sind aufgrund der dargestellten Annahmen von der Produktart und vom Distributionslager abhängig. Die Approximation der Lagerhaltungshöhe durch die Entscheidungsvariablen $y$ und $w$ hat insbesondere Einfluss auf die Kapitalbindungskosten. Abbildung 5.3 vergleicht die approximierte Höhe der Lagerhaltung mit der exakten Höhe unter den gegebenen Annahmen für ein Beispiel mit einer Produktart und zwei Lagerzugängen je Periode über jeweils drei Einheiten sowie $a = 2$, $V = 1$ und vereinfacht $kla = klp = 0$. Daraus folgt, dass $kd = 0,5$ und $kl = 2$ ist.

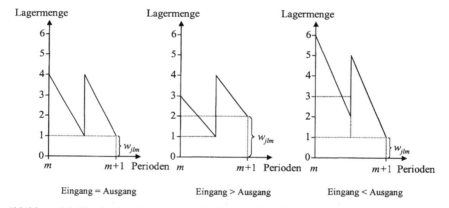

Abbildung 5.3: Vergleich zwischen approximierter und exakter Lagerhaltungsmenge

Im Planungshorizont gibt es für die Lagerhaltung hinsichtlich des Verhältnisses Eingangs- zur Ausgangsmenge drei Konstellationen. Eine Entsprechung der Eingangsmit der Ausgangsmenge führt dazu, dass die Höhe der periodenübergreifenden Lagerhaltung gleich bleibt – hier mit einer Einheit. Im angegebenen Fall ist $y = 6$ und $w = 1$. Demzufolge entspricht die approximierte Lagerhaltungsmenge der exakten unter den gegebenen Annahmen, und die Lagerhaltungskosten $kd \cdot y + kl \cdot w$ werden mit fünf Einheiten exakt angegeben. Andererseits kann eine Eingangsmenge von sechs Einheiten bei einem Lagerbestand aus der Vorperiode von null Einheiten und eine Ausgangsmenge, die vier Einheiten beträgt, die periodenübergreifende Lagerhaltung erhöhen. Die Approximation der Lagerhaltungsmenge führt zu Kapitalbindungskosten in Höhe von sechs Einheiten, da $y = 4$ und $w = 2$ ist. Dieses ist eine Überschätzung gegenüber den exakten Kapitalbindungskosten, die fünf Einheiten betragen. Eine Unterschätzung tritt ein, wenn die Eingangsmenge mit sechs Einheiten unterhalb der Ausgangsmenge, die acht Einheiten beträgt, liegt. Dadurch wird der Lagerbestand zur Befriedigung der Nachfrage von hier drei Einheiten auf eine Einheit verringert. Daraus folgt, dass $y = 8$ und $w = 1$ ist. Die approximierten Kapitalbindungskosten entsprechen einem Wert von sechs Einheiten. Dieses ist eine Unterschätzung im Vergleich zum exakten Wert in Höhe von sieben Einheiten.

Zur Güte der Approximation ist festzuhalten, dass innerhalb des Planungshorizonts bei einer erforderlichen Lagerhaltung der Lagerbestand zunächst aufgebaut und zum Ende hin wieder abgebaut wird.[72] Deshalb werden innerhalb eines Planungshorizonts sowohl eine Über- als auch eine Unterschätzung bei der Approximation auftreten. Aufgrund der Gegenläufigkeit der Effekte ist die auf diese Weise approximierte Lagerhaltung zur Ermittlung der Lagerhaltungskosten für das taktische Supply Chain Planning ausreichend.

Abschließend ist die Erlösseite zu betrachten, indem die zu den Kunden gelieferte Menge mit Erlösen, die den Verkaufspreisen abzüglich möglicher Erlösminderungen entsprechen, bewertet wird. Neben der Abhängigkeit der Erlöse von der Produktart wird angenommen, dass sich die Erlöse für eine Produktart je nach Kunde unterscheiden, um unterschiedliche Zahlungsbereitschaften der Kunden in das Modell einzubeziehen.

*Bestimmung des Nachfrageverlustfaktors*

Ein weiterer Parameter ist der Nachfrageverlustfaktor $\alpha$ als Prozentsatz der unbefriedigten Nachfrage. Eine denkbare Modellierung des Nachfrageverlusts wäre auch als Erlöseinbuße etwa durch Konventionalstrafen, wenn die Nachfrage nicht rechtzeitig befriedigt wird. Die Quantifizierung von Konventionalstrafen setzt verbindliche Liefertermine voraus, deren Berücksichtigung jedoch eine Aufgabe der operativen Planung ist. Restriktion (5.3.5) beruht auf der Modellierung von Escudero et al.[73] Zur Ermittlung des Nachfrageverlustfaktors $\alpha$ können entsprechende Umformulierungen nach dem Einfügen von (5.1.4) in (5.1.3) und unter der Annahme, dass $\delta$ unabhängig vom Kunden ist, zu

$$(1-\delta)\, y_{km} + u_{km} = (1-\delta)\, u_{km-1} + (1-\delta)\, D_{km} \qquad \forall\, k \in K,\ m \in M$$

führen. Bei $\alpha = 1/(1-\delta)$ ist

$$y_{km} + \alpha\, u_{km} = u_{km-1} + D_{km} \qquad \forall\, k \in K,\ m \in M$$

mit dem Nachfrageverlustfaktor $\alpha$ als Vielfaches. Allerdings ist bei dieser Modellierung die ursprüngliche Höhe der in einer Periode unbefriedigten Nachfrage nicht unmittelbar erkennbar, welches eine Interpretation der Lösung erschwert. Deshalb wird in Restriktion (5.3.5) der Nachfrageverlustfaktor $\alpha$ in Bezug zur unbefriedigten Nach-

---

[72] Vgl. Dogan/Goetschalckx (1999), S. 1031.
[73] Vgl. Escudero et al. (1999b), S. 23.

frage aus der Vorperiode gesetzt, und es gilt, dass $0 \leq \alpha \leq 1$ ist. Der Nachfrageverlust-faktor $\alpha$ ist unabhängig vom Kunden, von der Produktart und von der Periode. Folglich gibt die Höhe des Nachfrageverlustfaktors die generelle Einschätzung des Entschei-dungsträgers über das Kundenverhalten an. Zur Vermeidung einer unsystematischen und nicht nachvollziehbaren Bestimmung des Nachfrageverlustfaktors sind Aufzeich-nungen aus der Vergangenheit sowie Einschätzungen des Vertriebs über das Kunden-verhalten heranzuziehen. Unterschiede im Verhalten verschiedener Kundengruppen können zu differenzierten Werten für den Nachfrageverlustfaktor führen. Dann ist $\alpha$ um einen entsprechenden Index $k$ für die Kunden mit $k \in K$ zu erweitern. Da hohe Werte für den Nachfrageverlustfaktor bei knappen Kapazitäten zu einer Bevorzugung der entsprechenden Kunden führen, sind jedoch Manipulationen einzuschränken.

*Zusammenfassung des Programmierungsmodells*

Im vorgestellten Programmierungsmodell sind für jede Periode die Entscheidungsvari-ablen auf Basis der deterministischen Nachfrage und der gegebenen Restriktionen zu bestimmen. Hierdurch wird eine standort- und stufenübergreifende Planung ermög-licht, die ein wesentlicher Gedanke des taktischen Supply Chain Planning ist. Mit die-sem Modell kann aufgrund des mittelfristigen Planungshorizonts ein saisonaler Nach-frageverlauf berücksichtigt werden. Dazu sind insbesondere diejenigen Perioden zu betrachten, in denen die Nachfrage größer als die Kapazität eines Produktionsstandorts bzw. eines Distributionslagers ist, somit ein kapazitiver Engpass vorliegt. Im Grund-modell können bei einem kapazitiven Engpass die folgenden Entscheidungen getroffen werden:

- Periodenübergreifende Lagerhaltung – Produktion in früherer Periode und in-folgedessen Lagerung der Produktionsmenge aus vorangegangenen Perioden mit der Konsequenz, dass Lagerhaltungskosten anfallen

- Überschreitung der Lieferperiode – Produktion in späterer Periode, d.h., Ver-schiebung der Nachfrage auf spätere Perioden, wodurch sich die Nachfrage re-duziert

- Nutzung alternativer Standorte – Produktion in anderen Standorten bzw. Distri-bution in anderen Distributionslägern als im kostengünstigsten des Produktions- und Logistiknetzwerks, so dass sich höhere Produktions-, Distributions-, La-gerhaltungs- und Transportkosten ergeben können

- Nichtbelieferung der Kunden – Ausschluss der Belieferung derjenigen Kunden, bei denen nur niedrige Deckungsbeiträge erzielt werden können, womit der Verlust von Marktanteilen verknüpft ist[74]

---

[74] In dem hier betrachteten Programmierungsmodell wird dazu die unbefriedigte Nachfrage bis an das Ende des Planungshorizonts verschoben, was gleichbedeutend mit einem Ausschluss der Belieferung ist.

Letztendlich ermöglicht das vorgestellte Modell zur Unterstützung des taktischen Supply Chain Planning dem Entscheidungsträger die Erstellung eines Plans, der auf Basis der gegebenen deterministischen Nachfrage optimal ist und die Gegebenheiten in allen Stufen und Standorten berücksichtigt. Die Entscheidungsvariablen werden im Programmierungsmodell mit den zugehörigen Kosten und Erlösen bewertet, wodurch eine optimale Auswahl einer Handlungsalternative unterstützt wird. Über die dargestellten Entscheidungsvariablen hinaus können bei einem kapazitiven Engpass die nachfolgend dargestellten Entscheidungen Fremdbezug und Überstunden der Arbeitskräfte in das Grundmodell integriert werden.

*Möglichkeiten des Fremdbezugs*

Für den Fremdbezug im Zusammenhang mit dem in der vorliegenden Arbeit abgegrenzten taktischen Supply Chain Planning wird vorausgesetzt, dass aufgrund des saisonalen Nachfrageverlaufs Vollbeschäftigung, die sich darin zeigt, dass es mindestens einen vollbeschäftigten Engpass in einem Produktions- und Logistiknetzwerk gibt, lediglich in einigen Perioden in einem Planungshorizont vorliegt und gleichzeitig die Anlagenkapazitäten aufgrund des mittelfristigen Planungshorizonts als fix angesehen werden. Der Fremdbezug kann im Allgemeinen für Roh-, Hilfs- und Betriebsstoffe sowie für Halbfabrikate und Fertigprodukte durchgeführt werden.[75] Im Folgenden bezieht sich der Fremdbezug lediglich auf die Ebenen, in denen die betrachtete Unternehmung über eigene Standorte verfügt, so dass die Lieferantenebene in diesem Zusammenhang unberücksichtigt bleibt. Der Fremdbezug kann sich auch auf die Distributionsebene beziehen, indem Fertigprodukte über fremde Distributionsläger zu den Kunden geliefert werden. Um in der hier durchgeführten Abgrenzung Produktionsvorgänge, die ggf. zu den Kernkompetenzen einer Unternehmung zählen, von Fremdunternehmungen durchführen zu lassen, müssen Voraussetzungen erfüllt sein, zu denen u.a. die Gewährleistung von Bezugssicherheit, Qualitätssicherheit, Geheimhaltung und Einhaltung der Liefertermine seitens des Lieferanten zählen.[76] Zudem ist eine vertragliche Gestaltung der Lieferantenbeziehung erforderlich, die einen Zugriff auf die Kapazitäten einer Fremdunternehmung in der im Modell abgebildeten Höhe zulässt. Wenn diese Voraussetzungen erfüllt sind, kann es Fremdbezug in unterschiedlichen Ebenen eines Produktions- und Logistiknetzwerks geben. Da bei der Planung im Voraus nicht bekannt ist, in welchen Ebenen Engpässe auftreten, ist eine standortübergreifende Planung sinnvoll,[77] so dass sich das Erfordernis der Einbindung des Fremdbezugs in das Grundmodell zur Unterstützung des taktischen Supply Chain Planning ergibt.

Zur Einbeziehung des Fremdbezugs in das Planungsproblem sind die zu berücksichtigenden Produktionsstandorte und Distributionsläger fremder Unternehmungen in das Grundmodell mit den jeweiligen Kapazitäten, die zur Verfügung gestellt werden kön-

---

[75] Vgl. Corsten (2000), S. 363.
[76] Vgl. Kern (1992), S. 58.
[77] Vgl. auch Männel (1981), S. 131.

nen, zu integrieren.[78] Als Produktions- bzw. Distributionskosten sind die Zukaufs-preise zuzüglich der erforderlichen Transportkosten anzusetzen. Diese werden jedoch in den meisten Fällen die variablen Kosten der eigenen Unternehmung übersteigen, wenn die Zukaufspreise auf Vollkostenbasis kalkuliert sind.[79] Somit wird gewährleis-tet, dass beim taktischen Supply Chain Planning zunächst die Kapazitäten der eigenen Unternehmung ausgelastet werden. Zusammengefasst kann durch die Integration des Fremdbezugs in das Grundmodell diese Entscheidung im Vergleich mit den übrigen dargestellten Entscheidungen zur Behebung eines kapazitiven Engpasses sowie mit den Erlösen standort- und periodenübergreifend bewertet werden.

*Überstunden der Arbeitskräfte*

Die Entscheidung für Überstunden der Arbeitskräfte betrifft die personellen Kapazi-täten sowohl für Produktionsstandorte als auch für Distributionsläger in einem Pro-duktions- und Logistiknetzwerk. Bei einem Einsatz von Überstunden sind Restriktio-nen durch arbeitsrechtliche und tarifvertragliche Regelungen zu berücksichtigen.[80] Eine Integration im Grundmodell ist möglich, indem zusätzliche Entscheidungsvari-ablen und Restriktionen eingeführt werden.[81] Diese Entscheidungsvariablen geben die im Zeitraum der Überstunden produzierten bzw. zu den Kunden gelieferten Mengen an, wobei die Restriktionen die Höhe der durch Überstunden je Periode möglichen Produktions- und Distributionsmengen begrenzen. Gleichzeitig sind die durch Über-stunden bedingten höheren Personalkosten zu berücksichtigen, so dass für diese Ent-scheidungsvariable ein geringerer Deckungsbeitrag in der Zielfunktion anzusetzen ist. Auch diese Entscheidung kann nach Integration in dem vorgestellten Grundmodell im Vergleich mit den übrigen dargestellten Entscheidungen sowie mit den Erlösen stand-ort- und periodenübergreifend bewertet werden.

### 5.2.2 Detaillierungen des Grundmodells

Das vorgestellte Grundmodell enthält bereits wichtige Charakteristika eines Produkti-ons- und Logistiknetzwerks. Für eine praktische Umsetzung ist denkbar, dass die Ge-gebenheiten eines realen Planungsproblems Anpassungen oder Erweiterungen des Grundmodells erfordern. In der vorliegenden Arbeit werden folgende Erweiterungen dargestellt:

- Single Sourcing aus Kundensicht

- Berücksichtigung der Beschaffungsstufe

- Standortplanung für Distributionsläger

- Bestimmung des Transportmittels

---

[78] Zu dieser Vorgehensweise vgl. Timpe/Kallrath (2000), S. 427.

[79] Vgl. auch Reichmann/Palloks (1995), S. 6.

[80] Vgl. Hahn/Laßmann (1999), S. 591.

[81] Zur Darstellung eines Produktionsprogrammplanungsmodells mit Überstunden vgl. Stepan/Fischer (2001), S. 108f.

Diese vier Erweiterungen sind ebenfalls in der Tabelle 5.1 aufgeführt,[82] da diese in mehreren Literaturquellen betrachtet werden.

*Single Sourcing aus Kundensicht*

In der vorliegenden Arbeit bedeutet Single Sourcing für einen Kunden, dass dieser lediglich von einem Distributionslager beliefert wird. Gleichzeitig kann jedoch ein Distributionslager für mehrere Kunden zuständig sein. Die Vorteile des Single Sourcing werden aufgrund der Annahme von Transportkosten, die lediglich von der Distributionsmenge abhängig sind, nicht in der Zielfunktion abgebildet. Infolgedessen ist eine detaillierte Bewertung der Handlungsalternativen bezüglich der Transportkosten nicht möglich, und es wird eine Erweiterung des vorgestellten Programmierungsmodells erforderlich. Dazu sind die Restriktionen (5.3.1) bis (5.3.7) des Grundmodells um die nachfolgenden Restriktionen zu erweitern:

$$y_{jklm} \leq Z \, yss_{jk} \qquad \forall \, j \in J \, , \, k \in K \, , \, l \in L \, , \, m \in M \qquad (5.3.8)$$

$$\sum_j yss_{jk} = 1 \qquad \forall \, k \in K \qquad (5.3.9)$$

$$yss_{jk} \in \{0,1\} \qquad \forall \, j \in J \, , \, k \in K \qquad (5.3.10)$$

In diesen zusätzlichen Restriktionen ist $Z$ eine große Zahl und *yss* gemäß Restriktion (5.3.10) eine Binärvariable. Diese Entscheidungsvariable nimmt den Wert 1 an, wenn ein Kunde $k$ einem Distributionslager $j$ zugeordnet wird, andernfalls den Wert 0. Bedingt durch Restriktion (5.3.8) darf die Produktionsmenge von einem Distributionslager zu einem Kunden nur transportiert werden, wenn ein Kunde von diesem Distributionslager beliefert wird. Die Restriktion (5.3.9) stellt zur Einhaltung des Single Sourcing sicher, dass jeder Kunde nur von einem Distributionslager beliefert wird. Zusammengefasst gewährleisten Restriktionen (5.3.8) bis (5.3.10), dass sich das Single Sourcing auf alle Produktarten und auf alle Perioden bezieht. Daneben ist als Erweiterung denkbar, dass ein Distributionslager einem Kunden jeweils für einzelne Produktarten zugewiesen wird.

Eine einmal durchgeführte Zuordnung eines Kunden zu einem Distributionslager kann auch bei einer Einbindung in die rollierende Planung beibehalten werden. Dafür fließt diese Zuordnung als Parameter in die nachfolgenden Planungszyklen ein. Eine Beibehaltung der Zuordnung über einen längeren Planungshorizont ist wünschenswert, wenn mit einer Umstellung erhebliche Kosten und ein geringerer Kundenservice verbunden sind.[83] Insbesondere ist eine veränderte Zuordnung schwierig, wenn persönliche Beziehungen zwischen Mitarbeitern eines Distributionslagers und Kunden eine wichtige Rolle spielen und Auswirkungen auf die Höhe der Absatzmenge haben. Dann ist eine Modellierung zu erwägen, bei der eine durchgeführte Zuweisung von Distributionslägern zu Kunden während eines Planungshorizonts nicht mehr veränderbar ist. Sind mit

---

[82] Vgl. Tabelle 5.1, S. 114.
[83] Vgl. Geoffrion/Graves (1974), S. 824.

134

der Zuordnung spezifische Kosten wie etwa die Implementierung von Software zum Datenaustausch verbunden, ist die Entscheidungsvariable *yss* mit diesen Kosten in die Zielfunktion aufzunehmen.

Die Erweiterung des vorgestellten Grundmodells um die Restriktionen (5.3.8) bis (5.3.10) führt zu einem deterministischen und aufgrund der Binärvariablen gemischt-ganzzahligen linearen Programmierungsmodell. Mit der Einführung dieser drei Restriktionen kann bei einer großen Zahl an Produkten sowie zu berücksichtigenden Transportverbindungen die Modellgröße erheblich zunehmen. Auch schränkt die Berücksichtigung des Single Sourcing bei einem mehrperiodigen Modell den Lösungsraum ein, da eine einmal durchgeführte Zuordnung innerhalb des Planungshorizonts nicht mehr verändert werden kann und eine Aufteilung der Distributionsmenge für einen Kunden auf verschiedene Distributionsläger in einigen Perioden bei knappen Kapazitäten nicht mehr möglich ist. Dieses mag ein Grund dafür sein, dass mehrperiodige Modelle zur Produktions- und Distributionsplanung Single Sourcing nur selten berücksichtigen.[84]

*Berücksichtigung der Beschaffungsstufe*

In das taktische Supply Chain Planning sind bisher eine Produktions-, eine Distributions- und eine Kundenebene einbezogen worden. Die standortübergreifende Planung kann neben der Kundenseite auch die Beschaffungsseite eines Produktions- und Logistiknetzwerks integrieren.[85] Die Beschaffungsseite kann entweder einer Ebene externer Lieferanten oder einer vorgelagerten Produktionsebene entsprechen. Zur Berücksichtigung der Beschaffungsstufe ist die Zielfunktion (5.3.1) durch (5.3.11) zu ersetzen und zu den Restriktionen (5.3.2) bis (5.3.7) des Grundmodells sind (5.3.12) bis (5.3.14) hinzuzufügen:[86]

$$\max z = \sum_{jklm}(e_{kl} - kd_{jl} - ktdk_{jkl})\, y_{jklm} - \sum_{ijlm}(kp_{il} + ktpd_{ijl})\, x_{ijlm} - \sum_{jlm} kl_{jl}\, w_{jlm}$$

$$-\sum_{hitm}(kb_{ht} + ktbp_{hit})\, v_{hitm} \tag{5.3.11}$$

$$\sum_{i} v_{hitm} \le E_{htm} \qquad\qquad \forall\, h \in H\,,\, t \in T\,,\, m \in M \tag{5.3.12}$$

$$\sum_{j} q_{tl} x_{ijlm} = \sum_{h} v_{hitm} \qquad\qquad \forall\, i \in I\,,\, l \in L\,,\, t \in T\,,\, m \in M \tag{5.3.13}$$

$$v_{hitm} \ge 0 \qquad\qquad \forall\, h \in H\,,\, i \in I\,,\, t \in T\,,\, m \in M \tag{5.3.14}$$

---

[84] Single Sourcing bei einem mehrperiodigen Modell verwenden lediglich Timpe/Kallrath (2000), vgl. Tabelle 5.1, S. 114.

[85] Vgl. auch Weber/Dehler/Wertz (2000), S. 264f.

[86] Vgl. zur Modellierung etwa Vidal/Goetschalckx (1998), S. 23f.

**zusätzliche Indizes und Indexmengen**

$h$     : Lieferant bzw. Produktionsstandort, $h \in H$

$t$     : Einsatzmaterial, $t \in T$

**zusätzliche Daten**

$kb_{ht}$     : Beschaffungskosten für eine Einheit des Einsatzmaterials $t$ bei Lieferant bzw. Produktionsstandort $h$

$ktbp_{hit}$ : Transportkosten einer Einheit des Einsatzmaterials $t$ von Lieferant bzw. Produktionsstandort $h$ zu Produktionsstandort $i$

$q_{tl}$     : Produktionskoeffizient als Menge an Einsatzmaterial $t$ zur Herstellung einer Einheit von Produkt $l$

$E_{htm}$    : Gesamtkapazität des Lieferanten bzw. Produktionsstandorts $h$ für Einsatzmaterial $t$ in Periode $m$

**zusätzliche Entscheidungsvariable**

$v_{hitm}$    : Menge des Einsatzmaterials $t$, welche von Lieferant bzw. Produktionsstandort $h$ zu Produktionsstandort $i$ in Periode $m$ transportiert wird

Restriktion (5.3.12) stellt sicher, dass die Gesamtkapazität von Lieferant bzw. Produktionsstandort $h$ für Einsatzmaterial $t$ in Periode $m$ nicht überschritten wird. Bei der Berücksichtigung der Beschaffungsstufe sind die Stücklisten der verschiedenen Produktarten einzubeziehen, wenn zur Herstellung eines Produkts verschiedene Einsatzmaterialien erforderlich sind. Außerdem können für eine Einheit einer Produktart mehrere Einheiten eines Einsatzmaterials erforderlich sein. Dieses wird durch den Produktionskoeffizienten in Restriktion (5.3.13) gewährleistet. Durch diese Restriktion besteht die Möglichkeit, die unterschiedlichen Produktionstypen nach Art der Stoffverwertung abzubilden.[87] Schließlich wird die Einhaltung einer zusätzlichen Nichtnegativitätsbedingung durch Restriktion (5.3.14) sichergestellt. Es wird angenommen, dass Einsatzmaterialien in dem belieferten Produktionsstandort nicht gelagert, sondern in der Bedarfsperiode unmittelbar angeliefert werden.[88] Neben diesen Restriktionen ist zur Berücksichtigung der Beschaffungsstufe die zusätzliche Entscheidungsvariable $v$ in die Zielfunktion mit den zugehörigen Beschaffungskosten $kb$ und den Transportkosten $ktbp$ zwischen Lieferant bzw. vorgelagertem Produktionsstandort und Produktionsstandort in die Zielfunktion gemäß (5.3.11) aufzunehmen. Gleichzeitig entfallen die Beschaffungskosten als Teil der Produktionskosten $kp$. Im Falle von Lieferanten

---

[87] Vgl. auch die Darstellung in Kapitel 4.3.1, S. 94f.

[88] Eine periodenübergreifende Lagerhaltung von Einsatzmaterialien im Produktionsstandort ist möglich, indem eine weitere Entscheidungsvariable mit den entsprechenden Kosten und den erforderlichen Restriktionen hinzugefügt wird.

sind die Transportkosten lediglich in die Zielfunktion aufzunehmen, wenn die Kosten entscheidungsrelevant sind, d.h., von der eigenen Unternehmung zu übernehmen sind. Ansonsten kann angenommen werden, dass die Transportkosten im Zukaufspreis, somit in den Beschaffungskosten, berücksichtigt sind.

*Standortplanung für Distributionsläger*

Eine zusätzliche Erweiterung ergibt sich durch die Einbeziehung der Standortplanung für die Distributionsläger. Die Standortplanung wird von den meisten Ansätzen der Produktions- und Distributionsplanung ermöglicht. Im Rahmen einer Produktions- und Distributionsplanung wird die Standortplanung für Distributionsläger in einem mehrperiodigen Programmierungsmodell lediglich von Dogan und Goetschalckx[89] sowie von Hinojosa, Puerto und Fernández[90] ermöglicht. Eine Standortplanung für Distributionsläger kann durch folgende Modellierung berücksichtigt werden:

$$\max z = \sum_{jklm}(e_{kl} - kd_{jl} - ktdk_{jkl})\, y_{jklm} - \sum_{ijlm}(kp_{il} + ktpd_{ijl})\, x_{ijlm} - \sum_{jlm} kl_{jl}\, w_{jlm}$$
$$- \sum_{j} fkd_{j}\, std_{j} \qquad\qquad\qquad\qquad (5.3.15)$$

$$\sum_{ilm} x_{ijlm} \ \leq\ Z\, std_{j} \qquad\qquad\qquad \forall\, j \in J \qquad\qquad (5.3.16)$$

$$\sum_{kl} y_{jklm} + \sum_{l} w_{jlm} \leq Q_{jm}\, std_{j} \qquad\qquad \forall\, j \in J\,,\ m \in M \qquad (5.3.17)$$

$$std_{j}\ \in\ \{0,1\} \qquad\qquad\qquad\qquad \forall\, j \in J \qquad\qquad (5.3.18)$$

Im Vergleich zum Grundmodell ist Zielfunktion (5.3.1) durch (5.3.15) und Restriktion (5.3.3) durch (5.3.16) bis (5.3.18) zu ersetzen. Zur Standortplanung ist die Entscheidungsvariable *std* im Modell aufzunehmen, die gemäß Restriktion (5.3.18) als Binärvariable für den Planungshorizont angibt, ob ein Standort eingerichtet wird. Die Zielfunktion (5.3.15) umfasst die mit dem Betrieb eines Distributionslagers verbundenen Fixkosten *fkd*. Außerdem wird durch die große Zahl *Z* gewährleistet, dass gemäß (5.3.16) die Produktionsmenge lediglich in die eingerichteten Distributionsläger transportiert wird. Durch Restriktion (5.3.17) gibt es Distributionsmengen und periodenübergreifende Lagerhaltungsmengen nur, wenn das entsprechende Distributionslager eingerichtet ist.

Bei einer Einbeziehung der Standortplanung für Distributionsläger in das taktische Supply Chain Planning ist die Einbindung des Programmierungsmodells in die rollierende Planung zu berücksichtigen. Wenn in jedem Monat ein neuer Planungszyklus begonnen wird, kann sich auch die Standortplanung in unmittelbar folgenden Planungszyklen ändern. Eine häufige Standortänderung für Distributionsläger sollte je-

[89] Vgl. Dogan/Goetschalckx (1999).
[90] Vgl. Hinojosa/Puerto/Fernández (2000).

doch ausgeschlossen werden. Hinojosa, Puerto und Fernández schlagen in ihrem Modell vor, dass Distributionsläger zwar zu Beginn jeder Periode neu eingerichtet bzw. am Ende jeder Periode geschlossen werden können, die Entscheidung während des Planungshorizonts jedoch nicht mehr veränderbar ist.[91] Diese Vorgehensweise kann bei einer rollierenden Planung zur Vermeidung ständiger Änderungen übernommen werden, indem angegeben wird, über welchen Zeitraum eine Standortplanung nicht mehr revidierbar ist.

*Bestimmung des Transportmittels*

Zum Transport der Produkte zwischen Produktionsstandort und Distributionslager bzw. zwischen Distributionslager und Kunde können in einem Produktions- und Logistiknetzwerk verschiedene Transportmittel zur Verfügung stehen. Hierzu zählen im Wesentlichen LKW, Eisenbahn, (Binnen-)Schiff und Flugzeug.[92] Beim LKW kann weiter hinsichtlich unterschiedlicher Größen differenziert werden, hier in der Form eines kleinen und eines großen LKW. Abbildung 5.4 veranschaulicht die Möglichkeit, unterschiedliche Transportmittel für den Transport von einem Produktionsstandort zu einem Distributionslager zu verwenden.

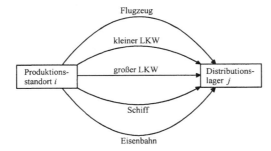

*Abbildung 5.4*: Bestimmung des Transportmittels

Hierbei wird die Erreichbarkeit der Lieferanten, Produktionsstandorte, Distributionsläger und Kunden mit den einzubeziehenden Transportmitteln vorausgesetzt, um die Berücksichtigung eines intermodalen Verkehrs für das taktische Supply Chain Planning zu vermeiden, da ansonsten die Anzahl der Handlungsalternativen in Abhängigkeit von der Zahl möglicher Umladepunkte stark steigt. Dieses gilt nicht für den Transport per Flugzeug, da eine direkte Erreichbarkeit über einen standorteigenen Flughafen in den meisten Fällen auszuschließen und die Zahl der Flughäfen als sinnvolle Umladepunkte gering ist. Infolgedessen sind bei den Kosten für die Beförderung per Flugzeug die Kosten für den anschließenden Transport, häufig per LKW, einzubeziehen.

---

[91] Vgl. Hinojosa/Puerto/Fernández (2000), S. 273. Die gleiche Vorgehensweise gilt für Produktionsstandorte – bleibt an dieser Stelle jedoch unberücksichtigt.

[92] Die Pipeline als spezielles Transportmittel vor allem für Rohöl und Erdgas wird hier nicht berücksichtigt. Vgl. etwa Bowersox/Closs (1996), S. 323, ausführlicher zur Pipeline als Transportmittel.

Die Bestimmung der Transportmittel kann durchgeführt werden, indem die Entscheidungsvariablen $x$ und $y$ des Grundmodells für die Produktmenge zwischen Produktionsstandort und Distributionslager bzw. zwischen Distributionslager und Kunde um einen Index $n$ für das Transportmittel mit $n \in N$ erweitert werden.[93] Zusätzlich hängen die Transportkosten $ktpd$ bzw. $ktdk$ vom jeweiligen Transportmittel ab. Daraus resultiert die folgende Zielfunktion, die (5.3.1) ersetzt:

$$\max z = \sum_{jklmn} (e_{kl} - kd_{jl} - ktdk_{jkln})\, y_{jklmn} - \sum_{ijlmn} (kp_{il} + ktpd_{ijln})\, x_{ijlmn} - \sum_{jlm} kl_{jl}\, w_{jlm} \qquad (5.3.19)$$

Durch den zusätzlichen Index für das Transportmittel bei $x$ und $y$ sind entsprechende Modifikationen in den Restriktionen vorzunehmen. Allerdings ist bei der Bestimmung der Transportmittel zu beachten, dass im Rahmen des taktischen Supply Chain Planning ein optimales Transportmittel für den Standardfall festgelegt wird,[94] d.h., dass innerhalb des operativen Supply Chain Planning bei unvorhergesehenen Störungen etwa in Produktionsanlagen durchaus das Flugzeug für Transporte eingeplant werden kann, obwohl bspw. das Schiff als standardmäßiges Transportmittel bestimmt ist. Die Erweiterung der Entscheidungsvariablen um einen Index erhöht die Modellgröße. Daher ist zu prüfen, ob ein optimales Transportmittel außerhalb eines Programmierungsmodells bestimmt werden kann, indem jeweils das Transportmittel mit den niedrigsten variablen Kosten für eine bestimmte Transportentfernung ausgewählt wird.[95] Andererseits ist eine Einbeziehung der Transportmittel sinnvoll, wenn gleichzeitig Kapazitäten zu berücksichtigen sind.[96] Restriktive Kapazitäten, die nicht durch Dritte erweiterbar sind, können dazu führen, dass für den Transport zwischen einem Transportstartpunkt und einem -zielpunkt verschiedene Transportmittel zeitgleich erforderlich sind, so dass eine vorherige Bestimmung unzureichend ist. Knappe Transportkapazitäten $TK$ werden durch folgende Restriktionen ausgedrückt.

$$\sum_{l} x_{ijlmn} \leq TK_{ijmn} \qquad\qquad \forall\, i \in I,\, j \in J,\, m \in M,\, n \in N \qquad (5.3.20)$$

$$\sum_{l} y_{jklmn} \leq TK_{jkmn} \qquad\qquad \forall\, j \in J,\, k \in K,\, m \in M,\, n \in N \qquad (5.3.21)$$

Ein weiterer Grund für die Einbeziehung der Transportmittel ist eine gleichzeitige Berücksichtigung von Transportzeiten wie im Modell von Arntzen et al.[97] Die Bestimmung eines Transportmittels ist hierbei abhängig von der Berücksichtigung der Durchlaufzeit im Modell. Vidal und Goetschalckx bestimmen das Transportmittel ebenfalls im Zusammenhang mit Transportzeiten, wobei die Transportzeiten für die Berechnung der Lagerhaltungskosten verwendet werden, da aufgrund erforderlicher Sicherheitsbestände angenommen wird, dass die Lagerhöhe mit der Transportzeit zu-

---

[93] Vgl. zu dieser Vorgehensweise etwa Jayaraman (1998), S. 474-476.
[94] Vgl. Shapiro (2001), S. 241.
[95] Vgl. Shapiro (2001), S. 242.
[96] Transportmittel in Verknüpfung mit einer Berücksichtigung von Transportkapazitäten bestimmen Arntzen et al. (1995); Dogan/Goetschalckx (1999); van Roy (1989).
[97] Vgl. Arntzen et al. (1995), S. 85-90.

nimmt.[98] Beim Programmierungsmodell von Jayaraman, das weder Transportkapazitäten noch -zeiten berücksichtigt, könnten die Transportmittel vorab bestimmt werden.[99]

Durch diese vier dargestellten Erweiterungsmöglichkeiten kann das vorgestellte Grundmodell für reale Planungsprobleme entsprechend angepasst werden. Die Erweiterungen sind hier als alternativ durchzuführend dargestellt, können jedoch auch gleichzeitig mit entsprechenden Modifikationen in einem Programmierungsmodell zur Unterstützung des taktischen Supply Chain Planning verwendet werden. Dann ist jedoch die Modellgröße mit den entsprechenden Einschränkungen bei der Lösungsfindung zu berücksichtigen. Neben diesen drei Erweiterungsmöglichkeiten finden sich in der Literatur u.a. die Berücksichtigung einer von der Produktart abhängigen Inanspruchnahme des Distributionslagers,[100] die Einbeziehung von Umrüstzeiten[101] oder eine detailliertere Betrachtung der Produktionsstandorte bis hin zur Ebene der Maschinen.[102] Weitere, für einige Planungsprobleme wichtige Erweiterungen sind durch eine Berücksichtigung internationaler Produktions- und Logistiknetzwerke bedingt, die im Folgenden näher betrachtet werden.

## 5.3 Erweiterungen für internationale Produktions- und Logistiknetzwerke

### 5.3.1 Wesentliche Charakteristika

Bei internationalen, hier angenommen zweistufigen Produktions- und Logistiknetzwerken liegen die Produktionsstandorte, die Distributionsläger und die Kunden zumindest teilweise in unterschiedlichen Ländern, so dass die Güterflüsse Ländergrenzen überschreiten können. Die Berücksichtigung dieser Gegebenheiten führt zu veränderten Anforderungen an Programmierungsmodelle zur Unterstützung des taktischen Supply Chain Planning gegenüber nationalen Produktions- und Logistiknetzwerken. Abbildung 5.5 zeigt illustrativ Standorte und Kunden in vier Ländern und die daraus resultierenden grenzüberschreitenden Güterflüsse. Die Lage der Standorte in unterschiedlichen Ländern erhöht die Anzahl der Einflussfaktoren auf das taktische Supply Chain Planning-Problem. Hieraus folgt eine Zunahme der Entscheidungsvariablen in einem Programmierungsmodell im Vergleich zu nationalen Produktions- und Logistiknetzwerken. Da internationale Produktions- und Logistiknetzwerke eine Vielzahl an Charakteristika aufweisen, konzentriert sich die vorliegende Arbeit auf diejenigen, die von den vorgestellten Programmierungsmodellen für internationale Produktions- und Logistiknetzwerke thematisiert werden.[103]

---

[98] Zur Darstellung des Modells vgl. Vidal/Goetschalckx (1998), S. 16-24. Ausführlicher zur Erklärung des Zusammenhangs zwischen Transportzeit und Lagerbestand vgl. Vidal/Goetschalckx (2000), S. 106f.
[99] Vgl. Jayaraman (1998), S. 474-476.
[100] Vgl. Jayaraman (1998), S. 474-476.
[101] Vgl. Timpe/Kallrath (2000), S. 425.
[102] Vgl. Brown/Graves/Honczarenko (1987), S. 1470f.; Dogan/Goetschalckx (1999), S. 1029f.
[103] Für eine ausführliche Übersicht zu Charakteristika internationaler Produktions- und Logistiknetzwerke vgl. Vidal/Goetschalckx (1997), S. 14.

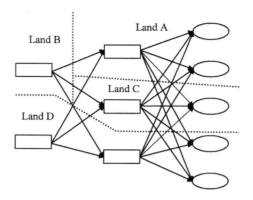

Produktionsstandorte    Distributionsläger    Kunden

*Abbildung 5.5*: Internationales Produktions- und Logistiknetzwerk

Mit Standorten in unterschiedlichen Währungsgebieten kann eine Abrechnung in verschiedenen Währungen bspw. bei den Transportkosten verknüpft sein. Für eine standortübergreifende Planung sind die in unterschiedlichen Währungen ausgewiesenen Geldbeträge in eine einheitliche Währung umzurechnen. Dieses kann die Währung des Hauptsitzes der betrachteten Unternehmung oder eine künstliche Abrechnungswährung sein. Eine weitere Rahmenbedingung für internationale Produktions- und Logistiknetzwerke sind Zölle als Abgaben auf Produkte, welche die Grenze eines Zollgebiets überschreiten.

Außerdem können sich die Steuersätze der einzelnen Länder voneinander unterscheiden. Als differenzierte Steuersätze werden vor allem Steuern auf den erzielten Gewinn berücksichtigt, der eng mit den Verrechnungspreisen verknüpft ist. Verrechnungspreise gehen davon aus, dass die Standorte eigene wirtschaftliche Bereiche in einem Produktions- und Logistiknetzwerk sind. Die Verrechnungspreise entsprechen dem Produktwert, der für den Transfer zwischen diesen Bereichen einer Unternehmung angesetzt wird, und basieren häufig auf dem Marktpreis oder den Kosten, um eine möglichst objektive wirtschaftliche Bewertung der Bereiche zu ermöglichen.[104] In internationalen Produktions- und Logistiknetzwerken können mit der Bestimmung von Verrechnungspreisen auch Gewinnverlagerungen in Länder mit niedrigen gewinnabhängigen Steuern zur Maximierung des kalkulatorischen Gewinns nach Steuern angestrebt werden.[105] Allerdings hat die Ermittlung der Verrechnungspreise innerhalb der von den zuständigen Finanzbehörden erlaubten Grenzen zu erfolgen.[106] Eng mit den Verrechnungspreisen sind die Transportkosten verknüpft. Bei wirtschaftlich eigenen Bereichen ist beim Transport bspw. von einem Produktionsstandort zu einem Distributionslager darüber zu entscheiden, ob die Transportkosten dem Transportstartpunkt

---

[104] Für eine umfassende Darstellung vgl. etwa Hahn/Laßmann (1993b), S. 143-153.
[105] Für ein Rechenbeispiel vgl. Vidal/Goetschalckx (1998), S. 7-12.
[106] Vgl. Shapiro (2001), S. 250f.

oder dem -zielpunkt zugerechnet werden. Diese Entscheidung ist auch unter der Ziel-setzung einer Gewinnverlagerung aufgrund unterschiedlicher Steuersätze zu treffen.

Die Einbeziehung von Ländern mit Local Content-Regelungen führt durch die Vor-schrift, in Importländern zu produzieren, wenn dort Produkte verkauft werden, zu einer Einschränkung der Anzahl der Handlungsalternativen. Daneben sind ggf. auch Kom-pensationsgeschäfte zu berücksichtigen. Einige Autoren betrachten überdies die Be-stimmung des Transportmittels ausschließlich in Verbindung mit internationalen Pro-duktions- und Logistiknetzwerken,[107] da Transportmittel wie etwa der Seeweg erst dann relevant sind. Allerdings stehen auch bei nationalen Produktions- und Logistik-netzwerken verschiedene Transportmittel zur Verfügung, so dass die Bestimmung des Transportmittels keine originäre Planungsaufgabe für internationale Produktions- und Logistiknetzwerke ist.[108]

| Programmierungsmodelle<br><br>Charakteristika | Arntzen et al. (1995) | Cohen/Lee (1989) | Vidal/Goetschalckx (1998) | Grundmodell mit Erweiterungen |
|---|---|---|---|---|
| Wechselkurse | x | x | x | x |
| Zölle | x | x | x | x |
| Steuern | x | x | x | |
| Verrechnungspreise | | x | x | x |
| Zuordnung Transportkosten | | x | x | x |
| Local Content | x | | | x |
| Kompensationsgeschäfte | x | x | | x |

*Tabelle 5.2*: Charakteristika internationaler Produktions- und Logistiknetzwerke

Die Charakteristika der drei Ansätze sowie des anknüpfend zu entwickelnden Grund-modells zur Unterstützung des taktischen Supply Chain Planning in internationalen Produktions- und Logistiknetzwerken einschließlich der Erörterung über Erweiterun-gen sind in Tabelle 5.2 zusammengefasst.[109]

Arntzen et al. haben in ihrem umfassenden Programmierungsmodell für ein Produkti-ons- und Logistiknetzwerk eines Personalcomputer-Herstellers einige Charakteristika

---

[107] Vgl. etwa Vidal/Goetschalckx (1998), S. 3.

[108] Steven/Krüger (2001), S. 34, unterscheiden zwischen einer regionalen und einer globalen Logistik und wei-sen in diesem Zusammenhang darauf hin, dass je nach Transportentfernung unterschiedliche Transportmittel einzusetzen sind.

[109] Neben diesen Ansätzen berücksichtigt Oxé (1997), S. 339, Zölle als Charakteristik internationaler Produkti-ons- und Logistiknetzwerke. Da Oxé lediglich Zölle als zusätzliche Komponente der Transportkosten erfasst, wird dieser Ansatz nicht den Programmierungsmodellen für internationale Produktions- und Logistiknetz-werke zugeordnet.

142

für internationale Produktions- und Logistiknetzwerke verwendet.[110] Hierzu zählen Wechselkurse, Zölle und nach Ländern unterschiedliche Steuersätze. Zudem werden im Programmierungsmodell Kompensationsgeschäfte in der Ausgestaltung des Offset Trade und Local Content-Regelungen berücksichtigt.

Auch das Programmierungsmodell von Cohen und Lee umfasst wichtige Charakteristika internationaler Produktions- und Logistiknetzwerke.[111] Dieses Modell unterstützt die Planung, ob die Transportkosten dem Transportstartpunkt oder dem -zielpunkt zugerechnet werden, welches jedoch zu einem nichtlinearen, genauer bilinearen Modell führt, da zwei Entscheidungsvariablen in einer Restriktion multiplikativ verknüpft sind. Die Zuordnung von Transportkosten wird als Binärvariable im Modell abgebildet, d.h., die Transportkosten werden einem Standort entweder vollständig oder gar nicht zugeordnet, und außerhalb des Programmierungsmodells in Politiken vorgenommen, so dass die entsprechenden Variablen vor der Lösungsermittlung mit Hilfe analytischer Verfahren fixiert sind. Dadurch, dass diese Variablen vorweg bestimmt werden, wird das nichtlineare zu einem linearen Programmierungsmodell. Verrechnungspreise werden von den Autoren auf Basis der entstandenen Kosten, die um einen bestimmten Satz erhöht werden, ermittelt. Darüber hinaus werden in dem Modell Wechselkurse, nach Ländern unterschiedliche Steuersätze, Zölle und Kompensationsgeschäfte als Offset Trade berücksichtigt.

Vidal und Goetschalckx untersuchen in ihrem Programmierungsmodell schwerpunktmäßig die Planungsaufgabe der Zuordnung von Verrechnungspreisen und Transportkosten zu den Standorten als wirtschaftlich eigene Bereiche.[112] Die Einbeziehung dieser beiden Größen als Entscheidungsvariablen führt ebenfalls zu einem nichtlinearen Programmierungsmodell. Daneben betrachten die Autoren Wechselkurse, nach Ländern unterschiedliche Steuersätze und Zölle.

## 5.3.2 Entwicklung eines Programmierungsmodells

Die drei dargestellten Ansätze decken die ausgewählten Charakteristika internationaler Produktions- und Logistiknetzwerke ab. Eine Neuformulierung ist hier aufgrund einer zum Grundmodell für nationale Produktions- und Logistiknetzwerke passenden Modellierung erforderlich. Das anknüpfend entwickelte Programmierungsmodell für ein internationales Produktions- und Logistiknetzwerk berücksichtigt als wichtige Charakteristik die Zölle. Es wird angenommen, dass bei Überschreitung einer Zollgrenze für die Einfuhr der Fertigprodukte ein Wertzoll mit dem Zollsatz $zs$ erhoben wird. Der Wert eines Produkts entspricht dem Verrechnungspreis, der vom Entscheidungsträger extern vorgegeben wird. Der Zollsatz ist abhängig davon, welche Zollgrenze beim Transportweg zwischen einem Produktionsstandort $i$ und einem Distributionslager $j$ überschritten wird. Keine Überschreitung einer Zollgrenze führt zu einem Zollsatz von

[110] Vgl. Arntzen et al. (1995).
[111] Vgl. Cohen/Lee (1989).
[112] Vgl. Vidal/Goetschalckx (1998).

null. Außerdem wird angenommen, dass Produkte nur in Zollgebiete geliefert werden, in denen es ein Distributionslager gibt. Dadurch wird vermieden, dass von den Kunden zu zahlende Importzölle und damit unterschiedliche Zahlungsbereitschaften, abhängig vom liefernden Distributionslager, zu berücksichtigen sind. Außerdem umfasst das Programmierungsmodell Wechselkurse, um eine Umrechnung in eine einheitliche Währung zu ermöglichen. Ferner wird davon ausgegangen, dass die an verschiedenen Standorten in unterschiedlichen Ländern herzustellenden Produkte keine qualitativen Abweichungen aufweisen.[113]

*Darstellung des Grundmodells*

Zur Unterstützung des taktischen Supply Chain Planning für internationale Produktions- und Logistiknetzwerke wird das folgende deterministische, lineare, mehrperiodige Programmierungsmodell vorgeschlagen:

$$\max z = \sum_j dbd_j + \sum_i dbp_i \tag{5.4.1a}$$

so dass

$$dbd_j = \frac{1}{wk_j}\left[\sum_{klm}\left(e_{kl} - kd_{jl} - ktdk_{jkl}\right)y_{jklm} \right.$$
$$\left. -\sum_{ilm}\frac{wk_j}{wk_i}tr_{il}(1+zs_{ijl})\,x_{ijlm} - \sum_{lm}kl_{jl}\,w_{jlm}\right] \qquad \forall\, j \in J \tag{5.4.1b}$$

$$dbp_i = \frac{1}{wk_i}\sum_{jlm}(tr_{il} - kp_{il} - ktpd_{ijl})\,x_{ijlm} \qquad \forall\, i \in I \tag{5.4.1c}$$

$$\sum_{jl} p_l\, x_{ijlm} \le P_{im} \qquad \forall\, i \in I\,,\, m \in M \tag{5.4.2}$$

$$\sum_{kl} y_{jklm} + \sum_l w_{jlm} \le Q_{jm} \qquad \forall\, j \in J\,,\, m \in M \tag{5.4.3}$$

$$\sum_i x_{ijlm} + w_{jlm\text{-}1} = \sum_k y_{jklm} + w_{jlm} \qquad \forall\, j \in J\,,\, l \in L\,,\, m \in M \tag{5.4.4}$$

$$\sum_j y_{jklm} + u_{klm} = \alpha\, u_{klm\text{-}1} + D_{klm} \qquad \forall\, k \in K\,,\, l \in L\,,\, m \in M \tag{5.4.5}$$

$$x_{ijlm}\,,\, y_{jklm}\,,\, w_{jlm}\,,\, u_{klm} \ge 0 \qquad \forall\, i \in I\,,\, j \in J\,,\, k \in K\,,\, l \in L\,,\, m \in M \tag{5.4.6}$$

$$dbd_j\,,\, dbp_i \in \mathbb{R} \qquad \forall\, i \in I\,,\, j \in J \tag{5.4.7}$$

$$w_{jl0}\,,\, u_{kl0} = 0 \qquad \forall\, j \in J\,,\, k \in K\,,\, l \in L \tag{5.4.8}$$

---

[113] Diese Annahme wird etwa von Werkmeister (1997), S. 81f., diskutiert.

**Indizes und Indexmengen**

$i$ :     Produktionsstandort, $i \in I$

$j$ :     Distributionslager, $j \in J$

$k$ :     Kunde, $k \in K$

$l$ :     Produkt, $l \in L$

$m$ :    Periode, $m \in M$

**Daten**

$\alpha$ :     Verringerung der Nachfragehöhe bei Befriedigung in Folgeperiode mit $0 \le \alpha \le 1$

$D_{klm}$ :   Nachfrage nach Produkt $l$ durch Kunde $k$ in Periode $m$

$e_{kl}$ :     Erlös für eine Einheit des Produkts $l$ beim Verkauf an Kunde $k$

$kd_{jl}$ :   Lagerhaltungskosten für eine Einheit des Produkts $l$ in Distributionslager $j$

$kl_{jl}$ :   Lagerhaltungskosten für eine Einheit des Produkts $l$ in Distributionslager $j$ zur Lagerung für die Folgeperiode

$kp_{il}$ :   Produktionskosten für eine Einheit des Produkts $l$ in Produktionsstandort $i$

$ktdk_{jkl}$ : Transportkosten einer Einheit des Produkts $l$ von Distributionslager $j$ zu Kunde $k$

$ktpd_{ijl}$ : Transportkosten einer Einheit des Produkts $l$ von Produktionsstandort $i$ zu Distributionslager $j$

$p_l$ :     Kapazitätsbedarf des Produkts $l$

$P_{im}$ :    Gesamtkapazität des Produktionsstandorts $i$ in Periode $m$

$Q_{jm}$ :   Periodenkapazität des Distributionslagers $j$ in Periode $m$

$tr_{il}$ :    Verrechnungspreis einer Einheit des Produkts $l$ bei Herstellung in Produktionsstandort $i$

$wk_i$ :   Wechselkurs für Währung des Produktionsstandorts $i$ im Verhältnis zur Abrechnungswährung

$wk_j$ :   Wechselkurs für Währung des Distributionslagers $j$ im Verhältnis zur Abrechnungswährung

$zs_{ijl}$ :     Zollsatz für eine Einheit des Produkts $l$ bei Transport von Produktionsstandort $i$ zu Distributionslager $j$

## Entscheidungsvariablen

$dbp_i$ :     Deckungsbeitrag des Produktionsstandorts $i$

$dbd_j$ :     Deckungsbeitrag des Distributionslagers $j$

$x_{ijlm}$ :     Produktmenge des Produkts $l$, welche von Produktionsstandort $i$ zu Distributionslager $j$ in Periode $m$ transportiert wird

$y_{jklm}$ :     Produktmenge des Produkts $l$, welche von Distributionslager $j$ zu Kunde $k$ in Periode $m$ transportiert wird

$w_{jlm}$ :     Produktmenge des Produkts $l$, welche in Distributionslager $j$ in Periode $m$ für die Folgeperiode gehalten wird

$u_{klm}$ :     Nachfragemenge von Kunde $k$ nach Produkt $l$, welche in Periode $m$ nicht erfüllt werden kann

Im Vergleich zum Grundmodell für nationale Produktions- und Logistiknetzwerke[114] führt die Einbeziehung der Zölle und der Wechselkurse zu einer veränderten Zielfunktion, indem (5.3.1) zu (5.4.1a) bis (5.4.1c) erweitert wird. Im vorliegenden Programmierungsmodell ist jeder Produktionsstandort und jedes Distributionslager ein eigener wirtschaftlicher Bereich. Für jeden Bereich gibt es einen eigenen Abrechnungskreis, d.h., es wird der jeweilige Deckungsbeitrag ermittelt.[115] Zielsetzung des Programmierungsmodells ist die Maximierung des Gesamtdeckungsbeitrags, der sich aus dem Deckungsbeitrag der Produktionsstandorte $dbp$ und dem Deckungsbeitrag der Distributionsläger $dbd$ zusammensetzt.[116] Da Deckungsbeiträge positive und negative Werte annehmen können, sind die Variablen $dbp$ bzw. $dbd$ unbeschränkt. Gleichung (5.4.1b) ermittelt die Deckungsbeiträge für die Distributionsläger. Die Erlöse $e$ für ein Distributionslager resultieren aus dem Verkauf der Produkte an die Kunden. Als Kosten sind die Lagerhaltungskosten $kd$ und die Transportkosten $ktdk$ für die Liefermenge an den Kunden einzubeziehen. Die Verrechnungspreise $tr$ entsprechen den Beschaffungskosten, die zunächst durch $wk_j/wk_i$ in die Währung des Distributionslagers umzurechnen sind. Außerdem sind Einfuhrzölle in Höhe des Zollsatzes $zs$ in der Währung des Distributionslagers zu berücksichtigen. Da es auch in diesem Programmierungsmodell die Möglichkeit einer periodenübergreifenden Lagerhaltung gibt, sind die Kosten $kl$ für eine Lagerhaltung in die Folgeperiode einzubeziehen. Die er-

---

[114] Vgl. Kapitel 5.2.1, S. 120-122.

[115] Diese Vorgehensweise bei der Modellierung findet sich in der Regel bei Programmierungsmodellen für internationale Produktions- und Logistiknetzwerke, vgl. Cohen/Lee (1989); Vidal/Goetschalckx (1998).

[116] Zu dieser Vorgehensweise vgl. Vidal/Goetschalckx (1998), S. 21-23. Die durchgeführte Aufteilung der Zielfunktion dient hier zur Verdeutlichung des Vorgehens bei Planungsproblemen für internationale Produktions- und Logistiknetzwerke, weshalb auch eine Zusammenfassung von (5.4.1a) bis (5.4.1c) zu einer Zielfunktion möglich ist.

mittelten Deckungsbeiträge werden durch $1/wk_j$ in die Abrechnungswährung umgeformt. In Gleichung (5.4.1c) werden die Deckungsbeiträge für die Produktionsstandorte bestimmt. Die Erlöse entsprechen den Verrechnungspreisen $tr$, die der Produktionsstandort für die Lieferungen an die Distributionsläger abhängig von der Produktart erhält. Von diesen Erlösen sind die entsprechenden Produktionskosten $kp$ und Transportkosten $ktpd$ zu subtrahieren. Der auf diese Weise ermittelte Deckungsbeitrag wird von der Währung des Produktionsstandorts in die Abrechnungswährung durch $1/wk_i$ umgerechnet. Die Restriktionen (5.4.2) bis (5.4.8) entsprechenden den Restriktionen (5.3.2) bis (5.3.7) des Grundmodells für nationale Produktions- und Logistiknetzwerke, zusätzlich gibt die Restriktion (5.4.7) an, dass die Variablen der Deckungsbeiträge vorzeichenunbeschränkt sind.

*Modellerweiterungen*

Das vorgestellte Programmierungsmodell ist ein Grundmodell zur Unterstützung des taktischen Supply Chain Planning für internationale Produktions- und Logistiknetzwerke unter Einbeziehung von Wechselkursen und Zöllen. Hervorzuheben ist die Modellierung der Produktionsstandorte und der Distributionsläger als eigene wirtschaftliche Bereiche mit einer Ermittlung der jeweiligen Deckungsbeiträge. Diese Modellierung bildet die Basis für Erweiterungen des Modells hinsichtlich zusätzlicher Einflussfaktoren. Eine Möglichkeit ist eine grobe Betrachtung steuerlicher Belastungen auf Basis von Kosten und Erlösen, um die je nach Ländern unterschiedlichen steuerlichen Regelungen zu berücksichtigen.[117] Vielfach werden gewinnabhängige Steuern auf den kalkulatorischen Gewinn erfasst.[118] Zur Ermittlung des kalkulatorischen Gewinns ist zusätzlich zum vorgestellten Programmierungsmodell die Erfassung fixer Kosten aus dem Betrieb der Produktionsstandorte und der Distributionsläger erforderlich. Bei einer Erfassung gewinnabhängiger Steuern können die Verrechnungspreise als Entscheidungsvariable modelliert werden, um Gewinnverlagerungen in Länder mit niedrigen Steuersätzen zu erreichen. Als weitere Restriktion sind dann die Verrechnungspreise innerhalb der von den zuständigen Finanzbehörden erlaubten Grenzen zu bestimmen. Die Modellierung der Verrechnungspreise $tr$ als Entscheidungsvariable führt dazu, dass Restriktion (5.4.1b) nichtlinear wird. Daraus resultiert ein Programmierungsmodell mit linearer Zielfunktion, linearen und nichtlinearen Restriktionen.

Gewinnverlagerungen können auch erreicht werden, indem eine weitere Entscheidungsvariable modelliert wird, die angibt, in welcher Höhe Transportkosten dem Produktionsstandort oder dem Distributionslager zuzuordnen sind. Dazu sind die Transportkosten $ktpd$ sowohl in Restriktion (5.4.1b) als auch in Restriktion (5.4.1c) aufzunehmen. Entscheidungsvariable in (5.4.1b) ist der Kostenanteil $ka$, den das Distributionslager übernimmt, und in (5.4.1c) der vom Produktionsstandort zu tragende Anteil der Transportkosten $(1-ka)$ abhängig vom Transportweg zwischen Produktionsstand-

---

[117] Da für eine steuerliche Betrachtung neben dem Programmierungsmodell zusätzlich umfangreiche Berechnungen erforderlich sind, werden Steuern in Tabelle 5.2 nicht als erfasste Charakteristik für das Grundmodell mit Erweiterungen angeben.

[118] Vgl. etwa Cohen/Lee (1989), S. 99-102; Vidal/Goetschalckx (1998), S. 20-24.

ort und Distributionslager sowie vom Produkt. Infolgedessen sind dann sowohl Restriktion (5.4.1b) als auch Restriktion (5.4.1c) nichtlinear.

Ferner können Local Content-Regelungen in das vorgestellte Programmierungsmodell einbezogen werden, wozu angenommen wird, dass die Verrechnungspreise dem Wert eines Produkts entsprechen. Zur Berücksichtigung von Local Content-Regelungen sind zusätzliche Restriktionen aufzunehmen, wobei die Modellierung dieser Restriktionen abhängig von der konkreten Local Content-Regelung ist. Wichtige zusätzliche Daten sind etwa der von einem Land geforderte Local Content, der in dem Land hinzugefügte Produktwert sowie der Gesamtwert der im Land verkauften Produkte.[119] Ähnliche Daten müssen auch bei Modellierungen von Kompensationsgeschäften in der Form des Offset Trade erfasst werden.[120]

*Berücksichtigung der Durchlaufzeit*

Auch wenn vielfach bei international ausgerichteten Produktionsprozessen die Erzielung von Kostenvorteilen im Vordergrund steht,[121] kann beim taktischen Supply Chain Planning für internationale Produktions- und Logistiknetzwerke die Durchlaufzeit von Interesse sein. Bei internationalen Produktions- und Logistiknetzwerken können die Standorte der Lieferanten, der Produktion und der Distribution sowie die Kunden weltweit verteilt sein.[122] Lösungen, die auf Basis der dargestellten Programmierungsmodelle erzeugt werden, können sich dadurch auszeichnen, dass unter Ausnutzung von Kostenvorteilen bei der Beschaffung oder in der Produktion weite Transportwege für Einsatzmaterialien oder Fertigprodukte in Kauf genommen werden.[123] Weite Transportwege, die etwa auf dem Seeweg zurückgelegt werden, können über lange Transportzeiten mit langen Durchlaufzeiten verknüpft sein. Zusätzliche Einflussfaktoren, die lange Durchlaufzeiten in internationalen Produktions- und Logistiknetzwerken bedingen können, sind Kommunikationsprobleme bei unterschiedlichen Sprachen, Finanzierungsaspekte oder auch das Erfordernis spezieller Verpackungen.[124] Lange Durchlaufzeiten wiederum haben Einfluss auf den Kundenservice, wenn diese zu langen Lieferzeiten führen.

Die dargestellte Verminderung des Kundenservices ist im vorgestellten Programmierungsmodell mit der Zielsetzung einer Maximierung des Deckungsbeitrags nicht berücksichtigt, da lange Durchlaufzeiten, welche die Länge einer Periode übersteigen, nicht erfasst werden und infolgedessen nicht über den Nachfrageverlustfaktor $\alpha$ zu Erlösschmälerungen führen. Eine Erfassung von Erlösschmälerungen in Abhängigkeit

---

[119] Für eine Darstellung einer konkreten Local Content-Regelung vgl. Arntzen et al. (1995), S. 85-90. Vielfach wird ein festes Verhältnis zwischen importierten und vor Ort beschafften Einsatzmaterialien vorgegeben, vgl. Werkmeister (1997), S. 94.

[120] Vgl. die Modellierungen bei Arntzen et al. (1995), S. 85-90; Cohen/Lee (1989), S. 99-102.

[121] Vgl. etwa Lindberg/Voss/Blackmon (1998), S. 13.

[122] Vgl. als Beispiele Augustin/Büngers (1998), S. 109; Meyer/Liebl (1999), S. 6.

[123] Auf Transportzeiten, die je nach Entwicklungsstand eines Landes unterschiedlich sein können, weisen Prasad/Babbar (2000), S. 226, hin.

[124] Vgl. etwa Bowersox/Closs (1996), S. 159.

von der Durchlaufzeit ist aufgrund der erforderlichen Quantifizierung jedoch nur schwer möglich. Überdies ist die Bewertung möglicher Veralterungen von Einsatzmaterialien oder Produkten bedingt durch lange Durchlaufzeiten in Märkten mit kurzen Produktlebenszyklen schwierig.[125] Daher wird vorgeschlagen, als Zielsetzung die Durchlaufzeit zu berücksichtigen,[126] woraus ein Mehrfachzielproblem mit den beiden Zielsetzungen Minimierung der Kosten oder Maximierung des Deckungsbeitrags und Minimierung der Durchlaufzeit resultiert. Diese beiden Zielsetzungen können wie oben gezeigt zueinander in Konflikt stehen. Arntzen et al. gehen von einer Zielfunktion aus, in welcher die beiden Ziele Kosten und Durchlaufzeit durch eine additive Verknüpfung mit den Gewichtungsfaktoren $\chi$ bzw. $(1-\chi)$ berücksichtigt werden. Allerdings ist die Verwendung dieser Zielfunktion als problematisch anzusehen.[127] Infolgedessen ist es sinnvoller, Anspruchsniveaus für die Durchlaufzeiten zu setzen. Dazu ist vom Entscheidungsträger vorzugeben, welche maximale Durchlaufzeit für jede Produktart in Kauf genommen werden kann. Diese Werte sind sinnvollerweise in Zusammenarbeit mit dem Funktionsbereich Absatz einer Unternehmung festzulegen. Von den Lösungen, die dieses vorgegebene Anspruchsniveau erfüllen, wird diejenige ausgewählt, die den höchsten Deckungsbeitrag aufweist.

Mit Hilfe der vorgestellten Komponenten wie etwa Wechselkurse oder Zölle kann ein Programmierungsmodell zur Unterstützung des taktischen Supply Chain Planning für internationale Produktions- und Logistiknetzwerke aufgestellt und an reale Planungsprobleme angepasst werden. Für eine Anwendung bei realen taktischen Supply Chain Planning-Problemen sind sowohl diese deterministischen Programmierungsmodelle als auch die für nationale Produktions- und Logistiknetzwerke in die rollierende Planung einzubinden, und es sind geeignete Lösungsverfahren einzusetzen.

## 5.4 Anwendung der deterministischen Programmierung

### 5.4.1 Einbindung in die rollierende Planung

Die vorgestellten Programmierungsmodelle zur Unterstützung des taktischen Supply Chain Planning betrachten einen mittelfristigen Planungshorizont von einem Jahr. Beim taktischen Supply Chain Planning mit mehreren Lieferanten, Produktionsstandorten, Distributionslägern und Kunden gibt es Einflussfaktoren, die sich innerhalb eines Planungshorizonts im Zeitablauf verändern und Abweichungen der in einem Programmierungsmodell verwendeten Daten bedingen können. Das vorgestellte Grundmodell für nationale Produktions- und Logistiknetzwerke umfasst als Daten Produktions- und Distributionskapazitäten, Kapazitätsbedarfe, Nachfragemengen, Kosten, Erlöse sowie die Höhe des Nachfrageverlustfaktors. Erweiterungen zum Grundmodell sind mit weiteren zu berücksichtigenden Daten wie etwa Anzahl der Lieferanten oder Art der Transportmittel verknüpft. Hierzu zählen auch Erweiterungen für internatio-

---

[125] Vgl. Vidal/Goetschalckx (2000), S. 102.
[126] Vgl. Arntzen et al. (1995), S. 75f.
[127] Vgl. Kapitel 5.1.2, S. 113.

nale Produktions- und Logistiknetzwerke. Das Grundmodell umfasst Wechselkurse, Zölle und Verrechnungspreise.[128] In den dargestellten Programmierungsmodellen sind alle Daten mit Hilfe deterministischer Parameter abgebildet. Zur Aktualisierung der vorgestellten Programmierungsmodelle aufgrund von Datenänderungen kann eine Einbindung in die rollierende Planung durchgeführt werden.

Die rollierende Planung kann ereignisorientiert oder zyklusorientiert erfolgen. Bei der ereignisorientierten Planung steht die Aktualisierung der Planung in einem Konflikt zur Planungsnervosität, da aus Datenänderungen Abweichungen in den taktischen Plänen bei zwei aufeinander folgenden Planungszyklen resultieren können. Insbesondere im Zusammenhang mit den in Supply Chain Planning-Softwaresystemen implementierten Modulen globale Verfügbarkeitsprüfung bzw. Available to Promise wird diskutiert, ob eine Neuplanung des taktischen Plans auch von einem Auftragseingang ausgelöst werden kann.[129] Dadurch wird angestrebt, die Zuverlässigkeit des prognostizierten Liefertermins zu verbessern. Einer mit der ereignisorientierten Planung ggf. verknüpften zu hohen Planungsnervosität ist durch Mindestanforderungen für eine Planungsauslösung zu begegnen.[130] Deshalb sind geeignete Kriterien zur Bestimmung des Zeitpunkts einer Neuplanung vom Entscheidungsträger zu entwickeln, die etwa die Wichtigkeit eines Kunden oder den Auftragswert einbeziehen.[131] Die Häufigkeit der Neuplanung ist außerdem von der Modellgröße und der Dauer zur Ermittlung einer Lösung abhängig, da eine häufige Neuplanung lediglich bei einer kurzen Dauer der Lösungsermittlung sinnvoll ist. Zur Ermittlung einer Lösung sind entsprechende Verfahren erforderlich, die nachfolgend dargestellt werden.

## 5.4.2 Überblick über Lösungsverfahren

Eine Abbildung von Produktions- und Logistiknetzwerken führt zu großen Programmierungsmodellen. Die Größe ist abhängig von der Anzahl der Stufen, der Standorte, der Produktarten, der Perioden im Planungshorizont und vom durch den Entscheidungsträger gewünschten Detaillierungsgrad. Neben der Modellgröße ist für die Auswahl der Lösungsverfahren von Bedeutung, ob ein lineares, ein gemischt-ganzzahliges lineares oder ein nichtlineares Programmierungsmodell vorliegt. Beide Grundmodelle und einige Modelle mit Erweiterungen sind linear. Binäre Entscheidungsvariablen, wie sie bei der Berücksichtigung des Single Sourcing für den Kunden und bei der Standortplanung für Distributionsläger auftreten, führen zu gemischt-ganzzahligen linearen Programmierungsmodellen. Nichtlineare Restriktionen gibt es bei Programmierungsmodellen für internationale Produktions- und Logistiknetzwerke, in denen die Ver-

---

[128] Verrechnungspreise werden hier vom Entscheidungsträger vorgegeben, so dass diese nicht direkt extern begründeten Datenänderungen unterliegen.

[129] Vgl. Rohde/Meyr/Wagner (2000), S. 11f. Dieses betrifft Aufträge mit einem Liefertermin, der nicht in die erste Periode eines Planungshorizonts fällt, da diese Periode bereits Bestandteil der faktischen Instruktion ist. Andererseits kann ein Auftragseingang mit einem Liefertermin in der ersten Periode eine Planungsauslösung im operativen Supply Chain Planning und ein Feedback im taktischen Supply Chain Planning bedingen.

[130] Vgl. Idhe (2001), S. 252f.; Robinson/Dilts (1999), S. 33.

[131] Vgl. Meier et al. (2001), S. 60.

rechnungspreise und die Produktions- bzw. Distributionsmengen gleichzeitig geplant werden. Die Eigenschaften der vorgestellten Programmierungsmodelle sind in Tabelle 5.3 im Überblick aufgeführt.

| Nationales Produktions- und Logistiknetzwerk | Eigenschaft |
|---|---|
| Grundmodell | linear |
| Modell mit Single Sourcing aus Kundensicht | gemischt-ganzzahlig linear |
| Modell mit Beschaffungsstufe | linear |
| Modell mit Standortplanung für Distributionsläger | gemischt-ganzzahlig linear |
| Modell mit Bestimmung des Transportmittels | linear |
| **Internationales Produktions- und Logistiknetzwerk** | **Eigenschaft** |
| Grundmodell | linear |
| Modell mit Verrechnungspreis als Entscheidungsvariable | nichtlinear |

*Tabelle 5.3*: Eigenschaften der Programmierungsmodelle

Die Größe und die Eigenschaft eines Programmierungsmodells mit einer entsprechenden Dauer für die Lösungsermittlung sollten eine Einbindung in die rollierende Planung aufgrund der hohen Wiederholhäufigkeit bei der Berechnung noch zulassen. Auch große lineare Programmierungsmodelle können mit Hilfe von Standardsoftware gelöst werden. Schwieriger ist die Lösung gemischt-ganzzahliger linearer und nichtlinearer Modelle für taktische Supply Chain Planning-Probleme. Von den in der Literatur dargestellten Lösungsverfahren für diese Modelle werden mit der Festlegung vorgegebener Politiken, dem Dekompositionsverfahren von Benders und der Lagrange-Relaxation drei Ansätze vorgestellt, die vielfach in der Grundform oder in Weiterentwicklungen für die in der vorliegenden Arbeit diskutierten Programmierungsmodelle verwendet werden.

*Festlegung vorgegebener Politiken*

Durch eine Festlegung vorgegebener Politiken wird versucht, die Lösungsermittlung zu vereinfachen, indem Entscheidungsvariablen bereits vor der mit analytischen Verfahren durchzuführenden Lösungsermittlung festgelegt werden.[132] Um eine weitgehend willkürliche Bestimmung zu vermeiden, kann die Festlegung der Entscheidungsvariablen in Politiken erfolgen. Eine Politik ist eine systematische Vorgehensweise bei der Festlegung von Entscheidungsvariablen, die in der Regel interaktiv mit dem Entscheidungsträger durchgeführt wird, wobei die Festlegung innerhalb einer Politik eine Ausrichtung aufweist wie etwa die Zentralisierung der Produktion einer Produktart jeweils an einem Standort.[133] Durch die Festlegung der entsprechenden Entscheidungs-

---

[132] Für Programmierungsmodelle mit Single Sourcing aus Kundensicht wird auch vorgeschlagen, zunächst das lineare Modell zu lösen, um anschließend durch manuell durchgeführte, möglicherweise kleinere Umverteilungen, welche die Periodenkapazität in einem Distributionslager nur geringfügig überschreiten, die Forderung des Single Sourcing zu erfüllen, vgl. Wentges (1994), S. 33.

[133] Vgl. die Vorgehensweise bei Cohen/Lee (1989), S. 84-87.

variablen können sowohl gemischt-ganzzahlige lineare als auch nichtlineare Modelle in einfache, mit Hilfe von Standardsoftware zu lösende lineare Programmierungsmodelle überführt werden. Es ist jedoch zu beachten, dass es sich hierbei um ein heuristisches Vorgehen handelt, welches eine optimale Lösung nicht mehr garantiert.

Cohen und Lee schlagen in ihrem Ansatz als mögliche Politiken die Produktspezialisierung, die Marktregionalisierung und die zentrale Produktionsspezialisierung vor.[134] Letztere umfasst eine Spezialisierung auf wenige Produktarten, wobei die Distributionsläger räumlich unmittelbar an die Produktionsstandorte angrenzen. Dem steht die Marktregionalisierung mit Produktionsstandorten und Distributionslägern vor Ort in den einzelnen Märkten gegenüber. Die zentrale Produktion ist gleichzusetzen mit einer Produktion an einem Standort. Diese drei Politiken setzen sich aus Komponenten unterschiedlicher Strategien für Zulieferer, Produktionsstandorte und Distributionsläger zusammen. Zur Festlegung der Produktionsstandorte gibt es die Möglichkeiten, alle Produkte dezentral in den jeweiligen Märkten oder zentral in einem Produktionsstandort zu produzieren. Des Weiteren ist eine Zentralisierung der Produktion nach einzelnen produkt- oder prozessspezifischen Merkmalen oder eine vollständige vertikale Integration möglich. Der Einkauf der Produkte kann entweder zentral für alle Standorte oder dezentral von den jeweiligen Standorten unter Einschränkung oder Erweiterung der Anzahl der Zulieferer durchgeführt werden. Die Distribution kann über zentrale Distributionsläger oder dezentral in den einzelnen Marktregionen erfolgen. Innerhalb der Politiken wird außerdem die Zuordnung der Transportkosten zu den Standorten vorgenommen. Dieses führt zu einem linearen Programmierungsmodell, für das die Autoren als Standardsoftware zur Modellierung GAMS[135] und zur Lösung MINOS[136] einsetzen.

Oxé schlägt zur Lösung seines vorgestellten Planungsproblems eine iterative Vorgehensweise vor.[137] Vereinfacht dargestellt wird aus der gegebenen Menge an Produktionsstandorten und Distributionslägern eine Teilmenge mit ausreichenden Kapazitäten ausgewählt, um die jährliche Nachfrage zu befriedigen. Es folgt die kostenoptimale Bestimmung sowohl der Produktions-, Distributions- und Lagerhaltungsmengen für die einzelnen Produktarten als auch der Güterflüsse zwischen den Standorten. Anschließend wird eine andere Teilmenge an Standorten ausgewählt und wiederum die entsprechenden Mengen und Güterflüsse kostenoptimal bestimmt. Diese Vorgehensweise erfolgt solange, bis eine vom Entscheidungsträger als gut angesehene Lösung gefunden wird. Bei der Auswahl der Standorte können u.a. rechtliche Gesichtspunkte, welche die Planung beeinflussen, berücksichtigt und Teilmengen abgelehnt werden. Als Standardsoftware wird vom Autor zur Modellierung AMPL und zur Lösung CPLEX eingesetzt.[138]

---

[134] Vgl. Cohen/Lee (1989).
[135] GAMS ist ein Produkt der GAMS Development Corporation, Washington, USA.
[136] MINOS ist ein Produkt der Stanford Business Software Inc., Mountain View, USA.
[137] Vgl. Oxé (1997).
[138] AMPL und CPLEX sind Produkte der ILOG S.A., Gentilly, Frankreich.

Eine kritische Bewertung des Ansatzes einer Festlegung vorgegebener Politiken zeigt, dass durch die Vereinfachung der Programmierungsmodelle eine Lösung mit Hilfe von Standardsoftware möglich ist. In beiden Ansätzen wird die Bestimmung der Politiken zwischen Modellentwickler und Entscheidungsträger interaktiv durchgeführt.[139] Dadurch werden die Transparenz und die Nachvollziehbarkeit der Lösung erhöht. Ein Nachteil dieses Ansatzes ist die Vorgabe von Politiken, die der Optimierung entzogen werden, indem der Lösungsraum vorab eingeschränkt wird. Dieses wird vermieden, wenn Dekompositionsverfahren zur Lösung der Programmierungsmodelle eingesetzt werden. Dekompositionsverfahren zerlegen das zu untersuchende Planungsproblem in Teilprobleme. Auf Basis dieser Teilprobleme erfolgt eine Lösung des Problems, wobei zwischen den einzelnen Teilproblemen Informationen weitergegeben werden. Zur Lösung der dargestellten Programmierungsmodelle werden in der Literatur unterschiedliche Lösungsverfahren vorgeschlagen. Nachfolgend werden Lösungsverfahren dargestellt, die auf dem Dekompositionsverfahren von Benders und der Lagrange-Relaxation basieren.

*Dekompositionsverfahren von Benders*

Das Dekompositionsverfahren von Benders eignet sich für gemischt-ganzzahlige lineare Programmierungsmodelle.[140] Ein gemischt-ganzzahliges lineares Programmierungsmodell wird in zwei Modelle zerlegt, die nacheinander und mehrmalig mit einer Weitergabe von Informationen zu lösen sind. Ein Modell umfasst die kontinuierlichen Variablen und wird als Benders-Subproblem bezeichnet, während das zweite Modell neben einer zusätzlichen kontinuierlichen Variablen die ganzzahligen Variablen enthält und Benders-Masterproblem genannt wird.[141] Das Lösungsverfahren bestimmt zunächst für einen beliebigen Vektor der ganzzahligen Variablen eine Lösung für das Subproblem und den zu einer optimalen dualen Lösung des Subproblems gehörigen Benders-Schnitt. Dieser Schnitt wird im Masterproblem hinzugefügt und die optimale Lösung ermittelt. Ist keine optimale Lösung ermittelbar, wird auf Basis der Lösung des Masterproblems das Subproblem gelöst, welches einen weiteren Schnitt im Masterproblem hinzufügt und damit das Masterproblem erweitert. Diese Vorgehensweise wird solange fortgesetzt, bis eine optimale Lösung erreicht ist.

Eine kritische Bewertung des Dekompositionsverfahrens von Benders zeigt als Vorteil den gegenüber einem umfassenden Programmierungsmodell geringeren Speicherbedarf.[142] Nachteilig sind dagegen die schlechten Konvergenzeigenschaften.[143] Das Dekompositionsverfahren von Benders wird für taktische Supply Chain Planning-Probleme in zwei Literaturquellen vorgeschlagen. Geoffrion und Graves[144] ordnen die Entscheidungen über die Einrichtung von Distributionslägern und über das Single Sour-

---

[139] Vgl. Cohen/Lee (1989), S. 93; Oxé (1997), S. 339.
[140] Vgl. Benders (1962).
[141] Vgl. etwa Wentges (1994), S. 124.
[142] Vgl. etwa Dogan/Goetschalckx (1999), S. 1033.
[143] Vgl. Wentges (1994), S. 133.
[144] Vgl. Geoffrion/Graves (1974).

cing durch die Kunden dem Masterproblem zu. Die Mengen im zweistufigen Produktions- und Logistiknetzwerk werden im Subproblem geplant, wobei das Subproblem wiederum in leichter zu lösende Teilprobleme für jedes Produkt aufgeteilt wird. Dogan und Goetschalckx[145] ordnen Entscheidungen über die Produktionsstandorte und Distributionsläger sowie über die Maschinen dem Masterproblem zu, während im Subproblem die Mengen geplant werden. Zur Beschleunigung der Lösungsfindung werden von den Autoren einige Verbesserungen wie etwa die Disaggregation des primalen Schnitts vorgeschlagen.

*Lagrange-Relaxation*

Die Lagrange-Relaxation eignet sich ebenfalls für gemischt-ganzzahlige lineare Programmierungsmodelle. Zur Lagrange-Relaxation werden in einem Programmierungsmodell Restriktionen in die Zielfunktion aufgenommen und die Matrix $A$ in die Matrizen $A_1$ und $A_2$ sowie der Vektor der rechten Seite $b$ in die Vektoren $b_1$ und $b_2$ aufgeteilt.

$$\text{max} \qquad\qquad z \;=\; c^T x - sk(A_2 x - b_2) \qquad\qquad (5.5.1)$$

$$\text{so dass} \qquad\qquad A_1 x \;\leq\; b_1 \qquad\qquad (5.5.2)$$

$$\qquad\qquad\qquad x \;\geq\; 0 \qquad\qquad (5.5.3)$$

Die für die Lösungsermittlung angenehmen Gleichungen sind in Restriktion (5.5.2) zusammengefasst, während die unangenehmen Gleichungen in die Zielfunktion aufgenommen werden.[146] Um die Einhaltung der in die Zielfunktion aufgenommenen Restriktionen anzustreben, werden Abweichungen mit den Strafkosten $sk$ bewertet. Die Komponenten des Vektors der Strafkosten werden als Lagrange-Multiplikatoren bezeichnet.[147] Das Modell (5.5) ist eine Lagrange-Relaxation von Modell (3.1)[148] bezüglich der Restriktion $A_2 x \leq b_2$.[149]

Lagrange-Relaxationen werden von Barros und Labbé[150], Hinojosa, Puerto und Fernández[151] sowie Pirkul und Jayaraman[152] vorgeschlagen. Als Beispiel wird das Lösungsverfahren von Hinojosa, Puerto und Fernández unter Anwendung der Lagrange-Relaxation für ein Minimierungsmodell kurz vorgestellt.[153] Die Autoren verwenden die Lagrange-Relaxation, indem die Restriktionen, welche die Erfüllung der Nachfrage gewährleisten, in die Zielfunktion aufgenommen werden. Mögliche Abweichungen werden mit entsprechenden Strafkosten bewertet. Durch die Aufnahme der Restriktio-

---

[145] Vgl. Dogan/Goetschalckx (1999).
[146] Vgl. Neumann/Morlock (1993), S. 521.
[147] Vgl. etwa Wentges (1994), S. 53.
[148] Vgl. Kapitel 3.2.1, S. 48.
[149] Vgl. allgemein Neumann/Morlock (1993), S. 521.
[150] Vgl. Barros/Labbé (1994).
[151] Vgl. Hinojosa/Puerto/Fernández (2000).
[152] Vgl. Pirkul/Jayaraman (1996).
[153] Vgl. Hinojosa/Puerto/Fernández (2000), S. 277-283.

nen in die Zielfunktion kann das Gesamtproblem in zwei Teilprobleme unterteilt werden, indem in einem die Distributionsläger und in einem anderen die Produktionsstandorte betrachtet werden. Die ermittelten Lösungen der Teilprobleme können allerdings für das Gesamtproblem unzulässig sein. Eine von den Autoren entwickelte Heuristik betrachtet diese Lösungen als untere Schranke und bestimmt darauf aufbauend eine zulässige Lösung für das Gesamtproblem. Im ersten Schritt müssen für jede Periode ausreichende Kapazitäten der Produktionsstandorte und der Distributionsläger zur Erfüllung der Nachfrage eingerichtet werden. Im zweiten Schritt werden die Mengen der Produktionsstandorte und der Distributionsläger sowie die Transportmengen bestimmt.

Neben diesen beiden dargestellten Lösungsverfahren werden in der Literatur weitere für taktische Supply Chain Planning-Probleme vorgestellt.[154] Insgesamt wird deutlich, dass die optimale Lösung auch großer Modelle für Produktions- und Logistiknetzwerke mit Lieferanten, Produktionsstandorten, Distributionslägern und Kunden möglich ist. Dieses gilt insbesondere für lineare Programmierungsmodelle. Daneben können jedoch auch die schwieriger zu lösenden gemischt-ganzzahligen linearen und nichtlinearen Programmierungsmodelle zur Unterstützung des taktischen Supply Chain Planning verwendet werden.

## 5.5 Kritische Würdigung der deterministischen Programmierung

Eine kritische Würdigung der dargestellten Programmierungsmodelle hat von den Zielen, die durch das Supply Chain Planning angestrebt werden, auszugehen. Die Abbildung eines Produktions- und Logistiknetzwerks in einem Programmierungsmodell erfordert zunächst eine systematische Zusammenfassung der dezentral an den Standorten vorhandenen Informationen bspw. über die Produktions- und Kostenstruktur. Der sich dadurch ergebende Überblick über die betrachteten Standorte kann mit einem verbesserten Verständnis aller Beteiligten über die Prozesse in einem Produktions- und Logistiknetzwerk verbunden sein.[155] Durch die systematische Zusammenfassung wird gleichzeitig die Basis für einen erhöhten Informationsaustausch, welcher durch das Supply Chain Planning angestrebt wird, geschaffen, indem die Standorte die Informationen jeweils mit den anderen Standorten teilen. Darüber hinaus führen die durch die Einbindung in die rollierende Planung bedingten Datenanpassungen zu aktualisierten Programmierungsmodellen, die von den Beteiligten in den Standorten genutzt werden können. Aufgrund des erhöhten Informationsaustauschs und der standortübergreifenden Planung kann der Bullwhip-Effekt vermindert werden, da Veränderungen in der Nachfrage rechtzeitig den vorgelagerten Standorten bekannt werden.

---

[154] Vgl. für eine Übersicht zu weiteren Verfahren Geoffrion/Powers (1995), S. 111-115.

[155] Vgl. etwa Geoffrion/Powers (1995), S. 106; Schönsleben/Hieber (2000), S. 23. Auf das Erfordernis eines verbesserten Verständnisses insbesondere im Zusammenhang mit E-Business, womit eine Zunahme der Lieferanten- und Kundenanzahl verknüpft sein kann, weisen Geoffrion/Krishnan (2001), S. 25, hin.

Das taktische Supply Chain Planning ist eine standortübergreifende Planung, die zentral für ein Produktions- und Logistiknetzwerk durchzuführen ist. Mit Hilfe der vorgestellten mehrperiodigen Programmierungsmodelle werden in jedem Planungszyklus taktische Pläne für einen Planungshorizont von einem Jahr erzeugt. Der taktische Plan gibt bspw. in einem zweistufigen Produktions- und Logistiknetzwerk für jeden Produktionsstandort die Produktionsmenge je Periode und für jedes Distributionslager die Distributionsmenge je Periode vor. Wenn in jeder Periode eine ausreichende Kapazität zur Nachfragebefriedigung vorhanden und keine Lagerhaltung extern vorgegeben ist, wird aufgrund der als deterministisch angenommenen Nachfrage durch das Programmierungsmodell eine Lösung erzeugt, in der es in den einzelnen Stufen aufgrund der perfekten Synchronisation bis auf die periodenübergreifende Lagerhaltung keine Lagerhaltung gibt.[156] Eine periodenübergreifende Lagerhaltung gibt es, wenn Kapazitäten in einzelnen Perioden zur Befriedigung der Nachfrage nicht ausreichen, da diese Lagerhaltung zur Erreichung einer höheren Befriedigung der Kundennachfrage unvermeidlich ist. Infolgedessen kann unter den dargestellten Gegebenheiten der durch das Supply Chain Management angestrebte Idealzustand eines vollständigen Abbaus vermeidbarer Lagerhaltung wie etwa der Abbau der Sicherheitsbestände erreicht werden. Dieser Idealzustand eines vollständigen Abbaus vermeidbarer Lagerhaltung wird bei realen Supply Chain Planning-Problemen allerdings nicht erreichbar sein, insbesondere da es aufgrund der Planungsgröße erforderlich ist, ein Produktions- und Logistiknetzwerk in einem Programmierungsmodell vergröbert abzubilden. Hierzu zählt etwa die Aggregation von Produkten zu Produktgruppen oder von Kunden zu Marktregionen. Darüber hinaus führt die Nichtberücksichtigung von Losgrößen zu einer Vergröberung des realen Planungsproblems.

Zusammengefasst bieten die dargestellten Programmierungsmodelle aufgrund der standortübergreifenden Betrachtung die Möglichkeit, Produktions-, Distributions- und Lagerhaltungsvorgänge den Standorten zuzuweisen, an denen die kostengünstigste Durchführung möglich ist, und können damit ein vorhandenes Verbesserungspotenzial in einem Produktions- und Logistiknetzwerk ausnutzen.[157] Auch umfassende Planungsprobleme sind in linearen Programmierungsmodellen abbildbar und mit Hilfe geeigneter Ansätze lösbar. Aufgrund der verbesserten Informationsbasis wird ein Abbau vermeidbarer Lagerhaltung ermöglicht. Eine standortübergreifende Planung sollte jedoch nicht dazu führen, dass einem Entscheidungsträger in den Standorten detaillierte Pläne vorgegeben werden. Aufgrund von Unsicherheit können vor Ort Anpassungen durch operative Maßnahmen erforderlich sein. Daher ist ein taktischer Plan als faktische Instruktion für das operative Supply Chain Planning anzusehen. Nachfolgend ist zu untersuchen, inwiefern durch die Einbeziehung von Unsicherheit in das taktische Supply Chain Planning die Planungsgüte verbessert werden kann.

---

[156] Vgl. auch die Ausführungen bei Haehling von Lanzenauer/Pilz-Glombik (2000), S. 106.

[157] Im Zusammenhang mit internationalen Produktions- und Logistiknetzwerken akzentuieren Cohen/Mallik (1997), S. 200, die Eignung von Programmierungsmodellen. Günther/Blömer/Grunow (1998), S. 332, weisen darauf hin, dass ein Plan mit einem standortübergreifenden Optimum denjenigen Plänen, die Insellösungen aus einzelnen Funktionsbereichen darstellen, erfahrungsgemäß überlegen ist.

# 6 Stochastische Programmierung zum taktischen Supply Chain Planning

## 6.1 Charakteristika der stochastischen Programmierung

### 6.1.1 Unsicherheit in Produktions- und Logistiknetzwerken

Die beim taktischen Supply Chain Planning einzubeziehenden, zahlreichen Einflussfaktoren benötigen umfassende Informationen. Die Annahme, dass einem Entscheidungsträger nicht alle für eine deterministische Abbildung der Einflussfaktoren erforderlichen Informationen vorliegen, führt dazu, Einflussfaktoren als unsicher anzusehen und durch stochastische Parameter abzubilden.[1] Unsichere Einflussfaktoren werden für eine Untergliederung entweder der Prozessunsicherheit oder der Nachfrageunsicherheit zugeordnet.[2]

Zur Prozessunsicherheit zählen diejenigen Einflussfaktoren, welche die Produktions- und Logistikprozesse unmittelbar beeinflussen. Bei Lieferanten können die Lieferzeiten und die Qualitäten der Einsatzmaterialien unsicher sein. Innerhalb eines Produktions- und Logistiknetzwerks ist die Zuverlässigkeit der Produktionsanlagen mit möglichen Auswirkungen auf die Bearbeitungsdauer ein Grund für Unsicherheit, insbesondere in der chemischen Industrie sind darüber hinaus Qualitätsunterschiede zwischen den Produktionslosen aufgrund chemischer Prozesse zu berücksichtigen. Bei Logistikvorgängen kann der Materialtransport zwischen den Produktionsstandorten mit Auswirkungen auf die Transportdauer unsicher sein. Die extern ausgelöste Nachfrage wird der Nachfrageunsicherheit zugeordnet, auf die gleichfalls zahlreiche Einflussfaktoren wirken. Hierzu zählen durch die eigene Unternehmung beeinflussbare Faktoren wie etwa Preise, Produktinnovationen oder Werbemaßnahmen. Daneben gibt es Einflussfaktoren wie etwa die allgemeine wirtschaftliche Lage oder das Verhalten konkurrierender Unternehmungen, die nicht durch die eigene Unternehmung direkt beeinflussbar sind. Von den potenziell unsicheren Einflussfaktoren in einem Produktions- und Logistiknetzwerk sprechen folgende Punkte für eine Betrachtung der Nachfrageunsicherheit:

- Durch das taktische Supply Chain Planning wird versucht, den durch Nachfrageschwankungen ausgelösten Bullwhip-Effekt zu verringern. Daher ist es sinnvoll, Nachfrageunsicherheit bei Nachfrageschwankungen stärker zu beachten, um damit die Planungsergebnisse etwa hinsichtlich der Deckungsbeiträge zu verbessern. Außerdem kann eine Berücksichtigung der Nachfrageunsicherheit beim taktischen Supply Chain Planning saisonale Schwankungen stärker

---

[1] Vgl. Zimmermann (2000), S. 192.
[2] Vgl. zur Untergliederung Wagner (2000), S. 97. In der Literatur wird alternativ eine Unterscheidung zwischen interner und externer Produktionsunsicherheit vorgeschlagen, vgl. Jahnke (1995), S. 36. Letztere umfasst dann die Belieferungsunsicherheit und die Nachfrageunsicherheit.

ausgleichen, und es sind Untersuchungen über Konsequenzen der Planfixierung bei Nachfrageunsicherheit möglich.

- Nachfrageunsicherheit kann die Prognosegüte negativ beeinflussen, wenn starke Nachfrageschwankungen nicht berücksichtigt werden. Die Prognosegüte berechnet sich aus der Abweichung von Prognosewert und zu einem späteren Zeitpunkt tatsächlich realisierter Nachfrage und ist gleichzeitig eine wesentliche Determinante für die Bestimmung der Sicherheitsbestände.[3] Damit kann eine Erhöhung der Sicherheitsbestände durch Nachfrageunsicherheit bedingt sein. Infolgedessen sind die Wirkungen von Nachfrageunsicherheit auf derartige Lagerbestände zu erfassen, besonders da die Reduzierung von Lagerbeständen ebenfalls Zielsetzung des taktischen Supply Chain Planning ist.

- Nachfrageunsicherheit wirkt sich über die Prognosegüte auch auf die Lieferbereitschaft aus. Die Nachfrage in einer Periode kann befriedigt werden, wenn die geplanten Produktions- und Lagerhaltungsmengen ausreichen. Zu niedrige Planmengen können ggf. im operativen Supply Chain Planning ausgeglichen werden, was jedoch mit zusätzlichen Kosten verbunden ist. Anderenfalls besteht die Gefahr, dass die Nachfrage nicht vollständig befriedigt wird und Marktanteile verloren gehen. Dagegen führen zu hohe Planmengen aufgrund vermeidbarer Lagerhaltungsmengen zu Kostenerhöhungen. Die Berücksichtigung der Nachfrageunsicherheit im taktischen Supply Chain Planning kann damit auch zu einer stärkeren Berücksichtigung der Kundenanforderungen beitragen.

Diese Punkte verdeutlichen die Bedeutung einer Einbeziehung der Nachfrageunsicherheit in das taktische Supply Chain Planning.[4] Daher wird nachfolgend die Nachfrageunsicherheit schwerpunktmäßig betrachtet.[5] In der vorliegenden Arbeit zeigt sich die Nachfrageunsicherheit als Unsicherheit über die Höhe der Nachfragemenge in den Perioden des Planungshorizonts.

Im Zusammenhang mit der Aggregation von Daten und Entscheidungsvariablen wird argumentiert, dass dadurch die Prognosegüte zunimmt und sich folglich die Nachfrageunsicherheit verringert.[6] Eine Berücksichtigung der Nachfrageunsicherheit ist trotzdem erforderlich, da dieser Zusammenhang nicht generell unterstellt werden kann. Ferner nimmt auch bei aggregierten Daten und Entscheidungsvariablen die Güte einer

---

[3]  Vgl. etwa Dyckhoff (2000), S. 333; Wagner (2000), S. 113. Lee/Billington (1995), S. 50, stellen in einer Untersuchung fest, dass im Vergleich zur Prozess- bzw. Belieferungsunsicherheit die Nachfrageunsicherheit den größten Einfluss auf Lagerbestände hat.

[4]  In der Literatur, die Unsicherheit in eine standortübergreifende Planung einbezieht, wird deshalb häufig die Nachfrageunsicherheit betrachtet, vgl. etwa Gupta/Maranas (2000); Gupta/Maranas/McDonald (2000).

[5]  Damit wird die Prozessunsicherheit nicht betrachtet, indem angenommen wird, dass ausreichende Informationen für eine deterministische Abbildung der Produktions- und Logistikvorgänge vorliegen. Darüber hinaus ähnelt die Vorgehensweise für Nachfrageunsicherheit der für andere unsichere Einflussfaktoren, weshalb eine Übertragung möglich ist.

[6]  Vgl. Kapitel 4.1.2, S. 73.

Nachfrageprognose mit wachsender zeitlicher Entfernung vom Planungsstartzeitpunkt ab. Deshalb ist es bei aggregierten Daten und Entscheidungsvariablen nicht sinnvoll, generell eine deterministische Planung vorzuschlagen, sondern die Entscheidung über eine stochastische oder deterministische Planung anhand von Kriterien zu unterstützen.[7]

Bei der Einbeziehung von Nachfrageunsicherheit in die Planung führt die Möglichkeit, Wahrscheinlichkeiten für Realisationen unsicherer Ereignisse angeben zu können, zur Risikosituation.[8] Nachfolgend wird die Nachfrageunsicherheit als Nachfragerisiko dargestellt, indem vom Entscheidungsträger Wahrscheinlichkeiten für die Realisation von Nachfragemengen angegeben werden können. Das Nachfragerisiko wird durch stochastische Parameter abgebildet, die durch eine diskrete oder kontinuierliche Verteilungsfunktion oder durch verschiedene Szenarien ausgedrückt werden können. Die Beschreibung durch eine Verteilungsfunktion setzt die Verfügbarkeit vergangenheitsbezogener Daten voraus.[9] Für eine gute Schätzung der Verteilungsfunktion und der zugehörigen Parameter müssen vergangenheitsbezogene Daten während einer betrachteten Periode in ausreichender Häufigkeit vorliegen,[10] wie bspw. bei Ausfallzeiten von Maschinen. Für die Prognose der Nachfrage über einen mittelfristigen Zeitraum ist eine derartige Vorgehensweise ungeeignet, weil eine veränderte Entwicklung von Einflussfaktoren auf die zukünftige Nachfrage bei vergangenheitsbezogenen Daten nicht berücksichtigt wird. Daher wird vorgeschlagen, für mittel- und langfristige Planungsprobleme Realisationen von Ereignissen mit Hilfe von Szenarien abzubilden.[11]

In der vorliegenden Arbeit entspricht ein Szenario einer Kombination relevanter unsicherer Einflussfaktoren, die eine bestimmte Nachfrage innerhalb einzelner Perioden des Planungshorizonts auslösen.[12] Anders ausgedrückt: Es wird mit Hilfe von Szenarien versucht, allgemeine Trends für relevante unsichere Einflussfaktoren wie etwa die allgemeine wirtschaftliche Entwicklung einzuschätzen, um daraus die Höhe der Nachfrage abzuleiten und in Szenarien zusammenhängend darzustellen,[13] bspw. in einem optimistischen und in einem pessimistischen Szenario. Häufig werden an der Entwicklung von Szenarien unterschiedliche Funktionsbereiche einer Unternehmung beteiligt.[14] Das Vorhandensein mehrerer Szenarien für die Einschätzung der Nachfrage in einem Planungshorizont und die Bewertung der Szenarien mit entsprechenden

---

[7]   Für entsprechende Kriterien vgl. die Ausführungen in Kapitel 6.3.1, S. 176-180.
[8]   Vgl. Bamberg/Coenenberg (2000), S 19; Werners/Zimmermann (1989), Sp. 1743.
[9]   Vgl. etwa Escudero (1994), S. 129.
[10]  Vgl. Birge/Louveaux (1997), S. 61.
[11]  Vgl. auch Birge/Louveaux (1997), S. 61.
[12]  Vgl. für eine allgemeine Szenariodefinition etwa Dembo (1991), S. 64; Mißler-Behr (1993), S. 21f.
[13]  Vgl. auch Schoemaker (1993), S. 195. Häufig werden Szenarien für die strategische Planung verwendet. Dass sich Trendentwicklungen bei Einflussfaktoren auch bereits bei einem mittelfristigen Planungshorizont von einem Jahr abzeichnen und Planungsprobleme signifikant beeinflussen, rechtfertigt eine Verwendung von Szenarien bei der taktischen Planung. Vgl. auch Shapiro (2001), S. 260, der die taktische Planung im Zusammenhang mit Szenarien bei Nachfragerisiko verwendet.
[14]  Vgl. Bok/Lee/Park (1998), S. 1037f.

Wahrscheinlichkeiten durch den Entscheidungsträger führt zum Nachfragerisiko.[15] Szenarien unterscheiden sich von Verteilungsfunktionen im Wesentlichen dadurch, dass Szenarien zukünftige Einschätzungen der Nachfrage stärker bündeln als Verteilungsfunktionen.[16]

Für das hier untersuchte Planungsproblem bezieht sich das Nachfragerisiko darauf, welches der in Erwägung gezogenen Szenarien eintritt.[17] Auf Basis dieser Annahme ist ein Ansatz zur Einbeziehung des Nachfragerisikos in Modellen zur Unterstützung des taktischen Supply Chain Planning die stochastische Programmierung. Die Darstellung der stochastischen Programmierung im nachfolgenden Abschnitt berücksichtigt die hier vorgenommene Schwerpunktsetzung auf das Nachfragerisiko.

### 6.1.2 Darstellung der Modellierungsansätze

Bei der linearen Programmierung wird davon ausgegangen, dass in einem Modell die Koeffizienten der Zielfunktion, die Koeffizientenmatrix und die Werte der rechten Seite deterministisch sind. Hierdurch wird angenommen, dass die Zielfunktion uneingeschränkt über dem Lösungsraum gilt, und der durch die Restriktionen definierte Lösungsraum die Menge der zulässigen Lösungen strikt von der Menge der unzulässigen Lösungen trennt. Bezogen auf das Grundmodell der linearen Programmierung hat das Nachfragerisiko Auswirkungen auf die rechte Seite, was sich darin zeigt, dass die einzelnen Komponenten im Vektor $\tilde{b}$ Zufallsvariablen sind. Daraus resultiert für ein stochastisches Programmierungsmodell als Maximierungsproblem die folgende Struktur:

$$\text{max} \qquad z \;=\; c^T x \qquad\qquad (6.1.1)$$

$$\text{so dass} \qquad Ax \;\leq\; \tilde{b} \qquad\qquad (6.1.2)$$

$$x \;\geq\; 0 \qquad\qquad (6.1.3)$$

Die diskreten Realisationen der Zufallsvariablen werden für die nachfolgenden Untersuchungen als Szenarien abgebildet. Dazu wird für $\tilde{b}$ der Vektor $b_s$ eingeführt, dessen Komponenten für jedes Szenario $s \in S$ die entsprechenden Werte der rechten Seite angeben.

Eine Verwendung stochastischer Parameter hat unabhängig von der Darstellung als Verteilungsfunktion oder als Szenario Auswirkungen auf den Lösungsraum, der jetzt abhängig von den jeweiligen Realisationen stochastischer Parameter ist. Bei einem stochastischen Programmierungsmodell kann zu einer optimalen Lösung die Zulässigkeit bzw. Optimalität nicht bei allen Realisationen der Zufallsvariablen gewährleistet

---

[15] Vgl. Shapiro (2001), S. 384, zum Erfordernis, die Szenarien mit Eintrittswahrscheinlichkeiten zu bewerten.
[16] Vgl. Schoemaker (1993), S. 196.
[17] Vgl. Adam (1996), S. 224.

werden. Für den Umgang mit der Unzulässigkeit bzw. Nichtoptimalität bei der stochastischen Programmierung gibt es verschiedene Ansätze;[18] drei in der Literatur häufig genannte sind:

1. Chance-Constrained Programming

2. Wait-and-See-Ansatz

3. Zwei- und mehrstufige Kompensationsmodelle

Die drei Modellierungsansätze unterscheiden sich im Wesentlichen dadurch, ob Entscheidungsvariablen vor oder nach Eintritt eines unsicheren Ereignisses festgelegt werden und wie mit unzulässigen bzw. nichtoptimalen Lösungen verfahren wird.

*Chance-Constrained Programming*

Ein Ansatz, bei dem für einzelne oder alle Restriktionen vom Entscheidungsträger Wahrscheinlichkeiten, mit denen eine Verletzung der Restriktionen erlaubt ist, vorgeben werden können, wird als Chance-Constrained Programming bezeichnet.[19] Die Basis von Chance-Constrained Programmierungsmodellen können lineare Programmierungsmodelle sein, wobei die Berücksichtigung von mit Risiko behafteter Nachfrage zu einer Modellierung führt, die angibt, dass Nachfragemengen mindestens zu einem Prozentsatz von bspw. 90 % oder 95 % zu erfüllen sind. Auf diese Weise entspricht die Restriktion der Lieferbereitschaft, die aufgrund der Vorgaben durch den Entscheidungsträger mindestens einzuhalten ist. Wenn lediglich für einzelne Produktarten oder spezielle Kunden Wahrscheinlichkeiten angegeben werden, bedeutet dies, dass die übrige Nachfrage etwa aufgrund der Wichtigkeit der Kunden oder sehr hoher Konventionalstrafen vollständig zu befriedigen ist. Im Zusammenhang mit dem Chance-Constrained Programming können darüber hinaus auf Basis unterschiedlicher Lieferbereitschaften Sicherheitsäquivalente ermittelt werden.[20]

*Wait-and-See-Ansatz*

Der Ansatz geht von der Idee aus, dass eine Entscheidung bis zu dem Zeitpunkt aufgeschoben wird, in welchem die Realisationen aller betrachteten, mit Risiko behafteten Ereignisse zu beobachten sind. Infolgedessen ist bei diesem Ansatz für jede Realisation eines mit Risiko behafteten Ereignisses das deterministische Ersatzmodell zu lösen. Bei Nachfragerisiko können somit die Entscheidungsvariablen erst bestimmt werden, wenn die Nachfrage für eine jeweilige Periode realisiert ist. Allerdings kann aufgrund von Bearbeitungszeiten in Produktions- und Logistiknetzwerken eine Entscheidung nur gedanklich aufgeschoben werden, wenn Liefertermine nicht gefährdet werden sollen. Anstatt eine Entscheidung aufzuschieben, können alternativ für die einzel-

---

[18] Vgl. als ausführliche Darstellung etwa Birge/Louveaux (1997), S. 155-281; Sen/Higle (1999), S. 35-55.

[19] Vgl. Charnes/Cooper (1959), S. 73; Prékopa (1973), S. 204f. Zimmermann (1992), S. 120, verwendet die Bezeichnung Modelle mit Wahrscheinlichkeitsrestriktionen.

[20] Zum Begriff des Sicherheitsäquivalents vgl. etwa Bamberg/Coenenberg (2000), S. 89.

nen Realisationen durch eine Sensitivitätsanalyse die Bereiche, in denen eine Lösung optimal bleibt, angegeben und mit Wahrscheinlichkeiten versehen werden.[21]

Der zentrale Nachteil des Wait-and-See-Ansatzes ist, dass die optimale Lösung für eine Realisation bei einer anderen Realisation unzulässig sein kann.[22] Wird eine Entscheidung damit vor der Realisation des Ereignisses getroffen, kann eine implementierte Lösung nach der Realisation unzulässig sein. Aufgrund dieses Nachteils kann der Wait-and-See-Ansatz zur Lösung praktischer Problemstellungen für das taktische Supply Chain Planning nicht empfohlen werden.[23] Daraus resultiert die Idee, die Möglichkeit von Unzulässigkeit, die nach Realisation eines Ereignisses eintreten kann, bereits bei der Modellierung einzubeziehen. Diese Idee ist Grundlage der Kompensationsmodelle.

*Zwei- und mehrstufige Kompensationsmodelle*

Für Kompensationsmodelle sind Entscheidungsvariablen danach zu klassifizieren, ob sie vor oder nach der Realisation eines mit Risiko behafteten Ereignisses festzulegen sind. Damit wird das Planungsproblem in zwei Stufen unterteilt und das entsprechende Kompensationsmodell als zweistufiges Kompensationsmodell bezeichnet.[24] Entscheidungen der ersten Stufe sind diejenigen, die vor der Realisation eines mit Risiko behafteten Ereignisses zu treffen sind, und sind im Gegensatz zum „Wait-and-See" sogenannte „Here-and-Now"-Entscheidungen.[25] Nach der Realisation des mit Risiko behafteten Ereignisses sind die Werte der stochastischen Parameter bekannt, und es folgt die Bestimmung der Entscheidungsvariablen der zweiten Stufe. Entscheidungen der zweiten Stufe sind damit von Entscheidungen der ersten Stufe, von der Realisation des mit Risiko behafteten Ereignisses und den Restriktionen der zweiten Stufe abhängig.

Zweistufige Kompensationsmodelle gehen davon aus, dass es nach der Realisation eines Ereignisses für die untersuchte Entscheidungssituation kein Risiko mehr gibt. Insbesondere bei praktischen Planungsproblemen gibt es jedoch Entscheidungssituationen, bei denen nach und nach Realisationen von Ereignissen zu beobachten sind. Dann ist ein zweistufiges Kompensationsmodell für eine mehrperiodige Betrachtung zu einem mehrstufigen zu erweitern.[26] Mehrstufige Kompensationsmodelle können als mehrperiodige Ansätze mittel- oder langfristige Zeiträume berücksichtigen, was einem Entscheidungsträger ermöglicht, frühzeitig durch entsprechende Entscheidungen auf bestimmte Trends zu reagieren.

Zwei- und mehrstufige Kompensationsmodelle zeichnen sich dadurch aus, dass mögliche Unzulässigkeiten bereits bei der Modellierung berücksichtigt werden, indem Ent-

---

[21] Vgl. Zimmermann (1992), S. 117, der den Wait-and-See-Ansatz als Verteilungsproblem bezeichnet.
[22] Vgl. Sen/Higle (1999), S. 36.
[23] Vgl. allgemein Zimmermann (1992), S. 117.
[24] Vgl. Sen/Higle (1999), S. 38; Zimmermann (1992), S. 119.
[25] Vgl. etwa Gupta/Maranas (2000), S. 3799.
[26] Vgl. Birge/Louveaux (1997), S. 128.

scheidungen der ersten Stufe, die aufgrund von Realisationen des mit Risiko behafteten Ereignisses zu einer Verletzung von Restriktionen führen, in den nachfolgenden Stufen kompensiert werden können. Kompensationen von Entscheidungen können auf verschiedene Weise modelliert werden. Ein Ansatz besteht darin, dass alle Entscheidungen der ersten Stufe zugeordnet werden. Mögliche Unzulässigkeiten sind anschließend in den nachfolgenden Stufen zu kompensieren. Ein zweistufiges Kompensationsmodell ist bspw.

$$\max \quad z \;=\; \sum_s \hat{g}_s \left[ c^T x - \hat{H}(x_s^{a+}) - \hat{H}(x_s^{a-}) \right] \tag{6.2.1}$$

$$\text{so dass} \quad Ax + x_s^{a+} - x_s^{a-} = b_s \quad \forall\, s \in S \tag{6.2.2}$$

$$x \;,\; x_s^{a+} \;,\; x_s^{a-} \geq 0 \quad \forall\, s \in S \tag{6.2.3}$$

mit $x_s^{a+}$ und $x_s^{a-}$ als $m$-Vektoren der Schlupfvariablen für Szenario $s$ sowie $\hat{H}(x_s^{a+})$ und $\hat{H}(x_s^{a-})$ als zugehörige Bewertungen durch Strafkosten in der Zielfunktion.[27] Dieses Modell basiert auf einem einfachen Kompensationsmodell,[28] das dadurch charakterisiert ist, dass sich die Matrix der Schlupfvariablen $x_s^{a+}$ und $x_s^{a-}$ als Einheitsmatrix $[I, -I]$ darstellen lässt. In diesem Modell wird die Summe der mit der jeweiligen Wahrscheinlichkeit $\hat{g}_s$ für die Realisation der Szenarien $s$ gewichteten Zielfunktionswerte und möglichen Strafkosten maximiert. Unzulässigkeiten bei Lösungen werden durch die Strafkosten in der zweiten Stufe kompensiert; sollen jedoch durch die Einbeziehung in die Zielfunktion nach Möglichkeit vermieden werden. Die genauen Strafkosten sind somit erst nach der Realisation eines Szenarios bekannt.

Ein weiterer Ansatz ist die Szenarienoptimierung.[29] Hierbei wird zunächst für jedes Szenario im entsprechenden deterministischen Modell die optimale Lösung ermittelt. Durch ein Koordinationsmodell wird anschließend auf Basis der optimalen Lösungen der einzelnen Szenarien eine Lösung bestimmt, indem die Summe aus den mit den Eintrittswahrscheinlichkeiten gewichteten Abständen zwischen den zu errechnenden Zielfunktionswerten und den jeweiligen für ein Szenario optimalen Zielfunktionswerten sowie aus den mit den Eintrittswahrscheinlichkeiten bewerteten Verletzungen der Restriktionen minimiert wird. Zur Messung der Abstände in einem Koordinationsmodell stehen unterschiedliche Ansätze zur Verfügung.[30]

Ein Nachteil dieser Ansätze resultiert daraus, dass auch solche Entscheidungen bereits gefällt werden, die möglicherweise erst nach Realisation eines mit Risiko behafteten Ereignisses getroffen werden müssen.[31] Diese Entscheidungsvariablen können dann nachfolgenden Stufen zugeordnet werden und antizipieren damit die Realisation eines Ereignisses. Die Entscheidungsvariablen der ersten Stufe antizipieren als „Here-and-

---

[27] Vgl. Escudero et al. (1999a), S. 135.
[28] Zur Bezeichnung einfaches Kompensationsmodell vgl. etwa Birge/Louveaux (1997), S. 92.
[29] Vgl. Dembo (1991), S. 65.
[30] Vgl. für eine ausführliche Darstellung Dembo (1991), S. 65-70.
[31] Vgl. Escudero et al. (1999b), S. 26.

Now"-Entscheidungen Realisationen eines Ereignisses nicht – im Gegensatz zu den Entscheidungsvariablen der nachfolgenden Stufen. Dieses wird als nicht-antizipieren-des Prinzip bezeichnet.[32] Zur Veranschaulichung des nicht-antizipierenden Prinzips in mehrstufigen Kompensationsmodellen dient

Abbildung 6.1 mit einem Entscheidungsbaum für vier Perioden, der hier die zugrundeliegende Problemstellung für ein vierstufiges Kompensationsmodell abbildet.

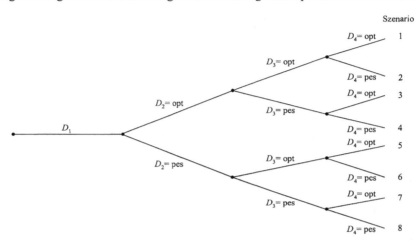

*Abbildung 6.1*: Entscheidungsbaum für vier Perioden

Jeweils zu Beginn einer Periode wird die genaue Nachfragemenge für eine Periode bekannt, die entweder der optimistisch eingeschätzten Menge $D_r$ = opt mit $r$ = 2, 3, 4 oder der pessimistisch eingeschätzten Menge $D_r$ = pes mit $r$ = 2, 3, 4 entspricht. Da in der ersten Periode die Nachfrage deterministisch abgebildet werden kann und jeder Pfad im Entscheidungsbaum einem Szenario entspricht, existieren acht Szenarien. Zur Aufrechterhaltung des nicht-antizipierenden Prinzips in einem vierstufigen Kompen-sationsmodell dürfen sich die entsprechenden Entscheidungsvariablen bspw. in den ersten drei Stufen für Szenario 1 und für Szenario 2 nicht unterscheiden, unabhängig von den szenariospezifischen Entscheidungen in der vierten Stufe. Allgemein ausge-drückt: Wenn sich zwei oder mehr Szenarien einen Pfadabschnitt im Entscheidungs-baum teilen, dürfen sich Entscheidungen bezüglich dieser Szenarien in dem gemein-samen Pfadabschnitt nicht unterscheiden.[33] Die Forderung beruht auf dem Gedanken, dass sich zwei oder mehr Szenarien, wenn sie sich einen Pfadabschnitt über $r$ Stufen teilen, auch die Informationsbasis in den $r$ Stufen teilen und nicht vorhersehbar ist, welches Szenario eintreten wird.[34] Infolgedessen müssen Entscheidungen in diesen

---

[32] Vgl. Sen/Higle (1999), S. 43.
[33] Vgl. Rockafellar/Wets (1991), S. 120.
[34] Vgl. Rockafellar/Wets (1991), S. 120; Sen/Higle (1999), S. 54.

Pfadabschnitten identisch sein. Damit wird das nicht-antizipierende Prinzip zu einem wichtigen Bestandteil zwei- und mehrstufiger Kompensationsmodelle, dessen Einbindung in ein zweistufiges Kompensationsmodell zu folgendem Modell führt:

$$\max \quad z \;=\; \sum_s \hat{g}_s \left[ c_1^T x_{1s} + c_2^T x_{2s} \right] \tag{6.3.1}$$

$$\text{so dass} \quad A_{11} x_{1s} \;=\; b_1 \qquad \forall\, s \in S \tag{6.3.2}$$

$$A_{12} x_{1s} + A_{22} x_{2s} = b_{2s} \qquad \forall\, s \in S \tag{6.3.3}$$

$$x_{1s} \;=\; x_{1s+1} \quad \forall\, s \in S \setminus \{|S|\} \tag{6.3.4}$$

$$x_{1s}\, ,\, x_{2s} \;\geq\; 0 \qquad \forall\, s \in S \tag{6.3.5}$$

Das Modell umfasst die Entscheidungsvariablen der ersten Stufe mit $x_{1s}$ im Szenario $s$ und die der zweiten Stufe mit $x_{2s}$ im Szenario $s$. Die Restriktion (6.3.2) bezieht sich auf die Entscheidungsvariablen der ersten Stufe. Die Einhaltung des nicht-antizipierenden Prinzips wird durch (6.3.4) unter der Voraussetzung einer fortlaufenden Nummerierung über alle Szenarien gewährleistet, indem sich die Werte der jeweiligen Entscheidungsvariablen der ersten Stufe nicht unterscheiden und diese dadurch nicht von der konkreten Realisation eines Ereignisses beeinflusst werden. Die Restriktion für die zweite Stufe ist (6.3.3) und enthält $A_{12}$ als Überleitungsmatrix zwischen erster und zweiter Stufe. Durch (6.3.3) wird die bereits dargestellte Abhängigkeit der Entscheidungsvariablen dieser Stufe von Entscheidungen der ersten Stufe, der Realisation des Ereignisses und den Restriktionen der zweiten Stufe verdeutlicht. In der Zielfunktion ist der Vektor $c$ hinsichtlich der Entscheidungsvariablen der ersten und zweiten Stufe in die entsprechenden Vektoren $c_1$ und $c_2$ aufgeteilt. Die Zielfunktionswerte der Szenarien werden mit den jeweiligen Wahrscheinlichkeiten bewertet und aufaddiert. Mit Hilfe dieses zweistufigen Kompensationsmodells wird der erwartete Zielfunktionswert unter Berücksichtigung zulässiger Kompensationen in der zweiten Stufe maximiert.

In diesem Modell gibt es für jedes Szenario $s$ die entsprechenden Entscheidungsvariablen. Durch Restriktion (6.3.4) nehmen diese in der ersten Periode die gleichen Werte an. Dieses ist eine Darstellungsform, in der die Entscheidungsvariablen je nach Szenario aufgespalten sind. Daneben gibt es die zusammengefasste Darstellungsform, welche das nicht-antizipierende Prinzip als Grundlage für die Elimination von Entscheidungsvariablen nutzt, indem diejenigen Entscheidungsvariablen, deren Werte sich nicht unterscheiden dürfen, zu einer zusammengefasst werden.[35]

Mit dem Modell (6.3) ist jetzt ein Ansatz dargestellt, der es ermöglicht, Entscheidungen, die in der ersten Stufe noch nicht erforderlich sind, nach der Realisation des mit Risiko behafteten Ereignisses zu treffen. Außerdem werden Kompensationen für Entscheidungen der ersten Stufe bereits in die Modellierung aufgenommen und in die Optimierung einbezogen. Dieses zweistufige Kompensationsmodell kann durch die Ein-

---

[35] Vgl. Escudero et al. (1993), S. 326.

führung zusätzlicher Entscheidungsvariablen mit den entsprechenden Restriktionen zu einem mehrstufigen erweitert werden. Ein derartiges Modell bildet auch die Basis für das im anschließenden Abschnitt vorgestellte stochastische Programmierungsmodell zur Unterstützung des taktischen Supply Chain Planning.

Die Darstellung der zwei- und mehrstufigen Kompensationsmodelle verdeutlicht, dass eine monetäre Bewertung der aus einer Entscheidung resultierenden Kompensationen eine Voraussetzung für ihre Anwendung ist. Kompensationsmodelle können bei einigen Planungsproblemen auch in Verbindung mit Ansätzen zum Chance-Constrained Programming verwendet werden, somit schließen sich beide Ansätze nicht gegenseitig aus.[36]

Mit diesen drei dargestellten Modellierungsansätzen der stochastischen Programmierung stehen einem Anwender für Planungsprobleme in Produktions- und Logistiknetzwerken, in welchen eine mit Risiko behaftete Nachfrage berücksichtigt wird, vielfältige Modellierungsmöglichkeiten zur Verfügung. Von Interesse für das in der vorliegenden Arbeit zu entwickelnde stochastische Programmierungsmodell sind insbesondere zwei- und mehrstufige Kompensationsmodelle unter Einbeziehung des nichtantizipierenden Prinzips.

## 6.2 Komponenten stochastischer Programmierungsmodelle

### 6.2.1 Entwicklung eines mehrstufigen Programmierungsmodells

Ein Literaturüberblick über die zu berücksichtigenden Ansätze der stochastischen Programmierung für das taktische Supply Chain Planning zeigt, dass es bisher lediglich wenige Ansätze gibt. Escudero et al. haben ein umfassendes Rahmenmodell als zweistufiges Kompensationsmodell der stochastischen Programmierung zur Unterstützung der Produktionsplanung für das taktische und strategische Supply Chain Planning entwickelt.[37] Dieses mehrperiodige Modell ist eine Fortführung des in der vorliegenden Arbeit dargestellten deterministischen Programmierungsmodells,[38] indem Unsicherheit in die Modellierung einbezogen wird. Die erste Stufe des zweistufigen Kompensationsmodells umfasst diejenigen Perioden, in denen deterministische Parameter verwendet werden. In den Perioden der zweiten Stufe sind Daten wie u.a. die Produktions- und Beschaffungskosten, die Nachfrage für Fertigprodukte und Bauteile sowie die Verfügbarkeit von Einsatzmaterialien mit Risiko behaftet und werden mit Hilfe von Szenarien abgebildet. Entscheidungsvariablen gibt es sowohl für die erste Stufe unter Berücksichtigung des nicht-antizipierenden Prinzips als auch für die zweite Stufe. Zielsetzung des Planungsproblems ist die Minimierung der erwarteten, mit den Eintrittswahrscheinlichkeiten der Szenarien gewichteten Kosten. Alternativ werden von

---

[36] Vgl. Sen/Higle (1999), S. 47.
[37] Vgl. Escudero et al. (1999b), S. 26-32.
[38] Vgl. Kapitel 5.1.1, S. 108f.

den Autoren für das zweistufige Kompensationsmodell auch die beiden bereits darge-stellten Ausgestaltungen der Zielfunktion zur Maximierung des Marktpotenzials vor-geschlagen.

Ein weiterer Ansatz wird von Shapiro vorgestellt, der die Anwendung der stochasti-schen Programmierung für das taktische Supply Chain Planning anhand ausgewählter Elemente eines stochastischen Modells demonstriert.[39] Der Autor stellt ein aus vier Quartalen bestehendes Planungsproblem vor, bei dem in den ersten drei Quartalen ei-nes Jahres die Nachfrage sicher ist. Die mit Risiko behaftete Nachfrage im vierten Quartal wird durch drei Szenarien abgebildet. Bereits zu Beginn eines Jahres soll mit Hilfe der stochastischen Programmierung geplant werden, welche Produktmengen am Ende der dritten Periode zu lagern sind, um die Nachfrage im vierten Quartal zu er-füllen. Zielsetzung des Planungsproblems ist die Maximierung des kalkulatorischen Jahresgewinns. Shapiro zeigt exemplarisch den Aufbau der Zielfunktion und einiger Restriktionen, die das vierte Quartal betreffen, als zweistufiges Kompensationsmodell.

Ein zweistufiges Kompensationsmodell zur Unterstützung des taktischen Supply Chain Planning in der Prozessindustrie wird von Gupta und Maranas vorgeschlagen.[40] Die Autoren untersuchen schwerpunktmäßig den Kompromiss zwischen unbefriedig-ter Nachfrage und hohen Lagerhaltungskosten bei einer durch eine Normalverteilung abgebildeten Nachfrage. In der ersten Stufe sind Produktionsentscheidungen vor der Realisation der Nachfrage und in der zweiten Stufe die Distributionsentscheidungen nach bekannt werden der Nachfrage zu fällen. Diese Zuordnung bildet die Basis für das aufgestellte Modell, welches ein äußeres Teilmodell für Produktions- und Beschaf-fungsentscheidungen und ein darin eingebettetes, inneres Teilmodell für Distributions-entscheidungen umfasst. In der Zielfunktion werden die Produktionskosten mit Be-schaffungs- und Transportkosten der ersten Stufe sowie die erwarteten Distributions-kosten mit Lagerhaltungs-, Transport- und Strafkosten der zweiten Stufe minimiert. Das duale Modell des inneren Teilmodells zeigt für den gesamten Lösungsraum drei von der Nachfrage abhängige Bereiche, in denen die Lösungen für die Distributions-entscheidungen optimal bleiben. Diese drei Bereiche entsprechen einer niedrigen, ei-ner mittleren und einer hohen Nachfrage. Eine Integration beider Teilmodelle unter Einbeziehung dieser drei Bereiche führt zu einem nichtlinearen Modell. Kleinere An-wendungsbeispiele, die von den Autoren untersucht werden, zeigen die Vorteile ihres Ansatzes gegenüber einer Approximation der Normalverteilung als Vergleichsansatz. Eine Erweiterung dieses Modells um Wahrscheinlichkeitsrestriktionen zur Einhaltung der Lieferbereitschaft durch die Lagerhaltung nehmen Gupta, Maranas und McDonald vor.[41]

Im Folgenden soll ein Programmierungsmodell zur Unterstützung des taktischen Supply Chain Planning in einem zweistufigen Produktions- und Logistiknetzwerk mit

---

[39] Vgl. Shapiro (2001), S. 370-375.
[40] Vgl. Gupta/Maranas (2000).
[41] Vgl. Gupta/Maranas/McDonald (2000).

einer Produktions-, einer Distributions- und einer Lieferantenebene betrachtet werden. Für das weitere Vorgehen in der vorliegenden Arbeit scheidet der Ansatz von Gupta und Maranas[42] mit der Erweiterung durch Gupta, Maranas und McDonald[43] aus, da eine Trennung von Produktions- und Distributionsentscheidungen in der Weise, dass in der ersten Periode Produktionsentscheidungen und in der zweiten Periode Distributionsentscheidungen getroffen werden, für das hier abgegrenzte taktische Supply Chain Planning-Problem nicht sinnvoll ist. Da sich das stochastische Programmierungsmodell von Escudero et al.[44] zur Unterstützung der Produktionsplanung auf lediglich einen Produktionsstandort bezieht, ist eine Neuformulierung erforderlich.

Das hier auf Basis von Modell (5.3)[45] entwickelte mehrstufige Kompensationsmodell mit mehreren Produkten erfasst den endlichen Planungshorizont $M$, der in die Perioden $m$ unterteilt wird. In den Perioden der ersten Stufe $r = 1$ wird die Nachfrage deterministisch abgebildet, während die weiteren Stufen $r > 1$ jeweils Perioden umfassen, in denen die Nachfrage mit Risiko behaftet ist. Die mit Risiko behaftete Nachfrage wird durch Szenarien abgebildet. Die Wahrscheinlichkeit für die Realisation eines Szenarios $s$ wird durch $\hat{g}_s$ angegeben. Neben den variablen Kosten werden im Modell die Erlöse $e$ für den Verkauf der Produkte $l$ berücksichtigt. Zielsetzung in (6.4.1) ist die Maximierung des erwarteten Deckungsbeitrags über alle Szenarien gewichtet mit der jeweiligen Eintrittswahrscheinlichkeit $\hat{g}$ im endlichen Planungshorizont $M$ sowie über alle Produktionsstandorte und Distributionsläger unter Beachtung der gegebenen Restriktionen. Als Kosten werden die Produktionskosten $kp$, die Lagerhaltungskosten $kd$ für ein Distributionslager, die Lagerhaltungskosten $kl$ bei einer periodenübergreifenden Lagerhaltung, die Transportkosten $ktpd$ zwischen Produktionsstandort und Distributionslager sowie abschließend die Transportkosten $ktdk$ zwischen Distributionslager und Kunde berücksichtigt. Damit werden auch hier die Totalkosten eines Produktions- und Logistiknetzwerks integriert in einem Modell erfasst. Das Kompensationsmodell wird als lineares, deterministisch äquivalentes Modell wie folgt dargestellt:

$$\max z = \sum_{s} \hat{g}_s \left[ \sum_{jklm} (e_{kl} - kd_{jl} - ktdk_{jkl}) \, y_{jklms} - \sum_{ijlm} (kp_{il} + ktpd_{ijl}) \, x_{ijlms} - \sum_{jlm} kl_{jl} \, w_{jlms} \right] \quad (6.4.1)$$

so dass

$$\sum_{jl} p_l \, x_{ijlms} \leq P_{im} \qquad\qquad \forall \, i \in I \,, \, m \in M \,, \, s \in S \qquad (6.4.2)$$

$$\sum_{kl} y_{jklms} + \sum_{l} w_{jlms} \leq Q_{jm} \qquad \forall \, j \in J \,, \, m \in M \,, \, s \in S \qquad (6.4.3)$$

$$\sum_{i} x_{ijlms} + w_{jlm-1s} = \sum_{k} y_{jklms} + w_{jlms} \qquad \forall \, j \in J \,, \, l \in L \,, \, m \in M \,, \, s \in S \qquad (6.4.4)$$

---

[42] Vgl. Gupta/Maranas (2000).
[43] Vgl. Gupta/Maranas/McDonald (2000).
[44] Vgl. Escudero et al. (1999b), S. 26-32.
[45] Vgl. Kapitel 5.2.1, S. 120-122.

$$\sum_j y_{jklms} + u_{klms} = \alpha \, u_{klm-1s} + D_{klms} \qquad \forall \, k \in K \,,\, l \in L \,,\, m \in M \,,\, s \in S \qquad (6.4.5)$$

$$x_{ijlms} = x_{ijlms+1} \qquad \forall \, i \in I \,,\, j \in J \,,\, l \in L \,,\, m \in M \,,\, s \in S_g \backslash \{s_{g_{|s_g|}}\} \,,\, g \in G_r \,,\, r \in R \qquad (6.4.6)$$

$$y_{jklms} = y_{jklms+1} \qquad \forall \, j \in J \,,\, k \in K \,,\, l \in L \,,\, m \in M \,,\, s \in S_g \backslash \{s_{g_{|s_g|}}\} \,,\, g \in G_r \,,\, r \in R \qquad (6.4.7)$$

$$w_{jlms} = w_{jlms+1} \qquad \forall \, j \in J \,,\, l \in L \,,\, m \in M \,,\, s \in S_g \backslash \{s_{g_{|s_g|}}\} \,,\, g \in G_r \,,\, r \in R \qquad (6.4.8)$$

$$u_{klms} = u_{klms+1} \qquad \forall \, k \in K \,,\, l \in L \,,\, m \in M \,,\, s \in S_g \backslash \{s_{g_{|s_g|}}\} \,,\, g \in G_r \,,\, r \in R \qquad (6.4.9)$$

$$x_{ijlms} \,,\, y_{jklms} \,,\, w_{jlms} \,,\, u_{klms} \geq 0 \qquad \forall \, i \in I \,,\, j \in J \,,\, k \in K \,,\, l \in L \,,\, m \in M \,,\, s \in S \qquad (6.4.10)$$

$$w_{jl0s} \,,\, u_{kl0s} = 0 \qquad \forall \, j \in J \,,\, k \in K \,,\, l \in L \,,\, s \in S \qquad (6.4.11)$$

**Indizes und Indexmengen**

$g$ :   Szenariogruppe einer (Planungs-)Stufe $r$, $g \in G_r$

$i$ :   Produktionsstandort, $i \in I$

$j$ :   Distributionslager, $j \in J$

$k$ :   Kunde, $k \in K$

$l$ :   Produkt, $l \in L$

$m$ :   Periode, $m \in M$

$r$ :   (Planungs-)Stufe, $r \in R$

$s$ :   Szenario, $s \in S_g = \{s_{g_1}, s_{g_2}, ..., s_{g_{|s_g|}}\} \subseteq S$

**Daten**

$\alpha$   : Verringerung der Nachfragehöhe bei Befriedigung in Folgeperiode mit $0 \leq \alpha \leq 1$

$D_{klms}$ : Nachfrage nach Produkt $l$ durch Kunde $k$ in Periode $m$ in Szenario $s$

$e_{kl}$ : Erlös für eine Einheit des Produkts $l$ beim Verkauf an Kunde $k$

$\hat{g}_s$ : Wahrscheinlichkeit des Eintritts von Szenario $s$ mit $\sum_s \hat{g}_s = 1$

$kd_{jl}$ : Lagerhaltungskosten für eine Einheit des Produkts $l$ in Distributionslager $j$

$kl_{jl}$ : Lagerhaltungskosten für eine Einheit des Produkts $l$ in Distributionslager $j$ zur Lagerung für die Folgeperiode

$kp_{il}$ : Produktionskosten für eine Einheit des Produkts $l$ in Produktionsstandort $i$

$ktdk_{jkl}$ : Transportkosten einer Einheit des Produkts $l$ von Distributionslager $j$ zu Kunde $k$

$ktpd_{ijl}$ : Transportkosten einer Einheit des Produkts $l$ von Produktionsstandort $i$ zu Distributionslager $j$

$p_l$ : Kapazitätsbedarf des Produkts $l$

$P_{im}$ : Gesamtkapazität des Produktionsstandorts $i$ in Periode $m$

$Q_{jm}$ : Periodenkapazität des Distributionslagers $j$ in Periode $m$

**Entscheidungsvariablen**

$x_{ijlms}$ : Produktmenge des Produkts $l$, welche von Produktionsstandort $i$ zu Distributionslager $j$ in Periode $m$ in Szenario $s$ transportiert wird

$y_{jklms}$ : Produktmenge des Produkts $l$, welche von Distributionslager $j$ zu Kunde $k$ in Periode $m$ in Szenario $s$ transportiert wird

$w_{jlms}$ : Produktmenge des Produkts $l$, welche in Distributionslager $j$ in Periode $m$ in Szenario $s$ für die Folgeperiode gehalten wird

$u_{klms}$ : Nachfragemenge von Kunde $k$ nach Produkt $l$, welche in Periode $m$ in Szenario $s$ nicht erfüllt werden kann

Restriktion (6.4.2) stellt sicher, dass die mit dem Kapazitätsbedarf $p$ gewichtete Produktionsmenge $x$ die Gesamtkapazität $P$ eines Produktionsstandorts in einer Periode nicht übersteigt. Durch Restriktion (6.4.3) ist gewährleistet, dass die Periodenkapazität $Q$ in den Distributionslägern nicht überschritten wird, und durch Restriktion (6.4.4), dass in einem Distributionslager die aus den Produktionsstandorten gelieferte Produktionsmenge $x$ und die Lagerhaltungsmenge aus der Vorperiode $w_{m-1}$ der an die Kunden ausgelieferten Menge $y$ zuzüglich der für die Folgeperiode gelagerten Menge $w$ entspricht. Restriktion (6.4.5) dient zur Bestimmung der Liefermenge an die Kunden sowie der unbefriedigten Nachfrage $u$ unter Berücksichtigung der Kundennachfrage $D$ und der mit dem Nachfrageverlustfaktor $\alpha$ unbefriedigten Nachfrage aus der Vorperiode. Die Restriktionen (6.4.6) bis (6.4.9) beziehen sich auf das nicht-antizipierende Prinzip und sind erforderlich, da diese Modellierung Entscheidungsvariablen für jedes Szenario auf allen (Planungs-)Stufen berücksichtigt.[46] Zur Einbeziehung des nicht-

---

[46] Zu dieser Modellierung des nicht-antizipierenden Prinzips vgl. auch Escudero et al. (1999a), S. 136.

antizipierenden Prinzips werden die Szenarien $s$ zu Szenariengruppen $g \in G_r$ zusammengefasst. Die Menge der Szenarien, die zu einer Szenariengruppe $g$ gehören, gibt $S_g$ an. Eine Szenariengruppe $g$ bestimmt für eine Stufe $r$, ob die entsprechenden Entscheidungsvariablen der Szenarien bis zu dieser Stufe aufgrund des nicht-antizipierenden Prinzips gleiche Werte anzunehmen haben. Restriktion (6.4.10) ist die Nichtnegativitätsbedingung für die Entscheidungsvariablen, und Restriktion (6.4.11) gewährleistet, dass es in der ersten Periode eines Planungshorizonts der rollierenden Planung weder eine Lagerhaltungsmenge noch eine unbefriedigte Nachfrage aus der Vorperiode geben kann.

In diesem stochastischen Programmierungsmodell erfolgt die Bestimmung der Entscheidungsvariablen in der ersten Stufe $r = 1$ des mehrstufigen Kompensationsmodells auf Basis einer deterministischen Nachfrage, während die Entscheidungsvariablen der Stufen $r > 1$ unter einer Nachfrage geplant werden, die mit Risiko behaftet ist. Dem mehrstufigen Kompensationsmodell liegt der in Abbildung 6.2 gezeigte Entscheidungsablauf zu Grunde.

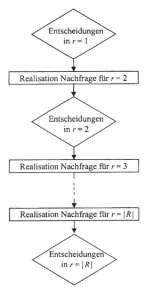

*Abbildung 6.2*: Entscheidungsablauf eines mehrstufigen Planungsproblems
Quelle: In Anlehnung an Messina/Mitra (1997), S. 345

Zunächst sind alle Entscheidungen für die Perioden der Stufe $r = 1$ zu treffen und zwar vor den Realisationen der Nachfrage für die Perioden der nachfolgenden Stufen. Anschließend wird zu Beginn der Stufe $r = 2$ die Nachfrage für die Perioden dieser Stufe bekannt. Die Entscheidungen erfolgen unter Kenntnis der Nachfrage in dieser Stufe; allerdings ohne Wissen über die Nachfrage in den Perioden nachfolgender Stufen. Dieser Entscheidungsablauf setzt sich solange fort, bis im Zeitablauf die Entscheidungen für die Perioden der letzten Stufe des Planungshorizonts gefällt werden.

Da aus der Menge der Szenarien im Zeitablauf lediglich ein Szenario realisiert wird, sind gleichzeitig Entscheidungen für andere Szenarien zu kompensieren, wobei im Modell ausschließlich bereits vorgegebene Kompensationsmöglichkeiten berücksichtigt werden. Die Kompensationsmöglichkeiten, die sich in dem Modell ergeben, demonstriert ein kleines Beispiel gemäß Abbildung 6.3 als Ausschnitt des Modells.

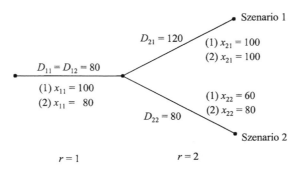

*Abbildung 6.3*: Darstellung der Kompensationsmöglichkeiten

Es gibt ein zweistufiges Planungsproblem mit einem Produkt und einer Nachfrage von $D_{11} = D_{12}$ mit 80 Einheiten in der ersten Stufe und mit Nachfragerisiko in der zweiten Stufe, abgebildet durch Szenario 1 mit $D_{21} = 120$ Einheiten und durch Szenario 2 mit $D_{22} = 80$ Einheiten.[47] Die Produktionskapazität beträgt in beiden Stufen jeweils 100 Einheiten, wobei die Möglichkeiten des Fremdbezugs und der Überstunden unberücksichtigt bleiben. Bei Auswahl der Handlungsalternative (1) werden in der ersten Stufe 100 Einheiten gefertigt und somit stehen 20 Einheiten für die nächste Stufe zur Verfügung. Bei Realisation von Szenario 1 werden 100 Einheiten produziert. Mit Hilfe der Lagerhaltungsmenge aus der ersten Stufe kann die Nachfrage vollständig befriedigt werden. Bei Realisation von Szenario 2 werden in der zweiten Stufe 60 Einheiten produziert. Allerdings wäre die Lagerhaltung mit den entsprechenden Lagerhaltungskosten nicht erforderlich gewesen, da es möglich ist, in der zweiten Stufe 80 Einheiten zu produzieren. Damit gewährleistet diese Lagerhaltungsmenge, dass unabhängig von der Realisation eines Szenarios die Nachfrage vollständig befriedigt werden kann.

Diese Lagerhaltung wird vermieden, wenn die Handlungsalternative (2) gewählt wird, bei der in der ersten Stufe 80 Einheiten produziert werden. Bei Realisation von Szenario 2 wird in der zweiten Stufe die erforderliche Nachfrage in Höhe von 80 Einheiten produziert. Allerdings führt diese Handlungsalternative dazu, dass bei der Realisation von Szenario 1 in der zweiten Stufe eine unbefriedigte Nachfrage von 20 Einheiten auftritt, da lediglich 100 Einheiten produziert werden können und es aus der ersten Stufe keine Lagerhaltungsmenge gibt. Die unbefriedigte Nachfrage ist die Kompensation dafür, dass eine Lagerhaltung über mehrere Stufen vermieden wird.

---

[47] Die Berücksichtigung von Eintrittswahrscheinlichkeiten ist für dieses Beispiel nicht erforderlich.

Die im Beispiel dargestellten Kompensationsmöglichkeiten der periodenübergreifenden Lagerhaltung und die Nichtbelieferung von Kunden gibt es auch im hier entwickelten Programmierungsmodell. Daneben können in diesem Modell alternative Standorte sowie die Überschreitung der Lieferperiode als Kompensationsmöglichkeiten eingesetzt werden. Zur Berücksichtigung von Fremdbezug und Überstunden bei Arbeitskräften sind entsprechende Modellmodifikationen erforderlich.[48] Zusammengefasst basieren die Kompensationsmöglichkeiten somit auf den Entscheidungen zur Behebung eines kapazitiven Engpasses. Die dargestellten Kompensationsmöglichkeiten sind Entscheidungen, die innerhalb eines Szenarios zu treffen sind, und können über alle in dem stochastischen Programmierungsmodell verwendeten Entscheidungsvariablen umgesetzt werden, d.h., es gibt vollständige Kompensationsmöglichkeiten.[49] Damit liegt ein Modell vor, welches das taktische Supply Chain Planning bei Nachfragerisiko unterstützen kann, wobei in dem mehrstufigen Kompensationsmodell in jeder Stufe jeweils alle Entscheidungsvariablen zu bestimmen sind.[50] Es ermöglicht dem Entscheidungsträger die Optimierung der Entscheidungsvariablen bereits unter Einbeziehung der aufgrund des Nachfragerisikos erforderlichen Kompensationsmöglichkeiten. Letzteres ist eine zentrale Charakteristik des vorgestellten stochastischen Programmierungsmodells und verdeutlicht die Erweiterung gegenüber der deterministischen Programmierung. Die Optimierung der Entscheidungsvariablen erfolgt unter der Zielsetzung der Maximierung des Deckungsbeitrags, weshalb auch bei diesem Modell Bewertungsprobleme, welche sich bei der Minimierung von Kosten für die dazu erforderlichen Strafkosten ergeben, vermieden werden.

Dieses Modell betrachtet zu einem Zeitpunkt einen mittelfristigen Planungshorizont. Im Zeitablauf treten Veränderungen in der Einschätzung der Szenarien ein bzw. konkretisiert sich die Nachfrage durch den Eingang von Aufträgen. Dieses kann wiederum Einfluss auf die Optimalität der Entscheidungsvariablen haben und daher eine Neuplanung erfordern.

### 6.2.2 Untergliederung des Planungshorizonts für eine rollierende Planung

Beim vorgestellten stochastischen Programmierungsmodell zur Unterstützung des taktischen Supply Chain Planning ist der sich im Zeitablauf ändernde Informationsstand hinsichtlich der Nachfrage zu berücksichtigen. Folglich ist auch bei einer stochastischen Planung eine Einbindung in die rollierende Planung wünschenswert.

---

[48] Im Zusammenhang mit der stochastischen Planung diskutieren für ein Produktionsplanungsproblem mit einer Ebene Kira/Kusy/Rakita (1997), S. 208-210, Fremdbezug, Überstunden, periodenübergreifende Lagerhaltung und Nichtbelieferung sowie Dempster et al. (2000), S. 1271f., Fremdbezug und periodenübergreifende Lagerhaltung.

[49] Vgl. Escudero et al. (1993), S. 320f.

[50] Dieses unterscheidet sich etwa von dem zweistufigen Kompensationsmodell von MirHassani et al. (2000), S. 516f., welche in der ersten Stufe des Modells für ein Produktions- und Logistiknetzwerk die Standorte planen, während alle Mengenentscheidungen der zweiten Stufe zugeordnet sind. Eine derartige Vorgehensweise ist in der Abgrenzung der vorliegenden Arbeit dem strategischen Supply Chain Planning zuzuordnen, insbesondere da keine unmittelbare Einbindung in eine regelmäßig durchzuführende Planung sinnvoll ist.

*Rollierende Planung*

Im Vergleich zur deterministischen Planung hat die in die rollierende Planung einge-
bundene stochastische Planung bedingt durch die Perioden in den Stufen $r > 1$ eine
veränderte Struktur. Den Aufbau der rollierenden Planung bei der stochastischen Planung verdeutlicht Abbildung 6.4.

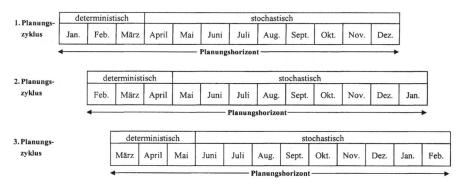

*Abbildung 6.4*: Vorgehen der rollierenden Planung bei der stochastischen Planung

In jedem Planungszyklus gibt es eine Periode mit deterministischen Parametern zur
Abbildung der Nachfrage, deren Nachfrage im vorherigen Planungszyklus noch durch
stochastische Parameter beschrieben wurde – in Abbildung 6.4 bspw. im zweiten Planungszyklus für den Monat April. Das bedeutet, dass eines der in Erwägung gezogenen Szenarien eingetreten ist. Außerdem kommt in jedem Planungszyklus für eine Periode, deren Lösungswerte als faktische Instruktion an das operative Supply Chain
Planning weitergegeben werden,[51] eine neue Periode, deren Nachfrage mit Risiko behaftet ist, am Ende des Planungshorizonts hinzu. Sowohl die Realisation eines der in
Erwägung gezogenen Szenarien als auch die Hinzufügung einer neuen Periode am
Ende des Planungshorizonts haben über die Interdependenzen der Perioden Einfluss
auf die aktualisierte Lösung eines stochastischen Programmierungsmodells.

Für die hier untersuchte Problemstellung stellt ein Ziel der rollierenden Planung die
Einbeziehung eines im Zeitablauf verbesserten Informationsstands über die Nachfrageentwicklung in die Planung dar, um damit die Planungsgüte zu verbessern. Bei der
stochastischen Planung kann sich ein verbesserter Informationsstand auf alle Stufen
eines mehrstufigen Kompensationsmodells auswirken. Bei den Perioden der Stufen
mit $r > 1$ kann ein aktualisierter Informationsstand die Anzahl der Szenarien, die
Nachfragemengen für die einzelnen Szenarien und die Eintrittswahrscheinlichkeiten

---

[51] Damit werden ausschließlich deterministische Beschaffungs-, Produktions-, Distributions-, Transport- und
Lagerhaltungsmengen als faktische Instruktion an das operative Supply Chain Planning weitergegeben. Zur
Vorgehensweise, in der operativen Planung keine stochastischen Werte zu verwenden, vgl. auch Schoemaker
(1993), S. 199.

der Szenarien beeinflussen. Auf diese Weise wird auch der Informationsstand für Entscheidungen der Stufe $r = 1$ verbessert.[52] Insgesamt kann die rollierende Planung bei den Perioden des Planungshorizonts mit stochastischen Parametern umfassendere Konsequenzen als bei den Perioden mit deterministischen Parametern haben.

*Untergliederung des Planungshorizonts*

Der Planungshorizont des vorgestellten stochastischen Programmierungsmodells ist in einzelne Stufen untergliedert. Die Stufe $r = 1$ umfasst alle Perioden, in denen die Nachfrage für das Produktions- und Logistiknetzwerk deterministisch abgebildet wird, während in den Perioden der Stufen $r > 1$ die Nachfrage mit Risiko behaftet ist. Nach einer abgeschlossenen Szenarienplanung eröffnen sich für den Entscheidungsträger bei der Modellentwicklung für das taktische Supply Chain Planning die in Abbildung 6.5 aufgeführten Möglichkeiten.

| Nachfrage bekannt | Nachfrage mit Risiko behaftet | |
|---|---|---|
| deterministische Parameter | deterministische Parameter durch Erwartungswerte | stochastische Parameter, dargestellt durch Szenarien |
| Stufe $r = 1$ | | Stufen $r > 1$ |

◄────────────── **Mittelfristiger Planungshorizont** ──────────────►

*Abbildung 6.5*: Entscheidungen der stochastischen Planung

In den ersten Perioden eines Planungshorizonts ist die Nachfrage bekannt, weshalb die Nachfrage durch deterministische Parameter abgebildet wird und die Perioden der Stufe $r = 1$ zugeordnet werden.[53] Bei den späteren Perioden gibt es ein Nachfragerisiko, welches durch stochastische Parameter, deren Realisationen durch Szenarien bestimmt werden, abgebildet wird. Diejenigen Perioden, in denen die Nachfrage durch stochastische Parameter abgebildet wird, werden den Stufen $r > 1$ zugeordnet, da die geplante Lösung erst nach Realisation eines oder mehrerer Ereignisse umgesetzt wird.

Im Anschluss an die Perioden mit bekannter Nachfrage können für eine oder mehrere Perioden in einem Modell deterministische Parameter für die Abbildung der Nachfrage bei gegebenen Szenarien verwendet werden, obwohl die Nachfrage mit Risiko behaftet ist. Dieses geschieht, indem jeweils der Erwartungswert der Nachfrage ermittelt und somit gleichzeitig die Stufe $r = 1$ auf weitere Perioden ausgeweitet wird. Die Verwendung deterministischer Parameter bei Nachfragerisiko hat den Vorteil, dass in diesen Perioden Pläne fixiert werden können, um Planungsnervosität in einem Produktions- und Logistiknetzwerk zu vermeiden. Durch die Verwendung von Erwartungswerten findet jedoch eine Verkleinerung des Lösungsraums statt, wodurch die Planungsgüte

---

[52] Vgl. Escudero et al. (1999b), S. 26f.

[53] Im vorgestellten stochastischen Programmierungsmodell werden auch in der ersten Stufe szenariobezogene Variablen eingesetzt, wobei jedoch aufgrund des nicht-antizipierenden Prinzips die entsprechenden Variablen unabhängig vom Szenario die gleichen Werte annehmen.

176

beeinträchtigt werden kann. Die genauen Konsequenzen können mit Hilfe von Untersuchungen für ein konkretes Planungsproblem bestimmt werden. Einem Entscheidungsträger eröffnen sich dadurch zusätzliche Möglichkeiten, da die Anzahl der Perioden für die Stufe $r = 1$ zu bestimmen ist.

### 6.2.3 Messung der Konsequenzen einer Planfixierung

Die Planfixierung zur Vermeidung von Planungsnervosität kann bei der stochastischen Planung mit Nachfragerisiko in zwei- und mehrstufigen Kompensationsmodellen für die Perioden angewendet werden, in denen kein Parameter stochastisch ist. Das vorgestellte stochastische Programmierungsmodell erlaubt eine Anwendung der Planfixierung, wenn die Stufe $r = 1$ wenigstens zwei Perioden umfasst. Die Kriterien zur Messung der Konsequenzen der Planfixierung sind für die stochastische Planung in Produktions- und Logistiknetzwerken entsprechend anzupassen.[54] Das vorgestellte stochastische Programmierungsmodell ermöglicht eine Bewertung mit Hilfe des Deckungsbeitrags unter Einbeziehung aller Perioden und Standorte. Zur Messung der Konsequenzen durch die Planfixierung wird hier vorgeschlagen, bei der Einbindung der stochastischen Programmierung in die rollierende Planung lediglich den Deckungsbeitrag der ersten Periode eines Planungszyklus, der jeweils nach Ablauf einer Periode neu gestartet wird, heranzuziehen, da die Planwerte der ersten Periode als faktische Instruktion zur Umsetzung in das operative Supply Chain Planning weitergegeben werden und damit letztendlich das wirtschaftliche Ergebnis bestimmen.

Die Anwendung der stochastischen Planung im taktischen Supply Chain Planning führt zu neuen Anforderungen bei der Messung der Planungsnervosität, insbesondere vor dem Hintergrund, dass innerhalb eines Planungshorizonts sowohl deterministische als auch stochastische Parameter verwendet werden. Die nachfolgende Vorgehensweise zur Messung der Planungsnervosität für das taktische Supply Chain Planning eines zweistufigen Produktions- und Logistiknetzwerks basiert auf dem bereits dargestellten Kriterium $PN_{de}$ und ist eine Weiterentwicklung des Vorschlags von Kadipasaoglu und Sridharan, welche die Planungsnervosität für taktische Pläne bei mehrstufigen Stücklisten mit mehreren Einsatzmaterialien messen:[55]

$$PN_{sz} = \frac{\sum_{\hat{z}=2}^{|\hat{Z}|} \sum_{m=\hat{t}_{\hat{z}}}^{\hat{t}_{\hat{z}-1}+\hat{M}_{r=1}-1} \left[ \sum_i \left| \sum_{jl} x_{ijlm}^{\hat{z}} - \sum_{jl} x_{ijlm}^{\hat{z}-1} \right| + \sum_j \left| \sum_{kl} y_{jklm}^{\hat{z}} - \sum_{kl} y_{jklm}^{\hat{z}-1} \right| \right]}{\left( \hat{M} - 1 \right)\left( |\hat{Z}| - 1 \right)|I| + \left( \hat{M} - 1 \right)\left( |\hat{Z}| - 1 \right)|J|}$$

mit:    $PN_{sz}$ :   Planungsnervosität für stochastische Planung und zwei Ebenen

$m$ :   Periode, $m \in M$

---

[54] Zur Darstellung der Kriterien vgl. auch Kapitel 3.3.3, S. 66-69.
[55] Vgl. Kadipasaoglu/Sridharan (1995), S. 198.

$\hat{M}_{r=1}$ : Anzahl der zur Ermittlung von $PN_{sz}$ einzubeziehenden Perioden der Stufe $r=1$

$\hat{z}$ : Planungszyklus, $\hat{z} \in \hat{Z}$

$\hat{t}_{\hat{z}}$ : erste Periode in Planungszyklus $\hat{z}$

$x_{ijlm}^{\hat{z}}$ : Planmenge des Produkts $l$, welche von Produktionsstandort $i$ zu Distributionslager $j$ in Periode $m$ in Planungszyklus $\hat{z}$ transportiert wird

$y_{jklm}^{\hat{z}}$ : Planmenge des Produkts $l$, welche von Distributionslager $j$ zu Kunde $k$ in Periode $m$ in Planungszyklus $\hat{z}$ transportiert wird

Taktische Pläne gibt es für jeden Produktionsstandort und für jedes Distributionslager. Sowohl die Planmenge im taktischen Plan für einen Produktionsstandort als auch die für ein Distributionslager umfasst jeweils alle Produktarten. Da die Planmengen der Stufe $r=1$ zur Messung der Planungsnervosität herangezogen werden, ist aufgrund des nicht-antizipierenden Prinzips keine szenariospezifische Betrachtung erforderlich. Die Planmenge in einem Distributionslager misst die an die Kunden ausgelieferte Produktmenge. Eine periodenübergreifende Lagerhaltung $w$ wird nicht berücksichtigt, da diese hauptsächlich zum Ausgleich saisonaler Schwankungen dient und daher nicht Bestandteil einer Bewertung der Planungsnervosität sein sollte. Zur Messung der Planungsnervosität $PN_{sz}$ in einem Produktions- und Logistiknetzwerk werden die Planmengen für alle Produktionsstandorte und Distributionsläger in einem Planungszyklus mit den jeweiligen Planmengen des vorherigen Planungszyklus betragsmäßig miteinander verglichen. Diese Vergleichsmengen werden über alle einzubeziehenden Perioden $m$ der ersten Stufe eines stochastisches Programmierungsmodells und über alle Planungszyklen $\hat{z}$ aufaddiert. Dieser Wert wird abschließend durch die Gesamtzahl der Planmengen über alle Perioden, Planungszyklen und Standorte dividiert.

Damit gibt die Planungsnervosität für die stochastische Planung in einem Produktions- und Logistiknetzwerk die durchschnittliche Abweichung der Planmengen in den Produktionsstandorten und Distributionslägern über alle Planungszyklen für die einbezogenen Perioden der Stufe $r=1$ an. Ein Entscheidungsträger kann bei der Messung der Planungsnervosität ausschließlich die zeitlich nächste Periode berücksichtigen, indem der Wert für $\hat{M}_{r=1}$ unabhängig von der Länge des Planungshorizonts auf zwei gesetzt wird. Eine Ausweitung der Messung der Planungsnervosität auf Perioden in $r>1$ ist ebenfalls möglich, indem aus den Lösungen für die jeweiligen Szenarien die erwarteten Planmengen für die Produktionsstandorte und Distributionsläger berechnet werden. Allerdings sollte eine auf diese Weise ermittelte Planungsnervosität lediglich eine Illustration unterstützen, da erwartete Planmengen nicht der Intention einer Vermeidung von Planungsnervosität entsprechen.

Das dritte Zielkriterium zur Messung der Konsequenzen einer Planfixierung ist die Lieferbereitschaft. Hier wird für das vorgestellte stochastische Programmierungsmodell vorgeschlagen, die Lieferbereitschaft wie bereits den Deckungsbeitrag ausschließlich für die erste Periode eines Planungszyklus zu berücksichtigen, da bei einer rollierenden Planung die Planmengen dieser Periode als faktische Instruktion an das operative Supply Chain Planning weitergegeben werden.

Diese drei dargestellten Kriterien können einen Entscheidungsträger bei der Messung von Konsequenzen der Planfixierung unterstützen. Die konkreten Werte sind von der Struktur des Planungsproblems abhängig und können sich damit im Einzelfall voneinander unterscheiden. Vor einer Umsetzung der stochastischen Programmierung sind jedoch Bewertungskriterien für einen Entscheidungsträger zu entwickeln, die angeben, für welche Charakteristika bei taktischen Supply Chain Planning-Problemen eine Verwendung statt einer deterministischen Planung sinnvoll ist. Bewertungskriterien sind notwendig, da mögliche Vorteile der stochastischen Planung hinsichtlich der Lösung und des Zielfunktionswerts mit einer aufwändigeren Modellierung und Lösungssuche verknüpft sind.

## 6.3    Bewertungskriterien zur stochastischen Planung

### 6.3.1  Informationswert und Wert der stochastischen Lösung

Die Bewertungskriterien Erwartungswert der vollkommenen Information und Wert der stochastischen Lösung ermöglichen einen Vergleich zwischen stochastischer und deterministischer Planung. Dazu wird angenommen, dass eine deterministische Planung für das hier behandelte Planungsproblem den jeweiligen Erwartungswert für die Nachfrage in einer Periode verwendet. Hierdurch wird die Modellierung und die anschließende Lösungssuche vereinfacht, da die Zahl der Variablen und der Restriktionen zu einer geringeren Modellgröße als bei der stochastischen Planung führen. Hinzu kommt, dass letztere nicht für alle Planungsprobleme signifikant bessere Ergebnisse erzielt als eine deterministische Planung. Daher ist es zweckmäßig, Bewertungskriterien aufzustellen, die einen Entscheidungsträger bei der Auswahl eines Planungsansatzes unterstützen. Der hier gewählte Vergleichsmaßstab ist der Zielfunktionswert bei der Maximierung des Deckungsbeitrags.[56]

*Erwartungswert der vollkommenen Information*

Ein Bewertungskriterium ist der Erwartungswert der vollkommenen Information (expected value of perfect information, abgekürzt EVPI).[57] Der Erwartungswert der vollkommenen Information geht von der Überlegung aus, wie viel ein Entscheidungs-

---

[56]  Neben den Zielfunktionswerten, die zeigen, inwiefern etwas geplant werden soll, können auch die Lösungen, die zeigen, ob überhaupt etwas eingeplant wird, miteinander verglichen werden, vgl. Kall/Wallace (1994), S. 138. Da hier stärker die Optimalität einer Lösung im Vordergrund steht, basiert der Vergleich auf den Zielfunktionswerten.

[57]  Vgl. Raiffa (1968), S. 27.

träger für vollständige und zuverlässige Information zu zahlen bereit ist.[58] Vollkommene Information bedeutet, dass einem Entscheidungsträger im Voraus bekannt ist, welches Szenario realisiert wird, um vor der Realisation die Entscheidungsvariablen optimal zu bestimmen. Dieses entspricht dem Wait-and-See-Ansatz. Hierzu ist für jedes Szenario die optimale Lösung zu bestimmen. Der Zielfunktionswert wird unter Einbeziehung aller Szenarien als Summe der mit den subjektiven Wahrscheinlichkeiten gewichteten Zielfunktionswerte ermittelt.

Wird der Zielfunktionswert des Wait-and-See-Ansatzes mit WS bezeichnet und der Zielfunktionswert des zweistufigen Kompensationsmodells (recourse problem) mit RP, so ist EVPI = WS − RP mit EVPI ≥ 0 im Maximierungsfall.[59] Ein hoher Erwartungswert der vollkommenen Information zeigt, dass das Risiko einen nicht zu vernachlässigenden Einfluss auf das Planungsproblem hat. Damit muss jedoch nicht zwangsläufig verbunden sein, dass die stochastische Planung einen besseren Zielfunktionswert als die deterministische hervorbringt.[60] Im Umkehrschluss gilt auch, dass bei einem kleinen Erwartungswert der vollkommenen Information das Risiko lediglich eine geringe Rolle in einem Planungsproblem spielt.

Allerdings wird der Erwartungswert der vollkommenen Information stärker im Zusammenhang mit Fragestellungen verwendet, ob etwa verstärkte Anstrengungen für eine verbesserte Nachfrageeinschätzung etwa durch Marktanalysen von Vorteil sein können, wodurch Informationskosten in Kauf zu nehmen sind.[61] Somit wird der Informationsstand als variabel angesehen. Für das in der vorliegenden Arbeit abgegrenzte taktische Supply Chain Planning-Problem wird jedoch von einem gegebenen Informationsstand ausgegangen. Zur Bewertung der Vorteilhaftigkeit der stochastischen Planung bei einem gegebenen Informationsstand wird der Wert der stochastischen Lösung vorgeschlagen.[62]

*Wert der stochastischen Lösung*

Der Wert der stochastischen Lösung vergleicht Zielfunktionswerte, welche die stochastische Planung ermittelt, mit denen der deterministischen. Zur Ermittlung des Zielfunktionswerts einer deterministischen Planung werden alle stochastischen Parameter durch ihre Erwartungswerte ersetzt. Das entsprechende Modell (expected value problem) wird optimal gelöst, und der optimal ermittelte Zielfunktionswert wird mit EV bezeichnet. Somit gibt es nur eine Lösung, die unabhängig von den Szenarien ist. Die Lösung wird anschließend in den einzelnen Modellen für jedes Szenario eingesetzt. Der hieraus resultierende mit den subjektiven Wahrscheinlichkeiten gewichtete Zielfunktionswert wird als EEV bezeichnet (expected result of using the expected value

---

[58]  Vgl. etwa Kall/Wallace (1994), S. 141; Watson/Buede (1987), S. 55.
[59]  Vgl. Birge/Louveaux (1997), S. 139.
[60]  Vgl. Kall/Wallace (1994), S. 141.
[61]  Vgl. Birge/Louveaux (1997), S. 10. Für eine Untersuchung hierzu vgl. etwa Manne (1974), S. 58-60.
[62]  Zur Darstellung des Werts der stochastischen Lösung vgl. Birge/Louveaux (1997), S. 139f.

problem solution).[63] Der Wert der stochastischen Lösung VSS (value of stochastic solution) ist VSS = RP – EEV mit VSS ≥ 0 in einem Maximierungsproblem.[64] Dieser
Wert ist für die nachfolgende Untersuchung geeigneter als der Erwartungswert für
vollkommene Information, da angenommen wird, dass in einem Planungsproblem der
Informationsstand in einem Zeitpunkt nicht verbessert wird. Allerdings kann auch der
Wert der stochastischen Lösung keinen allgemein gültigen Hinweis geben, ob die stochastische Planung sinnvoll ist.

Zur Vermeidung einer vollständigen Berechnung wird versucht, Schranken für die
dargestellten Werte anzugeben.[65] Es kann gezeigt werden, dass unter bestimmten Voraussetzungen in einem stochastischen Programmierungsmodell gilt: EVPI ≤ EV –
EEV und VSS ≤ EV – EEV im Maximierungsfall.[66] Wenn EEV und EV die gleichen
Werte annehmen, verschwindet sowohl EVPI als auch VSS, und Unsicherheit spielt in
einem Planungsproblem nur eine untergeordnete Rolle. Zwar können Schranken wie
im gezeigten Fall bei EEV = EV Tendenzen angeben, allerdings reichen Schranken für
eine Bewertung der Vorteilhaftigkeit nicht aus. Zusammengefasst können weder der
Erwartungswert der vollkommenen Information noch der Wert der stochastischen Lösung allgemein gültige Aussagen zur Vorteilhaftigkeit der stochastischen Planung vor-
nehmen. Um eine Entscheidung trotzdem zu unterstützen, werden nachfolgend Bewertungskriterien vorgeschlagen, die speziell für Planungsprobleme des taktischen
Supply Chain Planning eine Bewertung der stochastischen Planung ermöglichen.

### 6.3.2 Einflussgrößen auf die Bewertungskriterien

Die hier vorgestellten Überlegungen für eine Bewertung der stochastischen Planung
basieren auf einem Vergleich des mehrstufigen stochastischen Programmierungsmodells mit einem deterministischen Ansatz für das taktische Supply Chain Planning.
Vorab zeigt die bereits dargestellte Bedingung VSS = RP – EEV im Maximierungsfall
mit VSS ≥ 0, dass die stochastische Planung bessere oder zumindest gleiche Zielfunktionswerte wie die deterministische hervorbringt. Dieses gelingt aufgrund der Einbeziehung mehrerer Szenarien und deren Kompensationsmöglichkeiten bereits in die zur
Planungsunterstützung einzusetzenden Modelle. Allgemein gilt, dass bei einer deterministischen Planung durch die Verwendung von Erwartungswerten Fehlentscheidungen häufiger auftreten können als bei der stochastischen Planung. Daher gilt es heraus-
zuarbeiten, bei welcher Struktur eines Produktions- und Logistiknetzwerks der Zielfunktionswert durch die stochastische Planung deutlich verbessert wird. Als Einflussfaktoren werden diejenigen berücksichtigt, die auch in das vorgestellte stochastische
Programmierungsmodell einfließen und in Abbildung 6.6 aufgeführt sind.

---

[63]  Vgl. Birge/Louveaux (1997), S. 139.
[64]  Vgl. Birge/Louveaux (1997), S. 139.
[65]  Vgl. für eine mathematische Herleitung Birge/Louveaux (1997), S. 140-152, und die dort angegebene Litera-
      tur.
[66]  Vgl. Birge/Louveaux (1997), S. 142.

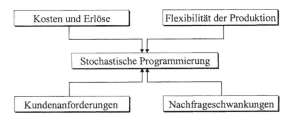

*Abbildung 6.6*: Einflussfaktoren auf die stochastische Programmierung

*Kosten und Erlöse*

Die Kosten- und Erlösstruktur eines Produktions- und Logistiknetzwerks kann in unterschiedlicher Weise die Vorteilhaftigkeit der stochastischen Planung beeinflussen. Fehlentscheidungen können dazu führen, dass Kunden nicht oder nicht rechtzeitig beliefert werden. Insbesondere bei Produktarten mit einem hohen Deckungsbeitrag bezogen auf die Totalkosten kann eine unzureichende Lieferbereitschaft den Zielfunktionswert negativ beeinflussen. Außerdem ist die stochastische Planung vorteilhaft, wenn es ausreichende Kompensationsmöglichkeiten bspw. durch Lagerhaltung in Produktions- oder Distributionsebenen gibt. Diese Kompensationsmöglichkeiten können etwa durch hohe Lagerhaltungskosten beeinträchtigt sein. Infolgedessen können im Vergleich zum Deckungsbeitrag hohe Lagerhaltungskosten dazu führen, dass eine Lagerhaltung ggf. einen negativen Stückdeckungsbeitrag bedingen würde, wodurch eine Lagerhaltung unterbleibt und sich die optimalen Lösungen der Szenarien für die Perioden in den Stufen $r > 1$ nicht unterscheiden.

*Flexibilität der Produktion*

Ein weiterer Einflussfaktor ist die Flexibilität der Produktion. Hierunter wird in diesem Zusammenhang verstanden, inwiefern die Produktionsanlagen in einem Produktions- und Logistiknetzwerk kurzfristig an die nachgefragten Mengen für eine Produktart in einer Periode angepasst werden können.[67] Mit einer hohen Flexibilität der Produktion kann gleichzeitig eine kurze Bearbeitungszeit verknüpft sein. Dadurch können fehlerhaft geplante Produktionsmengen innerhalb der durch die Produktionsanlagen vorgegebenen Grenzen möglicherweise mit einer Verlagerung der Produktion auf andere Produktionsstandorte kurzfristig ausgeglichen werden. Flexibilität, wie sie hier verstanden wird, ist auch gegeben, wenn Produktionskapazitäten erheblich unterausgelastet sind. Eine hohe Flexibilität gibt es ferner, wenn ein kurzfristiger Fremdbezug mit lediglich geringen Kostennachteilen im Vergleich zu den variablen Produktionskosten der eigenen Unternehmung in den Perioden mit einem kapazitiven Engpass möglich ist. Diese Zusammenhänge deuten darauf hin, dass sich die Vorteile der stochastischen Planung gegenüber der deterministischen abschwächen, da eine fehlerhafte Planung

---

[67]  Vgl. ausführlicher zur Flexibilität der Produktion etwa Kistner/Steven (2001), S. 244-250.

kurzfristig ausgeglichen werden kann. Dann hat die durch eine stochastische Planung verbesserte Planungsgüte keinen bedeutenden Einfluss auf den Zielfunktionswert.

*Kundenanforderungen*

Kundenanforderungen geben die Anforderungen an die Lieferbereitschaft an. Bei der Modellierung drücken sich hohe Kundenanforderungen darin aus, dass eine Verschiebung der Belieferung in die Folgeperiode sanktioniert wird, indem sich die Nachfragehöhe durch einen hohen Nachfrageverlustfaktor α stark reduziert. Bei hohen Kundenanforderungen haben fehlerhaft geplante Produktions- und Distributionsmengen einen bedeutenden Einfluss auf den Zielfunktionswert, da nicht ausreichende Liefermengen in einer Periode mit einer mangelnden Ausschöpfung des Marktpotenzials verbunden sind. Infolgedessen führen hohe Kundenanforderungen zu einem Vorteil der stochastischen Planung gegenüber der deterministischen. Eine weitere Kundenanforderung ist die von den Kunden vorgegebene Lieferzeit. Kurze Lieferzeiten führen dazu, dass auch in zeitlich unmittelbar folgenden Perioden die Nachfragemenge noch nicht durch Auftragserteilungen fixiert ist.[68] Tendenziell verstärkt ein kurzer Zeitraum für die Stufe $r = 1$ die Beeinflussbarkeit des Zielfunktionswerts durch die stochastische Programmierung.

*Nachfrageschwankungen*

Aufgrund von Nachfrageschwankungen sind in einem Produktions- und Logistiknetzwerk standortübergreifend Lagerbestände zum Ausgleich der Nachfrage zu planen. Die Höhe der Lagerbestände hängt wiederum von der Planungsgüte ab. Große Nachfrageschwankungen sind jedoch nicht in allen Fällen mit bedeutenden Vorteilen für die stochastische Planung gleichzusetzen,[69] sondern hängen eng mit den bereits dargestellten Einflussfaktoren zusammen. Zum Beispiel können in einem Produktions- und Logistiknetzwerk mit hoher Flexibilität große Nachfrageschwankungen durch kurzfristige Anpassungsmaßnahmen absorbiert werden. Wenn allerdings keine hohe Flexibilität vorliegt, können große Nachfrageschwankungen eher als bei einer gleichmäßigen Nachfrage zu fehlerhaft geplanten Mengen führen.

Diese vier diskutierten Einflussfaktoren unterstützen einen Entscheidungsträger bei der Entscheidung, ob für ein taktisches Supply Chain Planning-Problem entweder ein deterministischer oder ein stochastischer Ansatz sinnvoll ist. Trotz möglicher gegenläufiger Effekte zwischen den einzelnen Einflussfaktoren können Tendenzaussagen diese Entscheidung jedoch geeignet unterstützen, wofür nachfolgend die Anwendung der stochastischen Planung vorgestellt wird.

---

[68] Bei der Herstellung von Polyethylen und Polypropylen sind die Aufträge branchentypisch teilweise sogar vor Beginn der operativen Produktionsplanung noch nicht exakt festgelegt, vgl. hierzu Werners/Steude/Thorn (1999), S. 412.

[69] Vgl. auch Birge/Louveaux (1997), S. 144.

## 6.4 Anwendung der stochastischen Programmierung

### 6.4.1 Planungsunterstützung durch mehrstufige Programmierungsmodelle

Der Einsatz von Lösungsverfahren bei mehrstufigen stochastischen Programmierungs-modellen wird durch eine schnell steigende Anzahl an Szenarien bei einem mittelfristigen Planungshorizont erschwert. Wenn die Realisationen der Ereignisse voneinander unabhängig sind, berechnet sich die Anzahl der Szenarien wie folgt:

$$Anzahl\ der\ Szenarien = \prod_{r=1}^{|R|} S_r$$

Dabei gibt $S_r$ die Anzahl der Szenarien für eine Stufe $r$ an. Ein Planungshorizont, bei welchem bspw. für elf Monate die mit Risiko behaftete Nachfrage durch jeweils ein optimistisches und ein pessimistisches Szenario abgebildet wird und ein Monat jeweils einer Stufe im Kompensationsmodell entspricht, umfasst damit bereits 2.048 Szenarien. Die Abbildung von Nachfragerisiko durch jeweils vier Szenarien je Stufe bzw. Monat führt zu insgesamt 4.194.304 Szenarien. Diese im Allgemeinen sehr große Anzahl an Szenarien ist sowohl beim Einsatz von Lösungsverfahren als auch bei der Abbildung des Planungsproblems durch Szenarien zu berücksichtigen.

*Lösungsverfahren für mehrstufige Kompensationsmodelle*

Mehrstufige Planungsprobleme sind aufgrund des sukzessiven Entscheidungsablaufs durch eine blockangulare Struktur der Matrix $A$ charakterisiert. Das vorgestellte mehrstufige stochastische Programmierungsmodell (6.4) weist allgemein die in Abbildung 6.7 gezeigte Struktur auf.[70]

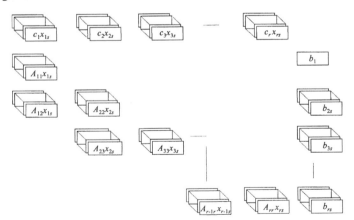

*Abbildung 6.7*: Blockangulare Struktur des mehrstufigen stochastischen Modells

---

[70] Vgl. zu einer derartigen Darstellungsform auch Messina/Mitra (1997), S. 350.

Abbildung 6.7 zeigt die Untermatrizen $A_{11}$, $A_{12}$, $A_{22}$, $A_{23}$ etc., die von Null verschiedene Koeffizienten aufweisen und deren Existenz von den Stufen und den Szenarien abhängig ist. Die Lösungsverfahren für mehrstufige Kompensationsmodelle nutzen diese blockangulare Struktur zur Dekomposition des Gesamtproblems. Gleichzeitig ist die in einem Modell verwendete Darstellungsform der Entscheidungsvariablen eng mit einem Lösungsverfahren verknüpft.[71] Allgemein basieren Lösungsverfahren für mehrstufige stochastische Programmierungsmodelle auf Lösungsverfahren für zweistufige.[72]

Birge schlägt ein Lösungsverfahren für Programmierungsmodelle mit zusammengefassten Entscheidungsvariablen vor.[73] Dieses Verfahren nutzt die blockangulare Struktur des Problems für die Anwendung des Dekompositionsverfahrens von Benders und zerlegt das mehrstufige Planungsproblem in aufeinander folgende zweistufige Planungsprobleme. Mit Hilfe von Vorwärts- und Rückwärtsbetrachtung werden geeignete Schnitte durch Hyperebenen zur Erreichung von Zulässigkeit und Optimalität gesetzt. Das vorgeschlagene Verfahren ist anhand von Problemen aus unterschiedlichen Bereichen getestet worden. Eine Anwendung des Dekompositionsverfahrens von Benders zur Lösung großer mehrstufiger stochastischer Programmierungsmodelle findet sich auch bei Infanger.[74] Zusätzlich verwendet Infanger Stichproben zur Vereinfachung der Lösungssuche, indem lediglich ein Teil der Szenarien für die Lösungssuche betrachtet wird.

Escudero et al. schlagen für Programmierungsmodelle mit Entscheidungsvariablen, die je nach Szenario aufgespalten sind, eine erweiterte Lagrange-Relaxation vor.[75] Der Ansatz geht von der Charakteristik aus, dass die Entscheidungen in den einzelnen Stufen eines mehrstufigen Programmierungsmodells durch nicht-antizipierende Bedingungen untereinander verknüpft sind. Zur Relaxation wird die zur Abbildung der nicht-antizipierenden Bedingung erforderliche Restriktion in die Zielfunktion einbezogen, wodurch Abweichungen entsprechender Entscheidungsvariablen zwischen den Stufen ermöglicht werden, dafür jedoch Strafkosten in Kauf zu nehmen sind. Hierdurch wird ein Modell mit untereinander unabhängigen Teilproblemen für jeden Knoten im Entscheidungsbaum unter Einhaltung der Blockstruktur aufgestellt, d.h., keine Restriktion betrachtet mehr als ein Szenario. Dieses Modell wird über eine separable quadratische Approximierung gelöst. Hervorzuheben ist, dass Untersuchungen auf Parallelrechnern gezeigt haben, dass dieses Verfahren von Escudero et al. für große Probleme mit 9.000 Szenarien und 14 Stufen in 45 Minuten eine Lösung erzeugt.

Auch wenn große mehrstufige Programmierungsmodelle mit Hilfe geeigneter Verfahren gelöst werden können, ist die Anzahl der Szenarien bei der Abbildung des Nach-

---

[71] Vgl. Messina/Mitra (1997), S. 348.
[72] Vgl. Birge/Louveaux (1997), S. 233.
[73] Vgl. Birge (1985). Dieser Ansatz wird auch als L-shaped method bezeichnet. Für eine Darstellung dieses Ansatzes mit einem illustrativen Beispiel vgl. Birge/Louveaux (1997), S. 234-243.
[74] Vgl. Infanger (1994), S. 79-128.
[75] Vgl. Escudero et al. (1999a), S. 138-157.

fragerisikos eine kritische Größe. Daher ist es sinnvoll, sich im Rahmen des taktischen Supply Chain Planning auf eine kleine Anzahl an Szenarien zu konzentrieren.[76]

*Szenarienplanung*

Die Szenarienplanung zur Abbildung des Nachfragerisikos ist eine wichtige Komponente des taktischen Supply Chain Planning. Dem Entscheidungsträger kommt in der Szenarienplanung die Aufgabe zu, aus den vielfältigen Informationen in einem Produktions- und Logistiknetzwerk zur Einschätzung der Nachfrage für einen mittelfristigen Planungshorizont konkrete Nachfragemengen in einer begrenzten Anzahl an Szenarien abzubilden. Aus der Menge der möglichen, ggf. zahlreichen Szenarien können wenige Szenarien ausgewählt werden, die besonders charakteristisch erscheinen, oder die möglichen Szenarien mit Hilfe der Clusteranalyse zusammengefasst werden.[77] Damit ist die Szenarienplanung typischerweise von Einschätzungen des Entscheidungsträgers abhängig.[78] Das Erfordernis einer begrenzten Anzahl an Szenarien führt dazu, dass sich die in Erwägung gezogenen Szenarien grundlegend voneinander unterscheiden sollen,[79] damit unterschiedliche Zielfunktionswerte erreicht werden. Zur Messung der Signifikanz der Szenarien wird vorgeschlagen, den Erwartungswert der vollkommenen Information zu verwenden.[80] Dazu wird in jedem Knoten eines Entscheidungsbaums der Erwartungswert der vollkommenen Information berechnet, und es werden die Szenarien nur dann weiter verfolgt, wenn dieser Wert eine vorgegebene Schranke überschreitet. Ein Nachteil dieser Vorgehensweise sind jedoch zahlreiche erforderliche Berechnungen.

Ein wichtiges Kriterium der Szenarienplanung im taktischen Supply Chain Planning ist der zeitliche Abstand einer Periode vom Planungsstartzeitpunkt. Abbildung 6.8 zeigt einen Entscheidungsbaum für ein taktisches Supply Chain Planning-Problem. Der Entscheidungsbaum ist Ergebnis der Szenarienplanung und umfasst acht Szenarien *s*. Zu Beginn der Monate in der zweiten, dritten und vierten Stufe wird das Nachfragerisiko jeweils durch zwei Einschätzungen, bspw. eine optimistische und eine pessimistische Einschätzung, beschrieben. Aufgrund der Unabhängigkeit der Nachfragerealisationen für diese Stufen hat ein Entscheidungsträger acht Szenarien zu untersuchen. Die Nachfragen für die nachfolgenden Stufen werden in den anschließenden Monaten jeweils fortgeschrieben.[81] Diese Fortschreibung führt zu einem fünfstufigen Kompensationsmodell mit zwölf Perioden.

---

[76] Vgl. Infanger (1994), S. 79; Messina/Mitra (1997), S. 353. Auch in der Literatur durchgeführte Untersuchungen beschränken sich häufig auf wenige Szenarien. Vgl. hierzu etwa Eppen/Martin/Schrage (1989) oder Mulvey/Vanderbei/Zenios (1995).

[77] Vgl. Hofmeister et al. (2000), S. 412. Für einen Überblick der Verfahren vgl. auch Mißler-Behr (1993), S. 117-128. Ein Fuzzy-Clusterverfahren stellen Hofmeister et al. (2000), S. 406-411, vor.

[78] Vgl. Messina/Mitra (1997), S. 353.

[79] Vgl. Schoemaker (1993), S. 195.

[80] Vgl. Messina/Mitra (1997), S. 354.

[81] Eine ähnliche Vorgehensweise zur Reduktion der Szenarienanzahl haben Escudero et al. (1993), S. 327-329, für ein Beschaffungsproblem vorgeschlagen. Allerdings geben die Autoren für diese Vorgehensweise keine Begründung hinsichtlich der Entscheidungssituation an.

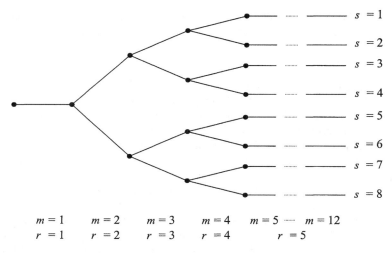

*Abbildung 6.8*: Szenarienplanung im taktischen Supply Chain Planning

Die fünfte Stufe umfasst folglich alle Perioden mit $m = 5, 6,..., 12$. Damit wird ausschließlich zu Beginn des Planungshorizonts eine detaillierte Betrachtung der Szenarien durchgeführt. Dies betont den Einfluss früher Perioden auf Planungsentscheidungen, wenn aufgrund von Bearbeitungszeiten bereits Einsatzmaterialien zu beschaffen oder Produktionsvorgänge auszulösen sind. Die Fortschreibung der Szenarien für die nachfolgenden Stufen führt gleichzeitig zu einer Eingrenzung bei der Anzahl der Szenarien; ein ggf. geringer Einfluss dieser Perioden auf die Planungsgüte lässt diese Fortschreibung zu. Ein Entscheidungsträger kann die erste Stufe eines mehrstufigen stochastischen Programmierungsmodells bei der Szenarienplanung auch auf mehrere Perioden ausweiten, wenn sich die Nachfrage mit der zeitlichen Nähe dieser Perioden zum Planungsstartzeitpunkt durch den Auftragseingang bereits deutlich konkretisiert.

Ein weiterer Ansatz zur Eingrenzung der Anzahl der Szenarien steht einem Entscheidungsträger mit dem Ersatz stochastischer Parameter durch die jeweiligen Erwartungswerte für Perioden, die der ersten Stufe unmittelbar folgen, zur Verfügung. Dieser Ansatz vereinfacht das Planungsproblem, indem weniger Szenarien zu berücksichtigen sind, und ist gleichzeitig Basis für die Planfixierung. Allerdings kann dieser Ansatz die Planungsgüte beeinträchtigen, wenn die Verwendung von Erwartungswerten nicht durch eine weitgehende Konkretisierung der Nachfrage begründet ist. Die Konsequenzen sind dann mit Hilfe von Untersuchungen an einem konkreten Planungsproblem zu ermitteln. Bei einer großen Anzahl an Szenarien für ein taktisches Supply Chain Planning-Problem hat ein Entscheidungsträger die Möglichkeit, zunächst eine begrenzte Anzahl an Szenarien in einem ersten Modellierungsansatz zu berücksichtigen. Durch eine Ergebnisanalyse kann anschließend entschieden werden, ob die Einbeziehung zusätzlicher Szenarien für die weitere Planung erforderlich ist.

*Implementierung in ein Planungssystem*

Die Generierung von Szenarien zur Unterstützung des taktischen Supply Chain Planning ist in ein Planungssystem einzubetten. Ein Planungssystem erlaubt eine beschleunigte Generierung von Szenarien, welche insbesondere für das taktische Supply Chain Planning bedeutend ist, da bei einer rollierenden Planung eine regelmäßige Generierung von Szenarien erforderlich ist. Zur beschleunigten Generierung ist die Szenarienplanung gemäß Abbildung 6.9 mit der Datenbank des Produktions- und Logistiknetzwerks zu verknüpfen.

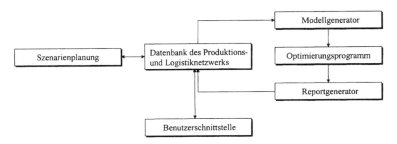

*Abbildung 6.9*: Schema eines Planungssystems für das taktische Supply Chain Planning

In der Datenbank des Produktions- und Logistiknetzwerks sind alle für das taktische Supply Chain Planning erforderlichen Daten abgelegt. Hierzu zählen etwa Preise, Kosten, Kapazitätsbedarfe oder Lagerkapazitäten. Daneben umfasst die Datenbank auch die für die Einschätzung der Nachfrage wichtigen Daten wie bereits erhaltene Aufträge oder Einschätzungen des Vertriebs über die weitere Nachfrageentwicklung. Auf diesen Daten basiert die in der Szenarienplanung durchgeführte Einschätzung der Nachfrage. Aufgestellte Szenarien werden wiederum in der Datenbank abgelegt, um basierend auf diesen Szenarien ein Programmierungsmodell aufzustellen und um diese Szenarien in späteren Planungszyklen weiter verwenden zu können. Aus den Daten der Datenbank wird in jedem Planungszyklus ein aktualisiertes Programmierungsmodell erstellt, wobei zur Entwicklung stochastischer Programmierungsmodelle Ansätze der strukturierten Modellierung zur Verfügung stehen.[82] Das auf diese Weise erzeugte Modell wird anschließend an den Modellgenerator übergeben, welcher ein Dateiformat erzeugt, das vom Optimierungsprogramm gelesen werden kann. Diese Datei wird dann im Optimierungsprogramm eingelesen, und es wird, wenn möglich, eine optimale Lösung erzeugt. Im Optimierungsprogramm sind entsprechende Lösungsverfahren für mehrstufige stochastische Programmierungsmodelle zu implementieren. Auch für diese umfangreichen Modelle gibt es EDV-Lösungen.[83] Nach Durchführung einer Optimierung erzeugt der Reportgenerator eine Datei, die in der Datenbank abgelegt wird.

---

[82]  Vgl. Kall/Mayer (1992b), S. 583f.; Kall/Mayer (1996), S. 225f.
[83]  Vgl. etwa Dempster/Thompson (1999), S. 163-180; Gassmann (1990), S. 417-421. Für zweistufige Kompensationsmodelle vgl. auch Kall/Mayer (1992a), S. 145-153; Kall/Mayer (1996), S. 228-231.

188

Diese Datenbank für das Produktions- und Logistiknetzwerk ist über eine Benutzer-
schnittstelle mit weiteren Modulen der Supply Chain Planning-Matrix zu verknüpfen.
Über diese Schnittstelle erfolgt die Aktualisierung der in der Datenbank hinterlegten
Daten. Außerdem werden über diese Schnittstelle Daten ausgelesen, indem etwa der
taktische Plan als faktische Instruktion an das operative Supply Chain Planning weitergegeben wird. Zusammenfassend kann mit Hilfe eines derartigen Planungssystems
der Einsatz der stochastischen Planung zur Unterstützung des taktischen Supply Chain
Planning ermöglicht werden.

Somit sind jetzt alle für die stochastische Planung erforderlichen Komponenten dargestellt. Von Interesse ist anschließend, die Auswirkungen der dargestellten unterschiedlichen Planungsansätze zu untersuchen. Dazu illustriert ein kleines Beispiel mit fikti-
ven Daten, die einen realistischen Charakter haben, die Anwendung der stochastischen
Planung.

### 6.4.2 Untersuchungen anhand eines illustrativen Beispiels

Das Beispiel betrachtet gemäß Abbildung 6.10 zwei Produktionsstandorte, drei Distributionsläger sowie fünf Kunden. Die Kapazitäten der Produktionsstandorte und der
Distributionsläger sind begrenzt, während die Transportkapazitäten als unbeschränkt
angesehen werden. Produktions-, Distributions- und Lagerhaltungsmengen werden
durch kontinuierliche Variablen beschrieben. Jeder Kunde kann von jedem Distributionslager und jedes Distributionslager von jedem Produktionsstandort beliefert werden.
Die Kunden fragen in jeder Periode eine prognostizierte Menge von drei berücksichtigten Produktarten nach. Alle drei Produktarten können in beiden Produktionsstandorten hergestellt werden, wobei der Kapazitätsbedarf abhängig von der Produktart ist.
Zusammengefasst sind damit repräsentative Merkmale eines Produktions- und Logistiknetzwerks beschrieben, die ein taktisches Supply Chain Planning ermöglichen.

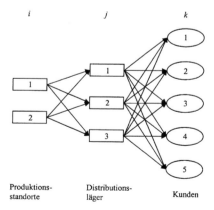

*Abbildung 6.10*: Zweistufiges Produktions- und Logistiknetzwerk

Durch das taktische Supply Chain Planning wird ein standortübergreifender Plan zur Bestimmung der Produktions-, Distributions- und Lagerhaltungsmengen für einen Planungshorizont von vier Perioden aufgestellt. Das taktische Supply Chain Planning wird in die rollierende Planung eingebunden, bei der jeweils nach Ablauf einer Periode ein neuer Plan ermittelt wird. Es werden vier Planungszyklen durchlaufen, wodurch insgesamt sieben Perioden zu betrachten sind. Im dargestellten Beispiel ist die Nachfrage der drei Produktarten mit Risiko behaftet und wird gemäß Abbildung 6.11 eingeschätzt.

Es wird davon ausgegangen, dass in einem Planungszyklus jeweils die Nachfragemenge der unmittelbaren Folgeperiode bekannt ist, während in den dieser Periode nachfolgenden Perioden die mit Risiko behaftete Nachfrage durch das Vorliegen einer pessimistischen und einer optimistischen Einschätzung abgebildet wird. Die Wahrscheinlichkeit für die Realisation einer der beiden Einschätzungen in einer Periode beträgt jeweils 0,5. Diese Einschätzungen werden für die einzelnen Produktarten und die jeweiligen Kunden erstellt. Die Nachfragemenge der pessimistischen Einschätzung in einer Periode entspricht in Abbildung 6.11 der Höhe der schwarz ausgefüllten Säule. Die zusätzliche Nachfragemenge in einer Periode, die sich bei Realisation einer optimistischen Einschätzung ergibt, entspricht der Höhe des weiß ausgefüllten Abschnitts einer Säule.

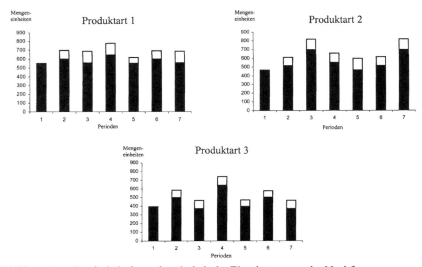

*Abbildung 6.11*: Pessimistische und optimistische Einschätzungen der Nachfrage

Es zeigt sich, dass die Nachfrage Schwankungen unterworfen ist, die sich durch die im Zeitablauf unabhängigen Realisationen der Einschätzungen verstärken. Die Addition der Nachfragemengen der einzelnen Produktarten führt zu einer in Abbildung 6.12 gezeigten Gesamtnachfrage je Periode.

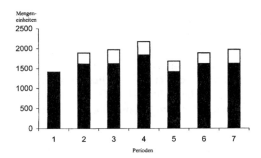

*Abbildung 6.12*: Pessimistische und optimistische Einschätzungen der Gesamtnachfrage

Die Gesamtnachfrage weist saisonale Schwankungen über vier Perioden mit einer Nachfragespitze in der vierten Periode auf. Dieses gilt sowohl für die pessimistische als auch für die optimistische Einschätzung. Bei beiden Einschätzungen sind in der vierten Periode die Produktionskapazitäten des betrachteten Produktions- und Logistiknetzwerks nicht ausreichend, um die von den Kunden nachgefragte Produktmenge herzustellen. Eine Lagerhaltung von Produkten, die in Vorperioden gefertigt werden, ist erforderlich, wenn eine Nichtbefriedigung von Nachfragemengen in der vierten Periode vermieden werden soll. Die Höhe der Lagerhaltung ist dabei von der Realisation der jeweiligen Einschätzung der drei Produktarten abhängig. Eine Nichtbefriedigung der Nachfragemenge eines Kunden in einer Periode wird sanktioniert, indem die Nachfrage in der Folgeperiode lediglich zu einem Viertel der ursprünglichen Nachfragemenge fortbesteht. Fremdbezug und Überstunden zur Behebung eines kapazitiven Engpasses bleiben unberücksichtigt. Planfixierungen zur Vermeidung von Planungsnervosität werden im vorliegenden Beispiel ausschließlich für die Produktion durchgeführt, da die Funktion eines Distributionslagers zum Ausgleich möglicher Nachfrageschwankungen nicht eingeschränkt werden soll. Aufgrund der Einschätzung der Nachfrage je Periode und der Unabhängigkeit der Realisationen werden acht Szenarien gebildet.

In der folgenden Untersuchung wird die deterministische Planung auf Basis von Erwartungswerten für die Nachfrage mit der stochastischen Planung unter Verwendung von Nachfrageszenarien verglichen. Der Vergleich erfolgt mit Hilfe des Deckungsbeitrags, der Planungsnervosität und der Lieferbereitschaft. Deckungsbeiträge und Lieferbereitschaft werden für das vorliegende Beispiel lediglich in der ersten Periode eines Planungszyklus berücksichtigt.

*Deterministische Planung*

Das Modell zur Unterstützung der deterministischen Planung hat für einen Planungszyklus folgende Struktur:

$$\max z = \sum_{j=1}^{3}\sum_{k=1}^{5}\sum_{l=1}^{3}\sum_{m=1}^{4}(e_{kl} - kd_{jl} - ktdk_{jkl})\, y_{jklm} - \sum_{i=1}^{2}\sum_{j=1}^{3}\sum_{l=1}^{3}\sum_{m=1}^{4}(kp_{il} + ktpd_{ijl})\, x_{ijlm}$$

$$-\sum_{j=1}^{3}\sum_{l=1}^{3}\sum_{m=1}^{4} kl_{jl}\, w_{jlm} \tag{5.3.1}$$

so dass

$$\sum_{j=1}^{3}\sum_{l=1}^{3} p_{l}\, x_{ijlm} \le P_{im} \qquad \forall\; i = 1,2\;,\; m = 1,..,4 \tag{5.3.2}$$

$$\sum_{k=1}^{5}\sum_{l=1}^{3} y_{jklm} + \sum_{l=1}^{3} w_{jlm} \le Q_{jm} \qquad \forall\; j = 1,2,3\;,\; m = 1,..,4 \tag{5.3.3}$$

$$\sum_{i=1}^{2} x_{ijlm} + w_{jlm-1} = \sum_{k=1}^{5} y_{jklm} + w_{jlm} \qquad \forall\; j = 1,2,3\;,\; l = 1,2,3\;,\; m = 1,..,4 \tag{5.3.4}$$

$$\sum_{j=1}^{3} y_{jklm} + u_{klm-1} = 0,25\, u_{klm-1} + D_{klm} \qquad \forall\; k = 1,..,5\;,\; l = 1,2,3\;,\; m = 1,..,4 \tag{5.3.5}$$

$$x_{ijlm}\;,\; y_{jklm}\;,\; w_{jlm}\;,\; u_{klm} \ge 0 \qquad \forall\; i = 1,2\;,\; j = 1,2,3\;,\; k = 1,..,5\;,\; l = 1,2,3\;,\; m = 1,..,4 \tag{5.3.6}$$

$$w_{jl0}\;,\; u_{kl0} = 0 \qquad \forall\; j = 1,2,3\;,\; k = 1,..,5\;,\; l = 1,2,3 \tag{5.3.7}$$

**Daten**

$D_{klm}$ : Nachfrage nach Produkt $l$ durch Kunde $k$ in Periode $m$

$e_{kl}$ : Erlös für eine Einheit des Produkts $l$ beim Verkauf an Kunde $k$

$kd_{jl}$ : Lagerhaltungskosten für eine Einheit des Produkts $l$ in Distributionslager $j$

$kl_{jl}$ : Lagerhaltungskosten für eine Einheit des Produkts $l$ in Distributionslager $j$ zur Lagerung für die Folgeperiode

$kp_{il}$ : Produktionskosten für eine Einheit des Produkts $l$ in Produktionsstandort $i$

$ktdk_{jkl}$ : Transportkosten einer Einheit des Produkts $l$ von Distributionslager $j$ zu Kunde $k$

$ktpd_{ijl}$ : Transportkosten einer Einheit des Produkts $l$ von Produktionsstandort $i$ zu Distributionslager $j$

$p_{l}$ : Kapazitätsbedarf des Produkts $l$

$P_{im}$ : Gesamtkapazität des Produktionsstandorts $i$ in Periode $m$

$Q_{jm}$ : Periodenkapazität des Distributionslagers $j$ in Periode $m$

**Entscheidungsvariablen**

$x_{ijlm}$ :  Produktmenge des Produkts $l$, welche von Produktionsstandort $i$ zu Distributionslager $j$ in Periode $m$ transportiert wird

$y_{jklm}$ :  Produktmenge des Produkts $l$, welche von Distributionslager $j$ zu Kunde $k$ in Periode $m$ transportiert wird

$w_{jlm}$ :  Produktmenge des Produkts $l$, welche in Distributionslager $j$ in Periode $m$ für die Folgeperiode gehalten wird

$u_{klm}$ :  Nachfragemenge von Kunde $k$ nach Produkt $l$, welche in Periode $m$ nicht erfüllt werden kann

Dieses Modell basiert auf dem bereits dargestellten deterministischen Programmierungsmodell (5.3). In diesem Beispiel wird zur Einbindung der deterministischen Planung in die rollierende Planung jeweils der Lagerbestand eines Distributionslagers am Ende der ersten Periode in dem darauf folgenden Planungszyklus als Anfangsbestand für die dann erste Periode weitergegeben, da angenommen wird, dass der Plan der jeweils ersten Periode eines Planungszyklus gemäß den Plandaten im operativen Supply Chain Planning umgesetzt wird und es kein Feedback gibt. Aufgrund der Einbindung in die rollierende Planung wird als weiterer Ansatz der deterministischen Planung die Planfixierung in der Produktion untersucht, um Planungsnervosität in dem Produktions- und Logistiknetzwerk zu vermeiden. Durch Planfixierungen ergeben sich zusätzliche Restriktionen, indem die Produktionsmengen für die erste Periode durch die zweite Periode des vorherigen Produktionszyklus vorgegeben werden. Diese beiden Ansätze der deterministischen Planung werden im vorliegenden Beispiel mit den nachfolgend dargestellten Ansätzen der stochastischen Planung verglichen.

*Stochastische Planung*

Auf Basis der Struktur des dargestellten Planungsproblems wird für das zweistufige Produktions- und Logistiknetzwerk ein mehrstufiges Kompensationsmodell erstellt:

$$\max z = \sum_{s=1}^{8} 0{,}125\, [\, \sum_{j=1}^{3} \sum_{k=1}^{5} \sum_{l=1}^{3} \sum_{m=1}^{4} (e_{kl} - kd_{jl} - ktdk_{jkl})\, y_{jklms} - \sum_{i=1}^{2} \sum_{j=1}^{3} \sum_{l=1}^{3} \sum_{m=1}^{4} (kp_{il} + ktpd_{ijl})\, x_{ijlms}$$

$$- \sum_{j=1}^{3} \sum_{l=1}^{3} \sum_{m=1}^{4} kl_{jl}\, w_{jlms}\, ] \tag{6.4.1}$$

so dass

$$\sum_{j=1}^{3} \sum_{l=1}^{3} p_l\, x_{ijlms} \le P_{im} \qquad \forall\, i = 1,2\,,\ m = 1,..,4\,,\ s = 1,..,8 \tag{6.4.2}$$

$$\sum_{k=1}^{5} \sum_{l=1}^{3} y_{jklms} + \sum_{l=1}^{3} w_{jlms} \le Q_{jm} \qquad \forall\, j = 1,2,3\,,\ m = 1,..,4\,,\ s = 1,..,8 \tag{6.4.3}$$

$$\sum_{i=1}^{2} x_{ijlms} + w_{jlm-1s} = \sum_{k=1}^{5} y_{jklms} + w_{jlms} \qquad \forall\, j=1,2,3\,,\ l=1,2,3\,,\ m=1,..,4\,,\ s=1,..,8 \qquad (6.4.4)$$

$$\sum_{j=1}^{3} y_{jklms} + u_{klms} = 0,25\, u_{klm-1s} + D_{klms} \qquad \forall\, k=1,..,5\,,\ l=1,2,3\,,\ m=1,..,4\,,\ s=1,..,8 \qquad (6.4.5)$$

$$x_{ijlms} = x_{ijlms+1} \qquad \forall\ i=1,2\,,\ j=1,2,3\,,\ l=1,2,3\,,\ m=1,..,4\,,\ s \in S_g \backslash \left\{ s_{g_{|sg|}} \right\},$$
$$g \in G_r\,,\ r=1,..,4 \qquad (6.4.6)$$

$$y_{jklms} = y_{jklms+1} \qquad \forall\ j=1,2,3\,,\ k=1,..,5\,,\ l=1,2,3\,,\ m=1,..,4\,,\ s \in S_g \backslash \left\{ s_{g_{|sg|}} \right\},$$
$$g \in G_r\,,\ r=1,..,4 \qquad (6.4.7)$$

$$w_{jlms} = w_{jlms+1} \qquad \forall\, j=1,2,3\,,\ l=1,2,3\,,\ m=1,..,4\,,\ s \in S_g \backslash \left\{ s_{g_{|sg|}} \right\},\ g \in G_r\,,\ r=1,..,4 \qquad (6.4.8)$$

$$u_{klms} = u_{klms+1} \qquad \forall\, k=1,..,5\,,\ l=1,2,3\,,\ m=1,..,4\,,\ s \in S_g \backslash \left\{ s_{g_{|sg|}} \right\},\ g \in G_r\,,\ r=1,..,4 \qquad (6.4.9)$$

$$x_{ijlms}\,,\ y_{jklms}\,,\ w_{jlms}\,,\ u_{klms} \geq 0 \qquad \forall\ i=1,2\,,\ j=1,2,3\,,\ k=1,..,5\,,\ l=1,2,3\,,$$
$$m=1,..,4\,,\ s=1,..,8 \qquad (6.4.10)$$

$$w_{jl0s}\,,\ u_{kl0s} = 0 \qquad \forall\, j=1,2,3\,,\ k=1,..,5\,,\ l=1,2,3\,,\ s=1,..,8 \qquad (6.4.11)$$

**Daten**

$D_{klms}$ : Nachfrage nach Produkt $l$ durch Kunde $k$ in Periode $m$ in Szenario $s$

$e_{kl}$ : Erlös für eine Einheit des Produkts $l$ beim Verkauf an Kunde $k$

$kd_{jl}$ : Lagerhaltungskosten für eine Einheit des Produkts $l$ in Distributionslager $j$

$kl_{jl}$ : Lagerhaltungskosten für eine Einheit des Produkts $l$ in Distributionslager $j$ zur Lagerung für die Folgeperiode

$kp_{il}$ : Produktionskosten für eine Einheit des Produkts $l$ in Produktionsstandort $i$

$ktdk_{jkl}$ : Transportkosten einer Einheit des Produkts $l$ von Distributionslager $j$ zu Kunde $k$

$ktpd_{ijl}$ : Transportkosten einer Einheit des Produkts $l$ von Produktionsstandort $i$ zu Distributionslager $j$

$p_l$ : Kapazitätsbedarf des Produkts $l$

$P_{im}$ : Gesamtkapazität des Produktionsstandorts $i$ in Periode $m$

$Q_{jm}$ : Periodenkapazität des Distributionslagers $j$ in Periode $m$

### Entscheidungsvariablen

$x_{ijlms}$ : Produktmenge des Produkts $l$, welche von Produktionsstandort $i$ zu Distributionslager $j$ in Periode $m$ in Szenario $s$ transportiert wird

$y_{jklms}$ : Produktmenge des Produkts $l$, welche von Distributionslager $j$ zu Kunde $k$ in Periode $m$ in Szenario $s$ transportiert wird

$w_{jlms}$ : Produktmenge des Produkts $l$, welche in Distributionslager $j$ in Periode $m$ in Szenario $s$ für die Folgeperiode gehalten wird

$u_{klms}$ : Nachfragemenge von Kunde $k$ nach Produkt $l$, welche in Periode $m$ in Szenario $s$ nicht erfüllt werden kann

Dieses Modell ist eine Anwendung des mehrstufigen Programmierungsmodells (6.4) zur Unterstützung des taktischen Supply Chain Planning. Die Gewichtung des Deckungsbeitrags in der Zielfunktion berechnet sich aus der bedingten Wahrscheinlichkeit für jede Realisation. Gibt $\xi_r$ die Realisation einer Nachfrage auf der Stufe $r$ an, dann ist $\hat{g}_s = Prob\{\xi_3 | \xi_2 | \xi_1\}$. Da die Realisation der Nachfrage auf jeder Stufe die gleiche Wahrscheinlichkeit aufweist, wird der Deckungsbeitrag eines Szenarios jeweils mit dem Wert 0,125 gewichtet. In der Zielfunktion wird damit der erwartete Deckungsbeitrag der acht Szenarien über alle Standorte und Perioden maximiert. In diesem Modell ist eine Stufe jeweils mit einer Periode konkludent, also $r = m$. Durch die Restriktionen (6.4.6) bis (6.4.9) wird sichergestellt, dass in der ersten Periode alle entsprechenden Entscheidungsvariablen die gleichen Werte über alle Szenarien aufweisen. In der zweiten Periode nehmen die entsprechenden Entscheidungsvariablen in den Szenarien 1 bis 4 bzw. 5 bis 8 jeweils die gleichen Werte an. Schließlich wird für die dritte Periode gewährleistet, dass entsprechende Entscheidungsvariablen für die Szenarien 1 und 2, 3 und 4, 5 und 6 sowie 7 und 8 die gleichen Werte erhalten.

Basierend auf diesem mehrstufigen Kompensationsmodell werden zwei weitere Planungsansätze für das dargestellte Beispiel untersucht. Beide Planungsansätze betreffen die zweite Periode in einem Planungszyklus. Beim ersten Planungsansatz wird die durch Szenarien ermittelte Nachfrage durch ihren Erwartungswert ersetzt. In dem vorgestellten mehrstufigen Programmierungsmodell des Beispiels werden dann lediglich vier Szenarien mit einer Wahrscheinlichkeit von jeweils 0,25 betrachtet. Dieses Vorgehen ist gleichzeitig die Basis für den zweiten Planungsansatz, da die Verwendung deterministischer Parameter eine Planfixierung der jeweils zweiten Periode auf die jeweils erste Periode des nachfolgenden Planungszyklus gestattet. Eine Umsetzung der Planfixierung führt dazu, dass zusätzliche Restriktionen eingeführt werden müssen, da die Produktionsmengen für die erste Periode durch die zweite Periode des vorherigen Planungszyklus vorgegeben sind.

Für die Planung eröffnen sich einem Entscheidungsträger damit insgesamt fünf Planungsansätze, die anhand des dargestellten Beispiels für das zweistufige Produktions- und Logistiknetzwerk untersucht werden können. Im Folgenden wird in einer Untersuchung in jedem Planungszyklus die Nachfrage der ersten Periode deterministisch und die Nachfrage in den drei nachfolgenden Perioden stochastisch ermittelt. In einer zweiten Untersuchung ist das Beispiel verändert worden, indem die Nachfrage der ersten beiden Perioden deterministisch ist. Die Nachfrage in den beiden späteren Perioden weist weiterhin Nachfragerisiko auf.

Für die Untersuchung wird zunächst eine für alle Planungsansätze gleiche Nachfragestruktur ermittelt. Die Realisation einer Einschätzung für eine Produktart in einer Periode ist mit Hilfe von Zufallszahlen in Microsoft® Excel ermittelt worden. Neben dieser realisierten Nachfrage addiert über alle Produktarten wird in Abbildung 6.13 außerdem der Erwartungswert der Gesamtnachfrage gezeigt. Diese Werte werden mit denen der Gesamtnachfrage für die pessimistische und die optimistische Einschätzung verglichen.

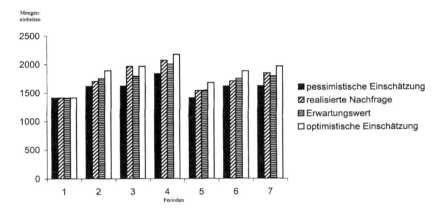

*Abbildung 6.13*: Vergleich der Einschätzungen mit Erwartungswert und realisierter Nachfrage

Die realisierte Gesamtnachfrage in den einzelnen Perioden weicht vom Erwartungswert ab, insbesondere in der dritten Periode ist eine deutliche Abweichung zu verzeichnen. Diese Nachfragewerte sind anschließend in den jeweiligen Modellen übernommen worden. Die Struktur des stochastischen Modells als deterministisch äquivalentes, lineares Modell ermöglicht eine Lösung mit der Standard-Optimierungssoftware XPRESS-MP[84]. Die Berechnung erfolgt in der XPRESS-MP Version 10.05; die Rechendauer zur Lösung eines Modells beträgt bei allen Modellen nur wenige Sekunden. Für einen Planungsansatz wird jeweils ein Planungsdurchlauf durchgeführt.

*Beispiel mit bekannter Nachfrage in der ersten Periode*

Für diese Untersuchung wird angenommen, dass in jedem Planungszyklus die Nachfrage in der ersten Periode bekannt ist. In den nachfolgenden drei Perioden ist in jedem

---

[84] XPRESS-MP ist eine Standardsoftware von Dash Associates, Blisworth, Großbritannien, zur Lösung linearer und gemischt-ganzzahliger linearer Programmierungsmodelle.

Planungszyklus die Nachfrage mit Risiko behaftet und wird mit Hilfe von Szenarien abgebildet. Es werden insgesamt fünf Planungsansätze auf Basis der dargestellten Struktur des Planungsproblems miteinander verglichen. Die deterministische Planung wird mit und ohne Planfixierung durchgeführt. Die Ansätze der stochastischen Planung umfassen den Ansatz des dargestellten mehrstufigen stochastischen Programmierungsmodells, den Ansatz mit Erwartungswert, indem die Nachfrage der jeweils zweiten Periode eines Planungszyklus durch Erwartungswerte angegeben wird, sowie den Ansatz mit Erwartungswerten für die Nachfrage und Planfixierungen in der Produktion.

Alle fünf Planungsansätze werden durch die dargestellten Größen Deckungsbeitrag, Planungsnervosität und Lieferbereitschaft gemessen. Tabelle 6.1 zeigt die Deckungsbeiträge für die jeweils erste Periode eines Planungszyklus im Vergleich.

| Planungsansatz \ Planungszyklus | 1 | 2 | 3 | 4 | Summe |
|---|---|---|---|---|---|
| deterministische Planung | 18.442,03 | 23.992,20 | 28.687,27 | 27.544,04 | 98.665,54 |
| deterministische Planung mit Planfixierung | 18.442,03 | 22.805,01 | 27.711,24 | 28.328,83 | 97.287,11 |
| stochastische Planung | 16.745,24 | 23.465,03 | 28.568,36 | 31.178,03 | 99.956,66 |
| stochastische Planung mit Erwartungswert | 16.745,24 | 24.276,41 | 28.617,52 | 30.062,12 | 99.701,29 |
| stochastische Planung mit Erwartungswert und Planfixierung | 16.745,24 | 22.763,13 | 28.878,66 | 29.789,27 | 98.176,30 |

*Tabelle 6.1*: Deckungsbeiträge der Planungsansätze in der jeweils ersten Periode

Die stochastische Planung ohne Erwartungswert und Planfixierung weist den höchsten Deckungsbeitrag aller untersuchten Planungsansätze auf. Die Verwendung der stochastischen Planung mit Erwartungswerten für die Nachfrage in der zweiten Periode führt zum zweitbesten Deckungsbeitrag. Es ist hervorzuheben, dass die Planfixierung sowohl bei der deterministischen als auch bei der stochastischen Planung zu einer Verschlechterung des Deckungsbeitrags führt. Obwohl hier eine andere Vorgehensweise als in der Literatur häufig zur Planfixierung verwendet wird, indem keine Losgrößen einbezogen werden, stimmt die Beobachtung dahingehend überein, dass eine Planfixierung die Kosten erhöht bzw. den Deckungsbeitrag vermindert.[85] Ein Vergleich der beiden Planungsansätze mit Planfixierung in der Untersuchung zeigt, dass der Deckungsbeitrag der stochastischen Planung mit Planfixierung den der entsprechenden deterministischen Planung übersteigt.

Eine weitere Vergleichsgröße ist die Planungsnervosität, welche zur Einbeziehung der beiden Ebenen Produktion und Distribution auf der Basis von $PN_{sz}$ unter Modifikationen für die deterministische Planung ermittelt wird. Die Berechnung der Ebene Pro-

---

[85] Vgl. etwa Sridharan/Berry/Udayabhanu (1987), S. 1147.

duktion erfolgt durch $PN_{de}$ mit Anpassungen für die stochastische Planung. Die Ergebnisse der Untersuchung sind in Mengeneinheiten in Tabelle 6.2 zusammengefasst.

| Planungsansatz / Ebene | Produktion und Distribution | Produktion |
|---|---|---|
| deterministische Planung | 23,68 | 11,46 |
| deterministische Planung mit Planfixierung | 14,13 | 0,00 |
| stochastische Planung | 47,34 | 44,13 |
| stochastische Planung mit Erwartungswert | 22,91 | 19,28 |
| stochastische Planung mit Erwartungswert und Planfixierung | 17,32 | 0,00 |

*Tabelle 6.2*: Schwankungen bei den Planungsansätzen in der jeweils ersten Periode

Durch die Einführung der Planfixierung werden die hier abgegrenzten Schwankungen in der Produktion vollständig vermieden. Dadurch ist auch die Schwankung, die gleichgewichtig Produktion und Distribution umfasst, geringer als bei den übrigen Planungsansätzen. Insofern weisen beide Ansätze die besten Ergebnisse auf. Den höchsten Wert der Schwankung sowohl bei Produktion und Distribution als auch bei der Produktion hat die stochastische Planung. Folglich zeigt sich, dass hier die Planungsnervosität im Zielkonflikt mit dem Deckungsbeitrag steht.

Die Ergebnisse der dritten Vergleichsgröße der Lieferbereitschaft sind in Tabelle 6.3 zusammengefasst.

| Planungsansatz / Planungszyklus | 1 | 2 | 3 | 4 | gesamt |
|---|---|---|---|---|---|
| deterministische Planung | 100,00% | 100,00% | 100,00% | 88,64% | 96,71% |
| deterministische Planung mit Planfixierung | 100,00% | 97,65% | 94,63% | 90,37% | 95,16% |
| stochastische Planung | 100,00% | 100,00% | 100,00% | 100,00% | 100,00% |
| stochastische Planung mit Erwartungswert | 100,00% | 100,00% | 100,00% | 96,57% | 99,01% |
| stochastische Planung mit Erwartungswert und Planfixierung | 100,00% | 97,88% | 97,26% | 94,43% | 97,12% |

*Tabelle 6.3*: Lieferbereitschaften bei den Planungsansätzen

Ausschließlich die stochastische Planung ohne Erwartungswert und Planfixierung ist beim dargestellten Beispiel in der Lage, die Nachfrage vollständig zu befriedigen. Durch die stochastische Planung werden die ggf. hohen Nachfragemengen in späteren Teilperioden bereits frühzeitig in der Planung berücksichtigt. Daher wird durch die stochastische Planung rechtzeitig Lagerbestand aufgebaut, so dass die hohe Nachfrage in der vierten Periode befriedigt werden kann. Bei der stochastischen Planung mit Erwartungswert wird im ersten Planungszyklus eine spätere mögliche hohe Nachfrage, wo es noch ausreichende Kapazitäten gibt, nicht rechtzeitig erkannt und damit kein ausreichender Lagerbestand aufgebaut, so dass eine vollständige Befriedigung der Nachfrage in der vierten Periode nicht mehr möglich ist. Im Planungsansatz der stochastischen Planung mit Planfixierung wird bereits ab dem zweiten Planungszyklus die Nachfrage nicht mehr vollständig befriedigt, da aufgrund der Planfixierung die Anpassung der Produktionsmengen nach den Realisationen der Nachfrageszenarien nicht möglich ist. Obwohl bei diesem Planungsansatz bereits ab dem zweiten Planungszyklus die Nachfrage nicht mehr vollständig erfüllt werden kann, werden gleichzeitig Lagerbestände im Distributionslager aufgebaut. Der Grund ist, dass diejenigen Kunden, die in späteren Perioden hohe Deckungsbeiträge versprechen, gegenüber Kunden, die in frühen Perioden niedrige Deckungsbeiträge liefern, bevorzugt werden. Schließlich ist festzustellen, dass in der Gesamtsicht beide Planungsansätze der deterministischen Planung die schlechtesten Werte bezüglich der Lieferbereitschaft zeigen.

*Beispiel mit bekannter Nachfrage in zwei Perioden*

Die zweite durchgeführte Untersuchung auf Basis des dargestellten Beispiels geht von der Überlegung aus, dass die stochastische Planung Vorteile aufweist, wenn Nachfrageeinschätzungen erst in zeitlich nahen Perioden realisiert werden, da potenzielle Schwankungen einschließlich Kompensationsmöglichkeiten bereits in der Planung berücksichtigt werden. Bei der deterministischen Planung unter Verwendung von Erwartungswerten können Anpassungen bei Abweichungen zwischen Erwartungswert und realisierter Nachfrage erst nach Konkretisierung der Nachfrage betrachtet werden. Daher kommt es der deterministischen Planung stärker zugute, wenn die Nachfrage ab dem Planungsstartzeitpunkt über mehrere Perioden bekannt ist.

Bei dieser Untersuchung wird davon ausgegangen, dass die Nachfrage bereits in den ersten beiden Perioden eines Planungszyklus bekannt ist. Ansonsten wird das vorherige Beispiel für das zweistufige Produktions- und Logistiknetzwerk übernommen. Aufgrund der veränderten Problemstruktur der Untersuchung entfällt der Planungsansatz der stochastischen Planung mit Erwartungswert, da zwei Perioden mit deterministischen Parametern in jedem Planungszyklus ausreichen, um die Anwendung der Planfixierung zu ermöglichen.

| Planungsansatz \ Planungszyklus | 1 | 2 | 3 | 4 | Summe |
|---|---|---|---|---|---|
| deterministische Planung | 18.427,03 | 23.503,59 | 28.651,68 | 28.538,34 | 99.120,64 |
| deterministische Planung mit Planfixierung | 18.427,03 | 24.007,25 | 28.687,27 | 27.544,04 | 98.665,59 |
| stochastische Planung | 16.909,04 | 23.401,38 | 28.702,28 | 31.171,34 | 100.184,04 |
| stochastische Planung mit Planfixierung | 16.909,04 | 23.401,38 | 28.572,59 | 31.291,33 | 100.174,34 |

*Tabelle 6.4*: Deckungsbeiträge der Planungsansätze in der jeweils ersten Periode

Tabelle 6.4 zeigt, dass auch bei dieser Untersuchung die höchsten Deckungsbeiträge durch die stochastische Planung erzielt werden. Die Planfixierung vermindert wiederum die Deckungsbeiträge beider Planungsansätze. Allerdings fällt hier die Verminderung durch die Planfixierung geringer aus.

| Ebene Planungsansatz | Produktion und Distribution | Produktion |
|---|---|---|
| deterministische Planung | 5,67 | 10,60 |
| deterministische Planung mit Planfixierung | 0,00 | 0,00 |
| stochastische Planung | 1,08 | 2,70 |
| stochastische Planung mit Planfixierung | 0,00 | 0,00 |

*Tabelle 6.5*: Schwankungen bei den Planungsansätzen in der jeweils ersten Periode

Tabelle 6.5 zeigt, dass bei dieser Untersuchung die Schwankungen, angegeben in Mengeneinheiten, sowohl in der Produktion und Distribution als auch in der Produktion gegenüber der ersten Untersuchung deutlich geringer sind. Hervorzuheben ist, dass die Planfixierung, die lediglich für die Produktionsmengen durchgeführt wird, gleichzeitig die Schwankungen der Distributionsmengen vermeidet. Außerdem ist zu beobachten, dass die Schwankungen bei der stochastischen Planung geringer als bei der deterministischen Planung sind.

| Planungszyklus Planungsansatz | 1 | 2 | 3 | 4 | gesamt |
|---|---|---|---|---|---|
| deterministische Planung | *100,00%* | *100,00%* | *100,00%* | *91,72%* | *97,60%* |
| deterministische Planung mit Planfixierung | *100,00%* | *100,00%* | *100,00%* | *88,64%* | *96,71%* |
| stochastische Planung | *100,00%* | *100,00%* | *100,00%* | *100,00%* | *100,00%* |
| stochastische Planung mit Planfixierung | *100,00%* | *100,00%* | *100,00%* | *100,00%* | *100,00%* |

*Tabelle 6.6*: Lieferbereitschaften bei den Planungsansätzen

Bei den in Tabelle 6.6 dargestellten Werten zur Lieferbereitschaft fällt gegenüber der ersten Untersuchung die höhere Lieferbereitschaft auf, insbesondere findet eine mögliche Nichtbefriedigung der Nachfrage lediglich in der ersten Periode des vierten Planungszyklus statt. Eine vollständige Befriedigung der Nachfrage wird durch beide Planungsansätze der stochastischen Programmierung gewährleistet. Insgesamt kann gefolgert werden, dass sich ein in der Weise, dass die konkrete Nachfragemenge früher bekannt ist, verbesserter Informationsstand positiv auf die Lieferbereitschaft und damit auch auf den Deckungsbeitrag bei allen Planungsansätzen auswirkt, gleichwohl die Vorteile der stochastischen gegenüber der deterministischen Planung erhalten bleiben.

## 6.5 Kritische Würdigung der stochastischen Programmierung

Das Beispiel veranschaulicht die Vorteilhaftigkeit der stochastischen Planung, da insbesondere bei der Lieferbereitschaft eine Verbesserung gegenüber der deterministischen Planung erzielt werden konnte. Dieses gelingt, indem bei der stochastischen Planung eine ggf. hohe Nachfrage bereits frühzeitig erkannt wird und Maßnahmen zur Behebung eines kapazitiven Engpasses wie in diesem Fall die periodenübergreifende Lagerhaltung eingeleitet werden.[86] Gleichzeitig ermöglicht die Höhe der periodenübergreifenden Lagerhaltungskosten, dass trotz dieser Kosten positive Deckungsbeiträge für die Produkte erzielt werden, so dass eine Lagerhaltung zur Behebung eines kapazitiven Engpasses sinnvoll ist. Die höhere Lieferbereitschaft ist gleichzeitig über die größeren Verkaufsmengen ein wichtiger Grund für die verbesserten Deckungsbeiträge. Allerdings muss bei der stochastischen Planung ggf. eine höhere Planungsnervosität in Kauf genommen werden. Diese verbesserte Lieferbereitschaft ist durch die periodenübergreifende Lagerhaltung begründet. Die Erhöhung der Lagerhaltung ist zum Ausgleich einer saisonalen Schwankung erforderlich und damit nicht vermeidbar, wenn das Ziel der Lieferbereitschaft nicht beeinträchtigt werden soll. Insofern steht dieses Ergebnis nicht im Konflikt mit dem Ziel des taktischen Supply Chain Planning, Lagerhaltung zu senken.

Bei Nachfragerisiko kann für die deterministische Planung zur stärkeren Einhaltung der Lieferbereitschaft die Haltung von Sicherheitsbeständen für Fertigprodukte in Betracht gezogen werden. Allerdings erfolgt auch bei der deterministischen Planung ab der ersten Periode im ersten Planungszyklus ein Aufbau der periodenübergreifenden Lagerbestände. Da es sich um große Lagerbestände handelt, kann angenommen werden, dass bereits diese Lagerbestände vorzugebende Sicherheitsbestände übersteigen. Dabei können Sicherheitsbestände als autonom zu haltende bzw. zu regenerierende Mindestlagerbestände festgelegt werden.[87] Dann würden Sicherheitsbestände bei der Struktur der durchgeführten Untersuchung die Lieferbereitschaft nicht verbessern. Der Grund für die schlechtere Lieferbereitschaft im Vergleich zur stochastischen Planung liegt vielmehr darin, dass trotz der durchgeführten Lagerhaltung diese Lagerbestände für die Perioden mit einem kapazitiven Engpass nicht ausreichen. Alternativ können Sicherheitsbestände für Fertigprodukte als zusätzlich zur deterministisch bestimmten Lagerhaltungsmenge festgelegt werden.[88] Die Ermittlung des Sicherheitsbestands für jedes Fertigprodukt berücksichtigt die Standardabweichung des Prognosefehlers sowie eine gegebene Lieferbereitschaft.[89] Nachteile dieser Vorgehensweise sind jedoch Schwierigkeiten bei der Ermittlung der erforderlichen Parameter und das Halten von Sicherheitsbeständen in jeder Periode, auch wenn diese nicht immer erforderlich sind. Dadurch können sich aufgrund vermeidbarer Lagerhaltungskosten gegenüber der sto-

---

[86] Die Erkennung möglicher unterschiedlicher Umweltsituationen wird allgemein als Vorteil einer Planung mit Szenarien angeführt, vgl. etwa Schoemaker (1995), S. 27.

[87] Zu einer derartigen Festlegung der Sicherheitsbestände vgl. Hahn/Laßmann (1999), S. 478.

[88] Vgl. auch Hahn/Laßmann (1999), S. 478.

[89] Vgl. Tempelmeier (1999a), S. 412.

chastischen Planung Kostennachteile ergeben. Darüber hinaus ist pauschal vorzugeben, in welchem Distributionslager die Sicherheitsbestände zu halten sind. Als zentrales Problem der Sicherheitsbestände ist jedoch anzusehen, dass mit Sicherheitsbeständen eine Entscheidung zur Behebung eines kapazitiven Engpasses zugunsten einer periodenübergreifenden Lagerhaltung im Rahmen des taktischen Supply Chain Planning gefällt wird. Damit ist keine übergeordnete Optimierung zur Behebung eines kapazitiven Engpasses unter Berücksichtigung von Nachfragerisiko wie bei der stochastischen Planung möglich. Darüber hinaus wird durch die verbesserte Planungsgüte der stochastischen Planung über die Verminderung der Sicherheitsbestände das Ziel der Reduktion von gelagerten Mengen als wichtiges Ziel des Supply Chain Management unterstützt.

Zusammengefasst zeigt sich, dass die stochastische Programmierung durch die Einbeziehung mehrerer Szenarien die Planungsgüte verbessern kann. Aufgrund des gegenüber der deterministischen Planung höheren Aufwands empfiehlt sich der Einsatz der stochastischen Planung insbesondere bei Produktions- und Logistiknetzwerken, welche die in der vorliegenden Arbeit entwickelten Kriterien wie etwa hohe Kundenanforderungen erfüllen. Durch die dargestellten Entscheidungen zur Ausgestaltung der stochastischen Programmierung ist ferner eine Anpassung an ein konkretes taktisches Supply Chain Planning-Problem möglich, so dass die Modellgröße einschließlich der Anzahl der Szenarien eine Lösungsermittlung gestattet. Darüber hinaus gibt es speziell entwickelte Lösungsverfahren für mehrstufige Kompensationsmodelle, um die Einbindung der stochastischen Programmierung in ein Supply Chain Planning-Softwaresystem zu ermöglichen.

# 7 Zusammenfassung und Ausblick

Die vorliegende Arbeit hat die Planungsunterstützung für Produktions- und Logistiknetzwerke mit Lieferanten, Produktionsstandorten, Distributionslägern und Kunden sowie mehreren Einsatzmaterialien und Produkten als Teil des Supply Chain Management untersucht. Die standort- und stufenübergreifende Planung für ein Produktions- und Logistiknetzwerk wird als Supply Chain Planning bezeichnet. Durch das Supply Chain Planning sollen Bullwhip-Effekte und Sicherheitsbestände reduziert werden. Ferner wird eine durch das Supply Chain Planning verbesserte Planungsgüte angestrebt, um die Lieferbereitschaft für die Kunden und damit insgesamt die Wettbewerbsfähigkeit eines Produktions- und Logistiknetzwerks zu erhöhen.

Hinsichtlich einer hierarchischen Strukturierung konzentriert sich die vorliegende Arbeit auf das taktische Supply Chain Planning wegen dessen Bedeutung innerhalb der dargestellten Supply Chain Planning-Matrix. Durch das taktische Supply Chain Planning sollen die Beschaffungs-, Produktions-, Transport-, Distributions- und Lagerhaltungsmengen für einen Planungshorizont von einem Jahr bestimmt werden. Hierdurch wird insbesondere der Ausgleich eines saisonalen Nachfrageverlaufs durch die Berücksichtigung von Entscheidungen bei einem kapazitiven Engpass wie eine periodenübergreifende Lagerhaltung oder eine Verschiebung des Liefertermins angestrebt. Ferner können im Rahmen des taktischen Supply Chain Planning die Transportmittel sowie die Standorte für Distributionsläger geplant werden.

Es wurde gezeigt, dass die Komplexität dieses Planungsproblems, welche in der Vielzahl an Elementen und Relationen sowie deren Veränderungen begründet ist, eine quantitative Planungsunterstützung bedingt. Zur quantitativen Planungsunterstützung wurde für das hier abgegrenzte Planungsproblem die lineare Programmierung vorgeschlagen, da diese im Vergleich zur Simulation aufgrund der umfassenden Berücksichtigung von Handlungsalternativen für die Ermittlung nach Möglichkeit optimaler taktischer Pläne eher geeignet ist. Somit gestattet die lineare Programmierung eine stärkere Ausschöpfung der in komplexen Planungsproblemen ggf. existierenden Verbesserungspotenziale.

Zur Planungsunterstützung mit Hilfe der linearen Programmierung ist die Abbildung eines taktischen Supply Chain Planning-Problems in einem Modell erforderlich. Die vorliegende Arbeit unterstützt den Anwender bei der Abbildung eines derartigen Planungsproblems, da für eine geeignete Planungsunterstützung zu berücksichtigende Modellanforderungen formuliert wurden. Die Größe taktischer Supply Chain Planning-Probleme bedingt eine Aggregation von Daten und Entscheidungsvariablen, um eine Modellgröße zu erreichen, die es gestattet, ein Programmierungsmodell mit Hilfe geeigneter Standardsoftware zu lösen. Im Zusammenhang mit der Aggregation wurden in der vorliegenden Arbeit Kriterien zur Aggregation der Produkte, Kunden, Lieferanten sowie der Zeit umfassend diskutiert. Mit Hilfe dieser Kriterien sollen Aggregationsfehler vermieden werden. Überdies erfordert die Problemgröße die Visualisierung von Modellen, um die Nachvollziehbarkeit der Planung und damit die Akzeptanz einer quantitativen Planungsunterstützung beim Entscheidungsträger zu verbessern. Es wurde hier gezeigt, dass die Visualisierung mit Hilfe von Netzwerkmodellen möglich ist. Darüber hinaus veranschaulicht ein Überblick über Supply Chain Planning-Softwaresysteme das in diesen implementierte taktische Supply Chain Planning.

Einen Schwerpunkt der vorliegenden Arbeit bildet die Untersuchung, inwiefern taktische Supply Chain Planning-Probleme in den vorgestellten Programmierungsmodellen abgebildet werden. Dafür wurde zunächst die Entscheidungssituation taktischer Supply Chain Planning-Probleme beschrieben. Eine detaillierte Literaturübersicht über diejenigen Programmierungsmodelle, die einen weitgehenden Bezug zu taktischen Supply Chain Planning-Problemen aufweisen, hebt die Unterschiedlichkeit der in die jeweiligen Modelle einbezogenen Charakteristika hervor. Diese Charakteristika, insbesondere hinsichtlich Zielfunktionen und Entscheidungsvariablen, wurden detailliert unter Berücksichtigung ihrer Eignung für Programmierungsmodelle zur Unterstützung des taktischen Supply Chain Planning diskutiert. Im Rahmen dieser Diskussion wurde begründet, dass die Verwendung der Zielfunktion Maximierung des Deckungsbeitrags gegenüber anderen wie Minimierung der Kosten vorzuziehen ist. Ferner hat die Literaturübersicht verdeutlicht, dass die aufgeführten Modelle das taktische Supply Chain Planning-Problem hinsichtlich einiger Charakteristika lediglich partiell abbilden. Andererseits berücksichtigen einige Modelle u.a. mit der Standortplanung für Produktionsstandorte eine Entscheidung, die dem strategischen Supply Chain Planning zuzuordnen ist. Infolgedessen ist die Neuformulierung eines Programmierungsmodells zur Unterstützung des taktischen Supply Chain Planning erforderlich.

Diese Neuformulierung erfolgte in der Weise, dass zunächst ein Grundmodell mit den wesentlichen Charakteristika für nationale Produktions- und Logistiknetzwerke abgebildet wurde. Auf diesem Grundmodell basieren die Erweiterungen wie die Berücksichtigung der Beschaffungsstufe oder des Single Sourcing sowie ein Modell zur Planungsunterstützung internationaler Produktions- und Logistiknetzwerke. Somit ist eine vollständige Abbildung des hier abgegrenzten taktischen Supply Chain Planning-Problems möglich. Auf Basis dieser formulierten Modelle können mit Hilfe geeigneter Standardsoftware taktische Pläne generiert werden, die standort- und stufenübergreifend möglichst optimal sind, so dass durch die übergreifende Planung der Bullwhip-Effekt und Sicherheitsbestände verringert werden können. Zur Einbeziehung eines im Zeitablauf des Planungshorizonts veränderten Informationsstands ist ein Programmierungsmodell zur Unterstützung des taktischen Supply Chain Planning in die rollierende Planung einzubinden.

Darüber hinaus wurde in der vorliegenden Arbeit zur Berücksichtigung von Nachfragerisiko ein stochastisches Programmierungsmodell zur Maximierung des erwarteten Deckungsbeitrags formuliert. Das Nachfragerisiko wird durch Szenarien abgebildet, für deren Realisationen vom Entscheidungsträger Wahrscheinlichkeiten anzugeben sind, so dass mögliche unterschiedliche Nachfrageentwicklungen bereits bei der Planung berücksichtigt werden. Ferner wurde gezeigt, dass die Einbindung des stochastischen Programmierungsmodells in die rollierende Planung zu unterschiedlichen Planungsansätzen führt. Diese Planungsansätze ergeben sich aus dem Einsatz der Planfixierung und der Bildung von Erwartungswerten für die Nachfrage in einzelnen Perioden. Allerdings ist die stochastische Planung aufgrund der Einbeziehung der Szenarien mit einem gegenüber der deterministischen Planung größeren Aufwand verbunden. Da der Einsatz der stochastischen Planung nicht für alle Produktions- und Logistiknetzwerke sinnvoll ist, wurden mit Kosten und Erlösen, Flexibilität der Produktion, Kundenanforderungen und Nachfrageschwankungen Auswahlkriterien formuliert, welche die Struktur eines Produktions- und Logistiknetzwerks berücksichtigen. Die Entscheidung über den Einsatz eines dargestellten Planungsansatzes auf Basis der deterministischen oder der stochastischen Planung wird an einem Beispiel veranschaulicht. Die Planungsansätze wurden anhand der Kriterien Deckungsbeitrag, Planungsnervosität und Lieferbereitschaft bewertet. Hierbei zeigt sich, dass die stochastische Planung insbesondere hinsichtlich der Lieferbereitschaft gegenüber der deterministischen Planung Vorteile aufzeigt.

Zusammengefasst analysiert die vorliegende Arbeit taktische Supply Chain Planning-Probleme, wodurch Modellentwickler und Entscheidungsträger bei der Abbildung taktischer Supply Chain Planning-Probleme in Programmierungsmodellen und bei der Auswahl eines geeigneten Planungsansatzes für eine konkrete Anwendung umfassend unterstützt werden.

Für die Zukunft kann erwartet werden, dass die Bedeutung des Supply Chain Planning aufgrund der Möglichkeit, Verbesserungspotenziale zur Erzielung von Wettbewerbsvorteilen auszunutzen, zunehmen wird. Infolgedessen wird auch ein verstärkter Einsatz einer quantitativen Planungsunterstützung in Supply Chain Planning-Softwaresystemen zu erwarten sein, weshalb es wünschenswert ist, dass in diesen Systemen zukünftig die stochastische Programmierung implementiert wird, um das Nachfragerisiko bereits in der Planung stärker zu berücksichtigen. Wie in der vorliegenden Arbeit gezeigt, sollten insbesondere diejenigen Unternehmungen, die eine hohe Lieferbereitschaft anstreben, die stochastische Programmierung für das taktische Supply Chain Planning einsetzen. Aus derartigen Implementierungen und daraus folgenden praktischen Umsetzungen können sich Anregungen für eine Weiterentwicklung der vorgestellten Planungsansätze ergeben. Hierzu zählt auch eine stärkere Betrachtung unterschiedlicher Industriebereiche und die daraus resultierenden speziellen Anforderungen an die Abbildung in Programmierungsmodellen. Darüber hinaus sind weitergehende Untersuchungen hinsichtlich der unterschiedlichen Nachfragerisiken von Produkten und eine damit verbundene differenzierte produktartabhängige Ausgestaltung der Planungsansätze wünschenswert.

# Literaturverzeichnis

Adam, Dietrich (1996): Planung und Entscheidung – Modelle – Ziele – Methoden – Mit Fallstudien und Lösungen, 4., vollst. überarb. und wesentlich erw. Aufl., Wiesbaden 1996.

Adam, Dietrich (1998): Produktions-Management, 9., überarb. Aufl., Wiesbaden 1998.

Aderohunmu, Rotimi S.; Aronson, Jay E. (1993): The solution of multiperiod network models with bundle constraints by aggregation, in: Management Science, Vol. 39, 1993, No.1, S. 54-71.

Ahuja, Ravindra K.; Magnanti, Thomas L.; Orlin, James B. (1993): Network Flows – Theory, Algorithms, and Applications, Englewood Cliffs, London u.a. 1993.

Aikens, C. H. (1985): Facility location models for distribution planning, in: European Journal of Operational Research, Vol. 22, 1985, S. 263-279.

Anderson, David R.; Sweeney, Dennis J.; Williams, Thomas A. (2000): An Introduction to Management Science – Quantitative Approaches to Decision Making, 9. Aufl., Cincinnati, Albany u.a. 2000.

Anthony, Robert N. (1965): Planning and Control Systems – A framework for analysis, Boston 1965.

Arntzen, Bruce C.; Brown, Gerald G.; Harrison, Terry P.; Trafton, Linda L. (1995): Global supply chain management at Digital Equipment Corporation, in: Interfaces, Vol. 25, 1995, No. 1, S. 69-93.

Augustin, Harald; Büngers, Aribert (1998): Verlagerung ins Ausland allein genügt nicht – Globale und lokale Unternehmensoptimierung durch Reengineering am Beispiel der Firma Leica Mikroskopie, in: Zeitschrift Führung und Organisation, 67. Jg., 1998, Heft 2, S. 107-111.

Axsäter, Sven (1979): On the design of the aggregate model in a hierarchical production planning system, in: Engineering and Process Economics, Vol. 4, 1979, S. 89-97.

Ayers, James B. (2000): Handbook of Supply Chain Management, Boca Raton, London u.a. 2000.

Bäuerle, Paul (1989): Zur Problematik der Konstruktion praktikabler Entscheidungsmodelle, in: Zeitschrift für Betriebswirtschaft, 59. Jg., 1989, Heft 2, S. 175-192.

Baker, Kenneth R. (1977): An experimental study of the effectiveness of rolling schedules in production planning, in: Decision Sciences, Vol. 8, 1977, S. 19-27.

Ballou, Ronald H. (1999): Business Logistics Management – Planning, Organizing, and Controlling the Supply Chain, 4. Aufl., Upper Saddle River 1999.

Ballou, Ronald H.; Gilbert, Stephen M.; Mukherjee, Ashok (2000): New managerial challenges from supply chain opportunities, in: Industrial Marketing Management, Vol. 29, 2000, S. 7-18.

208

Bamberg, Günter; Coenenberg, Adolf Gerhard (2000): Betriebswirtschaftliche Entscheidungslehre, 10., überarb. und erw. Aufl., München 2000.

Banks, Jerry (1998): Principles of Simulation, in: Banks, Jerry (Hrsg.): Handbook of Simulation – Principles, Methodology, Advances, Applications, and Practice, New York, Chichester u.a. 1998, S. 3-30.

Barros, A. I.; Labbé, M. (1994): A general model for the uncapacitated facility and depot location problem, in: Location Science, Vol. 2, 1994, No. 3, S. 173-191.

Bartsch, Helmut; Teufel, Thomas (2000): Supply Chain Management mit SAP APO – Supply-Chain-Modelle mit dem Advanced Planner and Optimizer, Bonn 2000.

Bazaraa, Mokhtar S.; Jarvis, John J.; Sherali, Hanif D. (1990): Linear Programming and Network Flows, 2. Aufl., New York, Chichester u.a. 1990.

Bea, Franz Xaver; Schnaitmann, Hermann (1995): Begriff und Struktur betriebswirtschaftlicher Prozesse, in: Wirtschaftswissenschaftliches Studium, 24. Jg., 1995, Heft 6, S. 278-282.

Beamon, Benita M. (1998): Supply chain design and analysis: Models and methods, in: International Journal of Production Economics, Vol. 55, 1998, S. 281-294.

Beckmann, Holger (1999): Supply Chain Management Systeme – Aufbau und Funktionalität, in: Jahrbuch der Logistik, 13. Jg., 1999, S. 166-171.

Benders, J. F. (1962): Partitioning procedures for solving mixed-variables programming problems, in: Numerische Mathematik, 4 Jg., 1962, S. 238-252.

Berens, Wolfgang; Delfmann, Werner (1995): Quantitative Planung – Konzeption, Methoden und Anwendungen, 2., überarb. Aufl., Stuttgart 1995.

Berry, D.; Naim, M. M. (1996): Quantifying the relative improvements of redesign strategies in a P.C. supply chain, in: International Journal of Production Economics, Vol. 46/47, 1996, S. 181-196.

Berry, D.; Naim, M. M.; Towill, D. R. (1995): Business process re-engineering an electronic products supply chain, in: IEE Proceedings – Science, Measurement and Technology, Vol. 142, 1995, No. 5, S. 395-403.

Bhaskaran, Sita (1998): Simulation analysis of a manufacturing supply chain, in: Decision Sciences, Vol. 29, 1998, No. 3, S. 633-657.

Bhatnagar, Rohit; Chandra, Pankaj; Goyal, Suresh K. (1993): Models for multi-plant coordination, in: European Journal of Operational Research, Vol. 67, 1993, S. 141-160.

Birge, John. R. (1985): Decomposition and partitioning methods for multistage stochastic linear programs, in: Operations Research, Vol. 33, 1985, No. 5, S. 989-1007.

Birge, John R.; Louveaux, François (1997): Introduction to Stochastic Programming, New York, Berlin u.a. 1997.

Bitran, Gabriel R.; Haas, Elizabeth A.; Hax, Arnoldo C. (1981): Hierarchical production planning: A single stage system, in: Operations Research, Vol. 29, 1981, No. 4, S. 717-743.

Bitran, Gabriel R.; Haas, Elizabeth A.; Hax, Arnoldo C. (1982): Hierarchical production planning: A two-stage system, in: Operations Research, Vol. 30, 1982, No. 2, S. 232-251.

Bitran, Gabriel R.; Tirupati, Devanath (1993): Hierarchical Production Planning, in: Graves, S. C.; Rinnooy Kan, A. H. G.; Zipkin, P. H. (Hrsg.): Logistics of Production and Inventory – Handbooks in Operations Research and Management Science, Vol. 4, Amsterdam, London u.a. 1993, S. 523-568.

Bitran, Gabriel R.; von Ellenrieder, Alberto R. (1979): A hierarchical approach for the planning of a complex production system, in: Ritzman, Larry P.; Krajewski, Lee J.; Berry, William L.; Goodman, Stephen H.; Hardy, Stanley T.; Vitt, Lawrence D. (Hrsg.): Disaggregation – Problems in manufacturing and service organisations, Boston, Den Haag u.a. 1979, S. 107-125.

Blackburn, Joseph D.; Kropp, Dean H.; Millen, Robert A. (1986): A comparison of strategies to dampen nervousness in MRP systems, in: Management Science, Vol. 32, 1986, No. 4, S. 413-429.

Bloech, Jürgen; Lücke, Wolfgang (1982): Produktionswirtschaft, Stuttgart, New York 1982.

Bogaschewsky, Ronald; Rollberg, Roland (1998): Prozeßorientiertes Management, Berlin, Heidelberg u.a. 1998.

Bok, Jin-Kwang; Lee, Heeman; Park, Sunwon (1998): Robust investment model for long-range capacity expansion of chemical processing networks under uncertain demand forecast scenarios, in: Computers and Chemical Engineering, Vol. 22, 1998, No. 7/8, S. 1037-1049.

Bothe, Matthias (1998): Supply Chain Management – Ein innovatives Logistikkonzept für die ganzheitliche Planung der Supply Chain, in: Information Management & Consulting, 13. Jg., 1998, Heft 3, S. 33-35.

Bowersox, Donald J.; Closs, David J. (1996): Logistical Management – The integrated Supply Chain Process, New York, St. Louis u.a. 1996.

Brandeau, Margaret L.; Chiu, Samuel S. (1989): An overview of representative problems in location research, in: Management Science, Vol. 35, 1989, No. 6, S. 645-674.

Breitman, Robert L.; Lucas, John M. (1987): PLANETS: A modeling system for business planning, in: Interfaces, Vol. 17, 1987, No. 1, S. 94-106.

Brown, Gerald G.; Graves, Glenn W.; Honczarenko, Maria D. (1987): Design and operation of a multicommodity production/distribution system using primal goal decomposition, in: Management Science, Vol. 33, 1987, No. 11, S. 1469-1480.

Bühner, Rolf (1999): Betriebswirtschaftliche Organisationslehre, 9., bearb. und erg. Aufl., München, Wien 1999.

Canel, C.; Khumawala B. M. (1997): Multi-period international facilities location: An algorithm and application, in: International Journal of Production Research, Vol. 35, 1997, No. 7, S. 1891-1910.

Carravilla, Maria Antónia; de Sousa, Jorge Pinho (1995): Hierarchical production planning in a make-to-order company: A case study, in: European Journal of Operational Research, Vol. 86, 1995, S. 43-56.

Chamoni, Peter (2001): Advanced Planning Systems – Integration von Wirtschaftsinformatik und Operations Research, in: Werners, Brigitte; Gabriel, Roland (Hrsg.): Rechnungswesen und Planungssysteme – Entwicklung und Ausblick, Beiträge zu einem Workshop am 17.01.2001, Arbeitsbericht Nr. 86, Institut für Unternehmungsführung und Unternehmensforschung, Ruhr-Universität Bochum, Bochum 2001, S. 74-88.

Charnes, A.; Cooper, W. W. (1959): Chance-constrained programming, in: Management Science, Vol. 6, 1959, No. 1, S. 73-79.

Chen, Chou-Hong J.; Engquist, Michael (1986): A primal simplex approach to pure processing networks, in: Management Science, Vol. 32, 1986, No. 12, S. 1582-1598.

Chinneck, John W. (1990): Formulating processing network models: Viability theory, in: Naval Research Logistics, Vol. 37, 1990, S. 245-261.

Chinneck, John W. (1992): Viability analysis: A formulation aid for all classes of network models, in: Naval Research Logistics, Vol. 39, 1992, S. 531-543.

Chinneck, John W.; Moll, R. H. H. (1995): Processing network models for forest management, in: Omega – International Journal of Management Science, Vol. 23, 1995, No. 5, S. 499-510.

Chow, Garland; Heaver, Trevor D.; Henriksson, Lennart E. (1994): Logistics performance: Definition and measurement, in: International Journal of Physical Distribution and Logistics Management, Vol. 24, 1994, No. 1, S. 17-28.

Christopher, Martin (1998): Logistics and Supply Chain Management – Strategies for Reducing Cost and Improving Service, 2. Aufl., London 1998.

Cohen, Morris A.; Fisher, Marshall; Jaikumar, Ramchandran (1989): International Manufacturing and Distribution Networks: A Normative Model Framework, in: Ferdows, Kasra (Hrsg.): Managing International Manufacturing, Amsterdam, London u.a. 1989, S. 67-93.

Cohen, Morris A.; Lee, Hau L. (1989): Resource deployment analysis of global manufacturing and distribution networks, in: Journal of Manufacturing and Operations Management, Vol. 2, 1989, S. 81-104.

Cohen, Morris A.; Mallik, Suman (1997): Global supply chains: Research and applications, in: Production and Operations Management, Vol. 6, 1997, No. 3, S. 193-210.

Cooper, Martha C.; Ellram, Lisa M. (1993): Characteristics of supply chain management and the implications for purchasing and logistics strategy, in: The International Journal of Logistics Management, Vol. 4, 1993, No. 2, S. 13-24.

Cooper, Martha, C.; Lambert, Douglas M.; Pagh, Janus D. (1997): Supply chain management: More than a new name for logistics, in: The International Journal of Logistics Management, Vol. 8, 1997, No. 1, S. 1-14.

Corsten, Hans (2000): Produktionswirtschaft – Einführung in das industrielle Produktionsmanagement, 9., vollst. überarb. und wesentlich erw. Aufl., München, Wien 2000.

Corsten, Hans; Gössinger, Ralf (2001): Advanced Planning Systems – Anspruch und Wirklichkeit, in: PPS Management, 6. Jg., 2001, Nr. 2, S. 32-39.

Croom, Simon; Romano, Pietro; Giannakis, Mihalis (2000): Supply chain management: An analytical framework for critical literature review, in: European Journal of Purchasing & Supply Management, Vol. 6, 2000, S. 67-83.

Dantzig, George B.; Thapa, Mukund N. (1997): Linear Programming 1: Introduction, New York, Berlin u.a. 1997.

Daskin, Mark S. (1995): Network and Discrete Location – Models, Algorithms, and Applications, New York, Chichester u.a. 1995.

Davis, Tom (1993): Effective supply chain management, in: Sloan Management Review, Vol. 34, 1993, No. 4, S. 35-46.

De Kok, Ton; Inderfurth, Karl (1997): Nervousness in inventory management: Comparison of basic control rules, in: European Journal of Operational Research, Vol. 103, 1997, S. 55-82.

Dembo, Ron S. (1991): Scenario optimization, in: Annals of Operations Research, Vol. 30, 1991, S. 63-80.

Dempster, M. A. H.; Hicks Pedrón, N.; Medova, E. A.; Scott, J. E.; Sembos, A. (2000): Planning logistics operations in the oil industry, in: Journal of the Operational Research Society, Vol. 51, 2000, S. 1271-1288.

Dempster, M. A. H.; Thompson, R. T. (1999): EVPI-based importance sampling solution procedures for multistage stochastic linear programmes on parallel MIMD architectures, in: Annals of Operations Research, Vol. 90, 1999, S. 161-184.

Dogan, Koray; Goetschalckx, Marc (1999): A primal decomposition method for the integrated design of multi-period production-distribution systems, in: IIE Transactions, Vol. 31, 1999, S. 1027-1036.

Domschke, Wolfgang (1995): Logistik: Transport, 4., völlig überarb. und wesentlich erw. Aufl., München, Wien 1995.

Domschke, Wolfgang; Drexl, Andreas (1996): Logistik: Standorte, 4., überarb. und erw. Aufl., München, Wien 1996.

Domschke, Wolfgang; Krispin, Gabriela (1997): Location and layout planning – A survey, in: OR Spektrum, Vol. 19, 1997, No. 3, S. 181-194.

Domschke, Wolfgang; Scholl, Armin; Voß, Stefan (1997): Produktionsplanung – Ablauforganisatorische Aspekte, 2., überarb. und erw. Aufl., Berlin, Heidelberg u.a. 1997.

Drexl, Andreas; Fleischmann, Bernhard; Günther, Hans-Otto; Stadtler, Hartmut; Tempelmeier, Horst (1994): Konzeptionelle Grundlagen kapazitätsorientierter PPS-Systeme, in: Zeitschrift für betriebswirtschaftliche Forschung, 46. Jg., 1994, Nr. 12, S. 1022-1045.

Dyckhoff, Harald (2000): Grundzüge der Produktionswirtschaft – Einführung in die Theorie betrieblicher Wertschöpfung, 3., überarb. Aufl., Berlin, Heidelberg u.a. 2000.

Eiselt, H. A.; Sandblom, C.-L. (2000): Integer Programming and Network Models, Berlin, Heidelberg u.a. 2000.

Eisenführ, Franz; Weber, Martin (1999): Rationales Entscheiden, 3., neu bearb. und erw. Aufl., Berlin, Heidelberg u.a. 1999.

Ellram, Lisa M. (1991): Suppy chain management – The industrial organisation perspective, in: International Journal of Physical Distribution and Logistics Management, Vol. 21, 1991, No. 1, S. 13-22.

Ellram, Lisa M.; Cooper, Martha C. (1990): Supply chain management, partnerships, and the shipper – Third party relationship, in: The International Journal of Logistics Management, Vol. 1, 1990, No. 2, S. 1-10.

Eppen, Gary D.; Martin, R. Kipp; Schrage, Linus (1989): A scenario approach to capacity planning, in: Operations Research, Vol. 37, 1989, No. 4, S. 517-527.

Erengüç, Ş. Selçuk; Simpson, N. C.; Vakharia, Asoo J. (1999): Integrated production/distribution planning in supply chains: An invited review, in: European Journal of Operational Research, Vol. 155, 1999, S. 219-236.

Escudero, Laureano F. (1994): Robust Decision Making as a Decision Making Aid Under Uncertainty, in: Ríos, Sixto (Hrsg.): Decision Theory and Decision Analysis: Trends and Challenges, Boston, Dordrecht u.a. 1994, S. 127-138.

Escudero, Laureano F.; De La Fuente, J. L.; García, C.; Prieto, F. J. (1999a): A parallel computation approach for solving multistage stochastic network problems, in: Annals of Operations Research, Vol. 90, 1999, S. 131-160.

Escudero, Laureano F.; Galindo, E.; García, G.; Gómez, E.; Sabau, V. (1999b): Schumann, a modeling framework for supply chain management under uncertainty, in: European Journal of Operational Research, Vol. 119, 1999, S. 14-34.

Escudero, Laureano F.; Kamesam, Pasumarti V.; King, Alan J.; Wets, Roger J-B. (1993): Production planning via scenario modelling, in: Annals of Operations Research, Vol. 43, 1993, S. 311-335.

Fleischmann, Bernhard (1988): Operations-Research-Modelle und -Verfahren in der Produktionsplanung, in: Zeitschrift für Betriebswirtschaft, 58. Jg., 1988, Heft 3, S. 347-372.

Fleischmann, Bernhard; Meyr, Herbert (2001): Supply Chain Planning, in: Sebastian, Hans-Jürgen; Grünert, Tore (Hrsg.): Logistik Management – Supply Chain Management und e-Business, Stuttgart, Leipzig u.a. 2001, S. 13-29.

Fleischmann, Bernhard; Meyr, Herbert; Wagner, Michael (2000): Advanced Planning, in: Stadtler, Hartmut; Kilger, Christoph (Hrsg.): Supply Chain Management and Advanced Planning – Concepts, Models, Software and Case Studies, Berlin, Heidelberg u.a. 2000, S. 57-71.

Forrester, Jay W. (1958): Industrial dynamics – A major breakthrough for decision makers, in: Harvard Business Review, Vol. 36, 1958, No. 4, S. 37-66.

Fortuin, Leonard (1988): Performance indicators – Why, where and how?, in: European Journal of Operational Research, Vol. 34, 1988, S. 1-9.

Fredendall, Lawrence D.; Hill, Ed (2001): Basics of Supply Chain Management, Boca Raton, London u.a. 2001.

Gaitanides, Michael (1996): Prozeßorganisation, in: Kern, Werner; Schröder, Hans-Horst; Weber, Jürgen (Hrsg.): Handwörterbuch der Produktionswirtschaft, 2., völlig neu gestaltete Aufl., Stuttgart 1996, Sp. 1682-1696.

Gal, Tomas; Gehring, Hermann (1981): Betriebswirtschaftliche Planungs- und Entscheidungstechniken, Berlin, New York 1981.

Ganeshan, Ram; Jack, Eric; Magazine, Michael J.; Stephens, Paul (1999): A Taxonomic Review of Supply Chain Management Research, in: Tayur, Sridhar; Ganeshan, Ram; Magazine, Michael (Hrsg.): Quantitative Models for Supply Chain Management, Boston, Dordrecht u.a. 1999, S. 839-879.

Gao, Li-Lian; Robinson, E. Powell jr. (1992): A dual-based optimization procedure for the two-echelon uncapacitated facility location problem, in: Naval Research Logistics, Vol. 39, 1992, S. 191-212.

Garus, Sandra (2000): Evolutionäre Algorithmen in der simulationsunterstützten Produktionsprozessplanung – Einsatz in der chemischen Industrie, Wiesbaden 2000, zugl. Diss. Ruhr-Universität Bochum 1999.

Gassmann, Horand I. (1990): MSLiP: A computer code for the multistage stochastic linear programming problem, in: Mathematical Programming, Vol. 47, 1990, S. 407-423.

Gehring, Hermann (1992): Simulation, in: Gal, Tomas (Hrsg.): Grundlagen des Operations Research, Band 3, Spieltheorie, Dynamische Optimierung, Warte-

214

schlangentheorie, Simulation, Unscharfe Entscheidungen, 3., durchges. Aufl., Berlin, Heidelberg u.a. 1992, S. 290-339.

Geoffrion, Arthur M. (1977): A priori error bounds for procurement commodity aggregation in logistics planning models, in: Naval Research Logistics Quarterly, Vol. 24, 1977, No. 2, S. 201-212.

Geoffrion, Arthur M.; Graves, G. W. (1974): Multicommodity distribution system design by Benders decomposition, in: Management Science, Vol. 20, 1974, No. 5, S. 822-844.

Geoffrion, Arthur M.; Krishnan, Ramayya (2001): Prospects for operations research in the e-business era, in: Interfaces, Vol. 31, 2001, No. 2, S. 6-36.

Geoffrion, Arthur M.; Powers, Richard F. (1995): Twenty years of strategic distribution system design: An evolutionary perspective, in: Interfaces, Vol. 25, 1995, No. 5, S. 105-127.

Glover, Fred; Hultz, J.; Klingman, Darwin; Stutz, J. (1978): Generalized networks: A fundamental computer-based planning tool, in: Management Science, Vol. 24, 1978, No. 12, S. 1209-1220.

Glover, Fred; Klingman, Darwin; Phillips, Nancy V. (1990): Netform modeling and applications, in: Interfaces, Vol. 20, 1990, No. 4, S. 7-27.

Glover, Fred; Klingman, Darwin; Phillips, Nancy V. (1992): Network models in optimization and their applications in practice, New York, Chichester u.a. 1992.

Gluchowski, Peter; Gabriel, Roland; Chamoni, Peter (1997): Management Support Systeme – Computergestützte Informationssysteme für Führungskräfte und Entscheidungsträger, Berlin, Heidelberg u.a. 1997.

Goetschalckx, Marc (2000): Strategic Network Planning, in: Stadtler, Hartmut; Kilger, Christoph (Hrsg.): Supply Chain Management and Advanced Planning – Concepts, Models, Software and Case Studies, Berlin, Heidelberg u.a. 2000, S. 79-95.

Günter, Bernd (1985): Local Content – Eine Herausforderung für das internationale Marketing, in: Marketing Zeitschrift für Forschung und Praxis, 1985, Heft 4, S. 263-274.

Günther, Hans-Otto; Blömer, Ferdinand; Grunow, Martin (1998): Moderne Softwaretools für das Supply Chain Management, in: Zeitschrift für wirtschaftlichen Fabrikbetrieb, Vol. 93, 1998, Nr. 7/8, S. 330-333.

Günther, Hans-Otto; Tempelmeier, Horst (2000): Produktion und Logistik, 4., neu bearb. und erw. Aufl., Berlin, Heidelberg u.a. 2000.

Gupta, Anshuman; Maranas, Costas D. (2000): A two-stage modeling and solution framework for multisite midterm planning under demand uncertainty, in: Industrial Engineering & Chemical Research, Vol. 39, 2000, S. 3799-3813.

Gupta, Anshuman; Maranas, Costas D.; McDonald, Conor M. (2000): Mid-term supply chain planning under demand uncertainty: Customer demand satisfaction and inventory management, in: Computers and Chemical Engineering, Vol. 24, 2000, S. 2613-2621.

Gutenberg, Erich (1983): Grundlagen der Betriebswirtschaftslehre, Band 1, Die Produktion, 24., unveränd. Aufl., Berlin, Heidelberg u.a. 1983.

Haehling von Lanzenauer, Christoph; Pilz-Glombik, Karsten (2000): A supply chain optimization model for MIT's beer distribution game, in: Zeitschrift für Betriebswirtschaft, 70. Jg., 2000, Heft 1, S. 101-116.

Hahn, Dietger; Laßmann, Gert (1993a): Produktionswirtschaft - Controlling industrieller Produktion, Band 3, 1. Teilband: Personal, Anlagen, Heidelberg 1993.

Hahn, Dietger; Laßmann, Gert (1993b): Produktionswirtschaft - Controlling industrieller Produktion, Band 3, 2. Teilband: Informationssystem, Heidelberg 1993.

Hahn, Dietger; Laßmann, Gert (1999): Produktionswirtschaft – Controlling industrieller Produktion, Band 1 & Band 2, Grundlagen, Führung und Organisation, Produkte und Produktprogramm, Material und Dienstleistungen, Prozesse, 3., vollst. überarb. Aufl., Heidelberg 1999.

Hamel, Winfried (1981): Berücksichtigung von Akzeptanzbarrieren bei der Konstruktion betriebswirtschaftlicher Entscheidungsmodelle, in: Die Betriebswirtschaft, 41. Jg., 1981, Nr. 4, S. 615-625.

Handfield, Robert B.; Nichols, Ernest L. jr. (1999): Introduction to Supply Chain Management, Upper Saddle River 1999.

Hansmann, Karl-Werner (2001): Industrielles Management, 7., völlig überarb. und erw. Aufl., München, Wien 2001.

Hanssmann, Friedrich (1993): Einführung in die Systemforschung – Methodik der modellgestützten Entscheidungsvorbereitung, 4., unwesentlich veränd. Aufl., München, Wien 1993.

Hax, Arnoldo C.; Meal, Harlan C. (1975): Hierarchical integration of production planning and scheduling, in: Geisler, Murray A. (Hrsg.): Logistics, Amsterdam, Oxford 1975, S. 53-69.

Hicks, Donald A. (1997a): The manager's guide to supply chain and logistics problemsolving tools and techniques – Part I: Understanding the techniques, in: IIE Solutions, Vol. 29, 1997, No. 9, S. 43-47.

Hicks, Donald A. (1997b): The manager's guide to supply chain and logistics problem-solving tools and techniques – Part II: Tools, companies, and industries, in: IIE Solutions, Vol. 29, 1997, No. 10, S. 24-29.

Hicks, Donald A. (1997c): The manager's guide to supply chain and logistics problemsolving tools and techniques – Part III: End user experiences, in: IIE Solutions, Vol. 29, 1997, No. 11, S. 34-38.

Hieber, Ralf; Alard, Robert; Boxler, Oliver (2001): Einsatz neuer Software-Generationen im Supply Chain Management – Gestaltung unternehmensübergreifender IT-Logistiknetzwerke, in: io Management, 70. Jg., 2001, Nr. 1/2, S. 72-80.

Hillier, Frederick S.; Lieberman, Gerald J. (1995): Introduction to Operations Research, 6. Aufl., New York, St. Louis u.a. 1995.

Hinojosa, Y.; Puerto, J.; Fernández, F. R. (2000): A multiperiod two-echelon multicommodity capacitated plant location problem, in: European Journal of Operational Research, Vol. 123, 2000, S. 271-291.

Hofmeister, P.; Joentgen, A.; Mikenina, L.; Weber, R.; Zimmermann, Hans-Jürgen (2000): Komplexitätsreduktion in der Szenarioanalyse mit Hilfe dynamischer Fuzzy-Datenanalyse, in: OR Spektrum, Vol. 22, 2000, No. 3, S. 403-420.

Hoitsch, Hans-Jörg (1993): Produktionswirtschaft – Grundlagen einer industriellen Betriebswirtschaftslehre, 2., völlig überarb. und erw. Aufl., München 1993.

Homburg, Christian (2000): Quantitative Betriebswirtschaftslehre – Entscheidungsunterstützung durch Modelle – Mit Beispielen, Übungsaufgaben und Lösungen, 3., überarb. Aufl., Wiesbaden 2000.

Houlihan, John B. (1988): International supply chains: A new approach, in: Management Decision, Vol. 26, 1988, No. 3, S. 13-19.

Ihde, Gösta B. (2001): Transport, Verkehr, Logistik – Gesamtwirtschaftliche Aspekte und einzelwirtschaftliche Handhabung, 3., völlig überarb. und erw. Aufl., München 2001.

Infanger, Gerd (1994): Planning under Uncertainty – Solving Large-Scale Stochastic Linear Programs, Danvers 1994.

Isermann, Heinz (1998): Grundlagen eines systemorientierten Logistikmanagements, in: Isermann, Heinz (Hrsg.): Logistik – Gestaltung von Logistiksystemen, 2., überarb. und erw. Aufl., Landsberg am Lech 1998, S. 21-60.

Jahnke, Hermann (1995): Produktion bei Unsicherheit – Elemente einer betriebswirtschaftlichen Produktionslehre bei Unsicherheit, Heidelberg 1995.

Jayaraman, Vaidyanathan (1998): Transportation, facility location and inventory issues in distribution network design – An investigation, in: International Journal of Operations & Production Management, Vol. 18, 1998, No. 5, S. 471-494.

Jayaraman, Vaidyanathan; Pirkul, Hasan (2001): Planning and coordination of production and distribution facilities for multiple commodities, in: European Journal of Operational Research, Vol. 133, 2001, S. 394-408.

Jimenez, Sue; Brown, Tim; Jordan, Joe (1998): Network-modelling tools – Enhancing supply chain decision making, in: Gattorna, John (Hrsg.): Strategic Supply Chain Alignment – Best Practice in Supply Chain Management, Aldershot 1998, S. 302-324.

Jones, Thomas C.; Riley, Daniel W. (1985): Using inventory for competitive advantage through supply chain management, in: International Journal of Physical Distribution and Materials Management, Vol. 15, 1985, No. 5, S. 16-26.

Kadipasaoglu, Sukran N.; Sridharan, V. (1995): Alternative approaches for reducing schedule instability in multistage manufacturing under demand uncertainty, in: Journal of Operations Management, Vol. 13, 1995, S. 193-211.

Kall, Peter; Mayer, János (1992a): SLP-IOR: A model management system for stochastic linear programming – system design, in: Beulens, Adriaan J. (Hrsg.): Optimization based computer aided modelling and design – Proceedings of the first Working Conference of the IFIP TC 7.6 Working Group, Berlin, Heidelberg u.a. 1992, S. 139-157.

Kall, Peter; Mayer, János (1992b): A model management system for stochastic linear programming, in: Kall, Peter (Hrsg.): System modelling and optimization – Proceedings of the 15th IFIP Conference, Berlin, Heidelberg u.a. 1992, S. 580-587.

Kall, Peter; Mayer, János (1996): SLP-IOR: An interactive model management system for stochastic linear programs, in: Mathematical Programming, Vol. 75, 1996, S. 221-240.

Kall, Peter; Wallace, Stein W. (1994): Stochastic Programming, Chichester, New York u.a. 1994.

Kallrath, Josef; Wilson, John M. (1997): Business Optimisation using Mathematical Programming, Basingstoke, London 1997.

Kansky, Dirk; Weingarten, Ulrich (1999): Supply Chain: Fertigen, was der Kunde verlangt, in: Harvard Business Manager, 21. Jg., 1999, Heft 4, S. 87-95.

Kaufman, Leon; Vanden Eede, Marc; Hansen, Pierre (1977): A plant and warehouse location problem, in: Operational Research Quarterly, Vol. 28, 1977, No. 3, S. 547-554.

Kelton, David W.; Sadowski, Randall P.; Sadowski, Deborah A. (1998): Simulation with Arena, Boston, Burr Ridge u.a. 1998.

Kern, Werner (1962): Die Messung industrieller Fertigungskapazitäten und ihrer Ausnutzung – Grundlagen und Verfahren, Köln, Opladen 1962.

Kern, Werner (1992): Industrielle Produktionswirtschaft, 5., durchges. und aktualisierte Aufl., Stuttgart 1992.

Kiener, Stefan; Maier-Scheubeck, Nicolas; Weiß, Manfred (1999): Produktions-Management – Grundlagen der Produktionsplanung und -steuerung, 6., unwesentlich veränd. Aufl., München, Wien 1999.

Kilger, Christoph; Schneeweiss, Lorenz (2000): Demand Fulfilment and ATP, in: Stadtler, Hartmut; Kilger, Christoph (Hrsg.): Supply Chain Management and Advanced Planning – Concepts, Models, Software and Case Studies, Berlin, Heidelberg u.a. 2000, S. 135-148.

218

Kira, D.; Kusy, M.; Rakita, I. (1997): A stochastic linear programming approach to hierarchical production planning, in: Journal of the Operational Research Society, Vol. 48, 1997, S. 207-211.

Kistner, Klaus-Peter (1993): Optimierungsmethoden – Einführung in die Unternehmensforschung für Wirtschaftswissenschaftler, 2. Aufl., Heidelberg 1993.

Kistner, Klaus-Peter; Steven, Marion (2001): Produktionsplanung, 3., vollst. überarb. Aufl., Heidelberg 2001.

Knolmayer, Gerhard; Mertens, Peter; Zeier, Alexander (2000): Supply Chain Management auf Basis von SAP-Systemen – Perspektiven der Auftragsabwicklung für Industriebetriebe, Berlin, Heidelberg u.a. 2000.

Koene, Jacob (1983): Minimal cost flow in processing networks – A primal approach, Amsterdam 1983.

Kortmann, Jörg; Lessing, Hagen (2000): Marktstudie: Standardsoftware für Supply Chain Management, Paderborn 2000.

Kotzab, Herbert (1999): Zum Wesen von Supply Chain Management vor dem Hintergrund der betriebswirtschaftlichen Logistikkonzeption, Vortragsmanuskript zur Tagung Logistikmanagement 99, Bremen 1999.

Krüger, Rolf; Steven, Marion (2000a): Supply Chain Management im Spannungsfeld von Logistik und Management, in: Wirtschaftswissenschaftliches Studium, 29. Jg., 2000, Heft 9, S. 501-507.

Krüger, Rolf; Steven, Marion (2000b): Lagerhaltung in Supply Chains, in: Wirtschaftswissenschaftliches Studium, 29. Jg., 2000, Heft 9, S. 535-539.

Krüger, Siegfried (1975): Simulation – Grundlagen, Techniken, Anwendungen, Berlin, New York 1975.

Kuehn, Alfred A.; Hamburger, Michael J. (1963): A heuristic program for locating warehouses, in: Management Science, Vol. 9, 1963, No. 4, S. 643-666.

Küpper, Hans-Ulrich; Helber, Stefan (1995): Ablauforganisation in Produktion und Logistik, 2., völlig neu bearb. und erw. Aufl., Stuttgart 1995.

Kuhn, Axel; Hellingrath, Bernd; Kloth, Matthias (1998): Anforderungen an das Supply Chain Management der Zukunft, in: Information Management & Consulting, 13. Jg., 1998, Heft 3, S. 7-13.

Kummer, Sebastian; Lingnau, Mathias (1992): Global Sourcing und Single Sourcing – Strategien des Versorgungsmanagements, in: Wirtschaftswissenschaftliches Studium, 21. Jg., 1992, Heft 8, S. 419-422.

Lambert, Douglas M; Cooper, Martha C. (2000): Issues in supply chain management, in: Industrial Marketing Management, Vol. 29, 2000, S. 65-83.

Lancioni; Richard A. (2000): New developments in supply chain management for the millennium, in: Industrial Marketing Management, Vol. 29, 2000, S. 1-6.

Laux, Helmut (1998): Entscheidungstheorie, 4., neu bearb. und erw. Aufl., Berlin, Heidelberg u.a. 1998.

Law, Averill M.; Kelton, W. David (2000): Simulation Modeling and Analysis, 3. Aufl., Boston, Burr Ridge u.a. 2000.

Lee, Hau L.; Billington, Corey (1992): Managing supply chain inventory: Pitfalls and opportunities, in: Sloan Management Review, Vol. 33, 1992, No. 3, S. 65-73.

Lee, Hau L.; Billington, Corey (1993): Material management in decentralized supply chains, in: Operations Research, Vol. 41, 1993, No. 5, S. 835-847.

Lee, Hau L.; Billington, Corey (1995): The evolution of supply-chain-management models and practice at Hewlett-Packard, in: Interfaces, Vol. 25, 1995, No. 5, S. 42-63.

Lee, Hau L.; Padmanabhan, V.; Whang, Seungjin (1997): Der Peitscheneffekt in der Absatzkette, in: Harvard Business Manager, 19. Jg., 1997, Heft 4, S. 78-87.

Liberatore, Matthew J.; Miller, Tan (1985): A hierarchical production planning system, in: Interfaces, Vol. 15, 1985, No. 4, S. 1-11.

Liebl, Franz (1995): Simulation – Problemorientierte Einführung, 2., überarb. Aufl., München, Wien 1995.

Liesegang, Günter (1980): Aggregation bei linearen Optimierungsmodellen – Beiträge zur Konzipierung, Formalisierung und Operationalisierung, Köln 1980, zugl. Habilitationsschrift Universität Köln 1980.

Lin, Grace; Ettl, Markus; Buckley, Steve; Bagchi, Sugato; Yao, David D.; Naccarato, Bret L.; Allan, Rob; Kim, Kerry; Koenig, Lisa (2000): Extended-enterprise supply-chain management at IBM Personal Systems Group and other divisions, in: Interfaces, Vol. 30, 2000, No. 1, S. 7-25.

Lindberg, Per; Voss, Christopher A.; Blackmon, Kathryn L. (1998): Introduction: International Manufacturing Strategy: Context, Culture, and Change, in: Lindberg, Per; Voss, Christopher A.; Blackmon, Kathryn L. (Hrsg.): International Manufacturing Strategies – Context, Content and Change, Boston, Dordrecht u.a. 1998, S. 3-17.

Little, John D. C. (1970): Models and managers: The concept of a decision calculus, in: Management Science, Vol. 16, 1970, No. 8, S. B-466-B-485.

Männel, Wolfgang (1981): Die Wahl zwischen Eigenfertigung und Fremdbezug – Theoretische Grundlagen – Praktische Fälle, 2., überarb. und erw. Aufl., Stuttgart 1981.

Mag, Wolfgang (1990): Grundzüge der Entscheidungstheorie, München 1990.

Mag, Wolfgang (1995): Unternehmungsplanung, München 1995.

Maloni, Michael J.; Benton, W. C. (1997): Supply chain partnerships: Opportunities for operations research, in: European Journal of Operational Research, Vol. 101, 1997, S. 419-429.

Manne, Alan S. (1974): Waiting for the breeder, in: The Review of Economics Studies Symposium, 1974, S. 47-65.

Manz, Joachim (1983): Zur Anwendung der Aggregation auf mehrperiodische lineare Produktionsprogrammplanungsprobleme, Frankfurt am Main, Bern u.a. 1983, zugl. Diss. Universität Köln 1982.

Martin, Clarence H.; Dent, Denver C.; Eckhart, James C. (1993): Integrated production, distribution, and inventory planning at Libbey-Owens-Ford, in: Interfaces, Vol. 23, 1993, No. 3, S. 68-78.

Martin, Clarence H.; Lubin, Sanford L. (1985): Optimization modeling for business planning at Trumbull Asphalt, in: Interfaces, Vol. 15, 1985, No. 6, S. 66-72.

McKay, Kenneth N; Safayeni, Frank R.; Buzacott, John A. (1995): A review of hierarchical production planning and its applicability for modern manufacturing, in: Production Planning & Control, Vol. 6, 1995, No. 5, S. 384-394.

Meier, Horst; Bäcker, Michael; Kastens, Oliver; Schallner, Harald; Thorn, Jens (2001): Auftragskoordination über verbindliche Lieferterminzusagen in dynamischen Produktionsnetzwerken, in: Industrie Management, 17. Jg., 2001, Nr. 5, S. 58-62.

Mellor, P. (1966): A review of job shop scheduling, in: Operational Research Quarterly, Vol. 17, 1966, No. 2, S. 161-171.

Messina, E.; Mitra, G. (1997): Modelling and analysis of multistage stochastic programming problems: A software environment, in: European Journal of Operational Research, Vol. 101, 1997, S. 343-359.

Meyer, Bernd; Liebl, Franz (1999): Materialflußentscheidungen für eine „World Assembly Line" – Zur Effizienz von Logistik im Kontext der Globalisierung, in: Zeitschrift für Planung, Bd. 10, 1999, Heft 1, S. 1-25.

Meyr, Herbert; Rohde, Jens; Wagner, Michael (2000): Architecture of Selected APS, in: Stadtler, Hartmut; Kilger, Christoph (Hrsg.): Supply Chain Management and Advanced Planning – Concepts, Models, Software and Case Studies, Berlin, Heidelberg u.a. 2000, S. 241-249.

Meyr, Herbert; Rohde, Jens; Stadtler, Hartmut; Sürie, Christopher (2000): Supply Chain Analysis, in: Stadtler, Hartmut; Kilger, Christoph (Hrsg.): Supply Chain Management and Advanced Planning – Concepts, Models, Software and Case Studies, Berlin, Heidelberg u.a. 2000, S. 29-56.

Meyr, Herbert; Wagner, Michael; Rohde, Jens (2000): Structure of Advanced Planning Systems, in: Stadtler, Hartmut; Kilger, Christoph (Hrsg.): Supply Chain Management and Advanced Planning – Concepts, Models, Software and Case Studies, Berlin, Heidelberg u.a. 2000, S. 75-77.

MirHassani, S. A.; Lucas, C.; Mitra, G.; Messina, E.; Poojari, C. A. (2000): Computational solution of capacity planning models under uncertainty, in: Parallel Computing, Vol. 26, 2000, S. 511-538.

Mißler-Behr, Magdalena (1993): Methoden der Szenarioanalyse, Wiesbaden 1993, zugl. Diss. Universität Augsburg 1993.

Moon, Sangwon (1989): Application of generalized Benders decomposition to a nonlinear distribution system design problem, in: Naval Research Logistics, Vol. 36, 1989, S. 283-295.

Müller-Merbach, Heiner (1982): Management science process – Phases or components?, in: Interfaces, Vol. 12, 1982, No. 1, S. 61-65.

Mulvey, John M.; Vanderbei, Robert J.; Zenios, Stavros A. (1995): Robust optimization of large-scale systems, in: Operations Research, Vol. 43, 1995, No. 2, S. 264-281.

Nebl, Theodor (2001): Produktionswirtschaft, 4., vollst. überarb. und erw. Aufl., München, Wien 2001.

Neumann, Klaus; Morlock, Martin (1993): Operations Research, München, Wien 1993.

Nieschlag, Robert; Dichtl, Erwin; Hörschgen, Hans (1997): Marketing, 18., durchges. Aufl., Berlin 1997.

Otto, Andreas; Kotzab, Herbert (2001): Der Beitrag des Supply Chain Management zum Management von Supply Chains – Überlegungen zu einer unpopulären Frage, in: Zeitschrift für betriebswirtschaftliche Forschung, 53. Jg., 2001, S. 157-176.

Oxé, Gerd (1997): Reducing overcapacity in chemical plants by linear programming, in: European Journal of Operational Research, Vol. 97, 1997, S. 337-347.

Page, Bernd (1991): Diskrete Simulation – Eine Einführung mit Modula-2, Berlin, Heidelberg u.a. 1991.

Pannell, David J. (1997): Introduction to Practical Linear Programming, New York, Chichester u.a. 1997.

Paraschis, Ioannis N. (1989): Optimale Gestaltung von Mehrprodukt-Distributionssystemen – Modelle – Methoden – Anwendungen, Heidelberg 1989, zugl. Diss. Universität Hamburg 1988.

Pfohl, Hans-Christian (2000a): Logistiksysteme – Betriebswirtschaftliche Grundlagen, 6., neu bearb. und aktualisierte Aufl., Berlin, Heidelberg u.a. 2000.

Pfohl, Hans-Christian (2000b): Supply Chain Management: Konzept, Trends, Strategien, in: Pfohl, Hans-Christian (Hrsg): Supply Chain Management: Logistik plus? Logistikkette – Marketingkette – Finanzkette, Berlin 2000, S. 1-42.

Pfohl, Hans-Christian; Braun, Günther E. (1981): Entscheidungstheorie – Normative und deskriptive Grundlagen des Entscheidens, Landsberg am Lech 1981.

Pfohl, Hans-Christian; Stölzle, Wolfgang (1997): Planung und Kontrolle – Konzeption, Gestaltung, Implementierung, 2., neu bearb. Aufl., München 1997.

222

Philippson, Clemens; Pillep, Ralf; von Wrede, Philip; Röder, Axel (1999): Marktspiegel Supply Chain Management Software, Aachen 1999.

Picot, Arnold; Reichwald, Ralf; Wigand, Rolf T. (2001): Die grenzenlose Unternehmung – Information, Organisation und Management – Lehrbuch zur Unternehmensführung im Informationszeitalter, 4., vollst. überarb. und erw. Aufl., Wiesbaden 2001.

Pidd, Michael (1998): Computer Simulation in Management Science, 4. Aufl., Chichester, New York u.a. 1998.

Pirkul, Hasan; Jayaraman, Vaidyanathan (1996): Production, transportation, and distribution planning in a multi-commodity tri-echelon system, in: Transportation Science, Vol. 30, 1996, No. 4, S. 291-302.

Plinke, Wulff (2000): Industrielle Kostenrechnung – Eine Einführung, 5. Aufl., Berlin, Heidelberg u.a. 2000.

Pooley, John (1994): Integrated production and distribution facility planning at Ault Foods, in: Interfaces, Vol. 24, 1994, No. 4, S. 113-121.

Porter, Kenneth (1991): Visual interactive simulation as a communication tool – A case study, in: European Journal of Operational Research, Vol. 54, 1991, S. 287-292.

Powers, Richard F. (1989): Optimization models for logistics decisions, in: Journal of Business Logistics, Vol. 10, 1989, No. 1, S. 106-121.

Prasad, Sameer; Babbar, Sunil (2000): International operations management research, in: Journal of Operations Management, Vol. 18, 2000, S. 209-247.

Prékopa, András (1973): Contributions to the theory of stochastic programming, in: Mathematical Programming, Vol. 4, 1973, S. 202-221.

Raiffa, Howard (1968): Decision Analysis – Introductory Lectures on Choices under Uncertainty, Reading 1968.

Ramsay, J.; Wilson, I. (1990): Sourcing/contracting strategy selection, in: International Journal of Operations & Production Management, Vol. 10, 1990, No. 8, S. 19-28.

Reichmann, Thomas; Palloks, Monika (1995): Make-or-Buy-Entscheidungen – Was darf der Fremdbezug kosten, wenn die eigenen Kosten weiterlaufen?, in: Controlling, 1995, Heft 1, S. 4-11.

Reichwald, Ralf; Sachenbacher, Hans (1996): Durchlaufzeiten, in: Kern, Werner; Schröder, Hans-Horst; Weber, Jürgen (Hrsg.): Handwörterbuch der Produktionswirtschaft, 2., völlig neu gestaltete Aufl., Stuttgart 1996, Sp. 362-374.

Rey, Reiner (2000): Restrukturierung der Distributionslogistik in einem Unternehmen der chemischen Industrie, Vortrag zum Euroforum, Februar 2000, Bad Homburg 2000.

Riebel, Paul (1963): Industrielle Erzeugungsverfahren in betriebswirtschaftlicher Sicht, Wiesbaden 1963.

Robinson, Anne G.; Dilts, David M. (1999): OR & ERP – Can operations research play a role in fast-growing, enterprise-wide information systems?, in: OR/MS Today, Vol. 26, 1999, No. 3, S. 30-35.

Rockafellar, R. T.; Wets, Roger J.B. (1991): Szenarios and policy aggregation in optimization under uncertainty, in: Mathematics of Operations Research, Vol. 16, 1991, No. 1, S. 119-147.

Rogers, David F.; Plante, Robert D.; Wong, Richard T.; Evans, James R. (1991): Aggregation and disaggregation techniques and methodology in optimization, in: Operations Research, Vol. 39, 1991, No. 4, S. 553-582.

Rohde, Jens; Meyr, Herbert; Wagner, Michael (2000): Die Supply Chain Planning Matrix, in: PPS Management, 5. Jg., 2000, Nr. 1, S. 10-15.

Rohde, Jens; Wagner, Michael (2000): Master Planning, in: Stadtler, Hartmut; Kilger, Christoph (Hrsg.): Supply Chain Management and Advanced Planning – Concepts, Models, Software and Case Studies, Berlin, Heidelberg u.a. 2000, S. 117-134.

Rohrer, Matt (1997): Seeing is believing – The importance of visualization in manufacturing simulation, in: IIE Solutions, Vol. 29, 1997, No. 5, S. 24-28.

Schäfer, Erich (1978): Der Industriebetrieb – Betriebswirtschaftslehre der Industrie auf typologischer Grundlage, 2., erw. Aufl., Wiesbaden 1978.

Scheer, August-Wilhelm; Borowsky, Rainer (1999): Supply Chain Management: Die Antwort auf neue Logistikanforderungen, in: Kopfer, Herbert; Bierwirth, Christian (Hrsg.): Logistik Management – Intelligente I + K Technologien, Berlin, Heidelberg u.a. 1999, S. 3-14.

Schneeweiß, Christoph (1989): Der Zeitaspekt in der Planung, in: Hax, Herbert; Kern, Werner; Schröder, Hans-Horst (Hrsg.): Zeitaspekte in betriebswirtschaftlicher Theorie und Praxis, Stuttgart 1989, S. 3-19.

Schneeweiß, Christoph (1992): Planung 2 – Konzepte der Prozeß- und Modellgestaltung, Berlin, Heidelberg u.a. 1992.

Schneeweiß, Christoph (1994): Elemente einer Theorie hierarchischer Planung, in: OR Spektrum, Vol. 16, 1994, No. 2, S. 161-168.

Schneeweiß, Christoph (1995): Hierarchical structures in organisations: A conceptual framework, in: European Journal of Operational Research, Vol. 86, 1995, S. 4-31.

Schneeweiß, Christoph (1999a): Einführung in die Produktionswirtschaft, 7., neu bearb. Aufl., Berlin, Heidelberg u.a. 1999.

Schneeweiß, Christoph (1999b): Hierarchies in Distributed Decision Making, Berlin, Heidelberg u.a. 1999.

Schneider, Dieter (1995): Informations- und Entscheidungstheorie, München, Wien 1995.

Schneider, Ralph (1998): SAP Advanced Planner and Optimizer – Produktionsplanung im Fokus, in: Werners, Brigitte (Hrsg.): Aktuelle Methoden und Systeme, insbesondere zur Produktionsplanung – Beiträge zu einem Workshop am 23.-24.10.1998, Arbeitsbericht Nr. 73 – Institut für Unternehmungsführung und Unternehmensforschung, Bochum 1998, S. 44-54.

Schoemaker, Paul J. H. (1993): Multiple scenario development: Its conceptual and behavioral foundation, in: Strategic Management Journal, Vol. 14, 1993, S. 193-213.

Schoemaker, Paul J. H. (1995): Scenario planning: A tool for strategic thinking, in: Sloan Management Review, Vol. 36, 1995, No. 2, S. 25-40.

Schönsleben, Paul (2000): Integrales Logistikmanagement – Planung und Steuerung von umfassenden Geschäftsprozessen, 2., überarb. und erw. Aufl., Berlin, Heidelberg u.a. 2000.

Schönsleben, Paul; Hieber, Ralf (2000): Supply-Chain-Management-Software: Welche Erwartungshaltung ist gegenüber der neuen Generation von Planungssoftware angebracht?, in: io Management, 69. Jg., 2000, Nr. 1/2, S. 18-24.

Schulte, Christof (1999): Logistik – Wege zur Optimierung des Material- und Informationsflusses, 3., überarb. und erw. Aufl., München 1999.

Schulte, Gerd (2001): Material- und Logistikmanagement, 2., wesentlich erw. und verb. Aufl., München, Wien 2001.

Schulte, Reinhard (2000): Kostenmanagement – Einführung in das operative Kostenmanagement, München, Wien 2000.

Schweitzer, Marcell (2001): Planung und Steuerung, in: Bea, Franz Xaver; Dichtl, Erwin; Schweitzer, Marcell (Hrsg.): Allgemeine Betriebswirtschaftslehre, Band 2, Führung, 8., neu bearb. und erw. Aufl., Stuttgart 2001, S. 16-126.

Schweitzer, Marcell; Küpper, Hans-Ulrich (1998): Systeme der Kosten- und Erlösrechnung, 7., überarb. und erw. Aufl., München 1998.

Scott, Charles; Westbrook, Roy (1991): New strategic tools for supply chain management, in: International Journal of Physical Distribution and Logistics Management, Vol. 21, 1991, Nr. 1, S. 23-33.

Seidl, Karsten (2000): Supply Chain Management Software – Einsatzmöglichkeiten und Nutzenerwartungen, in: Pfohl, Hans-Christian (Hrsg.): Supply Chain Management: Logistik plus? Logistikkette – Marketingkette – Finanzkette, Berlin 2000, S. 162-183.

Sen, Suvrajeet; Higle, Julia L. (1999): An introductory tutorial on stochastic linear programming models, in: Interfaces, Vol. 29, 1999, No. 2, S. 33-61.

Shank, John K.; Govindarajan, Vijay (1992): Strategic cost management and the value chain, in: Journal of Cost Management, Vol. 6, 1992, No. 4, S. 5-21.

Shapiro, Jeremy F. (1999): Bottom-Up vs. Top-Down Approaches to Supply Chain Modeling, in: Tayur, Sridhar; Ganeshan, Ram; Magazine, Michael (Hrsg.): Quantitative Models for Supply Chain Management, Boston, Dordrecht u.a. 1999, S. 737-759.

Shapiro, Jeremy F. (2001): Modeling the Supply Chain, Pacific Grove 2001.

Silver, Edward A.; Pyke, David F.; Peterson, Rein (1998): Inventory Management and Production Planning and Scheduling, 3. Aufl., New York, Chichester u.a. 1998.

Simpson, N.C. (1999): Multiple level production planning in rolling horizon assembly environments, in: European Journal of Operational Research, Vol. 114, 1999, S. 15-28.

Slats, Piet A.; Bhola, Bis; Evers, Joseph J. M.; Dijkhuizen, Gert (1995): Logistic chain modelling, in: European Journal of Operational Research, Vol. 87, 1995, S. 1-20.

Söhner, Volkmar (1995): Hierarchisch integrierte Produktionsplanung und -steuerung, Heidelberg 1995.

Sridharan, Sri V.; Berry, William L.; Udayabhanu, V. (1987): Freezing the master production schedule under rolling planning horizons, in: Management Science, Vol. 33, 1987, No. 9, S. 1137-1149.

Sridharan, Sri V.; Berry, William L.; Udayabhanu, V. (1988): Measuring master production schedule stability under rolling planning horizons, in: Decision Sciences, Vol. 19, 1988, No. 1, S. 147-166.

Sridharan, Sri V.; LaForge, R. Lawrence (1990): An analysis of alternative policies to achieve schedule stability, in: Journal of Manufacturing and Operations Management, Vol. 3, 1990, No. 1, S. 53-73.

Stadtler, Hartmut (1988): Hierarchische Produktionsplanung bei losweiser Fertigung, Heidelberg 1988, zugl. Habilitationsschrift Universität Hamburg 1987.

Stadtler, Hartmut (1996): Hierarchische Produktionsplanung, in: Kern, Werner; Schröder, Hans-Horst; Weber, Jürgen (Hrsg.): Handwörterbuch der Produktionswirtschaft, 2., völlig neu gestaltete Aufl., Stuttgart 1996, Sp. 631-641.

Stadtler, Hartmut (1998): Hauptproduktionsprogrammplanung in einem kapazitätsorientierten PPS-System, in: Wildemann, Horst (Hrsg.): Innovationen in der Produktionswirtschaft – Produkte, Prozesse, Planung und Steuerung, München 1998, S. 169-192.

Stadtler, Hartmut (2000): Supply Chain Management – An Overview, in: Stadtler, Hartmut; Kilger, Christoph (Hrsg.): Supply Chain Management and Advanced Planning – Concepts, Models, Software and Case Studies, Berlin, Heidelberg u.a. 2000, S. 7-28.

226

Stepan, Adolf; Fischer, Edwin O. (2001): Betriebswirtschaftliche Optimierung – Einführung in die quantitative Betriebswirtschaftslehre, 7. Aufl., München, Wien 2001.

Sterman, John D. (1989): Modeling managerial behavior: Misperceptions of feedback in a dynamic decision making experiment, in: Management Science, Vol. 35, 1989, No. 3, S. 321-339.

Steven, Marion (1994): Hierarchische Produktionsplanung, 2., überarb. und erw. Aufl., Heidelberg 1994.

Steven, Marion (1998): Produktionstheorie, Wiesbaden 1998.

Steven, Marion (1999): Organisation von virtuellen Produktionsnetzwerken, in: Nagel, Kurt; Erben, Roland F.; Piller, Frank T. (Hrsg.): Produktionswirtschaft 2000 – Perspektiven für die Fabrik der Zukunft, Wiesbaden 1999, S. 243-260.

Steven, Marion; Krüger, Rolf (1999): Management von Logistiknetzwerken – Kriterien zur Gestaltung von Informations- und Güterflüssen, Arbeitsberichte des Instituts für Unternehmungsführung und Unternehmensforschung, Nr. 81, Bochum 1999.

Steven, Marion; Krüger, Rolf (2001): Internationale Logistik: Vom internationalen Gütertransfer zum globalen Supply Chain Management, in: Sebastian, Hans-Jürgen; Grünert, Tore (Hrsg.): Logistik Management – Supply Chain Management und e-Business, Stuttgart, Leipzig u.a. 2001, S. 31-40.

Steven, Marion; Krüger, Rolf; Tengler, Sebastian (2000): Informationssysteme für das Supply Chain Management, in: PPS Management, 5. Jg., 2000, Nr. 2, S. 15-23.

Stevens, Graham C. (1989): Integrating the supply chain, in: International Journal of Physical Distribution and Materials Management, Vol. 19, 1989, No. 8, S. 3-8.

Stevens, Graham C. (1990): Successful Supply-Chain Management, in: Management Decision, Vol. 28, 1990, No. 8, S. 25-30.

Straube, Frank (1998): Best-Practice-Konzepte europäischer Logistikführer, in: technologie & management, 47. Jg, 1998, Nr. 6, S. 28-31.

Switalski, Marion (1988): Hierarchische Produktionsplanung und Aggregation, in: Zeitschrift für Betriebswirtschaft, 58. Jg., 1988, Heft 3, S. 381-396.

Sydow, Jörg (1992): Strategische Netzwerke - Evolution und Organisation, Wiesbaden 1992, zugl. Habilitationsschrift Freie Universität Berlin 1991/92.

Tcha, Dong-Wan; Lee, Bum-Il (1984): A branch-and-bound algorithm for the multilevel uncapacitated facility location problem, in: European Journal of Operational Research, Vol. 18, 1984, S. 35-43.

Tempelmeier, Horst (1999a): Material-Logistik – Modelle und Algorithmen für die Produktionsplanung und -steuerung und das Supply Chain Management, 4., überarb. und erw. Aufl., Berlin, Heidelberg u.a. 1999.

Tempelmeier, Horst (1999b): Advanced Planning Systems, in: Industrie Management, 15. Jg., 1999, Heft 5, S. 69-72.

Thomas, Douglas J.; Griffin, Paul M. (1996): Coordinated supply chain management, in: European Journal of Operational Research, Vol. 94, 1996, S. 1-15.

Timpe, Christian H.; Kallrath, Josef (2000): Optimal planning in large multi-site production networks, in: European Journal of Operational Research, Vol. 126, 2000, S. 422-435.

Vahrenkamp, Richard (2000): Logistikmanagement, 4., verb. Aufl., München, Wien 2000.

Van der Vorst, Jack G. A. J.; Beulens, Adrie J. M.; de Wit, W.; van Beek, Paul (1998): Supply chain management in food chains: Improving performance by reducing uncertainty, in: International Transactions in Operational Research, Vol. 5, 1998, No. 6, S. 487-499.

Van der Vorst, Jack G. A. J.; Beulens, Adrie J. M.; van Beek, Paul (2000): Modelling and simulating multi-echelon food systems, in: European Journal of Operational Research, Vol. 122, 2000, S. 354-366.

Van Roy, Tony J. (1989): Multi-level production and distribution planning with transportation fleet optimization, in: Management Science, Vol. 35, 1989, No. 12, S. 1443-1453.

Verter, Vedat; Dincer, M. Cemal (1995): Global Manufacturing Strategy, in: Drezner, Zvi (Hrsg.): Facility Location – A Survey of Applications and Methods, New York, Berlin u.a. 1995, S. 263-282.

Vidal, Carlos J.; Goetschalckx, Marc (1997): Strategic production – distribution models: A critical review with emphasis on global supply chain models, in: European Journal of Operational Research, Vol. 98, 1997, S. 1-18.

Vidal, Carlos J.; Goetschalckx, Marc (1998): A global supply chain model with transfer pricing and transportation cost allocation, Research Report, School of Industrial & Systems Engineering, Georgia Institute of Technology, Atlanta 1998.

Vidal, Carlos J.; Goetschalckx, Marc (2000): Modeling the effect of uncertainties on global logistics systems, in: Journal of Business Logistics, Vol. 21, 2000, No. 1, S. 95-120.

Vidal, Carlos J.; Goetschalckx, Marc (2001): A global supply chain model with transfer pricing and transportation cost allocation, in: European Journal of Operational Research, Vol. 129, 2001, S. 134-158.

Völkner, Peer (1998): Modellbasierte Planung von Geschäftsprozeßabläufen – Entwicklung eines Entscheidungsunterstützungssystems auf Grundlage objektorientierter Simulation, Wiesbaden 1998, zugl. Diss. Ruhr-Universität Bochum 1998.

Völkner, Peer; Werners, Brigitte (2000): A decision support system for business process planning, in: European Journal of Operational Research, Vol. 125, 2000, S. 633-647.

Wagner, Michael (2000): Demand Planning, in: Stadtler, Hartmut; Kilger, Christoph (Hrsg.): Supply Chain Management and Advanced Planning – Concepts, Models, Software and Case Studies, Berlin, Heidelberg u.a. 2000, S. 97-115.

Watson, Stephen R.; Buede, Dennis M. (1987): Decision Synthesis – The principles and practice of decision analysis, Cambrigde, New York u.a. 1987.

Weber, Helmut Kurt (1999): Industriebetriebslehre, 3., neu bearb. Aufl., Berlin, Heidelberg u.a. 1999.

Weber, Jürgen; Dehler, Markus; Wertz, Boris (2000): Supply Chain Management und Logistik, in: Wirtschaftswissenschaftliches Studium, 29. Jg., 2000, Heft 5, S. 264-269.

Weber, Jürgen; Kummer, Sebastian (1998): Logistikmanagement, 2., aktualisierte und erw. Aufl., Stuttgart 1998.

Wentges, Paul (1994): Standortprobleme mit Berücksichtigung von Kapazitätsrestriktionen: Modellierung und Lösungsverfahren, Bamberg 1994, zugl. Diss. Hochschule St. Gallen 1994.

Werkmeister, Clemens (1997): Steuerung im internationalen Produktionsverbund mit Güternetzwerken, Wiesbaden 1997, zugl. Diss. Universität Hohenheim 1997.

Werner, Hartmut (2000): Supply Chain Management – Grundlagen, Strategien, Instrumente und Controlling, Wiesbaden 2000.

Werners, Brigitte (1993): Unterstützung der strategischen Technologieplanung durch wissensbasierte Systeme, Aachen 1993.

Werners, Brigitte (2001): Einführung in die Netzwerkmodellierung, Lehrstuhl für Betriebswirtschaftslehre, insbes. Unternehmensforschung und Rechnungswesen, Fakultät für Wirtschaftswissenschaft, Ruhr-Universität Bochum, Bochum 2001.

Werners, Brigitte; Steude, Volker; Thorn, Jens (1999): Unterstützung der Produktionsplanung mittels Simulation in einer kunststofferzeugenden Unternehmung, in: Zeitschrift für Planung, Bd. 10, 1999, Heft 4, S. 407-429.

Werners, Brigitte; Zimmermann, Hans-Jürgen (1989): Risikoanalyse, in: Szyperski, Norbert (Hrsg.): Handwörterbuch der Planung, Stuttgart 1989, Sp. 1743-1749.

Wikner, J.; Towill, D. R.; Naim, M. (1991): Smoothing supply chain dynamics, in: International Journal of Production Economics, Vol. 22, 1991, S. 231-248.

Williams, H. Paul (1999): Model Building in Mathematical Programming, 4. Aufl., Chichester, New York u.a. 1999.

Withers, Stephen J.; Hurrion, Robert D. (1982): The interactive development of visual simulation models, in: Journal of the Operational Research Society, Vol. 33, 1982, S. 973-975.

Zäpfel, Günther (1982): Produktionswirtschaft – Operatives Produktions-Management, Berlin, New York 1982.

Zäpfel, Günther (1998): Customer-order-driven production: An economical concept for responding to demand uncertainty?, in: International Journal of Production Economics, Vol. 56/57, 1998, S. 699-709.

Zäpfel, Günther (2000a): Taktisches Produktions-Management, 2., unwesentlich veränd. Aufl., München, Wien 2000.

Zäpfel, Günther (2000b): Strategisches Produktions-Management, 2., unwesentlich veränd. Aufl., München, Wien 2000.

Zäpfel, Günther (2001): Grundzüge des Produktions- und Logistikmanagement, 2., unwesentlich veränd. Aufl., München, Wien 2001.

Zäpfel, Günther; Piekarz, Bartosz (1996): Supply Chain Controlling – Interaktive und dynamische Regelung der Material- und Warenflüsse, Wien 1996.

Zhao, Xiande; Lee, T. S. (1993): Freezing the master production schedule for material requirements planning systems under demand uncertainty, in: Journal of Operations Management, Vol. 11, 1993, No. 2, S. 185-205.

Zimmermann, Hans-Jürgen (1992): Methoden und Modelle des Operations Research – Für Ingenieure, Ökonomen und Informatiker, 2., überarb. Aufl., Braunschweig, Wiesbaden 1992.

Zimmermann, Hans-Jürgen (2000): An application-oriented view of modeling uncertainty, in: European Journal of Operational Research, Vol. 122, 2000, S. 190-198.

## Bochumer Beiträge zur Unternehmungsführung und Unternehmensforschung

Herausgegeben vom Direktorium des Instituts
für Unternehmungsführung und Unternehmensforschung
der Ruhr-Universität Bochum

Band 1 Busse von Colbe, Walther/Mattessich, Richard (Hrsg.): Der Computer im Dienste der Unternehmungsführung (1968)

Band 2 Busse von Colbe, Walther/Meyer-Dohm, Peter (Hrsg.): Unternehmerische Planung und Entscheidung (1969)

Band 3 Anthony, Robert N.: Harvard-Fälle aus der Praxis des betrieblichen Rechnungswesens. Herausgegeben von Richard V. Mattessich unter Mitarbeit von Klaus Herrnberger und Wolf Lange (1969)

Band 4 Mattessich, Richard: Die wissenschaftlichen Grundlagen des Rechnungswesens (1970)

Band 5 Schweim, Joachim: Integrierte Unternehmungsplanung (1969)

Band 6 Busse von Colbe, Walther (Hrsg.): Das Rechnungswesen als Instrument der Unternehmungsführung (1969)

Band 7 Domsch, Michel: Simultane Personal- und Investitionsplanung im Produktionsbereich (1970)

Band 8 Leunig, Manfred: Die Bilanzierung von Beteiligungen. Eine bilanztheoretische Untersuchung (1970)

Band 9 Franke, Reimund: Betriebsmodelle. Rechensystem für Zwecke der kurzfristigen Planung, Kontrolle und Kalkulation (1972)

Band 10 Wittenbrink, Hartwig: Kurzfristige Erfolgsplanung und Erfolgskontrolle mit Betriebsmodellen (1975)

Band 11 Lutter, Marcus (Hrsg.): Recht und Steuer der internationalen Unternehmensverbindungen (1972)

Band 12 Niebling, Helmut: Kurzfristige Finanzrechnung auf der Grundlage von Kosten- und Erlösmodellen (1973)

Band 13 Perlitz, Manfred: Die Prognose des Unternehmenswachstums aus Jahresabschlüssen deutscher Aktiengesellschaften (1973)

Band 14 Niggemann, Walter: Optimale Informationsprozesse in betriebswirtschaftlichen Entscheidungssituationen (1973)

Band 15 Reichardt, Harald: Der aktienrechtliche Abhängigkeitsbericht unter ökonomischen Aspekten (1974)

Band 16 Backhaus, Klaus: Direktvertrieb in der Investitionsgüterindustrie – Eine Marketing-Entscheiung (1974)

Band 17 Plinke, Wulff: Kapitalsteuerung in Filialbanken (1975)

Band 18 Steffen, Rainer: Produktionsplanung bei Fließbandfertigung (1977)

Band 19 Kolb, Jürgen: Industrielle Erlösrechnung – Grundlagen und Anwendungen (1978)

Band 20 Busse von Colbe, Walther/Lutter, Marcus (Hrsg.): Wirtschaftsprüfung heute: Entwicklung oder Reform? (1977)

Band 21 Uphues, Peter: Unternehmerische Anpassung in der Rezession (1979)

Band 47  Knittel, Friedrich: Technikgestützte Kommunikation und Kooperation im Büro. Entwicklungshindernisse – Einsatzstrategien – Gestaltungskonzepte (1995)

Band 48  Riezler, Stephan: Lebenszyklusrechnung – Instrument des Controlling strategischer Projekte (1996)

Band 49  Schulte, Jörn: Rechnungslegung und Aktienkursentwicklung – Erklärung und Prognose von Aktienrenditen durch Einzel- und Konzernabschlußdaten (1996)

Band 50  Muhr, Martin: Zeitsparmodelle in der Industrie – Grundlagen und betriebswirtschaftliche Bedeutung mehrjähriger Arbeitszeitkonten (1996)

Band 51  Brotte, Jörg: US-amerikanische und deutsche Geschäftsberichte. Notwendigkeit, Regulierung und Praxis jahresabschlußergänzender Informationen (1997)

Band 52  Gersch, Martin: Vernetzte Geschäftsbeziehungen. Die Nutzung von EDI als Instrument des Geschäftsbeziehungsmanagement (1998)

Band 53  Währisch, Michael: Kostenrechnungspraxis in der deutschen Industrie. Eine empirische Studie (1998)

Band 54  Völkner, Peer: Modellbasierte Planung von Geschäftsprozeßabläufen (1998)

Band 55  Fülbier, Rolf Uwe: Regulierung der Ad-hoc-Publizität. Ein Beitrag zur ökonomischen Analyse des Rechts (1998)

**Band 1 - 55 erschienen beim Gabler Verlag Wiesbaden**

Band 56  Ane-Kristin Reif-Mosel: Computergestützte Kooperation im Büro. Gestaltung unter Berücksichtigung der Elemente *Aufgabe, Struktur, Technik* und *Personal* (2000)

Band 57  Claude Tomaszewski: Bewertung strategischer Flexibilität beim Unternehmenserwerb. Der Wertbeitrag von Realoptionen (2000)

Band 58  Thomas Erler: Business Objects als Gestaltungskonzept strategischer Informationssystemplanung (2000)

Band 59  Joachim Gassen: Datenbankgestützte Rechnungslegungspublizität. Ein Beitrag zur Evolution der Rechnungslegung (2000)

Band 60  Frauke Streubel: Organisatorische Gestaltung und Informationsmanagement in der lernenden Unternehmung. Bausteine eines Managementkonzeptes organisationalen Lernens (2000)

Band 61  Andreas von der Gathen: Marken in Jahresabschluß und Lagebericht (2001)

Band 62  Lars Otterpohl: Koordination in nichtlinearen dynamischen Systemen (2002)

Band 63  Ralf Schremper: Aktienrückkauf und Kapitalmarkt. Eine theoretische und empirische Analyse deutscher Aktienrückkaufprogramme (2002)

Band 64  Peter Ruhwedel: Aufsichtsratsplanungssysteme. Theoretische Grundlagen und praktische Ausgestaltung in Publikumsaktiengesellschaften (2002)

Band 65  Jens Thorn: Taktisches Supply Chain Planning. Planungsunterstützung durch deterministische und stochastische Optimierungsmodelle (2002)

Andreas von der Gathen

# Marken in Jahresabschluß und Lagebericht

Frankfurt/M., Berlin, Bern, Bruxelles, New York, Oxford, Wien, 2001. XXVI, 446 S., zahlr. Abb.
Bochumer Beiträge zur Unternehmungsführung und Unternehmensforschung.
Bd. 61. Verantwortlicher Herausgeber: Martin Seidler
ISBN 3-631-37344-9 · br. € 65.40*

Trotz der großen Beachtung, die Wissenschaft und Praxis den Marken und der Markenbewertung in den zurückliegenden Jahren gewidmet haben, zählt ihre Behandlung im Rahmen der handels- und steuerrechtlichen Rechnungslegung zu den bislang wenig diskutierten Fragestellungen. Die Studie greift dieses Defizit auf, um den Ansatz und die Bewertung von Marken nach HGB, IAS und US-GAAP de lege lata zu analysieren und Vorschläge für die Abbildung von Marken de lege ferenda abzuleiten. Zu den wesentlichen Aspekten dieser Arbeit zählen dabei die Klärung der Eigenart von Marken, die Darlegung der Bilanzierungsmöglichkeiten von Marken bzw. der an ihnen bestehenden Rechte de lege lata, die Bewertung von Marken sowie die Frage nach der Immaterialität von Marken und ihrer möglichen Abnutzbarkeit.

*Aus dem Inhalt*: Erscheinungsformen von Marken · Schutz und Bewertung von Marken · Bilanzansatz von Marken · Bewertung von Marken im Zugangszeitpunkt · Folgebewertung von Marken · Informationsregeln zur Abbildung von Marken im Lagebericht

Frankfurt/M · Berlin · Bern · Bruxelles · New York · Oxford · Wien
Auslieferung: Verlag Peter Lang AG
Jupiterstr. 15, CH-3000 Bern 15
Telefax (004131) 9402131

*inklusive der in Deutschland gültigen Mehrwertsteuer
Preisänderungen vorbehalten

**Homepage http://www.peterlang.de**